Outsourcing unternehmensnaher Dienstleistungen

Schriften zur Unternehmensplanung

Herausgegeben von Franz Xaver Bea, Alfred Kötzle und Erich Zahn

Band 65

PETER LANG

Frankfurt am Main · Berlin · Bern · Bruxelles · New York · Oxford · Wien

Tilmann Barth

Outsourcing unternehmensnaher Dienstleistungen

Ein konfigurierbares Modell für die optimierte Gestaltung der Wertschöpfungstiefe

Bibliografische Information Der Deutschen Bibliothek
Die Deutsche Bibliothek verzeichnet diese Publikation in der Deutschen Nationalbibliografie; detaillierte bibliografische Daten sind im Internet über <http://dnb.ddb.de> abrufbar.

Zugl.: Stuttgart, Univ., Diss., 2003

Gedruckt auf alterungsbeständigem,
säurefreiem Papier.

D 93
ISSN 0175-8985
ISBN 3-631-51010-1

Printed in Germany 1 2 3 4 6 7

www.peterlang.de

GELEITWORT

Die Festlegung von Leistungstiefe und -breite ist ein Entscheidungsproblem mit dem sich Unternehmen schon immer konfrontiert sehen. Sie zählt deshalb zu den klassischen Objekten der Betriebswirtschaftslehre. Angesichts z.T. tiefgreifender Veränderungen in den Wettbewerbslandschaften und häufiger Migrationen in und zwischen Wertkettensystemen sind Fragen nach dem adäquaten Kerngeschäft, nach der optimalen Wertschöpfungstiefe und nach der aus Sicht der Wertgenerierung besten Positionierung in einem Wertkettensystem gegenwärtig stärker in den Vordergrund gerückt. Bei der Beantwortung solcher Fragen hat das Outsourcing als operative und strategische Option in den letzten Jahren einen hohen Stellenwert erlangt. Allerdings ist bei diesen Aktivitäten auch ein gewisser Modetrend unverkennbar. Der kritische Beobachter gewinnt zuweilen den Eindruck, dass Unternehmen bei ihren Outsourcing-Entscheidungen fatale Fehler gemacht haben, indem sie ausgelagert haben, was sie besser behalten, ja ausgebaut hätten und dass sie behalten haben, was sie vernünftigerweise ausgelagert hätten. Als Gründe dafür lassen sich mangelnder strategischer Fokus, oberflächliche Analysen und unsystematische Vorgehensweisen ausmachen.

Zu den typischen Outsourcing-Kandidaten zählen sogenannte unternehmensnahe Dienstleistungen, die ein breites Spektrum von einfachen bis zu komplexen, wissensintensiven Services umfassen. Während sich die Chancen und Risiken für ein Outsourcing z.B. bei Sicherheits- und Versorgungsservices relativ leicht abschätzen lassen, erfordert die (In-/Out-)Sourcing-Problematik bei wissensintensiven Dienstleistungen systematischere Analysen. Das Gefahrenpotenzial von Fehlentscheidungen ist hier besonders hoch, falls es sich um Kernbestandteile einer Marktleistung (z.B. F&E-Aktivitäten für Produktinnovationen), um Services (wie eine kundenspezifische Konstruktion), die Produkte zu einer hybriden Leistung ergänzen, oder um Services (etwa spezielle IT-Prozesse) zur Vermarktung eines Produkts bzw. einer Dienstleistung handelt. Unternehmen, in denen diesbezüglich falsch entschieden wird, verlieren u.U. nicht nur Optionen zur Differenzierung ihrer bestehenden Geschäfte, sondern auch für die Entwicklung neuer Geschäfte.

Herr Barth fokussiert seine Überlegungen auf unternehmensnahe Dienstleistungen. Den Zielsetzungen seiner Arbeit entsprechend hinterfragt er vorhandene Outsourcing-Ansätze kritisch und theoriegeleitet, beleuchtet die Spezifika unternehmensnaher Dienstleistungen vor dem Hintergrund des Outsourcing, arbeitet entscheidungsrelevante Aspekte beim Outsourcing unternehmensnaher

Dienste heraus und stellt ein konfigurierbares Modell für die optimierte Gestaltung einer Dienstleistungstiefe vor.

Stuttgart, im März 2003 Prof. Dr. Erich Zahn

VORWORT

Die vorliegende Arbeit entstand während meiner Tätigkeit am Lehrstuhl für Allgemeine Betriebswirtschaftslehre und Betriebswirtschaftliche Planung der Universität Stuttgart. Bis zu ihrer Fertigstellung war ein langwieriger und oftmals auch mühevoller Weg zurückzulegen. Die Veröffentlichung nehme ich daher zum Anlass, all denen zu danken, die mich dabei begleitet und durch ihre Unterstützung zum Gelingen der Arbeit beigetragen haben.
Ganz besonderer Dank gilt meinem Doktorvater, Herrn Prof. Dr. Erich Zahn. Sein über die Jahre stets vorhandenes Eintreten für ein „richtiges“, strategisch ausgerichtetes Outsourcing und seine vielen konstruktiv-kritischen Anregungen haben diese Arbeit nachhaltig beeinflusst. Wichtige Motivationsfaktoren waren daneben das jederzeit entgegengebrachte Vertrauen sowie die überaus angenehme Zusammenarbeit während meiner Zeit als wissenschaftlicher Mitarbeiter an seinem Lehrstuhl. Sie haben mich auch als Mensch geprägt. Herrn Prof. Dr. Hans-Jörg Bullinger bin ich für seine freundliche Bereitschaft zur Übernahme des Koreferats sehr verbunden.
Herzlich bedanken möchte ich mich auch beim gesamten Lehrstuhl-Team. Besondere Erwähnung gebührt dabei Herrn Dr. Andreas Hertweck für seine freundschaftliche und engagierte fachliche Begleitung des gesamten Promotionsvorhabens sowie den übrigen Mitgliedern des „Boston-Teams“, welche durch vielfältige Anregungen und Hilfestellungen die Arbeit gefördert und zu einer unvergesslichen Lehrstuhlzeit beigetragen haben.
Zu danken habe ich darüber hinaus Herrn Dipl.-Wirt.-Ing. Thomas Meiren für die konstruktive Reflexion der Dienstleistungsaspekte, Herrn Dipl.-Kfm. Manfred Schultheis, Herrn Dr. Roman Luckscheiter und meinen Eltern für die kritische Durchsicht des Manuskripts sowie Frau Dipl.-Kffr. Patrice Lienhard für die Beschaffung von Literatur und den Aufbau einer Literaturdatenbank.
Nicht zuletzt möchte ich mich auch beim Wirtschaftsministerium des Landes Baden-Württemberg bedanken, ohne dessen Förderung verschiedener Projekte zu den Themen Outsourcing und Dienstleistungen diese Arbeit nicht zustande gekommen wäre.

Fellbach, im März 2003

Tilmann Barth

VORWORT

[illegible]

INHALTSVERZEICHNIS

ABKÜRZUNGSVERZEICHNIS

AER .... American Economic Review
AMR .... The Academy of Management Review
ASQ .... The Administrative Science Quarterly
ASW .... Absatzwirtschaft, Zeitschrift für Marketing
ATP .... Automatisierungstechnische Praxis
BA .... Beschaffung Aktuell
BfuP .... Betriebswirtschaftliche Forschung und Praxis
BGB .... Bürgerliches Gesetzbuch
CM .... Controller Magazin
CMR .... California Management Review
DB .... Der Betriebswirt
DBW .... Die Betriebswirtschaft
DEC .... Digital Equipment Corporation
DIN .... Deutsches Institut für Normung
DiU .... Das innovative Unternehmen
DIW .... Deutsches Institut für Wirtschaftsforschung
FB/IE .... Zeitschrift für Unternehmensentwicklung und Industrial
F&E .... Forschung und Entwicklung
GfMT .... Gesellschaft für Management und Technologie
HBM .... Harvard Business Manager
HBR .... Harvard Business Review
IAB .... Institut für Arbeitsmarkt- und Berufsforschung
IBM .... International Business Machines
IM .... Information Management & Consulting
IT .... Informationstechnologie
JAV .... Jahrbuch der Absatz- und Verbrauchsforschung
JM .... Journal of Marketing

KRP .... Kostenrechnungspraxis
LoI .... Letter of Intent
LRP .... Long Range Planning
Markting-ZfP .... Maketing-Zeitschrift für Forschung und Praxis
MIT .... Massachusetts Institute of Technology
MittAB .... Mitteilungen aus der Arbeitsmarkt- und Berufsforschung
SMJ .... Strategic Management Journal
SMR .... Sloan Management Review
WiSt .... Wirtschaftswissenschaftliches Studium
WISU .... Das Wirtschaftsstudium
ZfB .... Zeitschrift für Betriebswirtschaft
ZfbF .... Zeitschrift für betriebswirtschaftliche Forschung
ZFO .... Zeitschrift Führung und Organisation
ZP .... Zeitschrift für Planung

ABBILDUNGSVERZEICHNIS

Kapitel 3

Kapitel 4

Kapitel 5

ZUSAMMENFASSUNG

Das Wettbewerbsumfeld vieler Unternehmen befindet sich in einem tiefgreifenden Wandel. Sowohl die Struktur als auch die Dynamik des Wettbewerbs verändern sich nachhaltig und beide bedingen sich gegenseitig. Zu beobachten sind Machtverschiebungen in den Wettbewerbsstrukturen, welche als Treiber der sich verschärfenden Intensität des Wettbewerbs fungieren; diese wiederum hat das Entstehen neuer Wettbewerbsstrukturen zur Folge. Gleichzeitig lassen sich Veränderungen in den Marktbedingungen in Richtung höherer Kundenansprüche konstatieren. Die Kunden wünschen zunehmend Systemlösungen in Gestalt hybrider Leistungsangebote aus gebündelten Sachgütern und Dienstleistungen. Solche das Sachgüterangebot ergänzende und der wettbewerblichen Differenzierung dienende Dienstleistungen können entweder selbst oder von einem Wertschöpfungspartner erbracht werden.
Sogenannte unternehmensnahe Dienstleistungen, die Leistungen für andere Unternehmen oder Unternehmensteile umfassen, haben sich in jüngerer Zeit zu einem wichtigen Wachstumsmotor der nationalen und internationalen Wirtschaft entwickelt. Wurden sie von der Mehrzahl der Unternehmen noch vor wenigen Jahren fast ausschließlich als notwendige, einer lästigen Pflicht vergleichbaren Zusatzaufgabe gesehen, begreift man sie heute als wichtige Basis eines überlegenen Leistungsangebots, als notwendige und sinnvolle Ergänzung konventioneller Sachgüter zu differenzierenden Leistungsbündeln oder gar als eigenständige und vor allem gewinnbringende Angebotsbestandteile. Mit diesem Bedeutungszuwachs geht die Frage nach der zweckmäßigsten Art und Weise ihrer Erbringung einher. Stetig steigende Anforderungen bei sich gleichzeitig verringernden Margen machen den Einsatz von spezialisiertem Know-how sowohl bei Konzeption und Design als auch bei Erbringung der Leistungen notwendig. Da dieses Wissen bei Sachgutherstellern gewöhnlich nicht oder nicht in ausreichendem Maße verfügbar ist, bleibt als Alternative nur die Vergabe an externe Unternehmen - das Outsourcing.
Beide Aufgaben sind komplex, ihre Lösung bedarf einer problemgerechten methodischen Unterstützung. Beim Outsourcing handelt es sich um ein mehrstufiges Entscheidungsproblem; unternehmensnahe Dienstleistungen weisen eine Reihe spezieller Charakteristika auf, die im Rahmen einer Fremdvergabe explizit zu berücksichtigen sind. Die Kombination dieser zwei Aufgaben sowie die Zusammenfassung der dabei gewonnenen Erkenntnisse in einem Modell als Grundlage für die optimierte Gestaltung der Wertschöpfungstiefe stehen im Mittelpunkt der vorliegenden Arbeit.

Zunächst wird das Wesen der Konstrukte Outsourcing und unternehmensnaher Dienstleistungen genauer ausgearbeitet. Dem folgt eine Analyse zentraler Gestaltungsansätze des Outsourcing. Die dabei gewonnenen Erkenntnisse fließen in ein generisches Modell für das Outsourcing unternehmensnaher Dienstleistungen ein. Es dient als Basis für die Konfiguration konkreter Anwendungsmodelle.

SUMMARY

Most companies are currently experiencing a radical change in the sphere of competition. Both the structure and the dynamic development of competition which are mutually influencing each other have been changing very much. There have been major shifts within the structure of competition. They are the most important driving forces for an increased intensity of competition, which in turn is responsible for the development of new structures of competition. At the same time changes in the market towards increasing customer demands can be observed. Customers more and more want to have integrated solutions which combine products and services. Such compound offers which complement the product and support the differentiation of a company can either be made by the company itself or can be delivered professionally by specialized companies.

So-called business services comprising all services primarily provided to other companies have recently become an important cause of the growth of national and international economies. Although even a few years ago most companies regarded them as an additional, troublesome task, today services are seen as an important basis for a superior performance, as a necessary and meaningful supplement of conventional products to achieve comprehensive solutions and as profitable offers of their own. As business services are getting more and more important, the question is often asked how to deliver them in an economical way. The continuously increasing demands of the market on the one hand and drastically decreasing profits on the other. require specialized know-how for the design of services as well as for their delivery. As this know-how is quite often not available within a conventionally producing company, the only remaining alternative is to engage external partners i.e. to outsource these services.

Both issues are complex and need adequate methodical support. Outsourcing is a multistage decision problem. Business services have some special characteristics which must be considered in the outsourcing process. This paper combines these aspects and presents a framework for the optimized configuration of how to increase value.

It starts with a detailed description of the characteristic features of outsourcing and business services. Next, there is an analysis of important approaches to the outsourcing process. The findings are used for a general model of the outsourcing of business services. It provides the basis for the configuration of concrete examples of the usage of outsourcing.

SUMMARY

1 EINFÜHRUNG

1.1 Problemstellung

Outsourcing - Allheilmittel für zahlreiche Gebrechen des „Patienten“ Unternehmen oder nur eine moderne Scharlatanerei der Wirtschaftswissenschaften, bei der „neuer Wein in alten Schläuchen“ verkauft wird? Das Spektrum der Meinungen bezüglich Outsourcing weist eine beachtliche Breite auf. Wertet man die einschlägige Literatur entsprechend aus, überwiegen die positiven Aussagen, welche die Potenziale des Outsourcing in den Vordergrund rücken. Gleichwohl sind in vielen Veröffentlichungen auch kritische Analysen zu finden, die vor einem übereilten und unüberlegten Outsourcing und dessen Folgen warnen.
Ein Blick in die Unternehmenspraxis bestätigt die Vielfalt der Ansichten. In Tageszeitungen und Branchenmagazinen finden sich fast täglich Berichte über neue Outsourcing-Partnerschaften. Outsourcing ist also „in“ - genauer: immer noch! Denn im Unterschied zu anderen Konzepten aus dem Bereich der Wirtschaftswissenschaften, welche - einer Modeerscheinung gleich - nur eine relativ begrenzte Zeit Verbreitung finden, hat das Outsourcing bis heute, über zehn Jahre nach der Initiierung der Outsourcing-Partnerschaft zwischen Kodak auf der einen sowie IBM, DEC und Businessland auf der anderen Seite, die als Initialzündung der modernen Outsourcing-Diskussion gilt[1], noch nichts von seiner Aktualität und Bedeutung für die Unternehmen verloren.
Tatsächlich erweist es sich nicht immer als klar, ob eine Leistungsstufe intern oder extern zu erbringen ist.[2] Dieses scheinbar so einfache Wahlproblem stellt in der Unternehmensrealität eine komplexe Optimierungsaufgabe dar. Denn in den meisten Fällen geht es um eine tiefgreifende Veränderung der Unternehmensstruktur mit langfristigen Auswirkungen.[3] Infolge ihrer Bedeutung und Reichweite sollte darüber die oberste Führungsebene des Unternehmens auf Basis einer systematischen Analyse entscheiden. Die Entscheidungshilfen, welche hierfür in der wirtschaftswissenschaftlichen Literatur vorgestellt und behandelt werden, verkürzen die Problematik meist jedoch relativ stark, da sie gewöhnlich nur von einem Ziel bzw. nur einigen wenigen zu berücksichtigenden Kriterien ausgehen, wodurch sich die Entscheidungssituation vordergründig wesentlich vereinfacht. Vor allem die in diesem Zusammenhang häufig isoliert herangezogenen Portfoliomodelle tragen wenig zu einem ganzheitlichen Lösungsansatz bei, zumal inzwischen so viele unterschiedliche Modelle existieren, dass diese eher verwirren, als dass sie Entscheidungen nachhaltig unterstützen.[4]

---

1 vgl. Loh, Venkatraman (1992), S. 341; Schott (1997), S. 3 f.
2 vgl. Picot, Franck (1993), S. 181
3 vgl. Scherm (1996), S. 46; Zahn, Barth et al. (1998 a), S. 21 f.
4 vgl. Reinecke (1996), S. 56

Handelt es sich bei der zur Auslagerung anstehenden Leistung nicht um eine Sach-, sondern um eine Dienstleistung, wird das Problem zusätzlich verkompliziert. Denn letztere weisen eine Reihe von speziellen Charakteristika auf, die sie wesentlich von Sachgütern unterscheiden und die eine spezielle Berücksichtigung im Outsourcing-Entscheidungsverlauf notwendig machen.[5]
Der Fokus der vorliegenden Arbeit liegt auf unternehmensnahen Dienstleistungen. Darunter werden all die Dienstleistungen subsumiert, die im Wesentlichen für andere Unternehmen erbracht werden.[6] Sie stellen ein schnell wachsendes und immer bedeutenderes Segment innerhalb des Dienstleistungsbereichs dar.[7] Viele Industrieunternehmen sind im Zuge des globalen Wettbewerbs gezwungen, Effizienz und Effektivität maßgeblich zu steigern, sehen jedoch ihre Möglichkeiten hierzu mittlerweile als weitgehend erschöpft an. In dieser Situation werden unternehmensnahe Dienstleistungen zunehmend zur Differenzierung im Wettbewerb und zur Erschließung neuer Wachstums- und Ertragspotenziale entdeckt.[8] Gleichzeitig stellt sich - vor dem Hintergrund der immer stärkeren Arbeitsteilung einerseits und der immer größer werdenden Kompetenzanforderungen andererseits drängender denn je - die Frage nach der am besten geeigneten Bezugsart und damit nach einem Outsourcing dieser Leistungen.[9]

1.2 Ziele und Aufbau der Arbeit

Gemäß der skizzierten Problemstellung wird mit der vorliegenden Arbeit die Zielsetzung verfolgt,

- die vorhandenen theoretischen Ansätze zum Outsourcing und dessen Management aufzuarbeiten,
- die Spezifika von Dienstleistungen im Allgemeinen sowie unternehmensnaher Dienstleistungen im Besonderen detailliert zu beleuchten und sie vor dem Hintergrund des Outsourcing in geeigneter Art und Weise zu klassifizieren,
- grundlegende Entscheidungsfelder beim Outsourcing unternehmensnaher Dienstleistungen zu identifizieren und Interdependenzen zwischen ihnen darzustellen,
- die wesentlichen Parameter zur adäquaten Gestaltung dieser Entscheidungsfelder herauszufiltern und zu beschreiben,

---

[5] vgl. Zahn, Barth (2001 b), S. 282 f.

[6] vgl. Zahn, Barth et al. (1998 a), S. 3 f.

[7] vgl. zum Beispiel Albach (1989 b), S. 405; Buttler, Stegner (1990), S. 932; Gruhler (1993), S. 28 ff.; Simon (1993 a), S. 5 ff.; Töpfer, Mehdorn (1996), S. 2, Wimmers, Hauser et al. (1999), S. 17

[8] vgl. Barth, Hertweck (1999 b), S. 1; Bullinger (1997), S. 32 f.

[9] vgl. Bullinger, Murmann (1999), S. 73 f.; Bruch (1995), S. 31; Friese (1998), S. 49

- einen ganzheitlichen Lösungsansatz in Form eines konfigurierbaren Vorgehensmodells zu entwickeln, welches Unternehmen die Möglichkeit bietet, die Leistungstiefe im Bereich unternehmensnaher Dienstleistungen zu optimieren.

Damit wird ein Beitrag zur Schließung einer Erkenntnislücke geleistet, derzufolge „repräsentativ formulierte Anleitungen für das Outsourcing einerseits aufgrund der Komplexität des Gegenstands und andererseits wegen des wenig ausgereiften Forschungsstands bisher nicht formuliert werden konnten".[10] Entsprechend gliedert sich die Arbeit wie folgt:

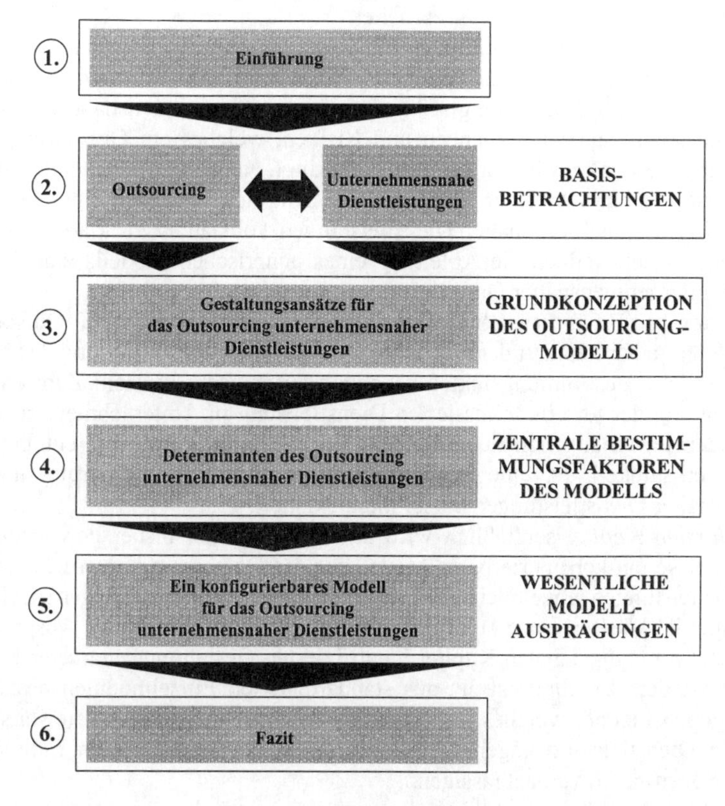

Abbildung 1-1: Aufbau der Arbeit

Der Einführung in den Problembereich folgt im *zweiten Kapitel* die Erarbeitung von Grundlagen des Outsourcing sowie der unternehmensnaher Dienstleistungen. Dabei steht zunächst das Outsourcing im Vordergrund. Nach der Klärung

---

[10] Bruch (1998), S. 28

zentraler Begrifflichkeiten werden in knapper Form die Chancen und Risiken des Outsourcing dargestellt, die wichtigsten Formen des Outsourcing behandelt und die bisher bestehenden Ansätze zum Management des Outsourcing skizziert. Im zweiten Teil des Kapitels steht die Dienstleistungsthematik im Vordergrund. Neben terminologischen Grundlagen sind hier vor allem die speziellen Charakteristika von Dienstleistungen von Interesse, welche die Gestaltung des Outsourcing-Prozesses maßgeblich beeinflussen. Aufbauend auf diesen eher allgemeinen Erkenntnissen werden dann unternehmensnahe Dienstleistungen im Speziellen analysiert und deren strukturelle Besonderheiten vor dem Hintergrund des Outsourcing herausgearbeitet.
Das *dritte Kapitel* beschäftigt sich mit Gestaltungsansätzen für das Outsourcing unternehmensnaher Dienstleistungen. Diese betreffen allgemeine theoretische Ansätze für das Outsourcing, Charakteristika (unternehmensnaher) Dienstleistungen sowie spezielle Chancen und Risiken, welches ein Outsourcing unternehmensnaher Dienstleistungen mit sich bringt. Keiner der behandelten Ansätze ist - isoliert betrachtet - in der Lage, die zentralen Fragestellungen beim Outsourcing unternehmensnaher Dienstleistungen vollständig zu klären. Ihre Integration erlaubt jedoch die Ableitung eines generischen Modells zum Outsourcing unternehmensnaher Dienstleistungen.
Im *vierten Abschnitt* stehen Determinanten des entwickelten Outsourcing-Modells im Mittelpunkt der Betrachtungen. Zwei für die Gestaltung des Modells wesentliche Bestimmungsfaktoren können ausgemacht werden: Zum einen die Bedeutung der jeweils fokussierten Dienstleistung im Unternehmen, zum anderen der jeweilige Dienstleistungstyp. Vor allem letzterer verdient besondere Aufmerksamkeit, da eine empirisch abgesicherte Typologisierung unternehmensnaher Dienstleistungen bisher nicht existiert.
Im *fünften Kapitel* schließlich wird auf der Basis der bisher gewonnenen Erkenntnisse ein konfigurierbares Modell für das Outsourcing unternehmensnaher Dienstleistungen abgeleitet. Ausgangspunkt hierzu bildet das generische Prozessmodell, dessen einzelne Phasen anhand der unterschiedlichen Ausprägungen der im vorangegangenen Kapitel identifizierten Gestaltungsparameter konkretisiert werden. Ergebnis ist ein aus standardisierten Einzelmodulen bestehendes Vorgehensmodell, welches mit überschaubarem Aufwand an die jeweils fokussierte Dienstleistung angepasst werden kann, ohne dabei deren Individualität und Spezifität zu vernachlässigen.
Den Abschluss der Arbeit bildet das *sechste Kapitel*, das die zentralen Aussagen und Ergebnisse zusammengefasst und eine kritische Würdigung enthält.

2 BASISBETRACHTUNGEN ZUM OUTSOURCING UNTERNEHMENSNAHER DIENSTLEISTUNGEN

Wettbewerb gilt als Garant für ökonomische Effizienz und wirtschaftlichen Fortschritt. Er fördert Unternehmertum und Innovation,[11] reduziert die Transaktionskosten beim Leistungsaustausch,[12] vor allem aber zwingt er die Unternehmen zur optimalen Allokation knapper Ressourcen.[13] Diese Implikationen sind auch wesentliche Treiber für den sich verändernden Umgang mit dem Themenfeld „*Dienstleistung*“, welcher gegenwärtig bei Industrieunternehmen zu beobachten ist. Die zunehmende Notwendigkeit eines umfassenden Dienstleistungsangebots, die stetig wachsenden Anforderungen der (internen wie externen) Kunden und die sich gleichzeitig schmälernden Gewinnmargen verlangen eine immer höhere Professionalität bei der Konzeption und Erbringung von Dienstleistungen.[14] Diese bedingt seitens der Unternehmen im Interesse ihrer Wettbewerbsfähigkeit ein kritisches Überdenken und kreatives Anpassen der Wertschöpfungsstrukturen. Das *Outsourcing* von Dienstleistungen an spezialisierte Unternehmen stellt eine wichtige Gestaltungsalternative dar.

2.1 Outsourcing und Outsourcing-Management - eine Charakterisierung

Ausgehend von einer Diskussion des Outsourcing-Begriffs werden die Chancen und Risiken sowie die praktizierten Formen eines Outsourcing aufgezeigt. Zentraler Faktor für den Erfolg von Outsourcing-Vorhaben ist ein adäquates Management.[15] Die prinzipiellen Ziele, Aufgaben und Inhalte, die ein solches Outsourcing-Management charakterisieren, sowie die Ansätze für ein Outsourcing-Management bilden den zweiten Schwerpunkt der nachstehenden Ausführungen.

2.1.1 Der Outsourcing-Begriff

Outsourcing ist ein schillernder Begriff, der in den unterschiedlichsten Zusammenhängen benutzt wird. Je nach Art der Verwendung weichen die Inhalte zum Teil erheblich voneinander ab. An Definitionen herrscht kein Mangel - kaum ein

[11] vgl. Schumpeter (1934)
[12] vgl. Williamson (1985)
[13] vgl. McNulty (1968), S. 639 ff.
[14] vgl. zum Beispiel Bullinger (1997), S. 32 ff.; Hertweck (2002), S. 17 ff.; Rösner (1997), S. 1 ff.; Zahn, Barth et al. (1999 a), S. 88
[15] vgl. zum Beispiel Bullinger, Rüger et al. (1997), S. 49 ff.; Zahn, Barth et al. (1998 a), S. 1 und 22

Autor verzichtet auf eine eigene Interpretation der aus dem Englischen stammenden Wortschöpfung.
Mitverantwortlich für diese Vielfalt ist nicht zuletzt das Fehlen eines entsprechenden deutschen Begriffsäquivalents. Hier setzt der folgende Abschnitt an, in dem die terminologischen Wurzeln des Outsourcing-Begriffs, seine wesentlichen Inhalte sowie seine Grenzen herausgearbeitet werden. Dies führt zu einem eigenen Definitionsansatz, dessen Ziel vor allem in der Harmonisierung bestehender Ansätze und nicht in der Schaffung einer zusätzlichen Definition besteht. Diese Begriffsinterpretation ist die Basis für die weiteren outsourcingbezogenen Ausführungen im Rahmen der vorliegenden Arbeit.

2.1.1.1 Terminologie

Der Begriff *Outsourcing* ist ein aus der englischen Sprache entlehntes Kunstwort, das - wohl mangels einer prägnanten Übersetzung - mittlerweile auch im deutschen Sprachraum große Verbreitung gefunden hat.[16] Neben Outsourcing existieren mit Local Sourcing, Single Sourcing oder Modular Sourcing etc. noch zahlreiche weitere Termini, die denselben Wortstamm aufweisen.[17] Dieser bildet den ersten Ansatzpunkt zur Begriffsinterpretation. Auch das Wort „Sourcing" ist ein in jüngster Zeit neu entstandener Ausdruck.[18] Die meisten Autoren sehen es als eine Zusammenziehung der beiden Begriffe „resource" und „using" an, was in direkter Übersetzung *„die Nutzung von Ressourcen"* bedeutet.[19] Die verschiedenen mit „Sourcing" gebildeten Wortkombinationen stehen jeweils für eine spezifische Ausprägung dieser Tätigkeit. Outsourcing, die Kurzform aus „outside", „resource" und „using"[20], bedeutet demnach die *„Nutzung externer Ressourcen"*.[21]

---

[16] Die Bezeichnung des Begriffs *„Outsourcing"* als Kunstwort ist nur in einer vergangenheitsorientierten Betrachtung zulässig, denn mittlerweile ist das Wort zu einem festen Bestandteil der angloamerikanischen Sprache geworden und dementsprechend in aktuellen Lexika zu finden. Vgl. zum Beispiel o.V. (2001 a), S. 578

[17] vgl. hierzu zum Beispiel Arnold (1996), Sp. 1862 ff.

[18] Ins Deutsche übersetzt bedeutet *„Sourcing"* Quellenarbeit, Quellenstudien; vgl. o.V. (2001 b), S. 799

[19] vgl. zum Beispiel Bühner, Tuschke (1997), S. 21; Franze (1996), S. 10; Bliesener (1994), S. 278; Horchler (1996), S. 1; Müller, Prangenberg (1997), S. 31; Zahn, Barth et al. (1998 a), S. 7

[20] Einige Autoren (zum Beispiel Behme (1993), S. 291; Bruch, (1998), S. 22; Dillerup, Foschiani (1996), S. 39; Eversheim, Baumann et al. (1993), S. 82; Meyer, Leuppi (1992), S. 51; Picot, Maier (1992 a), S. 15; Szyperski, Schmitz et al. (1993), S. 229) führen *„Outsourcing"* nur auf die beiden Worte „outside" und „resourcing" zurück, was jedoch keine Auswirkungen auf die skizzierte Interpretation hat, da auch „resourcing" ein Kunstwort darstellt, das seine Ursprünge in den Wortstämmen „resource" und „using" besitzt.

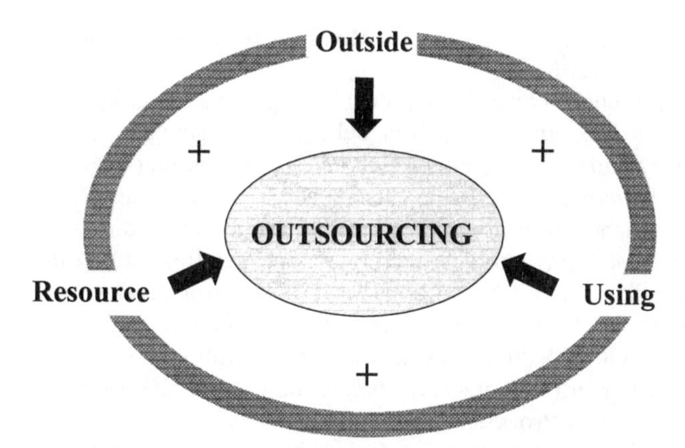

Abbildung 2-1: Wortstämme des Outsourcing

Trotz der generellen Einigkeit über den Ursprung des Begriffs „Outsourcing" hat sich mittlerweile eine kaum überschaubare Vielfalt an Definitionen entwickelt. Diese lassen sich am besten erschließen, indem die einzelnen Wortbestandteile getrennt analysiert und dabei jeweils die Spannbreite ihrer Bedeutungen aufgezeigt werden.

Die weitreichendsten Differenzen bestehen hinsichtlich des Wortstammes *resource.* Von ihm ausgehend stellt sich die Frage, welche externen Ressourcen genutzt werden sollen und damit nach dem Gegenstand des Outsourcing. Die Mehrzahl der Abhandlungen ordnet Outsourcing vornehmlich der Inanspruchnahme externer Ressourcen aus dem Bereich der Informationstechnologien zu.[22] Diese Eingrenzung lässt sich vor allem aus der Entwicklung des Outsourcing erklären, denn in der Vergangenheit beschränkte sich das Outsourcing im Wesentlichen auf die Informationsverarbeitung.[23] Im Laufe der Zeit wurden jedoch auch andere Ressourcen von externen Partnern bezogen und die eingeschränkte Begriffsverwendung damit obsolet. Allerdings existiert bis heute keine einheitliche Auffassung über den Outsourcing-Gegenstand. Das Spektrum der Meinungen reicht von einer nur auf Dienstleistungen fokussierten bis zu einer rein an materiellen Gütern orientierten Begriffsauslegung.[24] Manche Autoren verknüpfen das Outsourcing-Objekt darüber hinaus noch mit zusätzlichen Bedingungen

---

[21] vgl. Bliesener (1994), S. 278; Franze (1996), S. 10; Müller, Prangenberg (1997), S. 29; Nagengast (1997), S. 47; Zahn, Barth et al. (1998 a), S. 7

[22] vgl. zum Beispiel Bongard (1994), S. 87; Franze (1996), S. 14; Heinrich (1992), S. 22; Knolmayer (1992), S. 356; Müller, Prangenberg (1997), S. 29; Rommel, Püschel (1994), S. 120 f.

[23] vgl. Nagengast (1997), S. 48 f.; Schätzer (1999), S. 43

[24] vgl. Bliesener (1994), S. 282 f.; Gruhler (1994), S. 163; Nagengast (1997), S. 50 f. sowie die dort angegebenen Quellen

im Sinne von Nicht-Kernleistungen, Routine- oder Wiederholungstätigkeiten eines Unternehmens.[25]
Meistens wird unter Outsourcing, unabhängig vom jeweiligen Outsourcing-Gegenstand, der externe Bezug von beliebigen Leistungen, Funktionen oder Prozessen verstanden.[26] Problematisch an dieser Auffassung ist, dass die Begriffe *Leistung*, *Funktion* und *Prozess* entsprechend ihrer jeweiligen Definition und Verwendung nicht völlig überschneidungsfrei sind. Da an dieser Stelle grundsätzlich nur die Spannweite der Interpretationen des Ressourcen-Begriffs beim Outsourcing dargestellt werden soll, wird diese Problematik zunächst nicht weiter vertieft. Als Fazit der Diskussion über die Eingrenzung des Outsourcing-Objekts lässt sich festhalten, dass dieses, zurückgeführt auf seine ursprüngliche Bedeutung, als „neutral" eingestuft werden und damit alle Arten von Leistungen, Funktionen oder Prozessen umfassen kann.
Auch bezüglich des Wortstamms *outside* gehen die Auffassungen auseinander. Aus der Übersetzung des Begriffs lässt sich folgern, dass die verwendeten Ressourcen von außerhalb des Unternehmens stammen müssen. Allerdings ist die Grenze zwischen Unternehmen und Umwelt immer schwieriger zu ziehen. Die klassischen Grenzen der Unternehmen verschwimmen infolge der beständig an Bedeutung gewinnenden Vernetzung der Wirtschaft und ihrer Akteure immer mehr; sie verändern sich nach innen und nach außen oder lösen sich teilweise ganz auf.[27] Damit ist eine Interpretation wesentlich vom zugrunde gelegten Unternehmensbegriff abhängig.[28] So ist es etwa - bei strenger Auslegung - im Falle eines Ressourcenbezugs von einer wirtschaftlich zwar selbständigen, jedoch juristisch abhängigen Tochtergesellschaft nicht gerechtfertigt, von Outsourcing zu sprechen, da die Tochtergesellschaft nicht von „außerhalb" des Unternehmens stammt. Aufgrund der Vielgestaltigkeit des Unternehmensbegriffs[29] erscheint es daher wenig sinnvoll, den Outsourcing-Begriff anhand dieses Kriteriums weiter zu präzisieren. Vielmehr ist eine variable, den jeweiligen Gegebenheiten Rechnung tragende Abgrenzung anzustreben.
Mit dem dritten Wortbestandteil *using* verbindet sich die Frage, ob Outsourcing einfach mit der Nutzung externer Ressourcen und damit mit einem Fremdbezug gleichzusetzen ist oder ob es sich dabei um den Ersatz interner durch externe Ressourcen handeln muss. In der großen Mehrzahl aller Definitionen wird

---

[25] vgl. Nagengast (1997), S. 51 sowie die dort angegebenen Quellen
[26] vgl. zum Beispiel Behme (1993), S. 291; Bruch (1998), S. 63 ff.; Dillerup, Foschiani (1996), S. 39; Franze (1996), S. 14; Hürlimann (1995), S. 19; Köhler-Frost (1998), S. 12; Müller, Prangenberg (1997), S. 29; Reiß (1997), S. 28; Szyperski, Schmitz et al. (1993), S. 229; Zahn, Barth et al. (1998 a), S. 7; Zahn, Hertweck et al. (1996), S. 14 f.
[27] vgl. Picot, Reichwald et al. (1998), S. 2
[28] vgl. Arnold (1999), S. 310; Nagengast (1997), S. 52
[29] vgl. zum Beispiel Grochla (1993), Sp. 374 ff.; Schweitzer (1994), S. 15 ff.

letztere Auffassung vertreten[30], wobei die beiden Interpretationen durchaus kompatibel sind. Denn betrachtet man das „Using“ auch aus einer zeitlichen Perspektive, so erfolgt die Nutzung der Ressourcen nach Übergang von internen auf externe Quellen exakt im Sinne eines Fremdbezugs. Zwischen Outsourcing und Fremdbezug kann daher nur mit Blick auf die ursprüngliche Erstellung der Leistung unterschieden werden; Outsourcing ist dabei eine spezielle Form des Fremdbezugs, das sich auf bisher intern erbrachte Leistungen, Funktionen oder Prozesse bezieht.[31]

Die Diskussion der drei Wortbestandteile verdeutlicht die Spannweite, innerhalb derer der Outsourcing-Begriff positioniert werden kann. Für die weiteren Ausführungen wird die folgende Definition zugrunde gelegt.

Outsourcing bezeichnet den Übergang der Erstellung von Leistungen, welche bislang vom Unternehmen mit eigenen Mitteln erbracht wurden, an einen externen Dritten, der dafür die dauerhafte unternehmerische Verantwortung übernimmt.

In dieser Definition stellen *Leistungen*[32] den Gegenstand des Outsourcing dar. Mit der Verwendung dieses Terminus können die erwähnten Probleme umgangen werden. Denn sowohl Funktionen[33] als auch Prozesse[34] sind letztlich auf die Kombination mehrerer Leistungen zurückzuführen. Leistungen bilden gleichsam ihre Basis. Da Leistungen materielle wie auch immaterielle Bestandteile beinhalten können[35], bezieht sich Outsourcing sowohl auf Sach- als auch auf Dienstleistungen.

Die gewählte Begriffsabgrenzung trägt daneben dem dynamischen Aspekt des Outsourcing Rechnung. Ausgangsbasis für ein Outsourcing sind immer von Unternehmen bislang selbst erstellte Leistungen. Der Prozess ihres Übergangs

---

[30] vgl. zum Beispiel Barth, Hertweck (1997), S. 25; Bliesener (1994), S. 278 f.; Bruch (1998), S. 16 f.; Huber (1993), S. 83; Hürlimann (1995), S. 19; Picot, Reichwald (1994), S. 560; Zahn, Hertweck et al. (1996), S. 14 f.

[31] vgl. Beer (1998), S. 20; Zahn, Barth et al. (1998 a), S. 7

[32] Leistungen stellen das Ergebnis von Tätigkeiten dar, die die Möglichkeit zur Nutzenstiftung eines Gutes schaffen oder verbessern (vgl. zum Beispiel Becker (1951), S. 119 ff. sowie zusammenfassend Rösner (1998), S. 8 ff.)

[33] Funktionen stellen Teilaufgaben innerhalb eines größeren Zusammenhangs dar (vgl. o.V. (1990 a), S. 267)

[34] Prozesse sollen in diesem Zusammenhang als technologisch, zeitlich und örtlich bestimmtes, effizientes Zusammenwirken von Produktionsmitteln zur Herstellung einer abgegrenzten Gütermenge in bestimmter Qualität verstanden werden (vgl. Bea, Dichtl et al. (1997), S. 1)

[35] vgl. dazu zusammenfassend Rösner (1998), S. 10 ff. sowie die dort angegebenen Quellen

stellt den eigentlichen Kern des Outsourcing dar. Outsourcing konkretisiert sich damit immer anhand von Änderungsentscheidungen.[36] Es schließt auch solche Fälle mit ein, bei denen eine Erweiterung bzw. Umgestaltung ehemals intern erbrachter Leistungen erfolgt, wie dies vor allem bei einem auf die Nutzbarmachung externer Kompetenzen ausgerichteten Outsourcing geschieht. Dagegen werden Leistungen, die im Unternehmen noch nicht vorhanden sind, nicht berücksichtigt. Die Definition vereint damit zwei unterschiedliche Standpunkte: eine institutionale Sichtweise, bei der die Nutzung externer Ressourcen im Vordergrund steht, sowie eine instrumentale Perspektive, die den Fokus auf den Prozess des Outsourcing legt.

Bezugsquelle der externen Ressourcen ist - gemäß Definition - ein *externer Dritter*, der für deren Erbringung die dauerhafte unternehmerische Verantwortung übernimmt. Unklar bleibt bei dieser Formulierung allerdings, wo die Grenze zwischen extern und intern verläuft. Verschiedene Definitionen fordern die völlige Trennung zwischen auslagerndem und übernehmendem Organ, wie sie zum Beispiel bei zwei rechtlich wie wirtschaftlich getrennten Unternehmen vorliegt. Daneben existieren Begriffsauffassungen, die auch die Übertragung an eine selbständige interne Organisationseinheit als Outsourcing betrachten[37]. Mit der relativ offen gehaltenen Formulierung „an externe Dritte" wird der weiten Begriffsauffassung der Vorzug gegeben. Sie deckt ein breites Spektrum an organisatorischen Alternativen ab. So kann ein Outsourcing etwa an autonom agierende Abteilungen, Profit-Center, rechtlich selbständige Unternehmen, hoheitliche Organisationen oder auch Hochschulen erfolgen.

Ein weiteres Charakteristikum der Definition ist die *zeitliche Dimension* des Outsourcing. In diesem Zusammenhang wird von einer gezielt langfristigen Externalisierung bestimmter (Teil-)Leistungen und dem Aufbau einer dauerhaften Partnerschaft ausgegangen.[38] Nicht ausgeschlossen ist dabei allerdings ein gezieltes Backsourcing[39], d.h. eine Rückkehr zur Eigenerstellung im Falle sich

---

[36] vgl. Helm, Stumpp (1999), S. 2121; Koppelmann (1996), S. 2; Nagengast (1997), S. 54; Zahn, Hertweck et al. (1996), S. 14

[37] vgl. Arnold (1999), S. 312 f.; Bliesener (1994), S. 279; Bruch (1998), S. 55 ff.; Picot, Maier (1992 a), S. 15; Zahn, Barth et al. (1998 a), S. 9 ff.

[38] vgl. Arnold (1999), S. 309; Bruch (1998), S. 17; Zahn, Hertweck et al. (1996), S. 14 f. Einige wenige Autoren ordnen einem Outsourcing zusätzlich zum Aspekt einer langfristigen Partnerschaft auch die Möglichkeit einer zeitlich beschränkten Verlagerung von Leistungen zu (vgl. Bongard (1994), S. 87; Picot, Maier (1992 a), S. 16). Sie beziehen sich dabei jeweils auf das Outsourcing von IV-Leistungen, welche einem vergleichsweise dynamischen Wandel unterworfen sind und unter Umständen eine schnelle Rückkehr zur Eigenerstellung erforderlich machen können. Dieser Umstand steht daher nicht im Widerspruch zu den oben getroffenen Aussagen.

[39] vgl. Hirschheim (2000), S 1 ff. Von anderen Autoren wird dieser Vorgang auch als „Re-Insourcing" oder einfach nur als „Insourcing" bezeichnet. Vgl. Zahn, Barth et al. (1998 a), S. 7 bzw. Chapman, Andrade (1997), S. 3 f.; Wildemann (1994), S. 415

verändernder Rahmenbedingungen, Kostenstrukturen o.ä. Die einmalige und kurzfristige Beauftragung eines externen Unternehmens, etwa zur Abdeckung von Kapazitätsengpässen, ist damit nicht Gegenstand des Outsourcing.
Aufbauend auf dem skizzierten Outsourcing-Verständnis ist der Terminus „*Insourcing*" nicht als direkter Gegenbegriff zum Outsourcing zu begreifen. Dieser steht vielmehr für die Erweiterung oder Neuaufnahme einer Leistungsfunktion in das Programm des Unternehmens. Dabei ist zu beachten, dass diese Leistungen „neu" für das Unternehmen sein müssen, d.h. bislang noch nicht erbracht worden sind.[40]

2.1.1.2 Die Grenzen des Outsourcing-Begriffs

Trotz der im Rahmen der Outsourcing-Definition getroffenen Abgrenzungen lassen sich Überschneidungen mit anderen Begriffen nicht vollständig vermeiden. So werden etwa die Termini „*Auslagerung*" und „*Ausgliederung*" vielfach als Synonyme für Outsourcing verwendet; auch die Gleichsetzung mit „*Fremdbezug*" oder „*Make-or-Buy*" ist bei einigen Autoren zu finden.[41] Um die terminologische Klarheit der folgenden Ausführungen sicherzustellen, werden diese Begriffe im Kontext des Outsourcing definiert bzw. vom Outsourcing-Begriff abgegrenzt.

- *Ausgliederung* wird in älteren betriebswirtschaftlichen Veröffentlichungen gewöhnlich im Zusammenhang mit dem Übergang von der Selbst- zur Fremdausübung von Funktionen verwendet, wobei das ausgliedernde Unternehmen immer ein gewisses „Funktionsrudiment", in der Regel die Entscheidungs- und Kontrollfunktion, behält. Maßgeblich bei der Ausgliederung ist der Transfer zu einer außerhalb des Unternehmens liegenden Wirtschaftseinheit.[42] In jüngerer Zeit wird dem Ausgliederungsbegriff allerdings eine etwas andere Begriffsauslegung zuteil, die vor allem von der Rechtswissenschaft geprägt ist. Demnach ist unter einer Ausgliederung die teilweise Übertragung des Vermögens einer Gesellschaft auf ein oder mehrere andere Gesellschaften zu verstehen.[43] Aus der Synthese dieser beiden Auffassungen entstand das heute vorherrschende Begriffsverständnis, nach dem eine Ausgliederung die Übertragung von Funktionen in Kombination mit dem Übergang von

---

[40] Führt man den Begriff „Insourcing" auf seine ursprüngliche Bedeutung eines „inside resource using", also der Nutzung interner Ressourcen, zurück, wird deutlich, dass dieser nur mit Bezug auf das outsourcende Unternehmen verwendet werden kann. Der Fall, bei dem ein Unternehmen von anderen Firmen outgesourcte Leistungen erbringt, ist somit nicht als Insourcing, sondern als Übernahme von Leistungen zu bezeichnen (vgl. Arnold (1999), S. 311; Zahn, Barth et al. (1998 a), S. 7).

[41] vgl. zum Beispiel Behme (1993), S. 291; Schröder (1995), S. 27

[42] vgl. Nagengast (1997), S. 59 sowie die dort angegebene Literatur

[43] vgl. Heinzl (1993), S. 38; Nagengast (1997), S. 60

Vermögen auf ein oder mehrere Unternehmen darstellt. Die Einbindung von Vermögen definiert eine kapitalmäßige Verflechtung, wodurch Tochter-, Gemeinschafts- oder Beteiligungsunternehmen entstehen.[44] Ausgliederungen zielen vornehmlich darauf ab, durch eine Dezentralisierung des Managements die Flexibilität zu erhöhen und eine effiziente Leistungserstellung mit hoher Kostentransparenz zu gewährleisten, ohne dabei die Möglichkeit einer unmittelbaren Einflussnahme aufzugeben.[45] Da beim Outsourcing ein Vermögensübergang zwar möglich, aber keineswegs zwingend ist und sich Ausgliederungen zudem hauptsächlich auf Funktionen beziehen, sind sie demnach als spezielle Ausprägungen des Outsourcing zu betrachten.

- Unter dem ursprünglich aus dem Lagerwesen stammenden Begriff *Auslagerung* wird im Allgemeinen die partielle oder vollständige Übertragung von Leistungen auf betriebsfremde Wirtschaftseinheiten verstanden. Das wesentliche Abgrenzungskriterium zur Ausgliederung liegt in der lediglich auf vertraglichen Vereinbarungen basierenden Bezugsart der Leistungen, die eine Kapitalverflechtung der beiden Parteien ausschließt. Die Möglichkeit zur direkten Einflussnahme ist damit nicht mehr gegeben. Auch die Auslagerung stellt eine spezielle Form des Outsourcing dar.[46]
- Ein weiterer im Zusammenhang mit Outsourcing vielfach benutzter Ausdruck ist *Make-or-Buy*. Geht man von dessen sinngemäßer Bedeutung - Eigenerstellung oder Fremdbezug[47] - aus, liegt zunächst die Vermutung nahe, dass beide Begriffe deckungsgleich sind. Eine genauere Betrachtung hingegen offenbart durchaus Unterschiede. Während sich Outsourcing immer auf bisher selbst erstellte Leistungen bzw. deren Verlagerung an Externe bezieht und damit der Wechselgedanke im Vordergrund steht, können Make-or-Buy-Überlegungen durchaus auch für noch nicht vorhandene Leistungen, wie sie etwa im Zuge von Unternehmensgründungen, Reinvestitionsabsichten o.ä. vorkommen, angestellt werden.[48] Outsourcing ist damit als Teilaspekt der Make-or-Buy-Problematik zu verstehen.[49]

  Hinzu kommt, dass sich Outsourcing - im Gegensatz zu Make-or-Buy-Entscheidungen, bei denen sich das Wahlproblem im Grundsatz auf die beiden Alternativen der kompletten Eigenerstellung bzw. des völligen Fremdbezugs beschränkt - in einem breiteren Spektrum von Optionen bewegt, das ex-

---

[44] vgl. Bliesener (1994), S. 279; Bruch (1998), S. 55 ff.; Knolmayer (1992), S. 356; Zahn, Barth et al. (1998 a), S. 8

[45] siehe auch Kapitel 2.1.3

[46] vgl. Bruch (1998), S. 55 f.; Schott, Warwitz (1995), S. 6; Zahn, Barth et al. (1998 a), S. 8. Im Folgenden wird der Begriff *Auslagerung* synonym zum Terminus *Outsourcing* verwendet.

[47] vgl. Männel (1996), S. 148

[48] vgl. zum Beispiel Hahn, Hungenberg et al. (1994), S. 75; Männel (1981), S. 29 ff.

[49] vgl. Bliesener (1994), S. 278; Franze (1997), S. 22

plizit auch Zwischenformen, wie etwa ein internes Outsourcing an eine Tochtergesellschaft, miteinschließt.[50]

2.1.2 Chancen und Risiken des Outsourcing

Wie die bisherigen Ausführungen zeigen, stellt Outsourcing einen Ansatz dar, welcher die gezielte, langfristige Externalisierung von Leistungen zum Inhalt hat. Sein oberstes Ziel die Erhaltung bzw. Stärkung der Wettbewerbsfähigkeit des Unternehmens.[51] Es kann grundsätzlich auf zwei Arten erreicht werden: durch eine *Steigerung der Effektivität* oder durch eine *Erhöhung der Effizienz* des Unternehmens.[52] Für die hier fokussierte Thematik der Gestaltung und Lenkung von Outsourcing-Entscheidungen erweist sich eine Betrachtung auf diesem hohen Abstraktionsniveau jedoch als zu pauschal. Erfolgreich durchgeführtes Outsourcing vermag neue Wettbewerbsvorteile zu generieren oder bestehende zu sichern, es bedarf dabei jedoch eines wohlüberlegten und systematischen Vorgehens, an dessen Beginn ein ausführliches Abwägen aller potenziellen *Chancen und Risiken* steht.[53]
Da Outsourcing letztlich nichts anderes als eine bestimmte Form der Arbeitsteilung darstellt[54], können prinzipiell alle positiven Aspekte eines arbeitsteiligen Vorgehens als mögliche *Chancen* angeführt werden - die Konzentration auf das Kerngeschäft, Kostenvorteile sowie Leistungsverbesserungen.[55] Diese Kriterien werden im Folgenden zur Charakterisierung von Outsourcing-Chancen herangezogen.

- ***Konzentration auf das Kerngeschäft***
  Ein zentrales Outsourcing-Motiv ist die Möglichkeit einer *Konzentration auf die jeweiligen Kerngeschäfte.* Gezieltes Outsourcing bietet eine Entlastung von Aktivitäten, die für ein Unternehmen nur Randbereiche darstellen, und es hilft, den Einsatz knapper Ressourcen auf strategisch relevante Kompetenzfelder zu fokussieren, in denen längerfristig verfügbare Wettbewerbspotenziale bestehen. Eine derartige Bündelung der Kräfte resultiert oft auch in einer höheren strategischen Flexibilität, welche es ermöglicht, schnell auf Veränderungen im Markt zu reagieren. Darüber hinaus können Unternehmen durch Outsourcing auch ihre Komplexität reduzieren. Bei konsequenter Umsetzung des Outsourcing erfolgt die Koordination der relevanten Aktivitäten

---

[50] vgl. Bongard (1994), S. 79 f.
[51] vgl. Helm, Stumpp (1999), S. 22; Zahn, Barth et al. (1998 a), S. 11
[52] vgl. Zahn, Barth (2001 a), S. 562. Nähere Erläuterungen zu den Begriffen „Effektivität" und „Effizienz" finden sich beispielsweise bei Bohr (1993), Sp. 375 ff.
[53] vgl. Beer (1998), S. 120; Zahn, Barth et al. (1998 a), S. 1
[54] vgl. Nagengast (1997), S. 61 sowie die dort angegebene Literatur
[55] vgl. Bruch (1998), S. 31

nicht mehr über interne, hierarchische Mechanismen, wie zum Beispiel Pläne oder Verrechnungspreise, sondern über den Markt. Der Marktpreis bildet das eigentliche Steuerungselement.[56]

Die Konzentration auf das Kerngeschäft führt gewöhnlich auch zu einer *Reduktion des allgemeinen Geschäftsrisikos*. Wird eine Leistung ausgelagert, kann ein Teil des unternehmerischen Risikos an das übernehmende Unternehmen abgegeben werden. Aus strategischer Perspektive sind dies beispielsweise hohe Investitionskosten oder schwer kalkulierbare Haftungsrisiken, die entsprechend der Vertragsgestaltung auf die Outsourcing-Partner verteilt bzw. übertragen werden. Zu den möglichen operativen Risikominderungen zählt, dass der Outsourcing-Partner zusammen mit der Leistungserstellung auch die Gefahr von Terminüberschreitungen, unerwarteten Kostensteigerungen oder Qualitätsproblemen zu tragen hat. Bei einem internationalen Outsourcing können außerdem Währungsrisiken vermindert werden.[57]

Outsourcing-Projekte können auch das *Management von Humankapital* im Unternehmen entlasten. Zunächst können sich Entlastungswirkungen bei der Personalbeschaffung ergeben. In vielen Bereichen ist die Nachfrage nach qualifizierten Arbeitskräften höher als das Angebot, zum Beispiel im IT-Bereich. Hinzu kommt, dass es sich bei den outzusourcenden Leistungen oftmals um Randaktivitäten des Unternehmens handelt, welche notwendigen Spezialisten nur bedingt adäquate Aufstiegschancen im Vergleich mit auf die jeweiligen Leistungen spezialisierten Unternehmen bieten. Über ein Outsourcing von Leistungen an entsprechende Spezialisten kann sich ein Unternehmen damit leichteren Zugang zu qualifizierten und motivierten Arbeitskräften verschaffen sowie gleichzeitig einen Arbeitskräftemangel oder Kompetenzdefizite im Unternehmen vermeiden. Darüber hinaus entfallen eine Vielzahl vom Aufgaben des Personalmanagements, insbesondere Fort- und Weiterbildungsmaßnahmen. Außerdem muss zum Abdecken eventueller Kapazitätsspitzen weniger Personal vorgehalten werden, da diese vom übernehmenden Unternehmen mit seinem infolge der Spezialisierung flexibleren Personalstamm aufgefangen werden können. Die so erreichte Beweglichkeit ist ein wesentlicher Wettbewerbsfaktor.[58] Hingegen spielt die oftmals mit der Thematik assoziierte Reduktion von Personal empirischen Untersuchungen zu-

---

[56] vgl. Bongard (1994), S. 110; Bruch (1998), S. 33; Friedrich (1996), S. 287 ff.; Lacity, Willcocks et al. (1995), S. 84 f.; Molzahn (1993), S. 26; Picot, Maier (1992 a), S. 16 f.; Quinn (1999), S. 11; Ruthekolck, Kelders (1993), S. 56; Szyperski, Schmitz et al. (1993), S. 238; Zahn, Barth et al. (1998 a), S. 13

[57] vgl. Alexander, Young (1996), S. 729 f.; Cunningham, Fröschl (1995), S. 20; Meyer, Leuppi, (1992), S. 50; Quinn, Hilmer (1994), S. 52; Scherm (1996), S. 48; Zahn, Barth et al. (1998 a), S. 15

[58] vgl. Bruch (1998), S. 33; Greaver (1999), S. 5; Martinsons (1993), S. 18

folge eher eine untergeordnete Rolle.[59] Dieser stehen vielfältige gesetzliche Restriktionen sowie die Gefahr eines irreversiblen Know-how-Abflusses entgegen.[60]

- ***Leistungsverbesserungen***
  Neben der Konzentration auf die Kernaktivitäten sind Verbesserungen der fokussierten Leistung ein weiteres bedeutendes Motiv für Outsourcing. Leistungsverbesserungen können vor allem über die Erschließung von *externem Know-how* realisiert werden. Hyperwettbewerb, schneller Wandel und segmentierte Märkte machen zunehmend mehr Spezialwissen notwendig, das immer seltener intern verfügbar ist.[61] Der Aufbau von Kompetenzen aus eigener Kraft erfordert den Einsatz von Ressourcen und ist zeitaufwändig. Die Unternehmen sind aber im Interesse ihrer Wettbewerbsfähigkeit auf den schnellen und ressourcensparenden Erwerb von Know-how angewiesen. Outsourcing kann zu einer Erschließung dieser Potenziale beitragen. Tätigkeiten, bei denen sich das Unternehmen als nicht ausreichend kompetent erweist, um im Wettbewerb bestehen zu können, werden nach außen an professionelle Leistungsanbieter vergeben, deren Spezialgebiet die outgesourcte Leistung darstellt. Sie verfügen über eine spezialisierte Wissensbasis und können damit in der Regel ihre Ressourcen rationeller einsetzen, was sich in einer höheren Qualität der Leistung bei gleichen bzw. geringeren Kosten niederschlägt. Vor allem Unternehmen, die in innovationsintensiven Bereichen mit individualisierten Kundenanforderungen angesiedelt sind, können hiervon profitieren. In Interaktionsprozessen zwischen den Partnerunternehmen diffundieren Innovationen bzw. Innovationsimpulse, und es entstehen positive Rückkopplungswirkungen für das auslagernde Unternehmen in Form von Modernisierung bzw. Rationalisierung von Management-, Leistungs- und Vertriebsprozessen. Aufgrund der fortlaufenden Verkürzung von Innovationszyklen ist es gerade kleineren Unternehmen vielfach nicht mehr möglich, gemäß aktuellen Standards und Anforderungen zu arbeiten sowie in allen ihren Funktionen das notwendige Know-how aufzubauen bzw. zu aktualisieren. Über ein intelligentes Outsourcing kann ein Unternehmen auch weiterhin am *technischen Fortschritt* partizipieren. Wird Outsourcing nicht nur zum „Abpuffern" unternehmensinterner Leistungsdefizite verwendet, sondern der Know-how-Zugewinn durch Einbeziehung eines kompetenten Partners aktiv genutzt, kann auch eine Ausweitung des Leistungsspektrums er-

[59] vgl. Zahn, Hertweck et al. (1996), S. 58 ff.
[60] vgl. Bongard, (1994), S. 129 ff.; Nagengast (1997), S. 97 ff.; Szyperski, Schmitz et al. (1993), S. 236 f.; Zahn, Barth et al. (1998 a), S. 15
[61] vgl. Bruhn (1997), S. 345; Picot, Maier (1992 a), S. 18; Zahn, Foschiani (2000 b), S. 91 f.

folgen, ohne dass das Unternehmen dabei Innovationsnachteile oder -verluste befürchten muss.[62]

- ***Kostenvorteile***
  Das wohl am meisten zitierte Outsourcing-Motiv besteht in der *Einsparung von Kosten*. Spezialisierte Leistungsanbieter sind gewöhnlich in der Lage, dieselbe Leistung mit geringeren Kosten zu erbringen, was - bei entsprechender Weitergabe dieser Einsparungen - zu Kostendämpfungseffekten beim auslagernden Unternehmen führt.
  Die niedrigeren Kosten des externen Leistungsanbieters resultieren zu einem wesentlichen Teil aus der Nutzung der *Economies of Scale*, wie die Korrelation von mit steigender Betriebsgröße fallenden (Herstell-)Stückkosten bezeichnet wird.[63] Die Ursachen für diesen Zusammenhang sind im Wesentlichen auf Erfahrungs- und Spezialisierungsvorteile zurückzuführen.[64] Erfahrungsvorteile manifestieren sich in sogenannten Erfahrungskurveneffekten. Sie besagen, dass die Kosten pro Leistungseinheit in Abhängigkeit von der Erfahrung, die mit Hilfe der erstellten (Leistungs-)Menge gemessen wird, zurückgehen. Erfahrungskurveneffekte stellen sich allerdings nicht automatisch ein, sondern sind Ausdruck von realisierten Lernprozessen, Prozessinnovationen oder Rationalisierungsmaßnahmen. Spezialisierungsvorteile hingegen beruhen darauf, dass die zu erledigende Arbeit in einzelne Teilschritte zerlegt wird, die von speziell ausgebildeten Mitarbeitern oder von eigens dafür konstruierten Maschinen mit hoher Produktivität ausgeführt werden können.[65]
  Eine weitere Quelle für Kostenvorteile sind die oft *geringeren Personalkosten* des Spezialisten. Diese setzen sich in der Regel zum einen aus günstigeren Personal- und Vergütungsstrukturen und zum anderen aus einer höheren Personalproduktivität zusammen. Letztere entstehen vor allem durch einen rationelleren Personaleinsatz sowie eine höhere Personalauslastung.[66]
  Kosteneinsparungseffekte ergeben sich daneben durch die Möglichkeit der *Umwandlung eines Teils der Fixkosten* in variable Kosten. Während bei interner Erstellung der Leistungen die meisten Personal- und Betriebsmittelkosten als - zumindest mittelfristig - fixe Kosten anzusehen sind[67], entstehen

---

[62] vgl. Beer (1998), S. 122; Bruch (1998), S. 31 ff.; Eversheim, Baumann et al. (1993), S. 83; Gay, Essinger (2000), S. 11; Greaver (1999), S. 4; Heim (1994), S. 29; Hürlimann (1995), S. 20; Meyer, Leuppi (1992), S. 50; Nagengast (1997), S. 100 ff.; Quinn (2000), S. 14; Zahn, Barth et al. (1998 a), S. 13

[63] vgl. Bohr (1996), Sp. 375

[64] Die ebenfalls belegten Losgrößeneffekte spielen für die in dieser Arbeit im Mittelpunkt stehenden unternehmensnahen Dienstleistungen eine eher untergeordnete Rolle.

[65] vgl. Bruch (1998), S. 31; Zahn, Barth et al. (1998 a), S. 14

[66] vgl. Nagengast (1997), S. 90 f.; Szyperski, Schmitz et al. (1993), S. 237 f.; Zahn, Hertweck et al. (1996), S. 25

[67] siehe dazu vertiefend zum Beispiel Hummel, Männel (1999), S. 101 ff.

beim Outsourcing von Leistungen Kosten im Wesentlichen in Form eines Entgelts, das in Abhängigkeit von der tatsächlichen Inanspruchnahme der Leistungen fällig wird und folglich den variablen Kosten zuzurechnen ist. Leerkosten, bei interner Leistungserstellung hervorgerufen durch die Auslegung des Personal- und Betriebsmittelbestands an Spitzenauslastungen, entstehen beim Outsourcing nicht mehr.[68]

Da das externe Unternehmen die von ihm erbrachten Leistungen als Preis in Rechnung stellt, wird beim outsourcenden Unternehmen eine exakte Zuordnung der Beschaffungskosten möglich. Dieser Umstand führt zu einem *besseren Kostenbewusstsein* und verbessert die *Transparenz und Planbarkeit der Kosten*, ein Aspekt, welcher insbesondere beim Outsourcing von Dienstleistungen von Bedeutung ist, da die exakte Ermittlung von Dienstleistungskosten aufgrund von Erfassung- und Abgrenzungsproblemen häufig schwierig ist.[69]

Leistungen, die nicht mehr selbst erbracht, sondern von externen Wertschöpfungspartnern bezogen werden, bewirken gewöhnlich auch eine *Verminderung des gebundenen Kapitals*. Geht nämlich mit der Auslagerung einer Leistung der Verkauf von Anlagevermögen einher, können Fremdkapital sowie Schuldendienst reduziert und gleichzeitig die Liquidität verbessert werden. Aber auch ohne Mittelzufluss kann sich durch Outsourcing die Liquidität erhöhen, indem Investitionen für notwendige Neu- oder Ersatzbeschaffungen nicht getätigt werden müssen. Die Profitabilität wird gesteigert und das Gesamtergebnis positiv beeinflusst.[70]

Den Vorteilen, die über ein Outsourcing von Leistungen möglich sind, stehen auch *Risiken* gegenüber. Ein Teil dieser Risikofaktoren sind outsourcing-immanent und müssen daher in Kauf genommen werden. Dagegen sind andere durch ein kompetentes Management und eine entsprechende Ausgestaltung der Outsourcing-Partnerschaft eingrenz- oder vermeidbar.[71] Ihre Nichtbeachtung mindert die Erfolgspotenziale eines Outsourcing beträchtlich; sogar ein Fehlschlagen des Projekts ist möglich. Viele Risiken lassen sich im Rahmen eines umfassenden Outsourcing-Managements rechtzeitig identifizieren und durch entsprechende Gegenmaßnahmen auch vermeiden. Umso erstaunlicher ist es, dass die Risiken des Outsourcing - gemessen an der Häufigkeit ihrer Erwähnung - bislang in der Literatur vergleichsweise geringere Beachtung gefunden haben als die Outsourcing-Chancen.

---

[68] vgl. Bruch (1998), S. 32; Heim (1995), S. 29; Männel (1996), S. 149; Reiß (1994 b), S. 443

[69] vgl. Behme (1993), S. 292; Bongard (1994), S. 119 f.; Dillerup, Foschiani (1996), S. 40; Molzahn (1993), S. 26

[70] vgl. Bongard (1994), S. 118; Heim (1994), S. 29; Nagengast (1997), S. 95 f.; Staudacher (2000), S. 303 ff.

[71] vgl. Beer (1998), S. 126

Die Risiken des Outsourcing lassen sich ebenfalls in drei Kategorien einteilen: Kostensteigerungen, Leistungsrisiken und unternehmerische Zusatzbelastungen.

- ***Kostensteigerungen***

  Obwohl das Outsourcing beträchtliches Potenzial zur Senkung der Kosten im auslagernden Unternehmen bietet, muss die Möglichkeit in Betracht gezogen werden, dass durch ein Outsourcing von Leistungen nicht - wie erhofft - die Summe aller von ihm beeinflussten *Kosten* vermindert, sondern im Vergleich zu den Gegebenheiten vor der Auslagerung sogar noch *gesteigert* wird. Ursachen hierfür können in einer nicht konsequent genug erfolgten Nutzung der Outsourcing-Potenziale oder in der Unterschätzung bzw. Nichtbeachtung outsourcing-spezifischer Kosten liegen. Letztere betreffen sowohl direkte als auch indirekte Kosten. *Indirekte Kosten*, die nicht mit dem eigentlichen Prozess der Leistungserstellung entstehen, sind im Wesentlichen Transaktionskosten.[72] Sie umfassen Anbahnungs-, Vereinbarungs-, Kontroll- und Anpassungskosten.[73] *Anbahnungskosten* des Outsourcing entstehen bei der Suche nach geeigneten Partnern sowie bei deren Beurteilung und Auswahl. *Vereinbarungskosten* werden durch Vertragsverhandlung, -formulierung und -abschluss verursacht. Sie sind gerade wegen der vertragstechnisch komplexen Materie des Outsourcing nicht zu unterschätzen. Durch die Überwachung der Einhaltung der getroffenen Vereinbarungen fallen außerdem *Kontrollkosten* an. Sollte im Verlauf einer Outsourcing-Partnerschaft noch Änderungsbedarf bestehen, ist mit *Anpassungskosten*, etwa für Nachverhandlungen zu rechnen. Außerdem entstehen Kosten durch Vertragsauflösung. Problematisch bei der Berücksichtigung der Transaktionskosten ist, dass diese häufig nur grob, nicht jedoch in ihrer genauen Höhe erfasst werden können. Gewöhnlich sind die Transaktionskosten bei marktgängigen Leistungen geringer als bei spezifischen, speziell auf das auslagernde Unternehmen zugeschnittenen Diensten.[74]

  Daneben fallen beim Outsourcing in aller Regel auch sogenannte *Switching Costs* an. Sie entstehen durch (einmalige) organisatorische und technische Veränderungen bzw. Anpassungen im auslagernden Unternehmen, zum Beispiel für notwendige Bilanzkonsolidierungen oder die Einrichtung einer Kontrollinstanz.[75]

  Als wichtiges Potenzial des Outsourcing wurde auch die Senkung der *direkten*, d.h. der unmittelbar auf die Leistungserstellung zurückzuführenden *Kos-*

---

[72] vgl. Alexander, Young (1996), S. 728; Picot (1993), Sp. 4195 ff.

[73] Hinsichtlich des Begriffs der Transaktion bzw. der Transaktionskosten sowie den damit verbundenen theoretischen Betrachtungen, siehe Abschnitt 3.1.2.1.

[74] vgl. Arnold (1999), S. 313 f.; Benkenstein, Henke (1993), S. 79 f.; Meyer, Leuppi (1992), S. 50; Molzahn (1993), S. 26; Picot (1991), S. 344; Scherm (1996), S. 51 f.; Zahn, Barth et al. (1998 a), S. 77

[75] vgl. Bongard (1994), S. 153; Heinzl (1993), S. 70 ff.; Nagengast (1997), S. 113

ten identifiziert. Solche Kostenreduktionen erfolgen jedoch nicht automatisch, in ungünstigen Fällen kann durch Outsourcing sogar eine Steigerung der diesbezüglichen Kosten entstehen. Ein wesentlicher Grund hierfür ist, dass beim Vergleich der Kosten zwischen Eigenerstellung und Fremdbezug die *Kosten der Eigenerstellung* oft *überschätzt* werden. Eine exakte Kalkulation dieser Kosten ist bei vielen Unternehmen (noch) nicht gegeben. Die vielfach verwendeten Vollkostenrechnungssysteme verrechnen entstandene Gemeinkosten gewöhnlich mit globalen Zuschlagssätzen auf die einzelnen Leistungen, die infolgedessen mit zu hohen bzw. zu geringen Gemeinkosten belastet werden. Gerade vor dem Hintergrund allgemein steigender Gemeinkosten weisen solche Kalkulationen dann nicht die tatsächlich anfallenden Kosten aus, sondern nur ungenaue Näherungswerte.[76] Beim Outsourcing von Dienstleistungen kommt verschärfend hinzu, dass Dienstleistungen einen tendenziell höheren Gemeinkostenanteil als Sachleistungen besitzen[77]; außerdem fehlen häufig geeignete Verrechnungsansätze.[78]
Zu einer Kostensteigerung kann auch die *unzureichende Reduktion der Fixkosten* beim outsourcenden Unternehmen beitragen. Dieser Effekt tritt zum Beispiel dann ein, wenn beim auslagernden Unternehmen bestehendes Anlagevermögen nicht verkauft und Mitarbeiter aus vertraglichen oder tariflichen Gründen nicht um- bzw. freigesetzt werden können. In diesem Fall muss das Unternehmen zusätzlich zu den anfallenden (variablen) Beschaffungskosten, die der Outsourcing-Partner in Rechnung stellt, die nicht abbaubaren Fixkosten weiter tragen. Das führt insgesamt zu höheren Gesamtkosten.[79]
Natürlich können auch *höhere Preisforderungen der Anbieter* Kostensteigerungen hervorrufen. Das übernehmende Unternehmen könnte versuchen, die Preise für ausgelagerte Leistungen - zum Beispiel im Rahmen von Verhandlungen zur Vertragsmodifikation oder -verlängerung - zu erhöhen. Handelt es sich bei der outgesourcten Leistung um eine wenig marktgängige Leistung, die spezielles Know-how erfordert, fehlen dem auslagernden Unternehmen alternative Anbieter, und es wird gezwungen sein, die höheren Preisforderungen zu akzeptieren.[80]

---

[76] vgl. Dillerup, Foschiani (1996), S. 40; Mair, Brumann (1995), S. 58
[77] vgl. Corsten (1997), S. 363; Nagengast (1997), S. 43; Simon (1993 b), S. 193
[78] vgl. Lützel (1987), S. 30; Niemand (1996), S. 24; Paul, Reckenfelderbäumer (2001), S. 635 f.; Vikas (1990), S. 265
[79] vgl. Franze (1996), S. 36; Heim (1994), S. 31; Mair, Brumann (1995), S. 58; Zahn, Barth et al. (1998 a), S. 17
[80] vgl. Cunningham, Fröschl (1995), S. 22; Nagengast (1997), S. 115

- ***Leistungsrisiken***
  Ein kritischer Risikofaktor beim Outsourcing ist der unkontrollierte Wissensabfluss. Derartige Risiken entstehen beim *Outsourcing der „falschen" Leistungen*. Erfolgt eine Vergabe von Kernleistungen nach außen oder werden beim Outsourcing vermeintlicher Randaktivitäten unerkannte Kompetenzen mitausgelagert, sind unter Umständen negative Auswirkungen auf die Unternehmensentwicklung die Folge. Werden diese Fähigkeiten vom übernehmenden Unternehmen auch anderen Abnehmern zur Verfügung gestellt, kann dies mittelfristig zur Verminderung bzw. zum Verlust von Wettbewerbsvorteilen beim auslagernden Unternehmen führen und damit dessen Entwicklung gefährden. Unkontrollierter Wissensabfluss erschwert außerdem die Erschließung neuer Anwendungsbereiche und Innovationen und schränkt Lernmöglichkeiten ein. Der Outsourcer hat damit ein Investitionsunterlassungsrisiko zu tragen.[81]
  Leistungseinbußen können darüber hinaus in Bezug auf die ausgelagerte Leistung entstehen. Zur Realisierung von Mengenvorteilen tendieren die übernehmenden Unternehmen gewöhnlich dazu, die von ihnen zu erbringenden Leistungen mehr oder weniger stark zu *standardisieren*. Eine solche Standardisierung kann zu Lasten spezifischer Leistungsanforderungen der auslagernden Unternehmen gehen. Sie erhalten im Vergleich zur Eigenerstellung weniger exklusive Leistungen, auf deren Ausgestaltung sie nur begrenzten Einfluss nehmen können.[82]
  Neben Leistungseinbußen durch Standardisierung birgt Outsourcing auch das Risiko von direkten *Qualitätseinbußen*. Durch die Auslagerung von Leistungen kann es aufgrund nicht vorhandener Anwendernähe zu Akzeptanz- und Abstimmungsproblemen kommen. Schlechte Kommunikation resultiert unter Umständen in gravierenden Informationsdefiziten. Da die ausgelagerten Leistungen vielfach mit unternehmensintern erstellten Leistungen zusammengeführt und zu einer gemeinsamen Endleistung verbunden werden, fallen Fehler, die aufgrund der genannten Probleme entstehen, auf das auslagernde Unternehmen zurück. Kundenbeschwerden, Imageverluste und Wettbewerbsnachteile sind die Folge.[83]
  Eine spezielle Form der Leistungseinbuße kann sich beim *vollständigen Ausfall* der ausgelagerten Leistung(en) ergeben - zum Beispiel bei Insolvenz des übernehmenden Unternehmens. Handelt es sich bei der betroffenen Leistung um eine gängige, von mehreren Anbietern erhältliche Leistung, ist das Ausfallrisiko kalkulier- und beherrschbar. Je spezifischer die outgesourcte Leis-

---

[81] vgl. Beer (1998), S. 126 f.; Bruch (1998), S. 35; Hendry (1995), S. 199; Meyer, Leuppi (1992), S. 50; Szyperski, Schmitz et al. (1993), S. 238; Zahn, Barth et al. (1998 a), S. 16 f.

[82] vgl. Bongard (1994), S. 153; Horchler (1996), S. 169; Molzahn (1993), S. 26; Nagengast (1997), S. 122 f.

[83] vgl. Bruch (1998), S. 36; Hürlimann (1995), S. 20; Mair, Brumann (1995), S. 59

tung dagegen ist, desto weniger Kompensationsmöglichkeiten besitzt das auslagernde Unternehmen. Derartige Versorgungsrisiken sind bei der Outsourcing-Entscheidung immer zu bedenken.[84]

- ***Unternehmerische Zusatzbelastungen***
  Abgesehen von Leistungs- und Kostenrisiken können beim Outsourcing Probleme auftreten, welche die *Performance* der Partnerschaft *belasten.* Zunächst ist hier das Entstehen von *Abhängigkeiten* zu nennen. Diese lassen sich grundsätzlich nicht vermeiden, da mit einer Auslagerung bestimmte Leistungsbereiche ganz oder teilweise in die Verantwortung eines Partners gegeben werden. Vielfach handelt es sich dabei um sekundäre Bereiche, die jedoch das Spezialgebiet des übernehmenden Unternehmen darstellen, auf welches es seine kreativen Potenziale konzentriert. Ein Outsourcing solcher Bereiche ist unter dem Gesichtspunkt der Abhängigkeit relativ unkritisch. Je mehr die Wissensdefizite jedoch die eigentlichen Kernkompetenzen des Unternehmens berühren, desto problematischer wird eine Auslagerung solcher Bereiche. Zwar kann auf diese Weise fehlendes Know-how beschafft werden, gleichzeitig steigt jedoch die Gefahr für das auslagernde Unternehmen stark an, mittel- oder langfristig abhängig zu werden. Eine solche Abhängigkeit kann zum einen direkte leistungs- oder kostenbezogene Konsequenzen besitzen und zu den bereits erläuterten Kostensteigerungen bzw. Leistungseinbußen führen. Zum anderen manifestiert sie sich aber auch in geringeren Möglichkeiten zur Einflussnahme. Dies lässt sich vor allem anhand operativer Tatbestände festmachen. So besitzt das auslagernde Unternehmen im Allgemeinen nur wenig Einfluss auf die Auswahl der Arbeitnehmer oder auf die Art und Weise, wie diese die ausgelagerten Leistungen erbringen. Doch auch strategische Entscheidungen können betroffen sein. Problemfelder dabei stellen etwa die Bedienung anderer Interessenten durch den Outsourcing-Partner dar, welche direkte Konkurrenten des auslagernden Unternehmens sein können. Auch eventuelle strategische Neuorientierungen des übernehmenden Unternehmens und damit einhergehende Veränderungen des Leistungsprogramms sind nicht zu beeinflussen oder zu steuern.[85]
  Die entstehende Abhängigkeit des outsourcenden Unternehmens verstärkt sich noch durch die in vielen Fällen gegebene *Irreversibilität* des Outsourcing. Der Aufbau einer gut funktionierenden Outsourcing-Partnerschaft benötigt Zeit. Allein die Sichtung potenzieller Anbieter und deren Auswahl oder die Einhaltung von Vertragslaufzeiten macht einen kurzfristigen Wechsel des Partnerunternehmens oder die Rückkehr zur Eigenerstellung nur

---

[84] vgl. Beer (1998), S. 128 f; Zahn, Barth et al. (1998 a), S. 117 ff.

[85] vgl. Bruch (1998), S. 35; Hürlimann (1995), S. 20; Laabs (1993), S. 57; Meyer, Leuppi (1992), S. 50; Molzahn (1993), S. 26; Schott (1995), S. 191 ff.; Reinecke (1998), S. 38 ff.; Szyperski, Schmitz et al. (1993), S. 238; Zahn, Barth et al. (1998 a), S. 16

schwer möglich. Sogar ein langfristig angelegtes Backsourcing ist nicht frei von Problemen. Gewöhnlich fehlt das notwendige Know-how, außerdem müssen die benötigten materiellen und personellen Ressourcen neu aufgebaut werden.[86]
In engem Zusammenhang mit der Abhängigkeitsproblematik stehen *Sicherheitsbedenken*. Für ein effektives Outsourcing, das die Bedürfnisse des Kunden heute und in Zukunft berücksichtigt, müssen dem übernehmenden Unternehmen zum Teil vertrauliche Informationen, beispielsweise Pläne über die geplante Ausrichtung des Unternehmens, zur Verfügung gestellt werden. Diese können aus opportunistischen Gründen zweckentfremdet, d.h. zum eigenen Nutzen verwendet oder an Dritte weitergegeben werden, was für das auslagernde Unternehmen zum Verlust von Wettbewerbsvorteilen oder zum Entstehen neuer Konkurrenz führen kann.[87]
Belastungseffekte durch Outsourcing können sich für das auslagernde Unternehmen auch in *personeller* Hinsicht ergeben. Hierbei ist zunächst der in vielen Fällen zu beobachtende Widerstand der Belegschaft gegen das Outsourcing-Vorhaben zu nennen, oftmals hervorgerufen durch unzureichende Information und aus Angst vor dem Verlust des Arbeitsplatzes oder der Umsetzung zum übernehmenden Unternehmen[88]. Derartige Personalprobleme beim Übergang besitzen tendenziell eher singulären Charakter und treten gewöhnlich im Rahmen einer etablierten Outsourcing-Partnerschaft nicht mehr auf. Gravierendere Personalprobleme können sich auftun, wenn die Arbeitnehmer trotz Outsourcing im Unternehmen verbleiben. In diesem Fall müssen sie meist abseits ihres angestammten Arbeitsgebiets eingesetzt werden, wo sie - zumindest während der Einarbeitungsphase, die ebenfalls Kosten verursacht - wenig produktiv sind. Darüber hinaus ruft eine solche innerbetriebliche Umsetzung vielfach Widerstände bei den Betroffenen hervor. Alternativ zu einer Umsetzung können die Arbeitnehmer im bisherigen Bereich weiterbeschäftigt werden. Da dieser jedoch seine einstige Bedeutung verloren hat, ist der Verbleib mit einem Statusverlust und infolgedessen mit sinkender Arbeits-

---

[86] vgl. Cunnigham, Fröschl (1995), S. 23; Horchler (1996), S. 168; Nagengast (1997), S. 126 f.

[87] vgl. Bongard (1994), S. 153; Heinzl (1993), S. 71; Meyer, Leuppi (1992), S. 50

[88] Bei einem Betriebsübergang, d.h. bei der Übernahme von Aufgaben und Betriebsmitteln, ist das übernehmende Unternehmen nach § 613a, Abs. 1 Satz 2 BGB verpflichtet, die beim auslagernden Unternehmen freigesetzten Arbeitnehmer zu Konditionen, die ihren bisherigen Tarifverträgen oder betrieblichen Vereinbarungen entsprechen, weiterzubeschäftigen. Diese Vereinbarungen dürfen innerhalb eines Jahres nach Betriebsübergang nicht zu Ungunsten des Arbeitnehmers geändert werden. Erst nach Ablauf dieser Übergangsfrist kann eine Anpassung an die beim übernehmenden Unternehmen üblichen Konditionen erfolgen. Dies gilt jedoch nur, falls die betroffenen Rechte beim übernehmenden Unternehmen nicht bereits durch einen Tarifvertrag oder andere Vereinbarungen geregelt sind.

moral und Motivation sowie einer Verschlechterung des Betriebsklimas verbunden. Das auslagernde Unternehmen ist dann meist nicht in der Lage, die notwendigen Kostenreduktionen zu realisieren.[89]
Die *Managementbelastungen*, welche ein Outsourcing in aller Regel zur Folge hat, sind ebenfalls nicht zu vernachlässigen. Die neu entstehenden Schnittstellen zwischen den beteiligten Unternehmen müssen definiert und durch ein entsprechendes Schnittstellenmanagement bewältigt werden.[90] Wie bei kaum einer anderen Funktion können Schwächen hierbei dazu führen, dass sich die Outsourcing-Vorteile nicht wie gewünscht einstellen. Die kompetente Bewältigung dieser Aufgabe erfordert qualifiziertes Personal mit entsprechendem Detailwissen einerseits und ausgeprägte Kommunikations- und Koordinationsfähigkeiten andererseits.[91] Zu den Koordinationsproblemen können auch noch Spannungen durch das Aufeinandertreffen unterschiedlicher Unternehmenskulturen treten, die ein effektives Schnittstellenmanagement zusätzlich erschweren.

Die skizzierten Motive und Risiken des Outsourcing besitzen keine bestimmte Reihenfolge oder Priorität. Sie sind jeweils situativ vor dem Hintergrund des Kontextes, innerhalb dessen sie sich befinden, zu beurteilen. Anhaltspunkte für die Bedeutung der einzelnen Chancen- und Risikofaktoren liefert allerdings die diesbezügliche Auswertung einer empirischen Erhebung[92] (siehe Abbildung 2-2).

Dominierendes Motiv für Outsourcing stellt demnach die Kostenreduzierung dar, die 89% der befragten Unternehmen in den Vordergrund stellen. Für mehr als zwei Drittel der Unternehmen ist auch die Konzentration auf die Kerngeschäfte ein Grund, Leistungen auszulagern. Ein Blick auf die Outsourcing-Risiken offenbart, dass Problembereiche weniger bei den mit Outsourcing verbundenen generellen Risikofaktoren als vielmehr bei der praktischen Durchführung des Outsourcing zu finden sind. Schwierig gestalten sich vor allem der terminliche Ablauf des Outsourcing-Vorhabens sowie die Aufgabenverteilung.[93]

---

[89] vgl. Bongard (1994), S. 153; Dostal (1991), S. 8; Meyer, Leuppi (1992), S. 50; Nagengast (1997), S. 119 ff.

[90] Zur ausführlichen Diskussion dieser Thematik vgl. zum Beispiel Herbst (2002)

[91] vgl. Bruch (1998), S. 37; Frese (1996), S. 20 ff.; Szyperski, Schmitz et al. (1993), S. 239

[92] Im Rahmen einer empirischen Untersuchung zu den Erfolgsfaktoren des Outsourcing wurden in den Jahren 1996 und 1997 insgesamt 100 Geschäftsführer sowie Manager in leitenden Positionen von in Deutschland ansässigen Unternehmen aus dem Maschinen-, Anlagen und Fahrzeugbau, der elektrotechnischen Industrie sowie der Chemiebranche befragt. Vgl. Bullinger, Rüger et al. (1997), S. 37 ff.

[93] vgl. Bullinger, Rüger et al. (1997), S. 42 u. 60

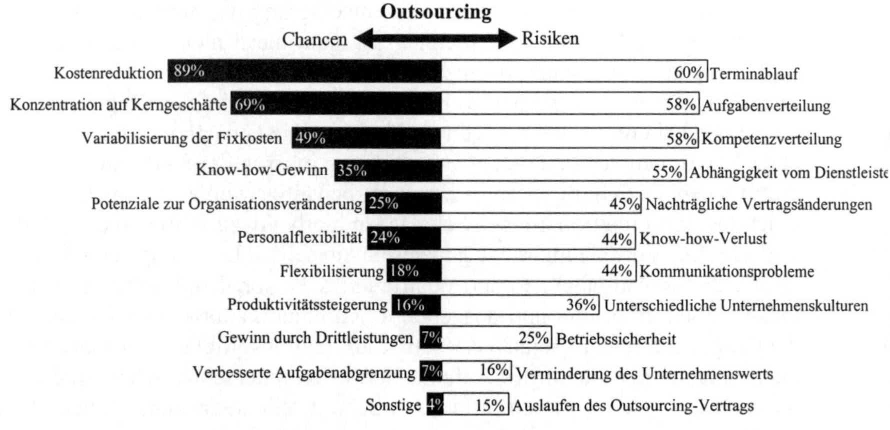

Abbildung 2-2: Empirische Erhebung zu den Chancen und Risiken des Outsourcing (vgl. Bullinger, Rüger et al. (1997), S. 44 und 60)

Betrachtet man die theoretisch wie praktisch bestehenden Chancen und Risiken des Outsourcing in ihrer Gesamtheit, ist es unmittelbar einsichtig, dass die mit einem Outsourcing verbundenen ökonomischen Risiken höher sind als die einer Eigenerstellung der betreffenden Leistung.[94] Allerdings bietet eine Auslagerung auch beträchtliche Chancenpotenziale, die dem Unternehmen bei einem Beibehalten der bisherigen Lösung entgehen. Dabei ist jedoch zu beachten, dass es sich immer um erwartete Chancen und Risiken handelt. Ihr Eintritt hängt sowohl von den spezifischen Rahmenbedingungen als auch von der jeweiligen Durchführung des Outsourcing-Vorhabens ab. Eine entsprechende Ausgestaltung des Outsourcing-Prozesses sowie ein sorgfältiges Analysieren und Abwägen der verschiedenen Chancen- und Risikofaktoren erlauben es, die Risiken so zu verkleinern, dass sie von den Nutzenaspekten deutlich kompensiert werden. Dies bestätigen nicht zuletzt die zahlreichen Beispiele erfolgreicher Outsourcing-Partnerschaften, die eine „Win-win-Situation" für alle beteiligten Unternehmen darstellen.[95]

Bei der Analyse der Outsourcing-Vorteile erweist sich allerdings eine rein isolierte Betrachtung der Potenziale als nicht ausreichend. Zwar sind die Chancen, die sich durch ein Auslagern von Leistungen bieten, als durchaus komplementär zu betrachten, doch können zwischen den verschiedenen Nutzenfaktoren fallweise Zusammenhänge bestehen. Beispielsweise lassen sich bei auf Know-how-Zugewinn ausgelegtem Outsourcing gewöhnlich nur geringere Kostenvor-

---

[94] vgl. Bruch (1998), S. 36

[95] vgl. hierzu zum Beispiel Zahn, Barth, Hertweck (1997), S. 30 ff.; Zahn, Hertweck et al. (1996), S. 70 ff. sowie http://www.outsourcing-center.com

teile realisieren als bei einer rein kostengetriebenen Auslagerung einfacher Leistungen, bei der der Know-how-Aspekt keine maßgebliche Rolle spielt.
Zu beachten ist auch der ambivalente Charakter vieler Outsourcing-Entscheidungstatbestände. Während etwa ein Personalübergang vom auslagernden zum übernehmenden Unternehmen eine beträchtliche Kostenreduktion verspricht, besteht dabei gleichzeitig die Gefahr, dass mit dem Personalwechsel auch ein großer Know-how-Abfluss verbunden ist, was die langfristigen Entwicklungsmöglichkeiten des auslagernden Unternehmens gefährden könnte. Ähnlich verhält es sich mit der Standardisierung von Leistungspaketen. Auf der einen Seite nimmt mit der Auslagerung von stark standardisierten Leistungen die Tendenz zur Abhängigkeit ab, andererseits bedeutet dies eine Gefahr für die Qualität der Leistungserstellung, da weniger die genauen Bedürfnisse des auslagernden Unternehmens als eine möglichst große Vereinheitlichung im Vordergrund stehen.
Die hohe Ambivalenz sowie die fallweise gegenseitige Abhängigkeit der verschiedene Potenzialfaktoren stellen besondere Anforderungen an ein adäquates Outsourcing-Management. Neben einem ganzheitlichen Vorgehen stehen dabei vor allem Gestaltungsaspekte der Outsourcing-Partnerschaft, wie etwa die Wahl des Outsourcing-Objekts, das Identifizieren der optimalen Outsourcing-Form oder die Entscheidung für den passenden Outsourcing-Partner im Vordergrund.

2.1.3 Formen des Outsourcing

Outsourcing ist nicht gleich Outsourcing. Ein Blick in die gängige Outsourcing-Praxis zeigt, dass es eine Vielzahl von Verbindungen und Partnerschaften zwischen zwei oder mehreren Unternehmen gibt, die alle unter dem Begriff des Outsourcing zusammengefasst werden. Denn das Auslagern von Leistungen bedeutet nicht, sich grundsätzlich aller Aufgaben in dem zur Fremdvergabe vorgesehenen Bereich zu entledigen. Vielmehr gilt es, gerade die Leistungen von außen zu beziehen, die externe Dienstleister effizienter und effektiver zu erbringen vermögen.[96]
Das Spektrum der unterschiedlichen „Outsourcing-Designs“[97] lässt sich zweckmäßig anhand zweier Aspekte systematisieren: *dem Grad des Outsourcing* und der *Bindungsintensität an das auslagernde Unternehmen* (siehe Abbildung 2-3).

---

[96] vgl. Bechtolsheim (1995), S. 14; Bruch (1998), S. 55 ff.; Picot, Maier (1992 a), S. 16 f.; Reiß (1997), S. 26
[97] Arnold (1999), S. 312

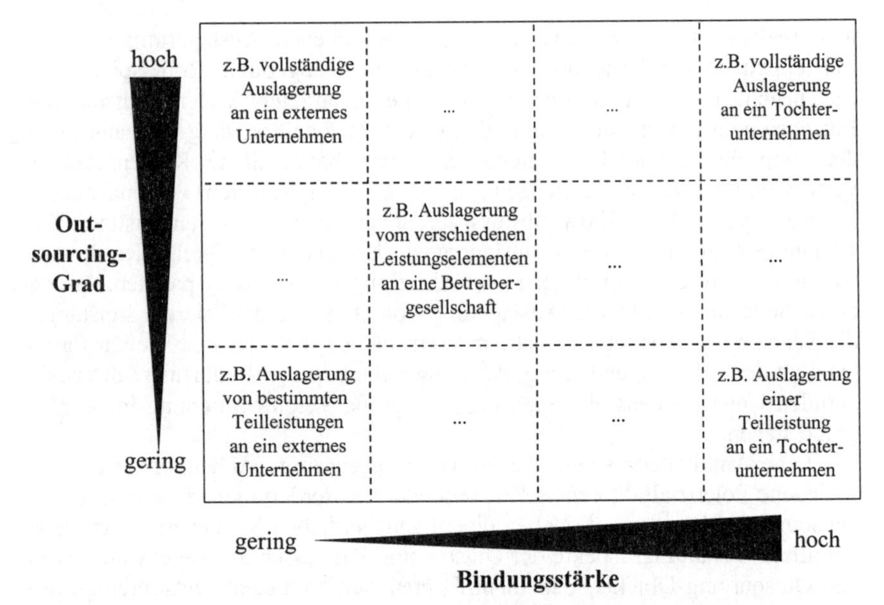

Abbildung 2-3: Outsourcing-Formen als Funktionen von Outsourcing-Grad und Bindungsstärke

Der *Outsourcing-Grad* spiegelt den Umfang der ausgelagerten Leistungsfunktionen wider. Ein geringer Outsourcing-Grad geht dementsprechend mit einem hohen Eigenanteil an der fremdvergebenen Leistung oder einer Begrenzung des Outsourcing auf den Spitzenbedarf einher.[98] Demgegenüber wird bei einem hohen Outsourcing-Grad die Leistung weitgehend bzw. völlig vom jeweils übernehmenden Unternehmen erbracht.[99]
Die *Bindungsstärke* des auszulagernden Bereichs an das übernehmende Unternehmen wird über die Ausgestaltung der Beziehung zwischen Dienstleister und auslagerndem Unternehmen definiert.[100] Hier sind verschiedene institutionelle Designalternativen denkbar, welche sich zwischen Markt und Hierarchie bewegen.[101]
Dabei zeichnen sich *Märkte* vor allem durch ihre hohe Anreizwirkung aus. Über den Preismechanismus erhalten die Unternehmen eine direkte Rückkopplung bezüglich ihrer Leistungen. Dies führt zu hoher Effizienz, denn weniger leistungsfähige Unternehmen kommen als Partner nicht in Betracht.[102] Anders bei

[98] vgl. Hürlimann (1995), S. 19
[99] vgl. Behme (1993), S. 293; Heinzl (1993), S. 67 f.
[100] vgl. Eversheim, Baumann et al. (1993), S. 85; Picot, Maier (1992 a), S. 16
[101] vgl. zum Beispiel Picot, Hardt (1998), S. 626; Scheuing (1998), S. 1278
[102] vgl. Arnold (1999), S. 312

hierarchischer Koordination: Zurechnungsprobleme machen es hier in vielen Fällen unmöglich, einen direkten Zusammenhang zwischen Leistung und Gegenleistung herzustellen. Allerdings weisen Hierarchien durch ihre gemeinsame Zielausrichtung auch Vorteile gegenüber Märkten auf. Die Transaktionspartner sind klar definiert und müssen nicht erst im Zuge langwieriger Verhandlungen gefunden und an das Unternehmen gebunden werden. Daher können hierarchisch organisierte Koordinationsformen besser auf unvorhergesehene Veränderungen im Markt reagieren.[103]
Neben dem „reinen" Markt und der „reinen" Hierarchie existieren in der Realität eine Vielzahl von Koordinationsformen, die sich zwischen diese beiden Extrema einordnen lassen. Sie resultieren zum einen aus der Simulation von Märkten in hierarchisch organisierten Systemen, etwa in Form von Profit Centern oder Verrechnungspreisen. Zum anderen kommen sie in kooperativen Vereinbarungen zwischen Unternehmen wie beispielsweise Strategischen Allianzen zum Ausdruck. Bei solchen *Wertschöpfungspartnerschaften*[104] geben Unternehmen einen Teil ihrer Autonomie auf, um ihre ökonomische Situation zu verbessern.[105] Im Unterschied zu rein marktlichen Beziehungen wird mit diesen hybriden Outsourcing-Formen versucht, einerseits die Vorteile einer Auslagerung von Leistungen zu nutzen (Effizienzsteigerung) und gleichzeitig die damit verbundenen Nachteile (reduzierte Einflussmöglichkeiten) in überschaubaren Grenzen zu halten.
Einen Ansatz zur Systematisierung der verschiedenen Formen bietet die Vertragstheorie.[106] Ihr zufolge sind Markt, Hierarchie und hybride Koordinationsformen nicht grundsätzlich voneinander verschieden. Alle beruhen auf einem Netz von Verträgen, welche jeweils unterschiedlich ausgestaltet sind. Bei Märkten handelt es sich um Kaufverträge, Hierarchien sind durch Arbeitsverträge charakterisiert, während hybride Organisationsformen auf Kooperations-, Franchising- und Lizenzverträgen basieren.[107]
Märkte können demnach als Netze kurzfristiger (Kauf-)Verträge zwischen wirtschaftlich und rechtlich selbständigen Wirtschaftseinheiten angesehen werden. Hingegen sind Kooperationen als mittel- bzw. langfristig ausgelegte Verträge zwischen zwar rechtlich selbständigen, aber wirtschaftlich partiell

---

[103] vgl. ebenda, S. 312
[104] vgl. Höfer (1996), S. 303; Johnston, Lawrence (1989), S. 81 ff.; Wildemann (1995), S. 749 f.
[105] vgl. Engelhardt, Reckenfelderbäumer (1993), S. 268 ff.; Sydow (1991), S. 271; Zahn, Foschiani (2000 a), S. 516
[106] vgl. MacNeil (1980) sowie zusammenfassend zum Beispiel Picot, Reichwald et al. (1998), S. 51 ff.
[107] vgl. Wolff (1995), S. 14

abhängigen Partnern zu interpretieren.[108] Damit lassen sich - bezogen auf das Outsourcing - die folgenden grundlegenden Outsourcing-Formen identifizieren.

Eigen-fertigung	**internes Outsourcing**				**externes Outsourcing**		
Eigen-erstel-lung	Center-Konzep-tion	Koopera-tion	gemein-same Service-gesell-schaft	Kapital-beteili-gung	formali-sierte Zusam-men-arbeit	lose Form der Zusam-men-arbeit	spontane Trans-aktion

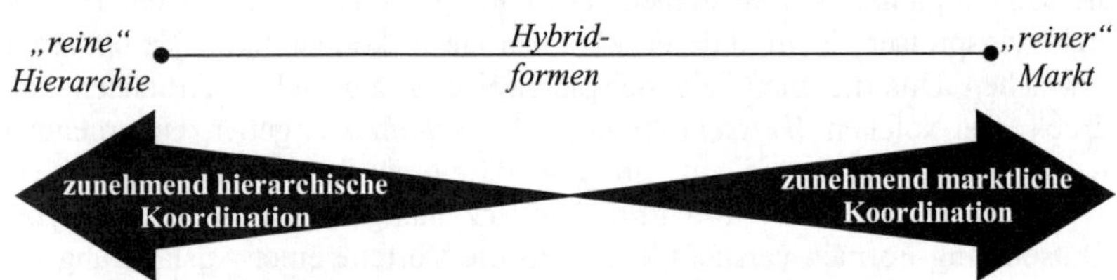

Abbildung 2-4: Systematik der Outsourcing-Formen (vgl. Zahn, Barth et al. (1998 b), S. 118)

Das *externe Outsourcing* weißt demnach die geringste Bindungsstärke zwischen den beteiligten Unternehmen auf. Die Austauschbeziehungen werden weitgehend über den Markt geregelt. Es besteht keine gesellschaftsrechtliche Verknüpfung der Partner. Entsprechend gewinnt der Vertrag zwischen beiden Unternehmen an Bedeutung. Nur über ihn kann das outsourcende Unternehmen auf die Preispolitik, den Leistungsumfang sowie - in begrenztem Ausmaß - auch auf die Geschäftspolitik, die Standortwahl und ähnliche Entscheidungen Einfluss nehmen.[109] Allerdings ist die Outsourcing-Entscheidung bei dieser Variante meist endgültig, und ein späteres Backsourcing ist nur langfristig sowie unter erheblichen Kosten möglich.[110] Die Managementanforderungen, die ein solches Projekt stellt, sind in der Vertragsverhandlungsphase erheblich, danach geht die unternehmerische Verantwortung völlig auf den Dienstleister über, und das outsourcende Unternehmen kann sich auf die Kontrolle der erbrachten Leistungen beschränken.[111] Ein solches im Wettbewerb ausgehandeltes Dienstleistungsverhältnis weist die höchsten Effizienzsteigerungspotenziale[112] auf, genießt doch

[108] vgl. Picot, Reichwald et al. (1998), S. 54 f.
[109] vgl. Bechtolsheim (1994), S. 18; Picot, Maier (1992 a), S. 17; Staudacher (2000), S. 308
[110] vgl. Knolmayer (1992), S. 357
[111] vgl. Bechtolsheim (1994), S. 18; Bruch (1998), S. 56
[112] vgl. Bechtolsheim (1994), S. 18

das übernehmende Unternehmen vergleichsweise hohe unternehmerische Freiheiten und kann Rationalisierungspotenziale entsprechend ausnutzen.
Interne Outsourcing-Varianten besitzen neben marktlichen auch mehr oder weniger ausgeprägte hierarchische Elemente. Vier grundsätzliche Varianten lassen sich unterscheiden:[113]

- Bei der *Kapitalbeteiligung* an einem Dienstleistungsunternehmen hängt die Bindungsstärke der Unternehmen vom Beteiligungsverhältnis der Partner ab. Sie ist jedoch in jedem Fall höher als beim externen Outsourcing. Von Vorteil für das outsourcende Unternehmen ist bei dieser Konstellation vor allem, ein Mitspracherecht bei grundlegenden Entscheidungen des übernehmenden Unternehmens wie etwa Fragen der künftigen Unternehmenspolitik, Standortentscheidungen oder Festlegungen der Geschäftsfeldstrategie zu besitzen. Bei erfolgreichem Geschäftsverlauf ist zudem die Aussicht auf Gewinn gegeben, mittelfristig besteht sogar die Möglichkeit zum Aufbau eines zusätzlichen Geschäftsfelds. Trotzdem behält das Partnerunternehmen weitgehende unternehmerische Freiheiten, weshalb die mit dieser Variante verbundenen Effizienzsteigerungspotenziale recht bedeutsam sind.[114]
- Bei Beteiligungen in Form von *gemeinsamen Servicegesellschaften* (vertikalen Kooperationen) bringen die an der Outsourcing-Partnerschaft partizipierenden Unternehmen sowohl Ressourcen als auch Know-how in ein zu gründendes Gemeinschaftsunternehmen - etwa ein Joint Venture - ein. Die Bindungsstärke ist folglich ausgeprägter als bei einer reinen Kapitalbeteiligung, die Koordination erfolgt nicht ausschließlich über den Markt, sondern weist auch hierarchische Elemente auf. Die Vorteile für das auslagernde Unternehmen liegen vor allem in den erweiterten Mitbestimmungsrechten. Die Partnerunternehmen profitieren auch von der gegenseitigen Erschließung neuer Kompetenzen und Synergiepotenziale. Dagegen sind die möglichen Rationalisierungseffekte in der Regel geringer als bei den anderen Outsourcing-Formen. Dies ist im Wesentlichen darauf zurückzuführen, dass infolge des zunehmenden Grads der hierarchischen Koordination die unternehmerische Freiheit des übernehmenden Unternehmens eingeschränkt wird. Vergütet man die erbrachten Leistungen innerhalb des Verbunds beispielsweise mit Verrechnungspreisen statt mit Marktpreisen,[115] führt dies entweder zu einer nicht leistungsgerechten Gewinnverteilung oder es kommt zu unerwünschten Verhaltensweisen, wie etwa einer zu häufigen Inanspruchnahme von Dienstleis-

---

[113] vgl. Arnold (1999), S. 313; Bliesener (1994), S. 279; Bruch (1998), S. 78 ff.; Eversheim, Baumann et al. (1993), S. 85; Zahn, Barth et al. (1998 a), S. 9

[114] vgl. Bechtolsheim (1994), S. 18; Picot, Maier (1992 a), S. 16

[115] Zur Thematik der Marktpreise siehe zum Beispiel Coenenberg (1973), S. 373 ff.; Hahn, Hungenberg et al. (1994), S. 74 ff.; Horváth (2001), S. 589 ff.; Schimmelpfeng (1994), S. 93 ff.; Weilenmann (1984), S. 207 ff.

tungen aufgrund eines im Vergleich zum Marktpreis zu niedrig angesetzten Verrechnungspreises.[116]

- Die *horizontale Outsourcing-Kooperation*, meist praktiziert in Form einer Betreibergesellschaft zwischen Unternehmen derselben Wertschöpfungsstufe, verfolgt das Ziel, den beteiligten Partnern die jeweilige Leistung möglichst kostengünstig und flexibel bereitzustellen. Da die Austauschbeziehungen nicht über den Markt erfolgen, bleiben derartige Kooperationen in ihrer Effizienz meist hinter den bisher dargestellten Outsourcing-Varianten zurück. Außerdem besitzen sie oft nicht die kritische Größe, um die für Einsparungen notwendigen Kostendegressionseffekte erreichen zu können. Hinzu kommen erhöhte Anforderungen an die Führung der beteiligten Unternehmen, denn ein aktives und effizientes Kostenmanagement ist nötig, um die Kooperation erfolgreich werden zu lassen.[117]
- Die Durchführung des *Outsourcing auf Center-Basis* bedeutet - abgesehen von der Eigenfertigung - die engste Bindung an das auslagernde Unternehmen. Wirtschaftliche Effekte bei der Center-Bildung lassen sich vor allem durch die Möglichkeit zur Restrukturierung der Wertschöpfungskette erzielen. Allerdings sind meist erhebliche Anfangsinvestitionen notwendig, was diese Alternativen zum internen Outsourcing nicht als kurzfristige Maßnahme zur Effizienzsteigerung, sondern eher als mittelfristige Option erscheinen lässt. Weitere Vorteile liegen in einer verbesserten Kostentransparenz, die eine exakte Zurechnung der Kosten erlaubt und damit das Kostenbewusstsein verbessert. Die Managementanforderungen an ein Center-Projekt sind allerdings erheblich. Dies macht ein solches Konzept hauptsächlich für Unternehmen interessant, die ein hohes Know-how-Potenzial in dem auszulagernden Bereich besitzen.[118]

Die folgende Abbildung verdeutlicht die einander entgegenlaufenden Positionen des Effizienzsteigerungspotenzials und der Managementanforderungen für die jeweilige Outsourcing-Form.

---

[116] vgl. Bechtolsheim (1994), S. 18; Picot, Maier (1992 a), S. 16; Schott (1995), S. 15 f.; Schröder (1995), S. 35

[117] vgl. ebenda sowie Eversheim, Baumann et al. (1993), S. 85

[118] vgl. Bechtolsheim (1994), S. 18; Eversheim, Baumann et al. (1993), S. 85; Picot, Maier (1992 a), S. 17; Schäfer-Kunz, Tewald (1998), S. 62 f.

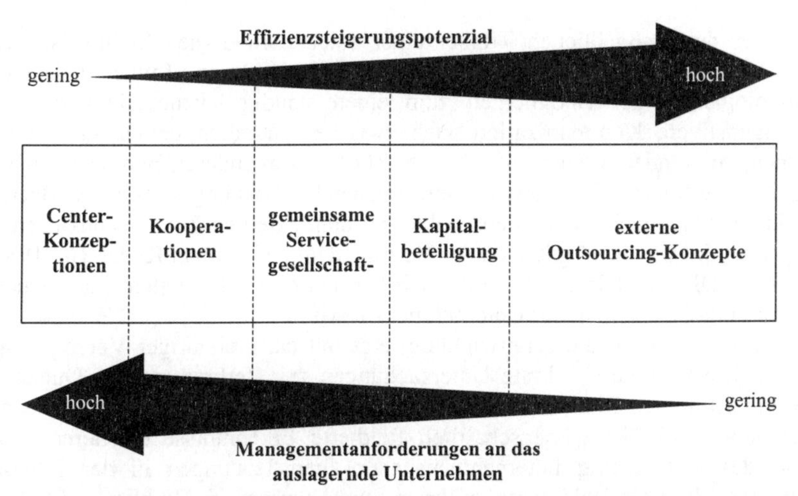

Abbildung 2-5: Potenziale und Anforderungen der verschiedenen Outsourcing-Formen (in Anlehnung an: Bechtolsheim (1994), S. 18)

2.1.4 Outsourcing in der Unternehmenspraxis – Stand und Entwicklungstendenzen

Seit Mitte der achtziger Jahre hat sich das industrielle Beschaffungsverhalten radikal gewandelt. Stellte zu dieser Zeit die Idee der vertikal integrierten Unternehmung das Leitbild der strategischen Grundausrichtung dar, setzte sich nachfolgend - nicht zuletzt ausgelöst durch die MIT-Studie zu den Erfolgsfaktoren der japanischen Automobilindustrie[119] - ein gründlicher Umdenkprozess ein.[120] Von nun an wurde verstärkt die Konzentration auf unternehmerische Kernfunktionen propagiert.[121] Eine logische Konsequenz dieser Bemühungen stellt das Outsourcing dar. Wenngleich die Entscheidung zwischen Eigenfertigung und Fremdbezug zu den ältesten Themen der Betriebswirtschaft überhaupt zählt, darf das verstärkte Auftreten des Begriffs *„Outsourcing"* nicht mit einer bloßen Wiederbelebung der alten Problemstellung gleichgesetzt werden. Denn im Gegensatz zu der im Wesentlichen auf Kostenminimierung ausgerichteten Make-or-Buy-Diskussion stehen beim Outsourcing verstärkt strategische Betrachtungen im Vordergrund.[122]

---

[119] vgl. Womack, Jones et al. (1990)

[120] vgl. Arnold (1999), S. 311; Scherm (1996), S. 45; Schott (1996), S. 2

[121] vgl. zum Beispiel Bühner (1989), S. 225; Wildemann (1988), S. 159; Zahn (1993), S. 415

[122] vgl. Frese (1996), S. 17; Nagengast (1997), S. 1

Als einer der maßgeblichen Treiber einer solchen modernen Sichtweise der Fremdbezugsproblematik erwies sich die IT-Technologie. Immer rasantere Technologiesprünge ermöglichten zum einen ständig leistungsfähigere und kostengünstigere Kommunikation auch zwischen räumlich getrennten Unternehmen, zum anderen wurde hier bereits früher als in anderen Bereichen sichtbar, dass die interne Erstellung der entsprechenden Leistungen weder in Bezug auf Know-how- noch auf Kostenaspekte mit dem externen Zukauf konkurrenzfähig war. Entsprechend gilt auch der Vertrag, den die Eastman Kodak Co. 1989 mit IBM, DEC und Businessland[123] schloss, als eines der ersten, klassischen Outsourcing-Beispiele in der Unternehmenspraxis.[124]
In Deutschland kann diese Entwicklung erst mit ca. dreijähriger Verzögerung nachgewiesen werden.[125] Erste Untersuchungen zur Verbreitung des Outsourcing in bestimmten Branchen datieren im Wesentlichen aus der Mitte der neunziger Jahre.[126] Frühe wissenschaftlich fundierte Erkenntnisse existieren zum Stand des Outsourcing unternehmensnaher Dienstleistungen in der Region Stuttgart.[127] In einer 1995 durchgeführten Studie wurden im Hinblick auf bestehende und potenzielle Outsourcing-Aktivitäten folgende Ergebnisse ermittelt (siehe Abbildung 2-6).
Aus der Grafik bzw. der zugrunde liegenden Untersuchung lässt sich ableiten, dass relativ viele Unternehmen zum Zeitpunkt der Erhebung Outsourcing-Projekte durchführten. Die Mehrzahl dieser Projekte bezieht sich dabei auf vergleichsweise einfache Dienstleistungen wie zum Beispiel Versorgungsdienste oder die Wartung von Anlagen. Andererseits vergibt bereits eine beträchtliche Anzahl an Unternehmen auch anspruchsvollere Leistungen wie etwa die EDV- oder Personaldienstleistungen an Dritte. Bemerkenswert ist zudem, dass potenzielle Outsourcing-Aktivitäten, deren Durchführung angedacht ist, falls kompetente Unternehmen zur Übernahme bereitstehen, in praktisch allen Bereichen einen deutlich geringeren Anteil als die aktuell laufenden Aktivitäten ausma-

---

[123] Eastman Kodak lagerte damit sämtliche Leistungen des Rechenzentrums an IBM, den Betrieb der weltweiten Telekommunikation an DEC sowie die Verantwortung für PC-Systeme und lokale Netzwerke an die Businessland, Inc. aus.

[124] Wie kein anderes Beispiel wird diese Outsourcing-Partnerschaft in einer Vielzahl von Literaturquellen zitiert: vgl. u.a. Bongard (1994), S. 106; Chapman, Andrade (1997), S. 5 ff.; Lacity, Hirschheim (1993), S. 73; Loh, Venkatraman (1992), S. 341 ff.; Schott (1997), S. 3 f.; Szyperski, Schmitz et al. (1993), S. 229

[125] vgl. Allwermann (1994), S. 15; Wimmers, Hauser et al. (1999), S. 1. Als Belege hierfür können darüber hinaus auch die zahlreichen Aufsätze mit Praxisbezug herangezogen werden, deren Veröffentlichung ungefähr von 1993 an einsetzt. Siehe dazu u.a. Altenstadt (1996), S. 52 ff.; Biallo (1993), S. 46; o.V. (1993 a), S. 7 f.; o.V. (1993 b), S. 32 ff.; o.V. (1993 c), S. 8 ff.; o.V. (1995 a), S. 54; o.V. (1995 b), S. 38; Preissner-Polte (1992), S. 124 ff.

[126] vgl. zum Beispiel Bongard (1994); Heinzl (1993); Knüppel, Heuer (1994), S. 333 ff.

[127] vgl. Zahn, Barth, Soehnle (1997), S. 15 ff.; Zahn, Hertweck et al. (1996)

chen. Letztere, auf 1995 erhobenen Angaben beruhende Erkenntnisse, können heute vor dem Hintergrund einer sich immer schneller wandelnden Realität als überholt gelten. Outsourcing besitzt heute in Deutschland einen wesentlich höheren Verbreitungsgrad als es die damalige Erhebung suggeriert.[128] Die Gründe hierfür liegen zum einen in der Zunahme der Zahl qualifizierter Dienstleistungsunternehmen. Zum anderen werden heute viele Aktivitäten als auslagerbar angesehen, die 1995, als Outsourcing begann ein Thema für die Unternehmensführung zu werden, noch in keiner Überlegung enthalten waren bzw. die Unternehmen entsprechend zurückhaltend agierten.

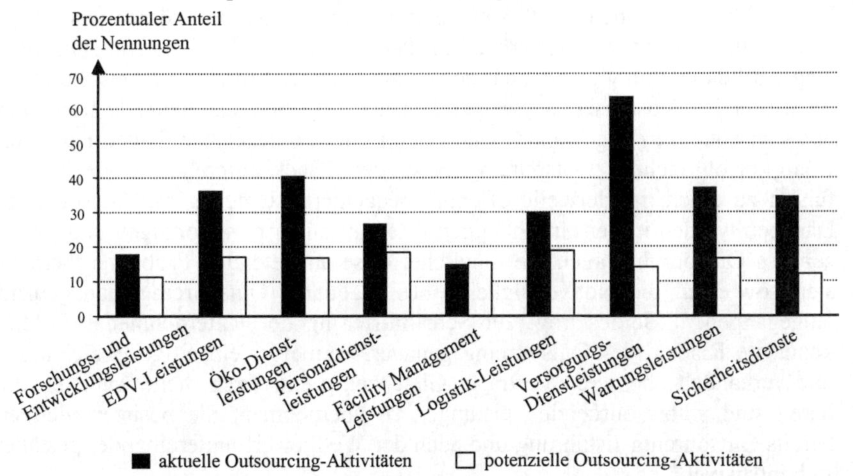

Abbildung 2-6: Bestehende dienstleistungsbezogene Outsourcing-Aktivitäten in der Region Stuttgart
(vgl. Zahn, Barth et al. (1998 a), S. 126; Zahn, Hertweck et al. (1996), S. 52)

Zu ähnlichen Ergebnissen bezüglich der quantitativen Verbreitung des Outsourcing sowie der Art der ausgelagerten Bereiche kommen Bullinger, Rüger et al. sowie Nagengast in im Jahr 1997 durchgeführten Untersuchungen.[129]
Auch in Bezug auf die Zufriedenheit mit Outsourcing gelangen die drei Erhebungen zu ähnlichen Ergebnissen. Die eingeleiteten Outsourcing-Maßnahmen

---

[128] Zwar liegen keine direkt vergleichbaren empirischen Erhebungen zum aktuellen Stand des Outsourcing vor, doch kann zum einen aus dem im Vergleich zum gesamten Wirtschaftswachstum deutlich stärkeren Wachstum des Dienstleistungssektors in Deutschland geschlossen werden, dass der Grad der vertikalen Integration seit 1995 weiter abgenommen hat. Zum anderen existieren für die USA vergleichbare Zahlen, welche die ständige Zunahme der Outsourcing-Aktivitäten belegen. Vgl. Domberger (1998), S. 186 ff.; o.V. (1999), S. 8

[129] vgl. Bullinger, Rüger (1997), S. 45; Nagengast (1997), S. 228 f.

werden von der Mehrheit der Unternehmen positiv beurteilt, die im Vorfeld erwarteten Resultate sind weitgehend eingetreten.[130]
Die Auswertung der Befragungen belegt allerdings auch, dass nicht alle Unternehmen Outsourcing uneingeschränkt positiv beurteilen. Probleme treten vor allem im Zusammenhang mit Kosten, Flexibilität bzw. Termintreue und der Innovationsstärke des übernehmenden Unternehmens auf.[131] Ein Blick auf den zeitlichen Kontext offenbart auch hier einen Erklärungsansatz. Deutschland leidet zum Zeitpunkt der Erhebungen an den Auswirkungen einer schweren Rezession. Aufgrund der schleppenden Binnenkonjunktur bemühen sich viele Unternehmen um einen verstärkten Export ihrer Leistungen, müssen jedoch auf dem Weltmarkt mit Wettbewerbern aus der ganzen Welt konkurrieren. Outsourcing wird daher von vielen Unternehmen als probates Mittel zur bereits kurzfristig wirkenden Kostensenkung angesehen und oft ohne ausreichende Reflexion der Konsequenzen angewandt.[132] Die sich in der Folgezeit häufenden Fälle von wenig erfolgreichem Outsourcing bzw. dem Backsourcing von Leistungen führen zu einem mittlerweile offenbar bedachteren Umgang mit Outsourcing. Daneben werden in der einschlägigen Literatur außer den Vorzügen und Chancen des Outsourcing auch die möglicherweise auftretenden Probleme thematisiert sowie auf die Notwendigkeit eines adäquaten Outsourcing-Management eingegangen.[133] Beides trägt zur Sensibilisierung der Unternehmen bei. Man kennt die Risiken des Outsourcing genauer, vermeidet einseitige Beziehungen und verhandelt „bessere" Verträge. Gleichzeitig existieren mehr Anbieter, die bereit sind, outzusourcende Leistungen zu übernehmen. Sie besitzen vielfach bereits Outsourcing-Erfahrung und auch der Wettbewerb untereinander gestaltet sich intensiver.[134]
Aktuelle Erhebungen zum Stand des Outsourcing in der Unternehmenspraxis sind jüngst in Amerika veröffentlicht worden.[135] Demnach wuchsen dort die Ausgaben für Outsourcing bei den Unternehmen im Jahr 1998 um 14%. Prognosen zufolge ist ein Ende dieses Wachstums auch nicht in Sicht.[136] Danach be-

---

[130] vgl. Bullinger, Rüger et al. (1997), S. 44 ff.; Nagengast (1997), S. 248 ff.; Zahn, Hertweck et al. (1996), S. 53

[131] vgl. Barth, Hertweck (1997), S. 26 f.; Bullinger, Rüger et al. (1997), S. 60 ff.; Nagengast (1997), S. 252 f.

[132] vgl. Bettis, Bradley (1992), S. 9 ff. sowie Friedrich (1996), S. 277 ff., der nachdrücklich vor den Folgen eines unüberlegten, kurzfristig orientierten Outsourcing warnt.

[133] vgl. dazu u.a. Zahn, Barth et al. (1998 a); Hinterhuber, Stuhec (1997), S. 10 ff.; Quinn, Hilmer (1994), S. 47 ff.; Scherm (1997), S. 47 ff.

[134] vgl. o.V. (2000 a), S. 4

[135] Die Unternehmensberatung PricewaterhouseCoopers befragte dazu 300 der größten, weltweit agierenden Unternehmen, vgl. Simke (2000), S. 1, o.V. (2000 b), S. 1 ff. Ergänzt wird diese Studie von Erhebungen der Michael F. Corbett & Associates, Ltd. im Auftrags des Outsourcing Research Council, vgl. o.V. (1999), S. 6 ff.

[136] vgl. o.V. (1999), S. 3

fragt, ob sie bereits ein Outsourcing von Leistungen durchgeführt haben, geben weltweit 63% aller an der Erhebung beteiligten Unternehmen an, Erfahrungen mit Outsourcing zu besitzen. Mit 55% ist die Quote europäischer Unternehmen dabei weit unter dem Weltdurchschnitt. Vergleicht man dies mit Amerika, wo immerhin 72% aller Unternehmen wenigstens eine Funktion outsourcen, kann durchaus von weiterem Outsourcing-Potenzial in Europa ausgegangen werden. Die Zufriedenheit mit Outsourcing liegt weltweit bei 84%. Hierbei schneiden Europa mit 87% und die USA mit 91% überdurchschnittlich gut ab, was die bereits getroffenen Aussagen bestätigt.[137]
Diese Ausführungen zeigen, dass das Outsourcing einem tiefgreifenden Wandel unterliegt. Der traditionelle Schwerpunkt, d.h. die Realisierung von eher operativen Vorteilen wie zum Beispiel Kosteneinsparungen, wird mehr und mehr durch eine längerfristige Outsourcing-Sichtweise verdrängt, die Produktivitätssteigerungen, die Erhöhung der Flexibilität oder den Zugang zu neuen Technologien und Geschäftsfeldern im Fokus hat. Die Konzentration auf die Kerngeschäfte sowie der Schutz derselben wird weiter an Bedeutung gewinnen. Gleichzeitig werden sich die Outsourcing-Bemühungen auf noch mehr Bereiche des Unternehmens erstrecken. In großen Unternehmen mit weitverzweigten Kompetenzen kann dies in Zukunft die Einführung eines Chief Ressource Officer (CRO) notwendig machen, der über Eigenerstellung oder Fremdbezug entscheidet. Das verändert auch die Art der Outsourcing-Beziehungen. Diese werden zunehmend auf Dauer ausgelegt sein und eher den Charakter von Allianzen und Partnerschaften denn von den traditionellen Zulieferbeziehungen besitzen.[138]
Die Durchführung solcher Outsourcing-Vorhaben erweist sich als komplexe Aufgabe. Den verschiedenen Chancen stehen umfangreiche Risikofaktoren gegenüber, die entsprechend ihrer Gewichtung bei der Outsourcing-Entscheidung und bei der Durchführung eines Outsourcing-Vorhabens berücksichtigt werden müssen.[139] Mit der Veränderung bzw. Erweiterung der Outsourcing-Motive erhält die beschriebene Komplexität weiteren Vorschub. Da eine Outsourcing-Entscheidung heute nicht mehr primär von Kostenaspekten dominiert wird, sondern Know-how- bzw. Kompetenz-Gesichtspunkte eine mindestens ebenso bedeutende Rolle spielen, steigen damit auch die Anforderungen an die Planung und Umsetzung von Auslagerungs-Vorhaben. Notwendig wird daher ein *umfassendes Management von Outsourcing-Projekten*, welches die verschiedenen relevanten Aspekte durchgängig in die Outsourcing-Entscheidung und -Umsetzung integriert.

---

[137] vgl. o.V. (2000 b), S. 3 ff.
[138] vgl. Gay, Essinger (2000), S. 19 ff.; Greaver (1999), S. 10 ff.; o.V. (2000 c), S. 1 ff.
[139] vgl. Bruch (1998), S. 26; Scherm (1996), S. 46 ff.; Zahn, Barth et al. (1998 a), S. 21

2.1.5 Erfolgsfaktor Management – State of the Art und Forschungsbedarf beim Management von Outsourcing-Projekten

Beim Outsourcing werden - per definitionem - bislang intern erbrachte Leistungen in die Verantwortung eines externen dritten Unternehmens übertragen.[140] Es werden jedoch nicht nur Aufgaben abgegeben, sondern es entstehen auch neue. Sie beziehen sich vor allem auf die Organisation und Koordination zwischen outsourcendem Unternehmen und Auftragnehmer.[141] Die Leistungstiefe der Unternehmung muss ganzheitlich analysiert, geplant, gesteuert und koordiniert werden.[142] Die Existenz und das Funktionieren eines solchen Outsourcing-Management gehört zu den bedeutsamsten Aspekten für den Erfolg eines Outsourcing-Vorhabens.[143] Denn viele Auslagerungsprojekte erfüllen die in sie gesetzten Erwartungen gerade deshalb nicht, weil ein adäquates Management des Projekts versäumt wurde.[144]
Obwohl die Bedeutung des Outsourcing-Management also durchaus bekannt ist, finden sich in der Fülle von Publikationen zum Thema „Outsourcing“ nur sehr wenige Ansätze hierfür. Stattdessen werden in vielen Beiträgen nur einzelne Aspekte eines Outsourcing-Management, wie zum Beispiel die Outsourcing-Entscheidung oder die Vertragsgestaltung, herausgegriffen und Konzepte hierzu erarbeitet.[145] Ansätze für eine ganzheitliche Betrachtung, welche die wesentlichen bei einer Auslagerung von Leistungen anfallenden Aufgaben in ihrer Gesamtheit darstellen sowie die bestehenden Verbindungen zwischen ihnen berücksichtigen, existieren jedoch nur geringer Zahl.[146]

---

140 siehe Abschnitt 2.1.1.1

141 vgl. Bruch (1998), S. 74; Picot, Maier (1992 a), S. 24

142 vgl. Barth, Hertweck (1997), S. 28 f.; Bruch (1998), S. 74

143 vgl. Bruch (1998), S. 5; Bullinger, Rüger et al. (1997), S. 49 ff.; Gay, Essinger (2000), S. 16; McFarlan, Nolan (1995), S. 20; Picot, Maier (1992 a), S. 25; Zahn, Barth et al. (1998 a), S. 1 und 22

144 vgl. Gay, Essinger (2000), S. 16; o.V. (1998), S. 7; Zahn, Barth et al. (1998 a), S. 1

145 vgl. zum Beispiel Beer (1998), S. 155 ff.; Müller, Prangenberg (1997), S. 27 ff.; Schätzer (1999), S. 42 ff.; Scherm (1996), S. 45 ff.

146 Ansätze zur ganzheitlichen Betrachtung des Outsourcing-Management finden sich bei Barth, Hertweck (1997), S. 26 ff.; Bruch (1998), S. 74 ff.; Gay, Essinger (2000), S. 53 ff.; Greaver (1999), S. 17 ff.; Picot, Maier (1992 a), S. 14 ff.; Zahn, Barth et al. (1998 a), S. 22 ff., sie sind jedoch entweder stark an den Bedürfnissen der Praxis ausgerichtet und lassen keine ausführliche theoretische Fundierung erkennen oder fokussieren ausschließlich bestimmte Outsourcing-Bereiche wie etwa IT-Leistungen.

2.1.5.1 Outsourcing-Management

Um die verschiedenen Aufgabenbestandteile des Outsourcing-Management vollständig erfassen zu können, erweist es sich als zweckmäßig, zunächst den Begriffsteil „Management" und dessen Bedeutung in der Betriebswirtschaftslehre kurz zu analysieren. Der Terminus „Management" wird im Bereich der Wirtschaftswissenschaften in funktionalem und institutionalem Sinn verwendet. Funktional betrachtet kann Management als Gestaltung und Lenkung sozialer Systeme definiert werden. Einzelfunktionen sind beispielsweise Planung, Entscheidung, Organisation, Motivation und Kontrolle. Die institutionale Dimension des Management-Begriffs umfasst die Träger der beschriebenen Funktionen, also die Organisationseinheiten und/oder die sie darstellenden Personen oder Personengruppen.[147] Beide Betrachtungsweisen schließen sich nicht aus, sie ergänzen sich vielmehr.[148]

Für die Abgrenzung der Funktionen des Outsourcing-Managements ist vor allem der funktionale Management-Begriff von Bedeutung, welcher im Folgenden im Vordergrund der Betrachtungen steht. Bezogen auf Industrieunternehmen umfasst das Management im funktionalen Sinn alle Aufgaben und Prozesse, die zur Organisation und Koordination der Leistungserstellung sowie der anderen betrieblichen Teilfunktionen erforderlich sind.[149] Die vielen hierunter subsumierten Teilaufgaben lassen sich weiter differenzieren in strategische und operative Managementtätigkeiten.[150] Zum *strategischen Management* zählen dabei die langfristig orientierten Entscheidungen, die den Unternehmenserfolg dauerhaft beeinflussen.[151] Es beinhaltet den Entwurf eines Gesamtkonzepts zur Erreichung einer Zielposition und die systematische Durchführung dieses Konzepts in Auseinandersetzung mit den Wettbewerbern.[152] Damit beschränkt es sich jedoch nicht nur auf rein planerische, im Sinne von analysierenden und formalisierenden Tätigkeiten. Erfolgreiches strategisches Management umfasst neben strategischem Planen auch strategisches Denken, also kreatives Synthetisieren von einzelnen Erfahrungen und Erkenntnissen.[153]

Zum *operativen Management* gehören vor allem laufende (Anpassungs-) Entscheidungen innerhalb des vom strategischen Management vorgegebenen

---

[147] vgl. Bleicher (1993), Sp. 1272; Staehle (1999), S. 65 ff.; Ulrich (1984)
[148] vgl. Steinmann, Schreyögg (1993), S. 7
[149] vgl. Hill (1989), Sp. 1457; Steinmann, Schreyögg (1993), S. 7
[150] vgl. zum Beispiel Zahn (1989 b), Sp. 1086 f.
[151] vgl. Ulrich, Probst (1995), S. 277 f.
[152] vgl. Hinterhuber (1992), S. 104 f.
[153] vgl. Mintzberg (1994 a), S. 9 ff.

Rahmens. Sie zielen darauf ab, dass die Unternehmensaktivitäten möglichst störungsfrei und wirtschaftlich ablaufen können.[154]
Überträgt man die Inhalte des skizzierten Management-Begriffs auf die Outsourcing-Thematik, so umfasst das *Outsourcing-Management* sämtliche Organisations- und Koordinationsaufgaben in Zusammenhang mit der Auslagerung von Leistungen.[155] Diese können weiter in strategische und operative Aufgabenteile untergliedert werden. Zum *strategischen Outsourcing-Management* gehören demnach sämtliche langfristigen, auf die Erringung von Wettbewerbsvorteilen ausgerichteten Entscheidungen, welche im Rahmen eines Outsourcing-Vorhabens zu treffen sind. Wichtige Einzelaufgaben in diesem Zusammenhang sind

- die Etablierung des Outsourcing-Gedankens in der Unternehmung,
- die Definition der für ein Outsourcing prinzipiell in Frage kommenden Leistungen,
- die konkrete Outsourcing-Entscheidung,
- die Bestimmung von Anforderungskriterien an die übernehmenden Unternehmen,
- die Konzeption der Schnittstellen,
- die Erarbeitung von Vorgaben für die Vertragsgestaltung sowie
- die strategische Überwachung und Kontrolle[156] von Outsourcing-Projekten.[157]

Fasst man diese Aufgabenfelder zusammen, zeigt sich, dass es sich hierbei überwiegend um Tätigkeiten handelt, die im Vorfeld eines Outsourcing-Vorhabens angegangen werden müssen. Diese Aufgaben fallen bei einer Auslagerung von Leistungen nur einmalig an und sind von der anschließenden Zusammenarbeit der Outsourcing-Partner zu entkoppeln. Strategisches Outsourcing-Management bezieht sich mithin vor allem auf die Aufgaben, mit denen die Rahmenbedingungen für den späteren „Betrieb" der Outsourcing-Partnerschaft geschaffen werden.[158]
Neben dem Herbeiführen der Outsourcing-Entscheidung und der Gestaltung des Kontexts der Partnerschaft besitzt das strategische Outsourcing-Management eine weitere zentrale Aufgabe: die Förderung des richtigen Outsourcing-Verständnisses in der Unternehmung. Denn Outsourcing wird in vielen Fällen nur als Instrument zur Kostensenkung begriffen und dementsprechend ange-

---

[154] vgl. Ulrich, Probst (1995), S. 278
[155] vgl. Bruch (1998), S. 74; Picot, Maier (1992 a), S. 24
[156] Für ausführliche Darstellungen zum Begriff der *strategischen Kontrolle* siehe zum Beispiel Steinmann, Schreyögg (1985), S. 391 ff.; Horváth (2001), S. 258 ff.
[157] vgl. Bruch (1998), S. 74 f.; Picot, Maier (1992 a), S. 24 f.; Zahn, Barth et al. (1998 a), S. 181 ff.
[158] vgl. Zahn, Barth et al. (1999 b), S. 24 f.

wandt. Oftmals ist akuter Problemdruck der Auslöser, sich überhaupt mit Outsourcing zu beschäftigen. Die Folge sind von Aktionismus gezeichnete Initiativen, die tendenziell aus einer zu engen Perspektive heraus erfolgen. Dabei können die tatsächlichen Möglichkeiten, die ein Outsourcing im Hinblick auf die Erhaltung und Stärkung der Wettbewerbsfähigkeit bietet, meistens nicht realisiert werden.[159] Entsprechend negativ ist das Image von Outsourcing bei den Belegschaften von Unternehmen; sie setzen die Auslagerung von Leistungen vor allem mit der Reduzierung von Arbeitsplätzen gleich. Neben seinen Implementierungsaufgaben muss sich das strategische Outsourcing-Management daher auch um eine adäquate Positionierung des Outsourcing im Unternehmen kümmern. Dazu ist seine Bedeutung als Hebel zur Restrukturierung von Geschäftsaktivitäten und zur Neupositionierung von Unternehmen am Markt darzustellen. Wird Outsourcing - seinen tatsächlichen Möglichkeiten entsprechend - als Instrument zur strategischen Erneuerung von Unternehmen und nicht als Mittel zur Kostenreduktion durch den Abbau von Arbeitsplätzen verstanden, erweitert dies nicht nur die strategischen Handlungsoptionen, sondern es hilft vor allem bei der Überwindung von Outsourcing-Resentiments innerhalb des Unternehmens, was die Realisierung von Outsourcing-Maßnahmen erleichtert.

Von den strategischen sind die *operativen Aufgaben* des Outsourcing-Managements zu unterscheiden. In Anlehnung an die getroffene Abgrenzung werden darunter alle Maßnahmen zur effizienten Durchführung von Outsourcing verstanden. Diese Charakterisierung schließt zum einen die Unterstützung des strategischen Outsourcing-Managements bei der Realisierung seiner Aufgaben ein. Beispiele hierfür sind das Herausfiltern von Unternehmen, die für eine Übernahme auszulagernder Leistungen in Frage kommen und unter denen im Rahmen des strategischen Outsourcing-Management eine Vergabeentscheidung getroffen wird, die Ermittlung von Bezugsgrößen für die Entgeltbestimmung der fremdbezogenen Leistungen oder die detaillierte Definition der vom übernehmenden Unternehmen zu erbringenden Leistungen sowie deren Fixierung in einem Vertrag. Der Schwerpunkt des operativen Outsourcing-Management liegt jedoch bei den „Alltagsaufgaben"[160], die sich aus der Zusammenarbeit der beteiligten Unternehmen, der konkreten Durchführung der Outsourcing-Partnerschaft ergeben. Diese Aufgaben fallen kontinuierlich an, sobald eine Leistung von einem externen Unternehmen erbracht wird.[161] Sie sind daher von den Implementierungsaufgaben, die einmalig und im Vorfeld einer Outsourcing-Partnerschaft zu erledigen sind, zu differenzieren. In Abhängigkeit von der jeweils nach außen vergebenen Leistung sowie von der gewählten Outsourcing-

[159] vgl. Zahn, Barth et al. (1998 a), S. 11 ff.
[160] Bruch (1998), S. 74
[161] vgl. Bruch (1998), S. 74; Zahn, Barth, Foschiani et al. (1998), S. 350

Form finden sich hierunter die verschiedensten Aufgaben. Eine detaillierte Systematisierung erweist sich als problematisch, jedoch lassen sich zwei generelle Aufgabenfelder unterschieden. Ein Schwerpunkt liegt im interorganisational-leistungsbezogenen Bereich. Dies bezeichnet alle die Aufgaben, welche beide Outsourcing-Parteien betreffen und die direkt mit der outgesourcten Leistung bzw. deren Erstellung in Zusammenhang stehen. Dazu gehören beispielsweise die Formulierung von genauen Vorgaben, die Steuerung und Kontrolle des Outsourcing-Partners hinsichtlich der benötigten Kapazität oder der Qualität der erbrachten Leistung. Auch die Beseitigung von Unzulänglichkeiten etwa durch konstruktive Rückkopplung und die Erarbeitung von Maßnahmen zur kontinuierlichen Verbesserung der Leistungserbringung fallen in diesen Bereich des operativen Outsourcing-Management. Ein zweites Aufgabenfeld bildet das Management soziokultureller Faktoren. Outsourcing als Instrument zur Restrukturierung von Unternehmensbereichen ist gewöhnlich mit Veränderungen verbunden. Sobald Menschen von diesen Veränderungen betroffen sind, fallen in verstärkten Umfang auch kommunikative und moderierende Aufgaben an. Diese werden um so bedeutsamer, je mehr die Kernaktivitäten des Unternehmens betroffen sind, da hier das Unsicherheits- und Konfliktpotenzial steigt. Exemplarisch für solche soziokulturellen Aufgaben seien Konfliktbehandlungs- und Beratungsaktivitäten genannt.[162]

Wie die bisherigen Erläuterungen deutlich machen, stellt das Outsourcing von Leistungen ein komplexes, mehrdimensionales Problem dar, für das ein systematisch-methodisches Vorgehen anzuraten ist.[163] Das zentrale Fundament für einen Erfolg liegt in einem konsequenten Outsourcing-Management. Dieses beinhaltet sowohl strategische als auch operative Komponenten, wobei sich die strategischen Aufgaben mehr auf die Entscheidungs- und Implementierungsphase, die operativen hingegen mehr auf die Realisierungsphase beziehen.

Im Mittelpunkt der folgenden Ausführungen stehen vor allem die *Implementierungsaufgaben* des Outsourcing-Management, die im Kontext des Outsourcing unternehmensnaher Dienstleistungen näher beleuchtet werden. Dazu werden auf der Basis verschiedener wirtschaftswissenschaftlicher Theorien Gestaltungsempfehlungen bzw. Handlungsoptionen für das strategische Outsourcing-Management abgeleitet und anhand der Charakteristika unternehmensnaher Dienstleistungen modifiziert. Die Integration der verschiedenen sich hierbei ergebenden Aspekte bedarf jedoch eines Rahmens, der die Einordnung der einzelnen Empfehlungen in den Gesamtkontext des Outsourcing unternehmensnaher Dienstleistungen ermöglicht. Einen solchen Rahmen stellt ein Vorge-

---

[162] vgl. Beer (1998), S. 222 ff.; Bruch (1998), S. 76 f.; Szyperski, Schmitz et al. (1993), S. 229

[163] vgl. Burr (1998), S. 22 f.; Engelhardt, Reckenfelderbäumer (1993), S. 271 ff.; Scherm (1996), S. 45; Zahn, Barth et al. (1998 a), S. 22

hensmodell dar. In ihm werden die Aktivitäten festgelegt, die für ein Outsourcing notwendig sind, ihre wechselseitigen Beziehungen bestimmt und Reihenfolgen für die Abarbeitung der verschiedenen Aktivitäten empfohlen.[164] Während dieser Rahmen auf der einen Seite unerlässlich ist, um die verschiedenen Gestaltungsaspekte zielorientiert miteinander zu integrieren (*strategisches Planen*), muss er auf der anderen Seite so weit gefasst sein, dass er dem strategischen Outsourcing-Management genügend Spielraum zur kreativen Anpassung und Interpretation der verschiedenen Elemente im Sinne von *strategischem Denken* gibt.[165]

Abgesehen von diesem generellen Gestaltungsgrundsatz, der aus den unterschiedlichen Anforderungen des strategischen Denkens und Planens entspringt, existieren unabhängig von der jeweiligen Aufgabenstellung weitere konkrete Anforderungen an Management- bzw. Vorgehensmodelle, die sich auch auf ein solches für das Outsourcing-Management anwenden lassen. Sie können in verschiedene Grundsätze zusammenfasst werden, die je nach Anwendungsgebiet unterschiedliches Gewicht besitzen.[166] Im Einzelnen sind dies

- *Ganzheitlichkeit*
  Isolierte Einzelprinzipen reichen für ein erfolgreiches Outsourcing nicht aus. Ein Vorgehensmodell für das Outsourcing-Management muss daher alle wesentlichen Aspekte bei der Durchführung und Implementierung des Outsourcing erfassen. Die Optimierung einzelner Entscheidungstatbestände - wie etwa die Auswahl des Outsourcing-Partners - sichert noch kein erfolgreiches Outsourcing.
- *Vieldimensionalität*
  Es genügt dabei nicht, das Modell nur auf Basis einer Zielgröße zu optimieren. Im Zuge des Outsourcing sind eine Vielzahl von Dimensionen relevant. Daher muss auch das Vorgehensmodell vieldimensional ausgestaltet sein. Mithin ist es möglich, Sachverhalte nicht nur unter beispielsweise rein finanziellen Gesichtspunkten, sondern auch unter kompetenzorientierten oder sozialen Aspekten zu betrachten.
- *Integrativität*
  Alle Elemente des Vorgehensmodells müssen sich zu einem harmonischen und funktionsfähigen Ganzen zusammenfügen. Dem gesamten Outsourcing-Management muss ein einheitliches Handlungsmuster zugrunde liegen, an dem die einzelnen Elemente ausgerichtet werden können. So sollte etwa die

---

[164] Für grundsätzliche Ausführungen zum *Modellbegriff* siehe zum Beispiel Berens, Delfmann (2002), S. 27 ff.; Forrester (1975), S. 213, Zahn (1991), S. 48

[165] Zur prinzipiellen Unterscheidung von strategischem Denken und strategischer Planung siehe zum Beispiel Mintzberg (1994 b), S. 273 ff.; Zahn (1997), S. 80 f.

[166] vgl. Malik (1981), S. 13; Rühli (1996), S. 26 ff.

Bewertung potenzieller Outsourcing-Partner in Einklang mit den Auslagerungsmotiven erfolgen.

- *Verständlichkeit*
  Ein Vorgehensmodell muss sowohl in seiner Struktur als auch in seiner Sprache, die zur Beschreibung von Elementen und Methoden verwendet wird, für alle damit befassten Führungskräfte des Unternehmens zu verstehen sein. Klarheit und Verständlichkeit sind dabei maßgebliche Gestaltungsprinzipien.
- *Stufengerechtigkeit*
  Vorgehensmodelle sind Anleitungen für die Durchführung konkreter Aufgaben. Sie müssen daher an jede Stufe der Unternehmung angepasst und für alle Funktionen und Bereiche Hilfestellung geben können. Dies setzt sowohl eine entsprechende Strukturierung als auch eine flexible Anpassung und Anwendbarkeit voraus.
- *Modularität*
  Ein sehr wichtiger Aspekt bei Vorgehensmodellen ist ihr modularer Aufbau. Ohne dabei den Grundsatz der Integrativität zu verletzen, müssen die einzelnen Modellelemente sukzessive anwendbar sein, was einen Aufbau des Gesamtmodells aus teilautonomen Subsystemen notwendig macht. So kann es beispielsweise im Rahmen des Outsourcing-Management erforderlich sein, aufgrund der Verschiedenartigkeit von Outsourcing-Projekten die Ablaufreihenfolge zu verändern oder auf bestimmte Elemente ganz zu verzichten.

Die beschriebenen Grundsätze stellen zentrale Gestaltungsbedingungen für Vorgehensmodelle dar. Sie besitzen einerseits die notwendigen planerischen Elemente, andererseits lassen sie genügend Spielraum für ihre kreative Ausgestaltung und spiegeln damit die Erfordernisse eines modernen strategischen Managements wider. Auf ihrer Basis werden im folgenden Abschnitt bestehende Ansätze zum Outsourcing-Management einer kritischen Analyse unterzogen.

2.1.5.2 Bestehende Ansätze für das Outsourcing-Management

Obwohl der Terminus „*Outsourcing-Management*“ in der einschlägigen wirtschaftswissenschaftlichen Literatur kaum verwendet wird, existieren einige Ansätze, die Hinweise bezüglich eines solchen Management von Auslagerungsprojekten enthalten. Grundsätzlich können zwei Gruppen unterschieden werden. Eine große Anzahl von Autoren behandelt Einzelaspekte des Outsourcing-Management wie zum Beispiel die Outsourcing-Entscheidung, die Auswahl potenzieller Outsourcing-Partner oder die Vertragsgestaltung.[167] Die in diesem Rahmen betrachteten Themenfelder werden vielfach weiter eingeschränkt, indem auf eine spezielle Branche Bezug genommen wird oder nur ausgewählte Gesichtspunkte des fokussierten Themas wie etwa die Bedeutung der Transaktionskosten bei der Outsourcing-Entscheidung erörtert werden.[168] Vereinzelt erfolgt auch eine kombinierte Betrachtung mehrerer Aspekte, jedoch geschieht dies nicht unter dem Blickwinkel der Ganzheitlichkeit bzw. der Integrativität. Damit enthalten die Einzelbetrachtungen zwar wertvolle Hinweise für die Ausgestaltung bestimmter Elemente eines Outsourcing-Management, die jedoch zur Konstruktion eines Vorgehensmodells nicht genügen.

Verschiedene Autoren versuchen, durch die Aneinanderreihung von - aus ihrer Sicht -relevanten Einzelaspekten eine Methodik für das Outsourcing von Leistungen abzuleiten. Dabei dominieren die praxisorientierten Vorschläge, bei denen die verschiedenen für ein erfolgreiches Outsourcing in einer bestimmten Branche notwendigen Schritte aufgezeigt werden.[169] Auch aus diesen Veröffentlichungen lassen sich wichtige Hinweise für die Gestaltung des Outsourcing-Management gewinnen. Als problematisch erweist sich jedoch die meist vorhandene Fokussierung auf einen bestimmten Praxisfall bzw. eine Branche sowie die in der Regel sehr knapp gehaltene Darstellung der verwendeten Methoden, welche nur in begrenztem Maß Verallgemeinerungen im Hinblick auf ein generisches Vorgehensmodell zum Outsourcing zulassen. Damit sind vor allem die angesprochenen Grundsätze der Ganzheitlichkeit und der Verständlichkeit, aber auch der Integrativität sowie der Vieldimensionalität nicht erfüllt. Neuere Veröffentlichungen vor allem im amerikanischen Raum setzten speziell am letztgenannten Punkt an. So wurden in jüngerer Zeit verschiedene, relativ ausführliche Anleitungen zum Outsourcing herausgegeben, welche im Wesentlichen auf Erfahrungen aus Beratungsprojekten beruhen.[170] Auch sie zeichnet ein sehr pragmatisches Vorgehen aus, das theoretische Fundierungen weitgehend vermissen lässt und gewöhnlich auch starken Branchenbezug aufweist. Nichtsdestoweniger bedeuten auch diese Ausführungen mit starkem Praxishintergrund wichtige Impulse für die in einem Vorgehensmodell zu berücksichtigenden Aktivitäten.

---

[167] vgl. zum Beispiel Arnold (1999), S. 309 ff.; Bühner, Tuschke (1997), S. 20 ff.; Friedrich (1995), S. 87 ff.; Hamel (1996), S. 323; Heyd (1998), S. 904 ff.; Nagengast (1997), S. 166 ff.; Quinn (1999), S. 9 ff.; Reichmann, Palloks (1995), S. 4 ff.; Schätzer (1999), S. 52 ff.; Scherm (1996), S. 45 ff.

[168] vgl. zum Beispiel Bliesener (1994), S. 282 ff.; McFarlan, Nolan (1995), S. 9 ff.

[169] vgl. zum Beispiel Allwermann (1994), S. 15 ff.; Gull (1993), S. 26 ff.; Hamann, Solbach (1994), S. 29 ff.; Kang, Siebiera (1996), S. 25 ff.; Molzahn (1993), S. 25 ff.; Nilsson (1992), S. 67 ff.;

[170] vgl. zum Beispiel Domberger (1998), S. 31 ff.; Gay, Essinger (2000), S. 52 ff.; Greaver (1999), S. 17 ff.; Williams (1998), S. 9 ff.

Empirisch fundierte Ausführungen, die sich mit Outsourcing-Management bzw. Vorgehensmodellen hierzu beschäftigen, finden sich nur sehr wenige.

Bruch beschreibt relativ ausführlich sowohl die Aufgaben des Outsourcing-Management als auch darauf aufbauend die einzelnen Prozessschritte beim Outsourcing.[171] Die empirisch belegten Ausführungen erfüllen die beschriebenen Anforderungen an ein Vorgehensmodell in einem hohen Maß. Allerdings werden in dem Modell wichtige Theoriebausteine wie zum Beispiel die Transaktionskostentheorie nicht miteinbezogen, was dem Grundsatz der Ganzheitlichkeit zuwider läuft. Die Betrachtungen werden außerdem nicht leistungsspezifisch modifiziert, so dass die besonderen Charakteristika von (unternehmensnahen) Dienstleistungen und die sich hieraus ergebenden Unterschiede bei der Ausgestaltung der Prozessschritte keine explizite Berücksichtigung finden. Aufgrund der detaillierten Betrachtungen bilden die Ausführungen jedoch einen wichtigen Ideenpool für das im Rahmen dieser Arbeit zu entwickelnde Vorgehensmodell zum Outsourcing unternehmensnaher Dienstleistungen.

Ähnliches gilt für das Modell von *Bullinger, Rüger et al.* Abgeleitet aus Untersuchungen mittelständischer, produzierender Unternehmen, wird ein idealtypischer Ablauf eines Outsourcing-Projekts entworfen. Breiten Raum nimmt dabei eine Unternehmensanalyse ein, mit deren Hilfe die Outsourcing-Potenziale eines Unternehmens systematisch erfasst werden. Dahingegen fehlt eine detaillierte Betrachtung der eigentlichen Outsourcing-Entscheidung sowie der einzelnen Schritte zu ihrer Umsetzung. Aufgrund des Untersuchungsdesigns konnten auch die Spezifika von Dienstleistungen nicht berücksichtigt werden.[172]

Einen explizit auf Dienstleistungen ausgerichteten Ansatz zum Outsourcing wählt *Beer.*[173] Er entwirft ein Modell zum Management von Outsourcing „unternehmensinterner Dienstleistungen“,[174] das auf Erkenntnissen wesentlicher Theorien aufbaut, die in den Wirtschaftswissenschaften als relevant erachtet werden, und sichert die Ergebnisse empirisch ab. Die Schwerpunkte seiner Ausführungen liegen allerdings weniger auf einem durchgängigen, prozessorientierten Outsourcing-Management als vielmehr auf der Optimierung der Outsourcing-Entscheidung, weshalb wichtige Management-Aspekte wie zum Beispiel die Auswahl des Outsourcing-Partners oder die entsprechende Vertragsgestaltung nicht berücksichtigt werden. Damit weist auch dieses Modell Schwächen in Bezug auf die für ein Vorgehensmodell geforderte Ganzheitlichkeit auf. Darüber hinaus versäumt es der Autor, die von ihm knapp skizzierten Besonderheiten von Dienstleistungen in angemessener Weise im Modell zu berücksichtigen. Da

---

[171] vgl. Bruch (1998), S. 74 ff. u. 117 ff.

[172] vgl. Bullinger, Rüger et al. (1997), S. 30 ff.

[173] vgl. Beer (1998), S. 155 ff.

[174] Als „unternehmensinterne Dienstleistungen“ werden in diesem Zusammenhang alle die Dienstleistungen betrachtet, die von Unternehmen und nicht von privaten Endkunden nachgefragt werden (vgl. Beer (1998), S. 14 f.).

das Modell jedoch direkten Dienstleistungsbezug besitzt, ist es ebenfalls von besonderer Bedeutung für die weiteren Ausführungen.
In *eigenen Untersuchungen* zum Outsourcing unternehmensnaher Dienstleistungen[175] wird auf der Basis empirischer Erhebungen bei Unternehmen in der Region Stuttgart ein generischer Outsourcing-Prozess zur Auslagerung unternehmensnaher Dienstleistungen entwickelt. Die Untersuchungen haben praktische Handlungsempfehlungen für Unternehmen, die ein Outsourcing solcher Leistungen in Erwägung ziehen, zum Ziel. Die Festlegung und Gestaltung der einzelnen Prozessschritte basiert auf Erkenntnissen aus wichtigen Theorieansätzen, bei deren Verwendung Wert auf die praxisorientierte Gestaltung gelegt wurde. Aufgrund dieser Fokussierung wird der definierte Prozess jedoch nicht allen Anforderungen, die an ein Vorgehensmodell zu stellen sind, vollständig gerecht.
Es bleibt damit festzuhalten, dass sowohl die praxisorientierten als auch vor allem die empirisch hinterlegten Vorgehensmodelle wertvolle Ansätze für die Gestaltung des Outsourcing-Management unternehmensnaher Dienstleistungen aufweisen. Obwohl sie auf den ersten Blick recht heterogen wirken, basieren die meisten von ihnen auf dem Grundmodell der Entscheidungstheorie, das entsprechend der jeweiligen Zielsetzung angepasst wurde.[176]
Dieses Modell besteht prinzipiell aus den drei Elementen der *Entscheidungsvorbereitung*, der *Alternativendarstellung und Auswahl* sowie der *Realisation und Kontrolle*. Zur Vorbereitung von Outsourcing-Entscheidungen gehört der Anstoß, sich überhaupt mit dieser Thematik zu befassen. Er kann intern oder extern, proaktiv oder reaktiv, d.h. aus längerfristig-strategischen Überlegungen oder aus akutem Problemdruck heraus erfolgen. Der Anlass der Outsourcing-Überlegungen besitzt in der Regel wesentlichen Einfluss auf den weiteren Prozessablauf in inhaltlicher, zeitlicher und intensitätsbezogener Hinsicht. So werden hier vielfach bereits die Outsourcing-Objekte (vor-)definiert und damit zentrale Gestaltungsparameter des Outsourcing-Management determiniert. Aus diesem Grund ist es wichtig, die Entscheidungsvorbereitung mit in die Betrachtungen einzubeziehen. Im Anschluss an die Entscheidungsvorbereitung folgt mit der Darstellung der verschiedenen Alternativen und der Auswahl die eigentliche Outsourcing-Entscheidung. Sie ist gewöhnlich mehrdimensional und bezieht sich sowohl auf die Outsourcing-Form als auch auf potenzielle Partner. Die Entscheidungskontrolle besteht bei den meisten Modellen aus einer operativen Durchführungskontrolle bezüglich Zeit, Qualität und Kosten sowie aus einer strategischen Kontrolle, welche die Erreichung der gesteckten Ziele überprüft und gegebenenfalls Maßnahmen zur Veränderung der Partnerschaft bzw. zum Backsourcing von Leistungen einleitet.

---

[175] vgl. Zahn, Barth et al. (1998 a), S. 21 ff.
[176] vgl. zum Beispiel Cyert, March (1963), S. 162 ff.; Kirsch (1970), S. 72 ff.

Die meisten Autoren bauen ihr Prozessmodell sequentiell auf, betonen aber, dass die Phasenfolge idealtypisch zu verstehen sei.[177] Abfolge, Umfang und Intensität der Phasen sind von individuellen Gegebenheiten abhängig, Rückschritte und zirkuläre Verläufe sind möglich. Damit wird dem eingangs betonten Grundsatz der Modularität Rechnung getragen. Zwei prinzipielle Mängel sind trotzdem zu konstatieren. Zum einen ist dies die in der Regel unzureichende theoretische Untermauerung der Modelle, aufgrund derer jeweils wichtige mögliche Gestaltungshinweise unbeachtet bleiben. Zum anderen ist hier die Nicht-Berücksichtigung der speziellen Charakteristika von Dienstleistungen zu nennen, welche auch in explizit hierauf ausgerichteten Modellen nur rudimentär ist. Dazu zählen auch neuere Erkenntnisse bezüglich der Typologisierung von Dienstleistungen[178], deren konsequente Anwendung die Praktikabilität eines Vorgehensmodells wesentlich erhöht.
Um den skizzierten Unzulänglichkeiten zu begegnen, ist es notwendig, zunächst die Thematik unternehmensnaher Dienstleistungen näher zu betrachten, welche als Outsourcing-Objekt zentralen Einfluss auf die Gestaltung des Outsourcing-Management besitzen.[179] Dazu werden sie umfassend definiert, ihre wesentlichen Charakteristika herausgearbeitet und schließlich ihre Bedeutung in einer modernen Volkswirtschaft aufgezeigt. Dies bildet die Basis, um die relevanten Forschungsansätze aus dem Bereich der Wirtschaftswissenschaften auf ihre Bedeutung speziell für die Gestaltung des Outsourcing unternehmensnaher Dienstleistungen hin zu analysieren und um die besonderen Ausformungen beim Outsourcing unternehmensnaher Dienstleistungen darzustellen.

2.2 Unternehmensnahe Dienstleistungen

Die gewählte Outsourcing-Definition verzichtet durch den Gebrauch des Terminus „*Leistung*" auf eine genaue Spezifikation des Auslagerungsobjekts. Diese ist jedoch im Hinblick auf die Ableitung konkreter Gestaltungsempfehlungen für das Outsourcing unerlässlich, da sich in Abhängigkeit vom betreffenden Outsourcing-Objekt jeweils andere Schwerpunkte bzw. Problembereiche ergeben.[180] Die vorliegende Arbeit beschäftigt sich speziell mit dem Outsourcing *unternehmensnaher Dienstleistungen*.
Der gesamte Dienstleistungsbereich wurde in den Wirtschaftswissenschaften lange Zeit zugunsten der Produktion von Sachleistungen vernachlässigt. Zusammen mit der Heterogenität der hierunter subsumierten Leistungen ist dies wohl der Grund, weshalb bis dato keine einheitliche Definition des Dienstleis-

177 vgl. Beer (1998), S. 156; Zahn, Barth et al. (1998 a), S. 22
178 vgl. Barth, Baumeister et al. (1999), S. 25 ff.
179 vgl. Zahn, Barth (2001 c), S. 27 ff.
180 vgl. Zahn, Barth (2001 a), S. 562

tungsbegriffs existiert. Im folgenden Abschnitt wird daher zunächst seine Klärung auf allgemeiner Basis vorgenommen, wobei zum einen die spezifischen - vor allem im Unterschied zu Sachleistungen zu sehenden - Besonderheiten von Dienstleistungen, zum anderen die Bedeutung der Dienstleistung in einer modernen Volkswirtschaft im Vordergrund stehen.
Innerhalb des Dienstleistungsbereichs stellen die unternehmensnahen Dienstleistungen ein wesentliches Subset dar, welches spezielle Charakteristika aufweist und entsprechende Adaptionen der Outsourcing-Methodik erfordert. Probleme dabei bereitet vor allem die Tatsache, dass der Begriff der unternehmensnahen Dienstleistung von Wissenschaft und Praxis in sehr unterschiedlicher Weise sowie für eine Vielzahl verschiedener Leistungen verwendet wird. Dieser wird daher, aufbauend auf der definitorischen Abgrenzung von Dienstleistungen im Allgemeinen, zunächst inhaltlich präzisiert. Dies schafft dies Basis für die Herausarbeitung der Besonderheiten im Umgang mit unternehmensnahen Dienstleistungen, welche zusammen mit den allgemeinen Charakteristika von Dienstleistungen die Grundlage für ein entsprechend ausgerichtetes Outsourcing bilden.

2.2.1 Dienstleistungen – terminologische Grundlagen

Obwohl allseits die steigende Bedeutung von Dienstleistungen betont wird und diese als Wirtschaftsfaktoren mittlerweile einen enormen Stellenwert besitzen,[181] fehlt im Bereich der Wirtschaftswissenschaften bis heute eine allgemein anerkannte *Definition* des Begriffs „Dienstleistung“.[182] Ansatzpunkte hierfür existieren in beträchtlicher Zahl. Dabei sind für eine ökonomisch orientierte Begriffsbildung vor allem rechtswissenschaftlichte, volks- und betriebswirtschaftliche Ansätze relevant.[183]
Die gemeinsame Basis dieser drei Richtungen bildet - nicht zuletzt aufgrund der starken Vorprägung in der umgangssprachlichen Verwendung - die etymologische Entwicklung des Begriffs.[184] Der Ausdruck „Dienstleistung“ stellt ein Kompositum dar, das aus den beiden Substantiven „Dienst“ und „Leistung“ zusammengesetzt ist. „*Dienst*“ lässt sich auf den französischen Ausdruck „Service“ zurückführen, dem wiederum das lateinische Verb „servire“ zugrunde liegt. In seiner ursprünglichen Bedeutung steht dies für „dienen“ in Form von (unbezahltem) Sklavendienst. Später wird das Wort vor allem im Zusammen-

[181] vgl. zum Beispiel Bullinger, Murmann (1999), S. 33 ff.; Corsten (1994), S. 1; Mangold (1997), S. 11
[182] vgl. zum Beispiel Falk (1980), S. 11; Maleri (1997), S. 1; Meyer (1998 a), S. 5; Rück (1995), S. 3
[183] vgl. Maleri (1997), S. 1; Meffert, Bruhn (2000), S. 15 f.; Meyer (1998 a), S. 5 f.
[184] vgl. Lehmann (1995), S. 3; Maleri (1997), S. 6

hang mit Fron- und Kriegsdienst verwendet. Bis in die heutige Zeit gelten Dienste vorrangig als Summe menschlicher Arbeitsakte. Hinzu kommt zum einen ein bestimmtes Verhältnis im Sinne einer Über- bzw. Unterordnung der beteiligten Personen, zum anderen eine gewisse Form der Entlohnung.[185] Während letztere in vielen Fällen immer noch als ein konstitutives Charakteristikum von Dienstleistungen gilt, ist - unter den heutigen Rahmenbedingungen - die Unterordnung in der Regel einer geschäftlichen Beziehung gewichen, die auf einem mehr oder weniger partnerschaftlichen Miteinander beruht.[186]
Dem Wortbestandteil *„Leistung“* ist eine semantische Doppeldeutigkeit zu eigen, die darin zum Ausdruck kommt, dass unter Leistung sowohl jedes Ergebnis einer vollbrachten Tätigkeit als auch die Tätigkeit des Leistens selbst verstanden wird.[187] Oftmals muss, damit von Leistung die Rede ist, das Leistungsergebnis auch über dem durchschnittlichen Ergebnis vergleichbarer Leistungen liegen.[188] Der Begriff der Leistung ist seinem Wesen nach unbestimmt.[189] Erst in Kombination mit dem Begriff „Dienst“ ergibt sich eine genauere Spezifikation. Entwicklungsgeschichtlich betrachtet ist unter „Dienstleistung“ daher gewöhnlich der Prozess oder das Ergebnis eines oder mehrerer menschlicher Arbeitsakte zu verstehen, für die meist ein in seiner Form nicht weiter zu spezifizierendes Entgelt zu entrichten ist.[190]
Das beschriebene, historisch gewachsene Verständnis von Dienstleistungen bildet auch das Fundament für die zahlreichen betriebswirtschaftlichen Definitionsansätze.[191] Diese sind keineswegs einheitlich, besitzen vielfach nicht die für eine Definition notwendige Präzision und weisen zum Teil sogar Widersprüche auf. Ein wesentlicher Grund hierfür ist in der großen Heterogenität der subsumierten Leistungen zu finden. Drei prinzipielle Ansätze lassen sich unterscheiden:[192]

---

[185] vgl. Lehmann, (1995), S. 3 f.; Maleri (1997), S. 6

[186] vgl. Gerhardt (1987), S. 43 ff.; Lehmann (1995), S. 3; Linhardt (1970), S. 3 f.

[187] Während Sachleistungen als Ergebnisse bestimmter Tätigkeiten erfasst und dementsprechend immer mit Substantiven beschrieben werden, steht bei Dienstleistungen der Prozessaspekt stärker im Vordergrund. Sie werden daher meist mit Hilfe eines Gerundiums, einem substantivierten Verb, dargestellt.

[188] vgl. Rösner (1998), S. 8. Von dieser umgangssprachlich bzw. wirtschaftswissenschaftlich orientierten Definition ist der naturwissenschaftlich-technische Leistungsbegriff zu unterscheiden, bei welchem Leistung als Arbeit (Mechanik) bzw. Energie (Elektrotechnik) pro Zeiteinheit definiert ist. Zu den unterschiedlichen Interpretationen des betriebswirtschaftlichen Leistungsbegriffs siehe zum Beispiel Becker (1951), S. 38 ff.

[189] vgl. Rösner (1998), S. 9 f.

[190] vgl. Maleri (1997), S. 6

[191] vgl. zum Beispiel Corsten (1997), S. 21 ff.; Maleri (1997), S. 28 ff.; Meffert, Bruhn (2000), S. 22 ff.; Meyer (1998 a), S. 5 ff.; Rosada (1990), S. 17 f.

[192] vgl. Corsten (1997), S. 21 ff.; Engelhardt, Schwab (1982), S. 503

Die *enumerative Definition* versucht, den Dienstleistungsbegriff über die Auflistung von Beispielen für Dienstleistungen zu erfassen und zu präzisieren.[193] Der wissenschaftliche Gehalt dieses Definitionsansatzes ist als gering zu betrachten, da versucht wird, die charakteristischen Merkmale des Definiendums mit Teilen des Definiendums selbst zu erklären. Das Vorgehen birgt, nicht zuletzt aufgrund der Auswahlproblematik der exemplarischen Dienstleistungen, ein hohes Maß an Willkür und Subjektivität. Einzelfallübergreifende, generische Implikationen hinsichtlich der wesentlichen Charakteristika von Dienstleistungen lassen sich aus diesem Definitionsansatz nicht ableiten.[194]
Eine zweite Gruppe bilden diejenigen Definitionsmodelle, die eine Dienstleistung mit Hilfe der Merkmale zu erklären versuchen, die sie gerade nicht kennzeichnen *(residuale Definitionsansätze)*.[195] Oftmals beschränkt sich dieser Definitionsansatz auf die Abgrenzung zum Sachgut. Dies negiert zum einen die Existenz von Nominalgütern[196], zum anderen werden Dienstleistungen damit ausschließlich auf das Merkmal der Immaterialität reduziert. Der Heterogenität und Erscheinungsvielfalt von Dienstleistungen wird damit jedoch nicht Rechnung getragen; die wissenschaftliche Substanz des Ansatzes kann als eher gering betrachtet werden.[197]
Konstitutive Dienstleistungsdefinitionen[198] versuchen, Dienstleistungen anhand ihrer charakteristischen, wesensbildenden Merkmale zu beschreiben. Die identifizierten Merkmale werden in einem Kriterienkatalog zusammengefasst, der zur begrifflichen und inhaltlichen Beschreibung einer Dienstleistung herangezogen werden kann. Innerhalb dieses - wissenschaftlich korrekten - Vorgehens lassen sich allerdings wiederum verschiedene Definitionen unterscheiden, weshalb auch hier keine einheitliche Definition des Dienstleistungsbegriffs zu finden ist. Die Unterschiede sind in den meisten Fällen an den Dimensionen der Leistung festzumachen.[199] Gewöhnlich werden differenziert:

- der potenzialorientierte Ansatz,
- der prozessorientierte Ansatz,
- der ergebnisorientierte Ansatz und
- der integrierte Ansatz.

---

[193] vgl. zum Beispiel Langeard (1981), S. 233; Pepels (1999), S. 699
[194] vgl. Meffert, Bruhn (2000), S. 22; Nagengast (1997), S. 10 f.; Olemotz (1995), S. 11
[195] vgl. zum Beispiel Altenburger (1981)
[196] vgl. zum Beispiel Corsten (1997), S. 20; Gruhler (1990), S. 31; Maleri (1997), S. 56; Meffert, Bruhn (2000), S. 31 f.
[197] vgl. Corsten (1997), S. 21; Rösner (1998), S. 15 ff.
[198] vgl. zum Beispiel Berekoven (1974); Corsten (1985 a); Hilke (1989), S. 5 ff.; Kulhavy (1974), Sp. 455 ff.; Maleri (1973); Meyer (1991), S. 195 ff.; Scheuch (1982); Rück (1995), S. 1 ff.
[199] vgl. Engelhardt, Kleinaltenkamp et al. (1993), S. 398

Der *potenzialorientierte Definitionsansatz* stellt die Bereitstellungsleistung in den Vordergrund. Er besitzt seinen Ausgangspunkt darin, dass der Dienstleistungsanbieter seinen Kunden keine fertige, auf Vorrat produzierte Leistung anbieten kann. Dienstleistungen sind vielmehr als durch Menschen oder Maschinen geschaffene Potenziale anzusehen, welche es erst ermöglichen, spezifische Leistungen zu erbringen. Absatzobjekt von Dienstleistungsunternehmen ist demnach - im Gegensatz zu Sachgütern - nur das Leistungspotenzial des Dienstleistungsanbieters zur Erbringung der Dienstleistung.[200] Das Leistungspotenzial umschließt dabei sowohl bestimmte Fähigkeiten, die zur Erbringung der Dienstleistung notwendig sind, als auch die Bereitschaft bzw. Möglichkeit, diese Fähigkeiten zum geforderten Termin auch einzusetzen.[201]
Das sich aus diesem Definitionsansatz ergebende konstitutive Element von Dienstleistungen, mit Hilfe dessen sie von anderen Güterarten, wie etwa Sachgütern, unterschieden werden können, ist ihre Immaterialität. Der Kern von Dienstleistungen liegt demnach im Leistungsversprechen, welches keine materiellen Bestandteile besitzt. Die Kritik an diesem Ansatz bezieht sich vor allem darauf, dass die Bereitschaft zur Erstellung einer Leistung grundsätzlich für alle Güter(-arten) gilt und somit kein wesentlicher Unterschied gegeben ist. Darüber hinaus erscheint es zweifelhaft, dass das Absatzobjekt eines Dienstleisters allein sein Potenzial ist, denn seinen Nutzen bezieht der Nachfrager am Ende aus dem Leistungsergebnis.[202]
Daneben besteht auch eine *prozessorientierte Definition* von Dienstleistungen. Hier wird nicht das Potenzial, sondern der Erstellungsvorgang der Dienstleistung in den Mittelpunkt gestellt. „Dienstleistungen im weitesten Sinne sind der Bedarfsdeckung Dritter dienende Prozesse mit materiellen und/oder immateriellen Wirkungen, deren Vollzug oder Inanspruchnahme einen synchronen Kontakt zwischen Leistungsgeber und Leitungsnehmer bzw. deren Objekten von der Bedarfsdeckung her erfordert."[203] Diese Definition berücksichtigt die Tatsache, dass Dienstleistungen vor allem wegen ihres Prozesscharakters nachgefragt und bereits während ihrer Erstellung in Anspruch genommen werden (wie etwa Wachdienste oder Theateraufführungen). Diese Synchronität wird als uno-actu-

---

[200] vgl. Corsten (1997), S. 22; Engelhardt, Kleinaltenkamp et al. (1993), S. 398; Hilke (1989), S. 10; Maleri (1997), S. 39; Meffert, Bruhn (2000), S. 28; Meyer (1998 b), S. 15 f.; Potthoff (1989), Sp. 290; Scharitzer (1993), S. 96

[201] vgl. Corsten (1997), S. 21; Hilke (1989), S. 11; Meffert, Bruhn (2000), S. 28; Scharitzer (1993), S. 98

[202] vgl. Engelhardt, Kleinaltenkamp et al. (1993), S. 399; Rosada (1990), S. 21; Rück (1995), S. 10 f.

[203] Berekoven (1983), S. 23

Prinzip der Dienstleistungserstellung bezeichnet.[204] Zentrales Merkmal dieser prozessorientierten Definition ist die Integration des sogenannten externen Faktors. Externe Faktoren bezeichnen dabei solche Produktionsfaktoren, die von außen in den Dienstleistungsprozess eingebracht werden und deshalb vom Dienstleistungsanbieter nicht autonom disponiert werden können. Erst die - auf verschiedene Arten mögliche - Einbeziehung des externen Faktors[205] ermöglicht die Erbringung der Leistung.[206] Im einfachsten Fall stellt der Kunde den externen Faktor dar. Das Charakteristikum der Externalität entzieht diesen Produktionsfaktor allerdings auch - zumindest teilweise - der Einflussnahme des Dienstleisters, was Konsequenzen für die Qualität der erbrachten Leistung nach sich ziehen kann.

Unabhängig von der konkreten Erscheinungsform wird die Existenz externer Produktionsfaktoren von vielen Autoren als notwendige Bedingung für Dienstleistungen bzw. Dienstleistungsprozesse angesehen.[207] Genannt werden in diesem Zusammenhang unter anderen Menschen, Objekte, Tiere, Rechte, Nominalgüter und Informationen.[208] Doch auch die Kritik an der prozessorientierten Definition setzt an den möglichen Erscheinungsformen der externen Faktoren an. Zweifel an der Trennschärfe dieses Kriteriums tauchen spätestens mit der Einbeziehung von Informationen als externem Faktor auf, denn diese können auch für die Produktion von Sachgütern erforderlich sein.[209] Damit ist jedoch die Tauglichkeit dieses Kriteriums in Zweifel zu ziehen.

Der *ergebnisorientierten Definition* von Dienstleistungen liegt das Verständnis zugrunde, dass die Nachfrager gewöhnlich nicht am Prozess der Dienstleistungserstellung, sondern vor allem am Ergebnis dieses Prozesses interessiert sind. Die Ergebnisse manifestieren sich in der Regel in den durch sie bewirkten Veränderungen an Personen oder Objekten. Dienstleistungen sind daher als für den fremden Bedarf produzierte, immaterielle Wirtschaftsgüter anzusehen und

---

[204] vgl. Bode, Zelewski (1992), S. 601; Corsten (1988), S. 82; Maleri (1997), S. 110; Meffert, Bruhn (2000), S. 27; Meyer (1993), S. 180 ff. Dabei ist zu beachten, dass der Begriff der Synchronität vor allem in zeitlicher Hinsicht zu verstehen ist. Die von Berekoven ursprünglich geforderte zeitliche und räumliche Synchronität kann aufgrund neuerer Entwicklungen, wie zum Beispiel des E-Business, als überholt betrachtet werden. Vgl. Corsten (1997), S. 22.

[205] zu den verschiedenen Möglichkeiten der Integration des externen Faktors vgl. zum Beispiel Olemotz (1995), S. 14 ff.

[206] vgl. Berekoven (1974), S. 59; Corsten (1996), Sp. 340; Engelhardt, Kleinaltenkamp et al. (1993), S. 401 f.; Hilke (1989), S. 12; Maleri (1997), S. 38; Meyer (1998 a), S. 6; Stauss (1996), Sp. 325

[207] vgl. Meyer (1983), S. 22; Hilke (1989), S. 12

[208] vgl. Corsten (1997), S. 125; Engelhardt, Kleinaltenkamp et al. (1993), S. 400; Meyer (1998 a), S. 6; Olemotz (1995), S. 15 f.

[209] vgl. Altenburger (1980), S. 84 f.; Engelhardt, Kleinaltenkamp et al. (1993), S. 402; Rück (1995), S. 16 f.

stellen - wie Sachgüter - die Ergebnisse eines Produktions- bzw. Transformationsprozesses dar. Der wesentliche Unterschied zwischen Sachgütern und Dienstleistungen besteht in der materiellen Substanz des Sachgutes, welche die unmittelbare Folge des Einsatzes von Materie in Form von Rohstoffen ist.[210] Die „Unstofflichkeit“ der Dienstleistung stellt ihr zentrales Charakteristikum dar. Konstitutives Merkmal des ergebnisorientierten Ansatzes ist somit dasselbe wie bei der potenzialorientierten Definition.[211]
Die Unzulänglichkeiten dieser Definition liegen zum einen in der Existenz materieller Trägermedien, etwa in Form von Papier, Disketten, CDs etc., welche die Immaterialität als wenig trennscharfes Abgrenzungsmerkmal erscheinen lassen.[212] Zum anderen ist problematisch, dass im Rahmen der ergebnisorientierten Definition zwar alle Dienstleistungen durch das Merkmal der Immaterialität ausgezeichnet werden, aber nicht alle immateriellen Güter automatisch Dienstleistungen darstellen.[213] Darüber hinaus ist die strikte Trennung zwischen dem Erbringungsprozess und dem Ergebnis in Frage zu stellen, da viele Dienstleistungen im Moment ihrer Entstehung verwertet werden und vergehen.[214]
Die unbefriedigende parallele Existenz mehrerer Definitionsansätze, welche alle, wie dargestellt, durchaus fundiert, jedoch nicht frei von Kritik sind, führte zur Entwicklung einer *integrierten Definition*. Ihr liegt die Ansicht zugrunde, dass die skizzierten Definitionstypen nicht im Sinne von konkurrierenden Alternativen zu begreifen sind, sondern sich ergänzende Ansätze zur Erfassung der in der Realität äußerst vielfältigen Dienstleistungsformen darstellen.[215] Dazu werden die drei Definitionsansätze phasenbezogen integriert.[216] Die Unterscheidung der einzelnen Phasen erfolgt dabei in Anlehnung an die verschiedenen Elemente des betrieblichen Leistungsprozesses[217]. In der Inputphase ist der Aufbau eines entsprechenden Leistungspotenzials seitens des Dienstleistungsan-

---

210 vgl. Maleri (1973), S. 33 f.; Maleri (1997), S. 37 ff.; Say (1876), S. 130 f. (zitiert nach Rück (1995), S. 11)

211 vgl. Engelhardt, Kleinaltenkamp et al. (1993), S. 400; Rosada (1990), S. 12 f.; Rück (1995), S. 11

212 vgl. Corsten (1986), S. 18; Engelhardt; Kleinaltenkamp et al. (1993), S. 400; Gruhler (1990), S. 31; Meffert (1995), Sp. 455 f.; Rück (1995), S. 14

213 vgl. Maleri (1997), S. 49; Meffert, Bruhn (2000), S. 28

214 vgl. Bode, Zelewski (1992), S. 601; Corsten (1988), S. 82

215 vgl. Corsten (1997), S. 27; Hentschel (1992), S. 21; Meffert, Bruhn (2000), S. 28; Meyer (1998 b), S. 13; Meyer (1993), S. 177; Pepels (1999), S. 700 f.

216 vgl. Donabedian (1980), S. 81 f.; Forschner (1988), S. 35 ff.; Hilke (1984), S. 17 ff.

217 Leistungsprozesse können grundsätzlich durch die drei Elemente *Input* (Bereitstellung von Produktionsfaktoren für den Transformationsprozess), *Throughput* (Kombination der Produktionsfaktoren) sowie *Output* (erzeugte Güter, die aus dem Transformationsprozess hervorgehen und abgesetzt werden müssen) beschrieben werden. Vgl. dazu zum Beispiel Bea, Dichtl et al. (1997), S. 1 f.; Corsten (1994), S. 3 ff.; Maleri (1997), S. 111; Zahn, Schmid (1996), S. 111.

bieters notwendig. Während der Throughputphase liegt der Schwerpunkt auf dem Dienstleistungsprozess. Durch Einsatz des Leistungspotenzials, die Integration des externen Faktors sowie eventuell auch interner Produktionsfaktoren wird eine absetzbare Dienstleistung erstellt. Resultat dieser beiden Phasen stellt das Dienstleistungsergebnis (Output) im Sinne einer abgeschlossenen dienstleistenden Tätigkeit dar.[218] Jeder dieser Phasen wird ein konstitutives Merkmal zugeordnet. In Analogie zu den eindimensionalen Ansätzen ist die Potenzialphase durch das Merkmal der Immaterialität, die Prozessphase durch die Synchronität von Erstellung und Inanspruchnahme und die Ergebnisphase wiederum durch das Merkmal der Immaterialität der Leistung charakterisiert.[219] Das Wesen einer Dienstleistung ist nur dann erfasst, wenn alle drei Phasen bzw. die sie repräsentierenden Merkmale in ihrer Gesamtheit betrachtet werden.[220] Abbildung 2-7 verdeutlicht das beschriebene Zusammenspiel der einzelnen Phasen und die jeweils zugeordneten Merkmale.
Einwände bezüglich des integrativen Ansatzes beziehen sich hauptsächlich auf die Eignung des Merkmals der Immaterialität als konstitutives Charakteristikum von Dienstleistungen[221] sowie auf prinzipielle Bedenken hinsichtlich einer einfachen zeitlichen Verkettung der drei Ansätze.[222]
Trotz dieser Kritik und durchaus vorhandenen Ansätzen zur Weiterentwicklung[223] lässt sich die Mehrzahl aller aktuellen Definitionen des Dienstleistungsbegriffs auf das skizzierte Modell zurückführen. Auch für die vorliegende Arbeit bildet der integrierte Definitionsansatz die Basis. Denn entscheidend im weiteren Verlauf der Ausführungen ist weniger eine vollständig trennscharfe Definition von Dienstleistungen als vielmehr die Ableitung zentraler Dienstleistungs-

---

[218] Verschiedene Autoren definieren den Leistungsprozess als nur aus den beiden Phasen der Vor- und der Endkombination bestehend. Vgl. dazu zum Beispiel Corsten, Stuhlmann (1998), S. 143; Olemotz (1995), S. 21. Wiederum andere ziehen zur Phaseneinteilung einen einfachen Transaktionsprozess mit Vorkontakt-, Kontakt- und Nachkontaktphase heran. Vgl. dazu zum Beispiel Corsten (1997), S. 27; Hentschel (1992), S. 21. Die hieraus jeweils abgeleiteten Definitionsansätze entsprechen jedoch bei nahezu allen Autoren den Ausführungen *Hilkes* (vgl. Hilke (1989), S. 10). Abweichende Betrachtungen finden sich nur bei *Rosada* (1990), S. 20 ff.; *Engelhardt* (1990), S. 278 ff. sowie zum Teil *Forschner*, der die sich aus dem Leistungspotenzial ergebende Immaterialität als konstitutives Merkmal kritisiert (vgl. Forschner (1988), S. 36 ff.).

[219] vgl. Forschner (1988), S. 36 ff.; Hilke (1984), S. 17 ff.

[220] vgl. Hilke (1984), S. 29; Rück (1995), S. 6

[221] vgl. Engelhardt, Kleinaltenkamp et al. (1993), S. 398 ff.; Forschner (1989), S. 36 ff.; Meyer (1998 b), S. 19 ff.

[222] vgl. Rück (1995), S. 6 f.

[223] vgl. Engelhardt, Kleinaltenkamp et al. (1993), S. 404 ff.; Rosada (1990), S. 20 ff.; Rück (1995), S. 18 ff.

merkmale, die die Grundlage für ein dienstleistungsspezifisches Management des Outsourcing(-Prozesses) bilden können.[224]

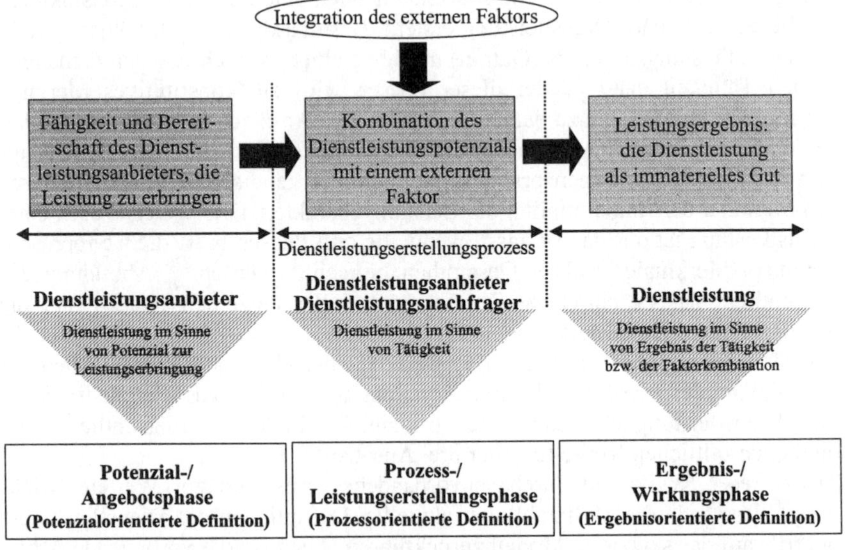

Abbildung 2-7: Phasenbezogener Zusammenhang zwischen den verschiedenen konstitutiven Dienstleistungsdefinitionen
(in Anlehnung an: Hilke (1989), S. 15; Meffert, Bruhn (2000), S. 29)

Betrachtet man die bisherigen Ausführungen zum Wesen von Dienstleistungen in diesem Kontext, ergeben sich als zentrale Merkmale

- die *Synchronität von Erbringung und Inanspruchnahme* der zu erstellenden Dienstleistung und
- die *Immaterialität* (oder Intangibilität) von Dienstleistungen.[225]

Auf der Basis des integrierten Definitionsansatzes und der aus ihm abgeleiteten Charakteristika lässt sich die folgende Arbeitsdefinition formulieren:[226]

---

[224] Zu ähnlichen Schlüssen kommen auch *Stauss*, der die im deutschsprachigen Bereich verhältnismäßig zahlreichen terminologischen Abgrenzungen und branchenübergreifenden Konzeptionalisierungen des Dienstleistungsbegriffs als „bedenkenswert und fruchtbar" (Stauss (1992), S. 677) bezeichnet, gleichzeitig aber eine starke Vernachlässigung von Fragestellungen des Managements von Dienstleistungen konstatiert (vgl. Stauss (1992), S. 676 f. sowie Töpfer und Mehdorn (1996), S. 6).

[225] vgl. Bade (1998), S. 130 f.; Corsten (1997), S. 27; Hilke (1989), S. 11 ff.; Pepels (1999), S. 701 ff.; Woratschek (2001), S. 263 f.

[226] vgl. Meffert, Bruhn (2000), S. 30; Meyer (1998 a), S. 6

Dienstleistungen sind Leistungen, welche durch die Bereitstellung und/oder den Einsatz von Leistungsfähigkeiten erbracht werden. Die Erstellung erfolgt in Form eines Prozesses, in dessen Rahmen interne und externe Faktoren mit dem Ziel kombiniert werden, an den externen Faktoren gewollte Veränderungen zu erreichen.

Die gewählte Definition spiegelt sowohl die Potenzial-, die Prozess- als auch die Ergebnisdimension bzw. die aus ihnen resultierenden konstitutiven Merkmale von Dienstleistungen wider. Vor dem Hintergrund, dass die abgeleiteten Merkmale einerseits nicht völlig unumstritten sind[227], andererseits jedoch zentrales Fundament für eine inhaltliche und prozessuale Auseinandersetzung mit dem Outsourcing von Dienstleistungen und dessen Management bilden, werden diese nachfolgend einer detaillierten Betrachtung unterzogen.

- ***die Immaterialität von Dienstleistungen***
  Zwar stellt die Immaterialität das am häufigsten genannte Dienstleistungsmerkmal dar, gleichzeitig ist es jedoch auch das umstrittenste.[228] Grundsätzlich ist davon auszugehen, dass die Immaterialität ein konstitutives, hingegen kein exklusives Merkmal von Dienstleistungen ist.[229] Auch weisen verschiedene Dienstleistungen unterschiedlich hohe materielle Anteile etwa in Form von Ergebnisbestandteilen oder Trägermedien auf.[230] Die diesen Aussagen zugrunde liegende Diskussion soll allerdings an dieser Stelle nicht nachvollzogen werden.[231] Festzuhalten bleibt, dass die Immaterialität erhebliche Anforderungen an das Management von Dienstleistungen stellt.[232]
  Ein wesentliches Resultat der Immaterialität liegt in der *Nichtlagerfähigkeit* von Dienstleistungen. Dieses Kriterium gilt jedoch nicht für alle Dienstleistungen. Können sie auf materiellen Trägermedien gespeichert werden, ist eine Lagerung durchaus möglich - ein Beispiel hierfür sind etwa die Ergebnisse von Beratungsleistungen. Bei Betrachtung einer Leistung muss daher immer geprüft werden, inwieweit materielle und immaterielle Ergebniskomponenten vorliegen, um entsprechend Rückschlüsse auf das Management dieser

---

[227] vgl. Corsten (1997), S. 27 f.; Engelhardt, Kleinaltenkamp et al. (1993), S. 404 ff.; Meyer (1998 a), S. 6 f.; Rück (1995), S. 8 ff.

[228] vgl. Corsten (1997), S. 27

[229] vgl. Corsten (1986), S. 17; Maleri (1997), S. 49; Meyer (1998 b), S. 20

[230] vgl. Engelhardt, Kleinaltenkamp et al. (1993), S. 400; Meffert, Bruhn (2000), S. 51

[231] Zur Diskussion, welche Bestandteile einer Dienstleistung immateriell sind, siehe zum Beispiel Rück (1995), S. 8 ff.; Rösner (1998), S. 22 ff. sowie die dort angegebene Literatur

[232] vgl. Engelhardt, Kleinaltenkamp et al. (1993), S. 400; Meyer (1998 a), S. 7

Leistungen ziehen zu können. Auch besitzt gewöhnlich die Qualität des Trägermediums nicht unerheblichen Einfluss auf die Bewertung der Dienstleistung.[233]
Die Nichtlagerfähigkeit von Dienstleistungen bewirkt vielfach auch deren *Nichttransportfähigkeit*. Daraus resultiert eine *Standortgebundenheit*, weshalb das Angebot von Dienstleistungen oftmals nur auf lokale Märkte beschränkt ist. Mit der Entwicklung neuer Informations- und Kommunikationstechnologien verliert diese Besonderheit jedoch mehr und mehr an Bedeutung.[234]
Die Immaterialität impliziert jedoch auch *Absatzprobleme* bei Dienstleistungen. Während das reine Vorhandensein von Sachgütern vielfach ausreicht, einen entsprechenden Konsumwunsch beim Abnehmer zu erzeugen, muss dieser bei Dienstleistungen zwangsläufig fehlen. Viele Marketing-Maßnahmen sind deshalb nicht anwendbar und potenzielle Abnehmer haben Schwierigkeiten mit der Nutzeneinschätzung.[235]
Auch *Qualitäts-Vergleiche* durch die Nachfrager werden aufgrund der Immaterialität deutlich erschwert. Eine Prüfung vor dem Kauf ist nicht möglich. Die Qualität kann - anders als bei Sachgütern - typischerweise erst nach der Inanspruchnahme beurteilt werden. Auch eine Rückgabe ist nicht durchführbar. Statt dessen rücken Ex-ante-Indikatoren wie etwa das Vertrauen in den Anbieter, sein Image, seine Referenzen oder auch der Preis in den Vordergrund.[236]
Die Immaterialität von Dienstleistungen kommt auch in Zusammenhang mit dem Leistungspotenzial zum Tragen, das am Beginn jeder Dienstleistungsproduktion steht. Da etwa ein Kundenkontakt allein über jenes immaterielle Dienstleistungspotenzial zustande kommt, ist eine entsprechende Materialisierung desselben (zum Beispiel durch eine Anpassung des Erscheinungsbilds der Räumlichkeiten an das zu vermittelnde Leistungsangebot) sowie die ausführliche Herausstellung speziell nutzenstiftender Dienstleistungskomponenten (etwa mit Hilfe von Referenzen) unumgänglich.[237]

- ***Synchronität von Erstellung und Inanspruchnahme der Dienstleistung***
  Das zweite konstitutive Dienstleistungsmerkmal beruht auf der Notwendigkeit einer zeitgleichen, zumindest passiven Integration des sogenannten externen Faktors in den Erstellungsprozess einer Dienstleistung und ergibt sich - wie bereits beschrieben - vor allem aus dem Prozesscharakter von Dienstleistungen. Externe Faktoren können dabei Menschen, Tiere, Sachen, Nomi-

---

233 vgl. Corsten (1997), S. 28; Engelhardt, Kleinaltenkamp et al. (1993), S. 406; Maleri (1997), S. 105 ff.; Reckenfelderbäumer (1995), S. 5
234 vgl. Maleri (1997), S. 115 ff.; Meffert, Bruhn (2000), S. 59 f.
235 vgl. Maleri (1997), S. 115 ff.; Simon (1993 b), S. 190 f.
236 vgl. Hilke (1989), S. 23; Simon (1993 b), S. 190
237 vgl. Meffert, Bruhn (2000), S. 54 f.

nalgüter oder Informationen umfassen. Sie „gehören" jedoch grundsätzlich dem Dienstleistungs-Nachfrager.[238] Dies hat zur Folge, dass der Dienstleistungsanbieter erst dann mit der Erstellung der Dienstleistung beginnen kann, wenn sich der Dienstleistungs-Nachfrager in den Erstellungsprozess miteinbringt *(Kontaktzwang)*.[239] Im Gegensatz zur Immaterialität, wird die synchrone Integration des externen Faktors als Dienstleistungsmerkmal weitgehend anerkannt und akzeptiert.[240]

Der externe Faktor grenzt sich von den anderen Faktoren im Erstellungsprozess dadurch ab, dass er für den Dienstleistungsanbieter *nicht frei am Markt disponierbar* ist und außerdem *nicht seiner vollen Verfügungsgewalt* unterliegt. Art, Dauer und Qualität des Dienstleistungsprozesses hängen damit wesentlich von der Integrationsfähigkeit und -bereitschaft des externen Faktors ab. Dies gilt insbesondere dann, wenn es sich dabei um einen Menschen handelt.[241]

Eine weitere direkte Konsequenz stellt die *Unmöglichkeit der Vorratsproduktion* dar. Da Dienstleistungen nur synchron erstellt und abgesetzt werden können, ist eine Produktion auf Lager ausgeschlossen.[242] Ähnliches gilt auch für die *Reproduzierbarkeit* von Dienstleistungen. Aufgrund der Notwendigkeit der Einbeziehung eines externen Faktors und dessen Eigenarten, kann die wiederholte Erbringung derselben Dienstleistung nur bedingt zum selben Ergebnis führen.[243]

Trotz der konstatierten Nichtlagerbarkeit von Dienstleistungen ergeben sich durch die Einbeziehung eines externen Faktors auch *Lager- und Transportprobleme*. Wird die Dienstleistung „vor Ort", d.h. beim externen Faktor erbracht, muss der Dienstleistungs-Anbieter die von ihm benötigten Hilfsmittel zur Erstellung der Dienstleistung dorthin transportieren. Im umgekehrten Fall treten vor allem Lager- bzw. Unterbringungsprobleme auf (Lagerung von zu reparierenden Geräten oder Unterbringung von Kranken).[244]

---

[238] vgl. Hilke (1989), S. 12; Maleri (1997), S. 47 f.; Meyer (1998 a), S. 12; Rück (1995), S. 15

[239] vgl. Berekoven (1983), S. 23; Corsten (1997), S. 28; Engelhardt, Kleinaltenkamp (1993), S. 401 f.; Hilke (1989), S. 12; Maleri (1997), S. 103; Meffert, Bruhn (2000), S. 56 f.; Meyer (1998 a), S. 6; Rosada (1990), S. 14 f.; Stauss (1996), Sp. 325

[240] vgl. Corsten (1997), S. 28; Rück (1995), S. 15. Einige wenige Autoren stellen die *Eignung von externen Faktoren als konstitutives Dienstleistungsmerkmal* in Frage. Vor allem der externe Faktor „Information" ist umstritten. Vgl. zum Beispiel Altenburger (1981), S. 84 f.

[241] vgl. Hilke (1989), S. 12; Meffert, Bruhn (2000), S. 56 f.; Meyer (1998 a), S. 6

[242] Von der *Unmöglichkeit der Vorratsproduktion* zu unterscheiden ist die *Nichtlagerbarkeit der Dienstleistungen*. Beide Phänomene münden zwar letztendlich in derselben Konsequenz - Dienstleistungen können nicht vor ihrer Verwendung erstellt werden - sind jedoch auf verschiedene Ursachen zurückzuführen.

[243] vgl. Berekoven (1986), S. 30; Corsten (1986), S. 25 f.; Meffert, Bruhn (2000), S. 52

[244] vgl. Corsten (1986), S. 18; Meffert, Bruhn (2000), S. 543 f.; Rösner (1998), S. 26 f.

Weitere Konsequenzen bestehen in der Existenz großer Handlungsspielräume sowohl des Dienstleistungsanbieters als auch des -nachfragers, die das *Kauf- und Verkaufsrisiko* beträchtlich erhöhen.[245]

Die Zuordnung der identifizierten Konsequenzen zu den beiden Dienstleistungscharakteristika erfolgt nicht nur eindimensional. Verschiedene Besonderheiten, wie etwa Nichtlagerfähigkeit, ergeben sich vor allem aus dem Zusammenspiel der beiden Merkmale *Synchronität* und *Immaterialität*. Die folgende Abbildung vermittelt einen zusammenfassenden Überblick über Merkmale und Konsequenzen und veranschaulicht die untereinander bestehenden Beziehungen.

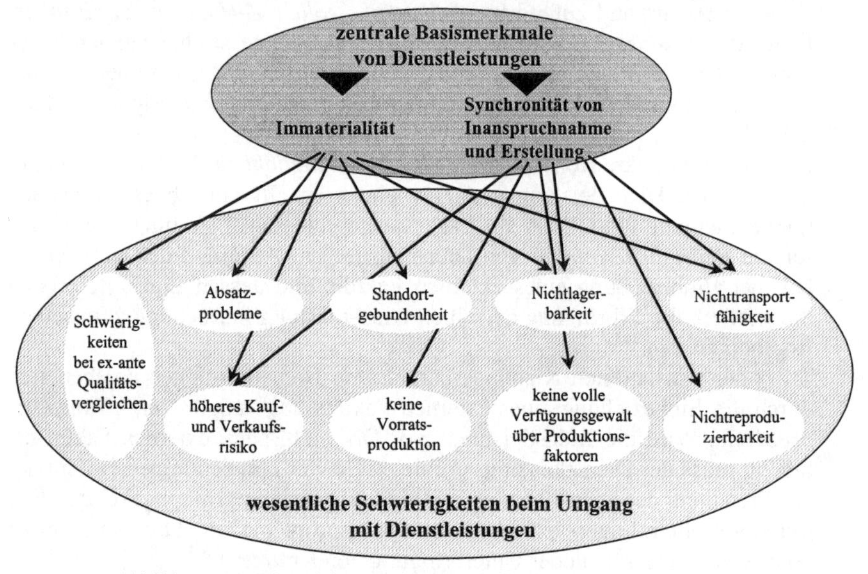

Abbildung 2-8: Dienstleistungscharakteristika und deren Konsequenzen (vgl. Zahn, Barth (2001 c), S. 28)

Als grundsätzliche Erkenntnis bleibt damit festzuhalten,

- dass Dienstleistungen in unterschiedlichem Umfang *immaterielle und materielle Komponenten* enthalten können und
- dass Dienstleistungen nur unter der *simultanen Einbeziehung eines externen Faktors* erstellt werden können, eine solche Integration jedoch unterschiedlich stark (aktive versus passive Integration) ausfallen kann.[246]

Beide Gesichtspunkte prägen in starken Maß das Outsourcing von Dienstleistungen und dessen Management.

---

[245] vgl. Freiling, Paul (1995), S. 35; Meffert, Bruhn (2000), S. 57 f.

[246] vgl. Engelhardt, Kleinaltenkamp et al. (1993), S. 406; Woratschek (2001), S. 263 ff.

2.2.2 Die Stellung der Dienstleistung in der modernen Volkswirtschaft

Ein wesentlicher Schlüssel zum Verständnis der Dienstleistungs-Thematik liegt auch in der Vergegenwärtigung, welche Bedeutung Dienstleistungen in unserer Volkswirtschaft besitzen und wie Wirtschaftsprozesse von ihnen determiniert werden. Dazu wird im Folgenden kurz die bisherige Entwicklung des Dienstleistungssektors skizziert und darauf aufbauend die aktuelle Bedeutung von Dienstleitungen dargestellt. Dies soll verdeutlichen, welche Vielzahl an unterschiedlichen Leistungen unter diesem Begriff zusammengefasst ist, und damit Ansatzpunkte für eine Differenzierung unternehmensnaher Dienstleistungen schaffen.

2.2.2.1 Die Entwicklung des Dienstleistungssektors

In allen modernen Volkswirtschaften ist seit langer Zeit eine Verschiebung der Beschäftigungs- und Wertschöpfungsanteile hin zu Dienstleistungen zu beobachten. So sind in Deutschland bereits seit 1975 mehr Erwerbstätige mit der Erbringung von Dienstleistungen als im verarbeitenden Gewerbe beschäftigt.[247] Seit 1980 werden über 50% der Bruttowertschöpfung im Dienstleistungsbereich erwirtschaftet.[248]
Diese Zahlen beschreiben eine Entwicklung, die bereits 1954 von Jean Fourastié in seiner Vision einer Dienstleistungsgesellschaft beschrieben wurde. Fourastié greift hierzu auf die insbesondere durch Clark eingeführte sektorale Gliederung der Volkswirtschaft zurück,[249] die auch heute noch die Grundlage der statistischen Systematisierung der meisten Volkswirtschaften ist.[250] Sie teilt die Produktionssphäre in einen *primären*, einen *sekundären* und einen *tertiären Sektor*. Der primäre Sektor, die sogenannte Urproduktion, umfasst demnach Land- und Forstwirtschaft, Fischerei und Jagd, dem sekundären Sektor gehört die verarbeitende Wirtschaft an, während im tertiären Sektor die Dienstleistungswirtschaft, d.h. der „gesamte Rest“[251], der den beiden anderen Sektoren nicht zugeordnet werden konnte, zusammengefasst ist. Fourastié entwickelt auf dieser Basis die „Drei-Sektoren-Hypothese“, in der er die Vorstellung postuliert, dass mit wachsendem Wohlstand und steigender Bedürfnisbefriedigung immer mehr Haushalte ihr Einkommen für die Nutzung von Dienstleistungen aufwenden. Gleichzeitig erlaube die wachsende Produktivität innerhalb des ersten und zweiten Sektors die Freisetzung von Arbeitskräften, die dann im dritten Sektor beschäftigt

---

[247] vgl. zum Beispiel Gruhler (1993), S. 26
[248] vgl. Schaumann (1997), S. 6
[249] vgl. Clark (1957), S. 491 ff.
[250] vgl. Corsten (1985 b), S. 230; Maleri (1997), S. 10
[251] Maleri (1997), S. 10

werden könnten. Für das Ende das 20. Jahrhunderts sagte er einen Beschäftigungsanteil von 80% für den tertiären Sektor sowie jeweils 10% für die beiden übrigen Sektoren voraus.[252]
In jüngerer Zeit erfuhren diese Thesen Fourastiés Ergänzungen durch sich abzeichnende Entwicklungen. Zusätzlich zu der mit steigendem Einkommen höheren Nachfrage nach Dienstleistungen wurde die Umstrukturierung der Wirtschaft als eine weitere elementare Ursache für den Bedeutungszuwachs des Dienstleistungsbereichs identifiziert.[253] Diese manifestiert sich vor allem in der Ablösung der Bedeutung von Maschinen und Kapital durch Wissen und Können.[254] Informationen, ihre Aufbereitung und Anwendung entscheiden zunehmend über die weitere Entwicklung einer Volkswirtschaft. Die Vision einer Dienstleistungsgesellschaft Fourastiéscher Prägung wird damit zwar nicht völlig aufgegeben, jedoch immer mehr durch die Idee einer Informations- und Wissensgesellschaft abgelöst, bei der sich eine stetig wachsende Zahl an Menschen mit Aufgaben der Informationsbeschaffung und -verarbeitung beschäftigen.[255] Das Paradigma eines „Idea-Driven-Growth"[256] etabliert sich damit als neues volkswirtschaftliches Erklärungsmodell.
Vergleicht man die Vorhersagen Fourastiés mit der tatsächlichen Entwicklung der Beschäftigung (siehe Abbildung 2-9), lässt sich aus ihrer Grundstruktur eine Bestätigung der vor bald fünfzig Jahren aufgestellten Thesen ableiten, wenngleich die absoluten Werte nicht den seinerzeit getroffenen Prognosen entsprechen.
Die Grafik verdeutlicht, dass im primären Sektor, der vor hundert Jahren noch fast 40 Prozent aller Erwerbstätigen aufnahm, heute nur noch etwas mehr als drei Prozent beschäftigt sind. Im Industriebereich setzte eine ähnliche Entwicklung zu Beginn der siebziger Jahre ein. Sie hält bis heute an und hat zur Folge, dass heute mehr Menschen im tertiären Sektor arbeiten als in den beiden übrigen zusammen. Dementsprechend ist die für Deutschland wie auch für andere Staaten übliche Bezeichnung als Industrienation heute streng genommen nicht länger zutreffend.[257]

---

[252] vgl. Fourastié (1954), S. 268 ff.
[253] vgl. Albach (1989 b), S. 397 ff.; Buttler, Simon (1987), S. 6; Meffert, Bruhn (2000), S. 6; Wolff (1998), S. 48 f.
[254] vgl. Bell (1975), S. 1 ff.
[255] vgl. Brettreich-Teichmann, Wiedmann (1998), S. 7 ff; Bullinger (1995), S. 13 f.; Dostal, Reinberg (1999), S. 1 ff.; Wolff (1998), S. 49
[256] Romer (1997), zitiert nach o.V. (1997 a), S. 56
[257] vgl. Corsten (1986 b), S. 235 ff.; Gruhler (1993), S. 26; Krämer (1997), S. 171 f.; Meffert, Bruhn (2000), S. 9

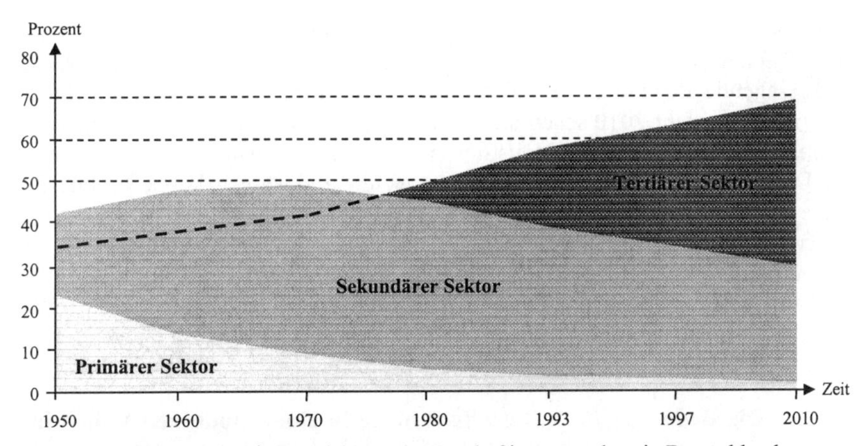

Abbildung 2-9: Die Entwicklung der Beschäftigungsstruktur in Deutschland nach Wirtschaftsbereichen
(Quelle: Statistisches Bundesamt sowie Buttler, Simon (1987), S. 20 f.; Klodt, Maurer et al. (1997), S. 139)

Für die im Einzelnen abweichenden Entwicklungen sei auf die folgenden Erklärungsansätze verwiesen:[258]

- Eine der Grundannahmen Fourastiés, die stark *unterschiedliche Entwicklung der Produktivität in den Sektoren*, hat sich nicht bestätigt. Vielmehr ist sogar eine gegenteilige Entwicklung auszumachen. Das Produktivitätswachstum im produzierenden Gewerbe weist deutlich sinkende, in vielen Dienstleistungsbereichen hingegen stabile oder gar steigende Tendenzen auf.
- Die Entwicklung der Dienstleistungsnachfrage insgesamt verlief ähnlich wie die der Gesamtnachfrage; die von Fourastié vorhergesagte *überproportional zunehmende Nachfrage nach Dienstleistungen* fand bzw. findet allerdings nicht statt. Zwar existieren Bereiche, in denen die Nachfrage sehr stark zugelegt hat, dies gilt jedoch für Sach- und Dienstleistungen im selben Maße.
- Die *Bedeutung von Wissen und Können* nimmt ständig zu. Exemplarisch für diese Entwicklung sei festgehalten, dass viele Forscher gegenwärtig den Beginn des fünften Kondratieff-Zyklus sehen, der völlig im Zeichen von Information und Wissen steht.[259] Der von Fourastié prognostizierte massive Bedeutungsverlust der Produktionsfaktoren Arbeit und Kapital ist jedoch in keinem Fall eingetreten. Denn nicht nur das vorhandene Wissen, sondern vor allem dessen Anwendung ist entscheidend, wofür wiederum qualifizierte Arbeitskräfte und entsprechende Investitionen notwendig sind.

---

[258] vgl. Wolff (1998), S. 49 f.
[259] vgl. Nefiodow (1991), S. 1 ff.; Klodt, Maurer et al. (1997), S. 66 f.; Zahn (1998 a), S. 2 f.

Trotz der Abweichungen von den Prognosen Fourastiés belegen die aus Abbildung 2-9 hervorgehenden Entwicklungstrends eindeutig die bereits gegenwärtig herausragende Bedeutung der Dienstleistung für unsere Volkswirtschaft. Prognosen bis zum Jahr 2010 sehen die Dienstleistungen weiter auf dem Vormarsch, wenngleich der Weg in die „industriefreie" Gesellschaft dabei nicht zu erkennen ist. Dazu sind zu viele Dienstleistungen an die Industrie gekoppelt; ohne die Nähe zu Industrieunternehmen können sie sich nicht auf Weltmarktniveau halten. Zwar wird der industrielle Sektor künftig rein quantitativ weiter an Bedeutung verlieren, jedoch wichtiger Impulsgeber für neue Entwicklungen bleiben; gleichzeitig werden Dienstleistungen immer mehr zu einem integralen Teil der Gesamtwirtschaft.[260]

2.2.2.2 Die Bedeutung von Dienstleistungen in einer modernen Volkswirtschaft

Während Fourastiés Thesen die Entwicklung des Dienstleistungssektors in einer Volkswirtschaft beleuchten und dessen immer stärkere Bedeutung veranschaulichen, vermitteln sie nur unzureichenden Einblick in die Rolle von Dienstleistungen innerhalb des volkswirtschaftlichen Wertschöpfungsprozesses und in ihre Bedeutung für das Funktionieren einer modernen Volkswirtschaft. Sich hierzu - wie allzu oft praktiziert - alleine auf statistische Quellen zu stützen, führt zu nur bedingt aussagekräftigen Thesen. Denn ein solches Herangehen lässt außer Acht, dass

- die herangezogenen Quellen sehr heterogener Natur und damit nur schwer vergleichbar sind. Dies stellt vor allem bei solchen Dienstleistungen ein Problem dar, deren Produktionsbeiträge keiner Marktbewertung unterliegen (zum Beispiel Dienstleistungen staatlicher Institutionen);
- Dienstleistungen in nahezu allen Bereichen des produzierenden Sektors einen bedeutenden Anteil der angebotenen Problemlösungen ausmachen, jedoch statistisch keinen Niederschlag finden und damit beim sekundären Sektor verbleiben;
- viele Dienstleistungen in den Bereich der informellen Wirtschaft fallen und ihnen damit entweder keine oder nur verborgene Zahlungsströme entsprechen, die statistisch nicht erfasst werden können.[261]

Einen möglichen Ansatzpunkt für eine ganzheitliche Betrachtung, die den oben angeführten Defiziten der sektoralen Vorgehensweise Rechnung trägt, bildet das

---

[260] vgl. Barth, Eckerle et al. (1998); Eidenmüller (1995), S. 77 ff.; Gruhler (1993), S. 27 f.; Lehmann (1995), S. 10 f.

[261] vgl. Gruhler (1993), S. 28; Krämer (1997), S. 176 ff.; Meffert, Bruhn (2000), S. 3 ff.; Wolff (1998), S. 59

Heranziehen des *volkswirtschaftlichen Nutzens* von Dienstleistungen. Nutzen ist dabei im Sinne einer Befriedigung der individuellen Bedürfnisse und Wünsche von Menschen zu verstehen.[262] Diese erfolgt über den Konsum von Waren und Dienstleistungen, welche allerdings in der Regel zuvor produziert werden müssen, da nur wenige Produkte der Natur unmittelbar als Güter geeignet bzw. zu verwenden sind.[263] Betrachtet man die einzelnen Sektoren in Bezug auf die Produktion solcher Güter, die sogenannte *Primärproduktion*, manifestiert sich diese in

- der Produktion von Nahrungsmitteln in der Landwirtschaft und der Gewinnung von Bodenschätzen (primärer Sektor),
- der Produktion von Waren für den täglichen Ge- und Verbrauch (sekundärer Sektor)
- der Produktion von Dienstleistungen, die der unmittelbaren, konsumtiven Bedarfsbefriedigung dienen (tertiärer Sektor).[264]

Doch nur ein Teil der in einer Volkswirtschaft erbrachten Dienstleistungen geht unmittelbar in den Konsum. Eine Vielzahl der erbrachten Dienstleistungen wird als Intermediär benötigt, um landwirtschaftliche Produkte, Sachgüter oder andere Dienstleistungen herstellen zu können (*Sekundärproduktion*).[265] Nutzen für den Endverbraucher wird damit indirekt erzeugt, indem die elementaren Produktions- und Transformationsprozesse verbessert werden. Diese „investiv“[266] orientierte Nutzung sowie die Tatsache, dass die Dienstleistung „im selben Augenblick untergeht, in dem sie vollbracht wird“[267], ließen bzw. lassen aus Konsumentensicht vor allem den primären Produktionsprozess von Waren in den Mittelpunkt des wirtschaftlichen Interesses rücken. Dienstleistungen galten deshalb in der Geschichte der Wirtschaftswissenschaften lange Zeit als „unproduktiv“.[268] Dies kommt auch dadurch zum Ausdruck, dass vergleichsweise wenig statistische Informationen über diesen Teil der Wirtschaft zur Verfügung stehen, wohingegen der primäre und der sekundäre Sektor sehr detailliert erfasst sind.[269]

Eine vollständige Darstellung des Nutzens von Dienstleistungen muss daher sowohl die primären als auch die sekundären Produktionsprozesse berücksichti-

---

[262] vgl. Ertel (1986), S. 19; Siebert (2000), S. 17 f.; Woll (1996), S. 50
[263] vgl. Thieme (1995), S. 3
[264] vgl. Hübl (1995), S. 54 f.; Woll (1996), S. 62 f.
[265] vgl. Buttler, Simon (1987), S. 6; Wolff (1990), S. 67
[266] vgl. Backhaus (1999), S. 8
[267] Smith (1974), S. 272 sowie die Ausführungen zur Immaterialität von Dienstleistungen in Abschnitt 2.2.1
[268] vgl. Lehmann (1995), S. 3; Wolff (1998), S. 52
[269] vgl. Wolff (1998), S. 52

gen. Auf dieser Basis lassen sich - gesamtwirtschaftlich betrachtet - die folgenden vier Dienstleistungskategorien identifizieren (siehe Abbildung 2-10).[270]

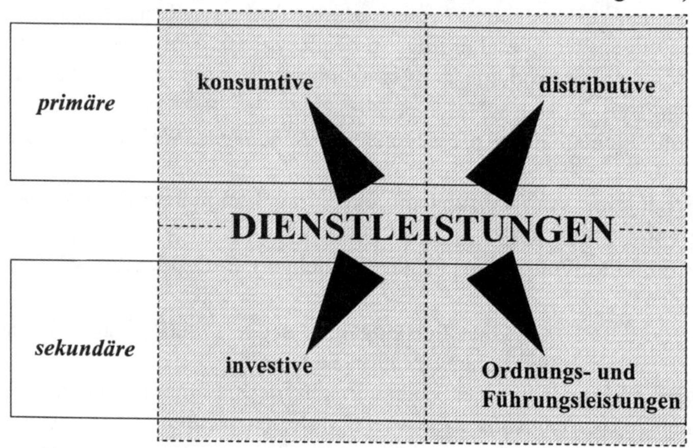

Abbildung 2-10: Dienstleistungskategorien in einer Volkswirtschaft
(vgl. Wolff (1998), S. 57)

Konsumtive Dienstleistungen dienen direkt der Befriedigung der Wünsche und Bedürfnisse der Endnutzer. Darin eingeschlossen sind auch alle die Dienstleistungen, die mit der Bereitstellung und Nutzung von typischerweise dem Investitionsgüterbereich zuzurechnenden Waren und Dienstleistungen wie etwa Wohnungen oder Fahrzeugen verbunden sind, sofern dies für einen privaten Endnutzer geschieht. Es ist vor allem dieser Bereich, auf den Fourastié den von ihm prognostizierten Bedeutungszuwachs bezog.

Distributive Dienstleistungen haben die Funktion der Vermittlung und Überbrückung zwischen Produktion und Verwendung. Sie sind vor allem für die Handels-, Verkehrs-, Nachrichten- und Finanzbereiche einer Volkswirtschaft wichtig. Ihre Bedeutung wird in hohem Maße von den zur Verfügung stehenden Verkehrs- und Informationstechniken bestimmt.

Investive Dienstleistungen gehören zu den Sekundärdienstleistungen - sie werden nicht direkt für Endnutzer erbracht. Sie umfassen sowohl Forschungs-, Bildungs- oder Qualifizierungsleistungen als auch Planungs- und Ingenieursleistungen, die in einer modernen Wirtschaft unverzichtbar geworden sind. Ihr Nutzen für die Gesamtwirtschaft liegt vor allem in der Erschließung von Erkenntnissen zur Nutzung der natürlichen Ressourcen und zur Verbesserung der Produktionsprozesse.

Zu den *Ordnungs- und Führungsdienstleistungen* zählen alle gesamt- oder einzelwirtschaftlich relevanten Organisations-, Koordinations- und Manage-

[270] vgl. Wolff (1998), S. 52 ff.

ment- bzw. Führungsleistungen. Auch sie stellen sekundäre Dienstleistungen dar, welche die Sicherung und (Weiter-)Entwicklung des organisatorisch-institutionellen sowie infrastrukturellen Rahmens einer Volkswirtschaft einschließlich der Organisation seiner Nutzung und der Erhaltung des sozialen wie politischen Interessenausgleichs unterstützen.

Die vier skizzierten Kategorien umreißen das Nutzenspektrum von Dienstleistungen in einer modernen Volkswirtschaft. Sie veranschaulichen die Hintergründe des bereits erläuterten Bedeutungszuwachses des tertiären Sektors und machen deutlich, welches Gewicht Dienstleistungen in einer modernen Industriegesellschaft einnehmen. Es stellt sich jedoch die Frage, ob alle vier dargestellten Bereiche in gleicher Weise zur Bedeutung von Dienstleistungen in unserer Volkswirtschaft beitragen oder ob bestimmte Funktionen besonders wichtig für das identifizierte Wachstum sind. Die statistische Basis zur Abgrenzung von Dienstleistungen nach dieser funktionalen Einteilung ist allerdings nur unzureichend. Auch die herkömmliche Sektorenbetrachtung kann hierfür nur bedingt als Anhaltspunkt herangezogen werden. Am besten geeignet erweist sich eine Tätigkeitsbetrachtung, wie sie bei den regelmäßig erhobenen Mikrozensen vorgenommen wird.[271]

Ordnet man die in Abbildung 2-11 aufgeführten Tätigkeiten den vier identifizierten Dienstleistungskategorien zu, so ergibt sich, dass vor allem die Dienstleistungstätigkeiten stark an Bedeutung zunehmen werden, die entweder den investiven oder den Ordnungs- und Führungsdienstleistungen zuzurechnen sind.[272] Eine detaillierte Untersuchung dieser sekundären Dienstleistungstätigkeiten zeigt, dass unter ihnen wiederum besonders anspruchsvolle Tätigkeiten wie Organisations- und Management- sowie Beratungs- und Betreuungsaufgaben immer wichtiger werden bzw. geworden sind, während Forschung und Lehre vergleichsweise niedrige Wachstumsraten aufweisen.[273] Überdurchschnittlichen Bedeutungszuwachs erfahren zukünftig damit im Wesentlichen solche Dienstleistungstätigkeiten, für die kein direkter, originärer Bedarf seitens der Konsumenten vorhanden ist, sondern die erst aufgrund des in der Vergangenheit erreichten Entwicklungs- und Arbeitsteilungsniveaus nachgefragt werden. Dies stellt eine Analogie zu den frühen Phasen der Industrialisierung dar, in denen vor allem die Investitions- und Produktionsgüterindustrie überproportionale Wachstumsraten besaß.

---

[271] vgl. Buttler, Stegner (1990), S. 933; Gruhler (1993), S. 28; Hummel (1998), S. 56 f.; Meffert, Bruhn (2000), S. 8 f.; Wolff (1998), S. 59 f. Zur selben These kommt *Gershuny* bereits 1978. Er stellt die bis dahin als relativ homogen erachtete Entwicklung des Dienstleistungssektors in Frage und unterstreicht die Bedeutung unternehmensorientierter Dienstleistungen. Vgl. Gershuny (1978).

[272] vgl. Dostal, Reinberg (1999), S. 1 f.; Fels (1997), S. 46 ff.; Klodt, Maurer et al. (1997), S. 60 f.; Krämer (1997), S. 2; Wimmers, Hauser et al. (1999), S. 17; Wolff (1998), S. 59 f.

[273] vgl. Haupt (1999), S. 322; Wimmers, Hauser et al. (1999), S. 17

		1995		2010	
I Produktions-orientierte Dienstleistungs-tätigkeiten	**30,7**	16,9 7,2 6,6	**24,0**	12,7 6,0 5,3	Gewinnen, Herstellen Maschinen einrichten, warten Reparieren
II Primäre Dienst-leistungen	**43,0**	11,4 17,4 14,2	**44,4**	13,5 17,7 13,2	Handelstätigkeiten Bürotätigkeiten Allgemeine Dienste (Reinigen, Bewirten, Lagern, Transportieren, Sichern)
III Sekundäre Dienst-leistungen	**26,3**		**31,6**		Forschen, Entwickeln Organisation, Management Betreuen, Beraten, Lehren, Publizieren u.ä.

Abbildung 2-11: Prozentuale Verteilung der Erwerbstätigen in Deutschland nach Tätigkeitsgruppen
(vgl. Dostal, Reinberg (1999), S. 2)

Zwei zentrale Ansätze, um die ständig steigende Bedeutung von Dienstleistungen in einer modernen Volkswirtschaft zu erklären, sind die Sektorentheorie sowie die ihr entgegengesetzte Theorie der industriellen Dienstleistung.[274] Während erstere die Ursache in der steigenden Nachfrage der Konsumenten sieht (*Nachfragehypothese*), basiert der zweite Ansatz auf dem vielerorts zu beobachtenden Wandel vom Verkäufer- zum Käufermarkt und damit einem stark wachsenden Angebotsdruck, dem die Unternehmen ausgesetzt sind (*Angebotshypothese*). Für diese Unternehmen besteht daher die Notwendigkeit, zur Förderung des Absatzes ihre Sachleistungen mit attraktiven Dienstleistungsangeboten anzureichern und gleichzeitig die Kosten hierfür durch Auslagerung aller Nicht-Kernleistungen an spezialisierte Dienstleister zu senken. Da sowohl Belege für eine steigende Nachfrage nach Dienstleistungen, als auch Nachweise für eine Erhöhung des Angebots existieren, reicht es nicht aus, nur mit einfachen, monokausalen Erklärungsansätzen zu operieren. Vielmehr ist der konstatierte Bedeutungszuwachs auf eine komplexe Kombination aus *Umweltverände-*

[274] siehe Abschnitt 2.2.2.1

rungen, technologischen Entwicklungen sowie *Verschiebungen des Produzenten- und Konsumentenverhaltens* zurückzuführen (siehe Abbildung 2-12).[275]

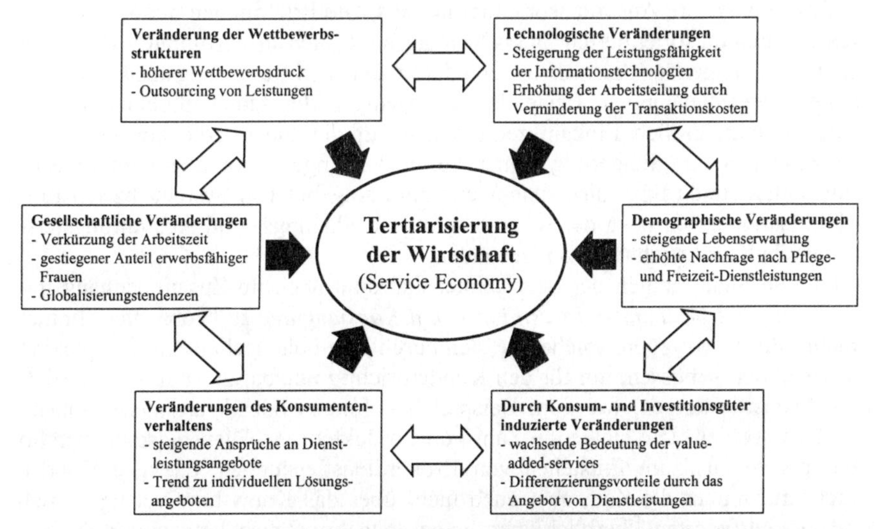

Abbildung 2-12: Gesellschaftliche Veränderungen als Basis der Service Economy (in Anlehnung an: Meffert, Bruhn (2000), S. 8)

Ein Teil der Ursachen liegt in generellen *gesellschaftlichen Veränderungen* begründet. So resultiert die Tendenz zur Verkürzung der Arbeitszeit in einer verstärkten Nachfrage nach Freizeitleistungen und in einer Expansion der Freizeitindustrie. Der steigende Anteil erwerbstätiger Frauen bewirkt die Verlagerung bisher selbst erbrachter häuslicher Dienstleistungen auf kommerzielle Anbieter. In einer zunehmend mobilen und globalen Gesellschaft werden außerdem vermehrt Reisedienstleistungen nachgefragt; gleichzeitig steigt auch der Bedarf an Telekommunikationsdiensten, welche die damit einhergehenden globalen Kommunikationsbedürfnisse befriedigen.
Neben gesellschaftlichen Faktoren sind es auch *demographische Umbrüche*, die den Trend zur Tertiarisierung unterstützen. Allen voran steht dabei die gestiegene Lebenserwartung der Bevölkerung, die zu einem höheren Anteil älterer Menschen führt. Für sie werden spezielle altersgerechte Dienstleistungen benötigt, wie zum Beispiel Pflegedienstleistungen, maßgeschneiderte Versicherungsangebote oder Freizeitaktivitäten.

[275] vgl. Bade (1998), S. 139 ff.; Buttler, Stegner (1990), S. 932; Gruhler (1993), S. 27 f.; Löbbe, Graskamp et al. (1992), S. 31 ff.; Meffert, Bruhn (2000), S. 6 ff.; Nagengast (1997), S. 24 ff.

Auch *Wandelerscheinungen beim Konsumentenverhalten* schlagen sich in einem Mehr an Dienstleistungen nieder. Der moderne Kunde zeichnet sich durch eine bisher unbekannte Anspruchsorientierung aus. Die Erfahrungen der Konsumenten mit qualitätsorientierten Dienstleistungsangeboten in bestimmten Branchen führen zu steigenden Ansprüchen und damit zu neuen Bewertungsmaßstäben für andere Dienstleistungen. Beispielsweise zwingen die Annehmlichkeiten beim Einkaufen in großen Einkaufszentren den auf die Innenstädte konzentrierten Einzelhandel zur Steigerung seiner Serviceleistungen. Vor allem im Investitionsgüterbereich führt dies zunehmend zum Angebot von System- bzw. Komplettlösungen, wie etwa der Kombination von Planungs- und Ausführungsleistungen bei der Errichtung von Gebäuden.
Ähnliche Steigerungen der Serviceintensität sind auch im Zusammenhang mit dem *Angebot bestimmter Investitions- und Konsumgüter* zu beobachten. Immer mehr Güter - vor allem solche, die sich durch eine hohe technische Komplexität auszeichnen - müssen, um für den Kunden richtig nutzbar zu sein, von speziellen Dienstleistungen, wie zum Beispiel Schulungen oder Wartungsleistungen, ergänzt werden. Die steigende Zahl von Produkten und Dienstleistungen führt darüber hinaus zum Entstehen von Brokerdienstleistungen, da viele Kunden nicht mehr über die Zeit, aber auch nicht über das Know-how verfügen, sich einen qualifizierten Überblick über die gesamte Angebotspalette zu verschaffen. Ein großes Problemfeld bildet auch die wachsende Homogenität des Produktprogramms. Mit zunehmend kompetenten und informierten Kunden, die vielfach eine verhältnismäßig geringe Loyalität und Bindung aufweisen, sind Unternehmen verstärkt gezwungen, sich von ihren Wettbewerbern zu differenzieren. Ein in vielen Fällen verfolgter Ansatz hierfür besteht in einem Ausbau des Dienstleistungsangebots. Dabei werden die Kernprodukte des Unternehmens um einen entsprechenden Service-Kranz ergänzt, aus dem potenzielle Kunden bestimmte Leistungen auswählen können und so eine maßgeschneiderte, individuelle Lösung erhalten.
Neben einer starken Homogenität des Angebots tragen auch generelle *Veränderungen der Wettbewerbsstruktur* zur Tertiarisierung der Wirtschaft bei. So bewirken die allseits zu beobachtenden Globalisierungstendenzen steigenden Wettbewerbsdruck, der sich neben Bemühungen zu einer Steigerung der Leistungsqualität vor allem im Bestreben nach Kosteneinsparungen manifestiert. Beiden Entwicklungen wird versucht, mit einer zunehmenden Auslagerung bzw. Ausgliederung von Leistungen Rechnung zu tragen. Die verstärkten Outsourcing-Aktivitäten bewirken, statistisch betrachtet, ein nominelles Wachstum des tertiären Sektors. Darüber hinaus ist vielfach auch eine reale Zunahme zu verzeichnen, da die mit den ausgelagerten Aktivitäten beauftragten Dienstleister zusätzliche Marktpotenziale zu erschließen versuchen.
Schließlich unterstützen auch *technologische Fortschritte* den Wandel zu einer Service Economy. Vor allem die großen Fortschritte in der Leistungsfähigkeit

der Informationstechnologien fördern die Tertiarisierungsprozesse nachhaltig. Dadurch wurde eine Arbeitsteilung bisher unbekannten Ausmaßes möglich, bei der sich die anfallenden Transaktionskosten stetig verringern. Das Resultat sind nachhaltige Produktivitätssteigerungen bei der Erbringung von Dienstleistungen. Viele Dienstleistungsangebote werden für eine breite Masse von Konsumenten zugänglich; es erfolgt eine „Industrialisierung“ des Dienstleistungssektors. Infolge von Informations- und Kommunikationstechnologien können viele Dienstleistungen auch vermehrt international angeboten werden, ohne dass der Aufbau einer Repräsentanz vor Ort notwendig wird. Beispiele hierfür sind Informationsverarbeitungs- oder Planungsleistungen.[276]

Am Beispiel des technologischen Fortschritts werden die Ausstrahlungseffekte auf andere Elemente des Wandels besonders deutlich. Damit wird unmittelbar einsichtig, wie wichtig es ist, die Bedeutungszunahme von Dienstleistungen nicht nur isoliert anhand der einzelnen skizzierten Ursachen, sondern aus einer ganzheitlichen Perspektive zu betrachten. Die identifizierten Veränderungen bilden zusammen ein komplexes Gefüge, das mehr darstellt als nur die Summe der einzelnen Elemente, da sie in vielen Fällen verstärkend aufeinander wirken und sich teilweise gegenseitig bedingen.

Mit den bisherigen Ausführungen konnte nachgewiesen werden, in welchem Ausmaß Dienstleistungen eine moderne Volkswirtschaft durchdrungen haben, dass sie der primäre Wachstumsmotor für Wertschöpfung und Beschäftigung sind und bleiben werden und welches die zentralen Triebfedern dieses Wachstums sind. Dabei wurde neben der tatsächlichen Bedeutung von Dienstleistungen auch die große Heterogenität des Dienstleistungsbereichs sichtbar. Prognosen auf der Basis der beschriebenen Ursachen der Tertiarisierung sowie der aktuellen Wirtschaftsdaten der Bundesrepublik Deutschland lassen erkennen, dass dabei vor allem investiv verwendete Dienstleistungen sowie Ordnungs- und Führungsdienstleistungen die bestimmenden Wachstumsträger sein werden.[277] Beispiele hierfür sind in der folgenden Abbildung 2-13 zusammengefasst.

Die Abbildung zeigt zentrale Wachstumsfelder im Dienstleistungsbereich, denen exemplarisch einige zukünftig bedeutsame Dienstleistungen zugeordnet sind.[278] Die wichtigsten dieser Dienstleistungsfelder stellen - zusammengefasst unter der Bezeichnung *unternehmensnahe Dienstleistungen* - den Fokus der folgenden

---

[276] Zu den genannten Veränderungsursachen vgl. Albach (1989 b), S. 397 ff.; Brettreich-Teichmann, Wiedmann (1998), S. 7 ff.; Bullinger (1998 a), S. 17 ff.; Buttler, Simon (1987), S. 47 f.; Donges, Schmidt et al. (1988), S. 42 ff.; Fels (1997), S. 42 ff., Gruhler (1993), S. 26 ff.; Klodt, Maurer et al. (1997), S. 60 ff.; Krämer (1997), S. 194 ff.; Lehmann (1995), S. 6 ff.; Meffert, Bruhn (2000), S. 6 ff.; Piepenbrock (1997), S. 94 ff.; Zahn, Hertweck et al. (1996), S. 108 f.

[277] siehe Abschnitt 2.2.2.1 sowie die dort angegebene Literatur

[278] Für detailliertere Ausführungen zu den einzelnen Wachstumsfeldern siehe Brettreich-Teichmann, Ganz et al. (1998), S. 35 ff.

Abschnitte dar, in denen zuerst die speziellen Besonderheiten dieser Dienstleistungskategorie herausgearbeitet werden und darauf aufbauend das Outsourcing dieser Leistungen näher untersucht wird.

Ökonomische Makrotrends	*Dienstleistungs-Wachstumsfelder*
Optimierung der Leistungstiefe	**Business Services** Facility Management, F&E-Outsourcing, Ingenieursdienstleistungen
Wissen als Produktionsfaktor	**Brokerage/Vermittlung** Arbeits-, Informations- und Warenvermittlung
Leistungssteigerung der Informationstechnologie	**Medien & Telek ommunikation** Multimedia Business Services, Fernbetreuung
Zeitökonomie	**Mobilität & Logistik** Intermodale Mobilitätsdienste, Home Delivery
Ökonomisierung der Ökologie	**Ökologie** Recycling, Vermeidung & Kontrolle, Handwerk als Dienstleister
Restrukturierung des Sozialsystems	**Finanzdienstleistungen, Soziale- und Gesundheitsdienste** Allfinanz-Dienstleistungen, ambulante Pflege
Gesellschaftliche Entwicklungen	**Freizeit & Erholung** Wohnortnahe Freizeit- und Vergnügungszentren

Abbildung 2-13: Künftige Wachstumsfelder im Dienstleistungsbereich
(vgl. Brettreich-Teichmann, Wiedmann (1998), S. 8; Bullinger (1998), S. 24)

2.2.3 Unternehmensnahe Dienstleistungen – Bedeutung, Enwicklung und Spezifika

Auf Basis der aufgestellten Arbeitsdefinition von Dienstleistungen sowie der sich hieraus ergebenden konstitutiven Merkmale wird im Folgenden der eigentliche Untersuchungsgegenstand dieser Arbeit, unternehmensnahe Dienstleistungen, näher betrachtet.[279] Neben der Schaffung einer einheitlichen Begriffsgrundlage geht es dabei vor allem darum, Hinweise für die optimale Gestaltung eines Outsourcing unternehmensnaher Leistungen zu erhalten.
Der Terminus *„unternehmensnahe Dienstleistung"* wird in der Literatur sehr uneinheitlich definiert. Neben zahllosen synonym gebrauchten Begriffen wie

---

[279] Die auch im Dienstleistungsbereich vielfach anzutreffende Fokussierung auf reine branchen- oder wirtschaftszweigbezogene Betrachtungen wird zu recht als in generisch-konzeptioneller Hinsicht nur begrenzt aussagekräftig kritisiert (vgl. zum Beispiel Corsten (1994), S. 3). Die in dieser Arbeit vorgenommene Untersuchung unternehmensnaher Dienstleistungen bedeutet zwar auch eine Einschränkung des Untersuchungsgegenstands, stellt aber weiterhin eine wirtschaftszweigübergreifende Betrachtung dar. Durch die Konzentration auf die Gruppe der unternehmensnahen Dienstleistungen können die Besonderheiten des Untersuchungsobjekts berücksichtigt werden, was eine spezifischere Analyse und zielgenauere Ableitung von Gestaltungsempfehlungen hinsichtlich des Outsourcing solcher Leistungen ermöglicht.

zum Beispiel „industrielle Dienstleistung“, „investive Dienstleistung“, „Produktdienstleistung“, „Business Service“ oder „funktionelle Dienstleistung“[280] weist auch die inhaltliche Ausgestaltung des Begriffs eine große Bandbreite auf.[281] Einer exakten Definition des Begriffs der unternehmensnahen Dienstleistung muss daher zunächst eine Einordnung in die verschiedenen, innerhalb der Betriebswirtschaft differenzierten Ausprägungen von Dienstleistungen vorausgehen.

Art der Leistung / Art der Nutzung	**Sachleistung**	**Dienstleistung**
Konsumtive (Letzt-)Verwendung	**Konsumgüter** (z.B. Lebensmittel, Zigaretten)	**Konsumtive Dienstleistungen** (z.B. Einzelhandel, Touristik, Gastronomie)
Investive (Weiter-)Verwendung	**Industriegüter** (z.B. Fabrikhallen, Produktionsanlagen, Firmenwagen)	**Investive Dienstleistungen** (z.B. Unternehmensberatung, Personalschulung, Leistungen von Wirtschaftsprüfungsgesellschaften, Softwareberatungen)

Abbildung 2-14: Differenzierung zwischen konsumtiven und investiven Dienstleistungen (vgl. Backhaus, Hahn (1998), S. 95; Engelhardt, Schwab (1982), S. 505; Meffert, Bruhn (2000), S. 39)

Wie Abbildung 2-14 zeigt, sind dabei - analog zu Sachgütern - grundsätzlich konsumtive und investive Dienstleistungen zu unterscheiden. Während konsumtive Dienstleistungen primär von privaten Nachfragern in Anspruch genommen werden, bezeichnen investive Dienstleistungen solche, die von Organisationen nachgefragt und zur Erstellung von Sachleistungen oder weiteren Dienstleistungen für die Fremdbedarfsdeckung eingesetzt werden.[282] Die Dienstleistungen gehen dabei als Wiedereinsatzfaktoren in Produktionsprozesse mit ein. Unter-

[280] Ein Überblick über die verschiedenen Begriffe und deren inhaltliche Bedeutung findet sich beispielsweise bei *Homburg und Garbe*. Vgl. Homburg, Garbe (1996 a), S. 255 ff.

[281] vgl. zum Beispiel Clement, Hammerer et al. (1994), S. 3 ff.; Strambach (1997), S. 233; Zahn, Barth et al. (1998 a), S. 3 f.

[282] vgl. Backhaus, Hahn (1998), S. 95; Engelhardt, Schwab (1982), S. 505; Meffert, Bruhn (2000), S. 38 f. sowie Abschnitt 2.2.2.2

nehmensnahe Dienstleistungen sind - ex nomine - grundsätzlich solchen investiv verwendeten Dienstleistungen zuzurechnen.[283]
Dienstleistungen werden von Organisationen bzw. Unternehmen jedoch nicht nur zur Deckung des eigenen Bedarfs verwendet. Sie werden in wachsendem Umfang auch komplementär zu Sachleistungen angeboten, dienen dabei der Ergänzung und Abrundung des Sachleistungsangebots und sollen den Kunden zusätzlichen Nutzen stiften.[284] Investive Dienstleistungen im Sinne von Absatzobjekten besitzen demnach nicht nur eine Input-, sondern auch eine Output-Relation.
Das um die Output-Relation erweiterte Verständnis der investiven Dienstleistungen macht eine Unterscheidung nach Art der anbietenden Unternehmung - produzierendes Unternehmen oder reiner Dienstleistungsbetrieb - notwendig und führt zur Aufspaltung des Begriffs der investiven Dienstleistung in *funktionelle Dienstleistungen*[285], die von einem produzierenden Unternehmen zusätzlich zu Sachgütern angeboten werden, und *institutionelle Dienstleistungen*[286], bei denen ein Dienstleistungsbetrieb für die Erbringung zuständig ist. Unter dem Oberbegriff der investiven Dienstleistung sind somit solche Dienstleistungen zusammengefasst, die von anderen Organisationen nachgefragt und entweder von produzierenden Unternehmen in Ergänzung ihres Sachgüterangebots oder von reinen Dienstleistungsunternehmen erbracht werden.[287]
Eine genauere Betrachtung der von produzierenden Unternehmen angebotenen Dienstleistungen ergibt, dass mit dem Angebot von Dienstleistungen zwei grundsätzlich unterschiedliche Zielsetzungen verfolgt werden können. Neben der Ergänzung und Abrundung des Sachleistungsangebots, besteht auch die Möglichkeit, die Dienstleistungen bei entsprechender Nachfrage zu einem eigenständigen, unabhängigen Geschäftsfeld auszubauen.[288] Die folgende Abbildung verdeutlicht diese zusätzliche Differenzierung.

---

[283] vgl. Clement, Hammerer et al. (1994), S. 3 ff.; Dathe, Schmid (2000), S. 7; Gnoss (1989), S. 692; Strambach (1995), S. 9 f.

[284] vgl. Graßy (1993), S. 80 ff.; Gruhler (1990), S. 139 ff.; Laib (1996), S. 36 ff.; Olemotz (1995), S. 22 ff.

[285] vgl. Forschner (1988), S. 14; Hilke (1989), S. 8 f.

[286] vgl. Hilke (1989), S. 9; Jugel, Zerr (1989), S. 164; Meyer (1993), S. 197 f.

[287] vgl. Backhaus, Hahn (1998), S. 96 f.; Büker (1991), S. 8; Homburg, Garbe (1996 a), S. 258 f.

[288] siehe Abschnitt 4.1 dieser Arbeit sowie Buttler, Stegner (1990), S. 933; Graßy (1993), S. 80 ff.; Gruhler (1990), S. 139 ff.; Laib (1996), S. 36 ff.; Olemotz (1995), S. 22 ff.

Produzent der Dienstleistung / Beziehung zum Leistungsprogramm	**Produzierendes Unternehmen**	**Dienstleistungsbetrieb**
komplementär	**Funktionelle Dienstleistungen**	**Institutionelle Dienstleistungen**
unabhängig	**Quasi-institutionelle Dienstleistungen**	

Abbildung 2-15: Dienstleistungen als Bestandteile des Leistungsprogramms (in Anlehnung an: Olemotz (1995), S. 25)

Die in der Abbildung als funktionelle Dienstleistungen bezeichnete Gruppe entspricht dabei den vielfach genannten „industriellen" oder „produktbegleitenden" Dienstleistungen.[289] Von diesen sind „quasi-institutionelle"[290] Dienstleistungen zu unterscheiden. Sie entsprechen den funktionellen Dienstleistungen insofern, als sie von einem produzierenden Unternehmen angeboten werden, dienen aber nicht primär der Ergänzung des Sachgutprogramms eines produzierenden Unternehmens, sondern stellen vielmehr ein eigenständiges Absatzobjekt dar. Die Bezeichnung „quasi-institutionell" leitet sich dabei aus der - in organisatorischer Hinsicht bestehenden - Ähnlichkeit zu institutionellen Dienstleistungen ab. Die Dienstleistungen werden zwar von einem produzierenden Unternehmen erbracht, jedoch autonom gleichsam als institutionelle Dienstleistungen vertrieben.

Die Differenzierung in funktionelle, institutionelle und quasi-institutionelle Dienstleistungen umreißt Inhalte und Grenzen investiver Dienstleistungen sehr

[289] vgl. Buttler, Stegner (1990), S. 934; Casagranda (1994), S. 48 ff.; Graßy (1993), S. 87; Gruhler (1990), S. 139 ff.; Homburg, Garbe (1996 a), S. 258; Simon (1993 a), S. 5; Strambach (1997), S. 233; Töpfer (1993), S. 23. Nicht zuletzt aufgrund zunehmender Outsourcing-Tendenzen innerhalb der produzierenden Industrie und der damit einhergehenden verstärkten Erbringung solcher ausgelagerten Leistungen durch „reine" Dienstleistungsunternehmen wird diese Eingrenzung in steigendem Maß kritisiert. Vgl. zum Beispiel Laib (1996), S. 41; Engelhard, Paul (1998), S. 1326. Speziell *Laib* vertritt sogar die Meinung, dass die institutionelle mit der investiven Dienstleistung gleichzusetzen ist. Vgl. Laib (1996), S. 42.

[290] Olemotz selbst kritisiert den Begriff der „quasi-institutionellen" Dienstleistung als wenig überzeugend, verzichtet jedoch auf eine Umbenennung, da der Begriff bereits in der Literatur eingeführt ist. Vgl. Olemotz (1995), S. 25.

genau und erlaubt eine exakte Klassifizierung. Eine solche Zuordnung erweist sich jedoch in vielen Fällen aufgrund der erforderlichen detaillierten Kenntnisse als nicht praktikabel. Daher werden im Folgenden die drei beschriebenen Kategorien zum Begriff der *unternehmensnahen Dienstleistung* zusammengefasst. Abbildung 2-16 visualisiert die prinzipiellen Zusammenhänge.

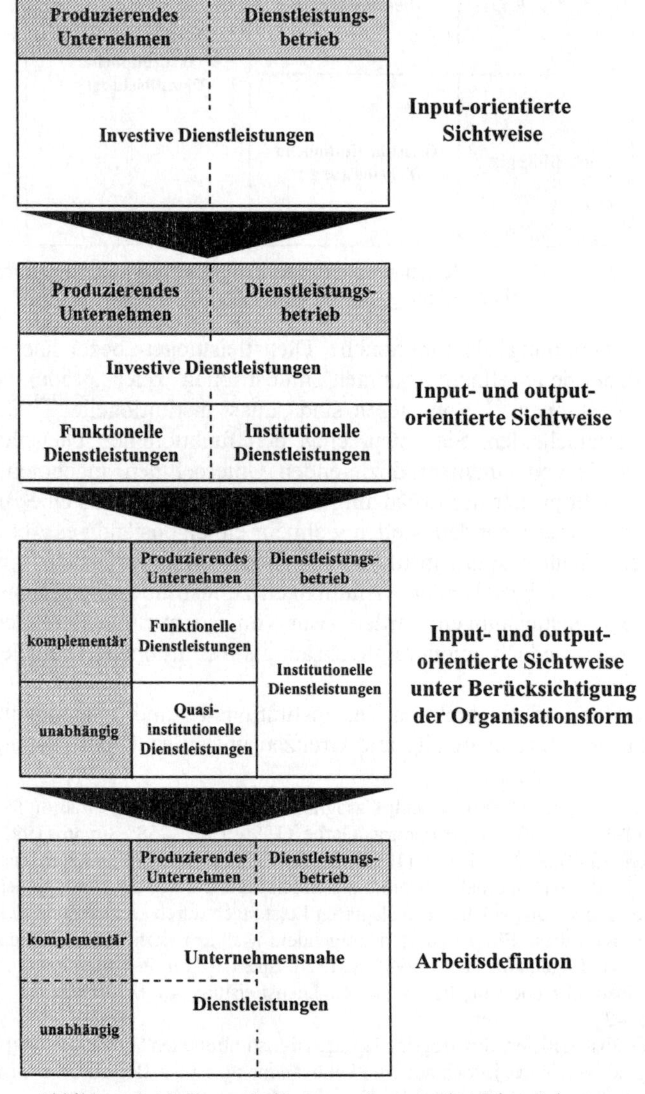

Abbildung 2-16: Bestandteile unternehmensnaher Dienstleistungen

Als Arbeitsdefinition für unternehmensnahe Dienstleistungen ist demnach abzuleiten:

Unter dem Terminus „unternehmensnahe Dienstleistungen" sind sämtliche Dienstleistungen zusammengefasst, die eigenständig oder in Zusammenhang mit Sachgütern als Haupt- oder Nebenleistung primär für andere Unternehmen bzw. Unternehmensteile erbracht werden. Dabei ist es unerheblich, ob sie von einem produzierenden Unternehmen oder einem Dienstleistungsbetrieb angeboten bzw. nachgefragt werden.

Basis dieser Begriffsbestimmung bildet die in Abschnitt 2.2.1 abgeleitete Definition von Dienstleistungen. Auch für unternehmensnahe Dienstleistungen gelten die dort beschriebenen Charakteristika. Die Definition schließt auch ausdrücklich interne Leistungen mit ein, die im Sinne potenziell marktfähiger Leistungen mögliche Absatzobjekte darstellen.[291] Auch die bereits im Rahmen der Dienstleistungsdefinition konstatierten unterschiedlich ausgeprägten materiellen und immateriellen Anteile von Dienstleistungen spielen eine wichtige Rolle. Denn die Entwicklung, derzufolge Industrie- und Dienstleistungsunternehmen vermehrt umfassende Problemlösungen und damit integrierte Leistungssysteme anbieten, führt zu einer immer stärkeren Verschränkung von Sachgütern und Dienstleistungen,[292] was sich in der obigen Begriffsbestimmung ebenfalls widerspiegelt. Zwischen unternehmensnahen Dienstleistungen und der weiterentwickelten Definition investiver Dienstleistungen, welche Input- und Output-Relationen berücksichtigt, besteht eine hohe Kongruenz.[293] Der wesentliche Unterschied liegt darin, dass die Mehrzahl unternehmensnaher Dienstleistungen für Unternehmen erbracht werden, wenngleich einige, wie etwa Steuerberatung oder Leasing, auch von Privathaushalten in Anspruch genommen werden können[294], was bei investiven Dienstleistungen ausgeschlossen ist. Dies sowie die Tatsache, dass die rein input-bezogene Begriffsbestimmung investiver

[291] vgl. Graßy (1993), S. 83; Laib (1996), S. 39 ff. Die Frage, ob interne Leistungen zu Dienstleistungen zu zählen sind, ist jedoch prinzipiell umstritten. Vgl. zum Beispiel Berekoven (1986), S. 25; Maleri (1997), S. 22; Meyer, Noch (1992), S. 957; Zapf (1990), S. 64. Insgesamt erweist sich eine solche Abgrenzung als wenig praktikabel, weshalb im Rahmen dieser Arbeit von einer Unterscheidung abgesehen wird.

[292] vgl. zum Beispiel Belz, Schuh et al. (1997), S. 32 ff.; Eidenmüller (1995), S. 79; Engelhardt, Kleinaltenkamp et al. (1993), S. 407 ff.; Töpfer (1996 b), S. 33

[293] vgl. Strambach (1997), S. 233; Zahn, Barth et al. (1998 a), S. 3 f.; Zahn, Hertweck et al. (1996), S. 5

[294] vgl. Gnoss (1989), S. 692

Dienstleistungen immer noch sehr weit verbreitet ist, rechtfertigen die Wahl des sich hiervon abhebenden Begriffs der unternehmensnahen Dienstleistung.
Unternehmensnahe Dienstleistungen gehören - wie der Dienstleistungsbereich allgemein - zu den Wachstumsträgern der Volkswirtschaften industrialisierter Länder.[295] Allerdings ist die Heterogenität innerhalb des Dienstleistungssektors außerordentlich groß und die getroffenen Aussagen gelten nicht in gleichen Maße für alle Dienstleistungsbereiche. Im Zusammenhang mit unternehmensnahen Dienstleistungen wird jedoch allgemein eine besondere Wachstumsdynamik vermutet.[296] Im Folgenden werden daher kurz die Gründe hierfür skizziert.
Wie bereits aufgezeigt, weisen innerhalb des Dienstleistungsbereichs gegenwärtig die sekundären Dienstleistungen die stärksten Wachstumsraten auf und werden wohl auch in Zukunft zu den bestimmenden Wachstumstreibern zählen.[297] Zu dieser Gruppe gehören auch die unternehmensnahen Dienstleistungen. Für sie existieren allerdings keine gesonderten statistischen Erhebungen, nur einzelne Bereiche, wie etwa die industriellen Dienstleistungen, sind vergleichsweise genauer dokumentiert. Die Gründe liegen vor allem in der statistischen Erfassung von Dienstleistungen. Basierend auf dem 3-Sektoren-Schema, werden durch sie viele unternehmensnahe Dienstleistungen, sofern sie von Industrieunternehmen erbracht werden, dem sekundären Sektor, der Industrieproduktion, zugeschlagen, was zu einer beträchtlichen Verzerrung der realen Verhältnisse führt.[298]
Zu den Bereichen, für die eine aktuelle detailliertere Aufschlüsselung vorliegt, zählen industrielle, industrienahe, wissensintensive sowie unternehmensnahe[299] Dienstleistungen und Business Services. Sie alle beruhen auf unterschiedlichen Bezugsbasen und überschneiden sich zum Teil. Als prinzipielles Resumée sämtlicher Erhebungen lässt sich jedoch festhalten, dass unternehmensnahe Dienstleistungen in Deutschland stärkere Wachstumsraten als die meisten anderen Dienstleistungsbereiche aufweisen (wobei die Wachstumsrate des Dienstleistungsbereichs insgesamt höher ausfällt als die der industriellen Produktion). Im Rahmen der unternehmensnahen Dienstleistungen sind es vor allen

---

[295] siehe Abschnitt 2.2.2.2

[296] vgl. zum Beispiel Haß (1995), S. 24 ff.; Gruhler (1994), S. 157; Simon (1993 a), S. 5; Strambach (1993), S. 9; Zahn, Hertweck et al. (1996), S. 11 f.

[297] siehe Abschnitt 2.2.2.2

[298] Zu den statistischen Unzulänglichkeiten bei der Erfassung von Dienstleistungen, siehe Abschnitt 2.2.2.2. Spezielle Aussagen zu den diesbezüglichen Problemen finden sich bei Buttler, Stegner (1990), S. 934 f.; Gruhler (1993), S. 28; o.V. (1997 b), S. 21 ff.; Krämer (1997), S.181 f.; Strambach (1997), S. 235 f.

[299] vgl. Buttler, Stegner (1990), S. 931 f.; Gruhler (1993), S. 28 ff.; Haß (1995), S. 1 ff.; Strambach (1993), S. 10 ff.

die wissensintensiven „Professional Services", die einen Großteils des Wachstums ausmachen.[300]
Die Gründe für das überdurchschnittliche Wachstum unternehmensnaher Dienstleistungen sind - wie bereits ausgeführt - zum einen auf den gestiegenen Wettbewerbsdruck zurückzuführen, der die Unternehmen zur Realisierung von Kosteneinsparungen zwingt. Zum anderen beruhen sie auf der stetig größer werdenden Notwendigkeit, immer komplexere und dienstleistungsintensivere Produkte herzustellen, die auf internationalen Märkten bestehen können.[301]
Neben diesen Externalisierungszwängen ist auch zu berücksichtigen, dass mit der Veränderung der Wettbewerbsbedingungen die Fähigkeit zur flexiblen Anpassung und zu permanentem Lernen eine absolute Notwendigkeit wird, will sich ein Unternehmen auf Dauer gegenüber der Konkurrenz behaupten. Stetig schnellerer Wandel und eine immer ausgeprägtere Segmentierung der Märkte erfordern dabei zunehmend mehr Spezialwissen, welches die intelligente Integration von externem und internem Know-how bedingt.[302] Vor allem wissensintensive Dienstleistungsunternehmen sind eine solche Quelle für externes Wissen. Sie offerieren Leistungen, die Informationen, Expertenwissen und Problemlösungs-Know-how verbinden und so zur Entstehung von Innovationen und deren Transfer an Kunden beitragen.[303]
Im Zusammenspiel der beschriebenen Entwicklungen sind die Gründe für das Wachstum unternehmensnaher Dienstleistungen identifiziert. Für die Unternehmen stellt sich dabei die Aufgabe, die Inanspruchnahme solcher Dienstleistungen, die einen zunehmend größeren Teil des Geschäfts ausfüllen, adäquat zu managen. Ausgangspunkt hierfür ist die Identifikation zentraler Merkmale unternehmensnaher Dienstleistungen. Diese basieren grundsätzlich auf den bereits dargestellten Besonderheiten von Dienstleistungen, der Immaterialität sowie der Synchronität von Erbringung und Inanspruchnahme.[304] Da bei unternehmensnahen Dienstleistungen jedoch vor allem die investive Verwendung im Vordergrund steht, sind die beschriebenen Charakteristika dahingehend zu erweitern. Zwei Faktoren erscheinen in diesem Zusammenhang bedeutsam:

- ***Strukturelle Besonderheiten bei unternehmensnahen Dienstleistungen***
  Ein wichtiges Kennzeichen des Investitionsgütermarktes ist die im Vergleich zu Konsumgütermärkten geringere Anzahl an Marktteilnehmern.[305] Sie bedingt eine relativ große Transparenz und führt zu einer konsequenten Kun-

---

[300] vgl. Strambach (1997), S. 235 f.; Ganz, Hermann (1999), S. 3 ff.
[301] siehe Abschnitt 2.2.2.3 sowie die dort angegebene Literatur
[302] vgl. Zahn, Hertweck et al. (1999), S. 15 ff.; Zahn, Tilebein (2000), S. 118 ff.
[303] vgl. Strambach (1997), S. 232 f.
[304] vgl. Simon (1993 b), S. 190 sowie Abschnitt 2.2.1
[305] vgl. Backhaus (1999), S. 5; Engelhardt (1995), Sp. 1061; Forschner (1988), S. 5; Töpfer (1996 a), S. 109

den- bzw. Wettbewerbsorientierung der Anbieter.[306] Die sich aus der vergleichsweise geringen Anzahl an Nachfragern ergebende niedrige Bedarfsdichte führt zur Notwendigkeit einer *stärker überregionalen bzw. internationalen Markterschließung*. Da die Erbringung von Dienstleistungen gewöhnlich mit dem Einsatz von Personen verbunden ist und sie weder lagerfähig noch transportierbar sind, ist in der Regel damit auch der Aufbau von Niederlassungen oder das Eingehen von Vertriebspartnerschaften unerlässlich.[307]
Betrachtungen der Nachfrageseite zeigen darüber hinaus, dass im Business-to-Business-Geschäft vor allem individuell zugeschnittene Lösungen vorherrschen. Ein wesentliches Merkmal unternehmensnaher Dienstleistungen ist mithin die im Vergleich zu Konsumdienstleistungen gewöhnlich deutlich *höhere Individualität*.[308] Diese manifestiert sich nicht nur im Rahmen der Erstellung von Dienstleistungen, bei der die Einbeziehung des externen Faktors vielfach in größerem Umfang geschieht als bei den übrigen Dienstleistungen, sondern ist bereits beim Design von unternehmensnahen Dienstleistungen zu berücksichtigen, beispielsweise durch einen modularen Aufbau[309], der eine effiziente Erstellung bei hoher Anpassbarkeit an Kundenspezifika ermöglicht.
Die Schaffung individueller Lösungen findet sich auch im verstärkten Angebot an umfassenden Systemlösungen wieder. Diese bestehen meist aus einer Kombination von Sach- und Dienstleistungen.[310] Die Integration beider Leistungsarten führt zu *höherer Komplexität* der angebotenen Leistungen.[311] Der Umgang mit unternehmensnahen Dienstleistungen erfordert daher einen hohen Grad an Professionalität und Qualifikation des Personals.[312]
Die höhere Komplexität und Individualität unternehmensnaher Dienstleistungen machen sich auch bei der Preis- und Vertragsgestaltung bemerkbar, die stärker am einzelnen Kunden orientiert sind als dies bei konsumnahen Dienstleistungen gewöhnlich der Fall ist. Trotzdem ist - im Gegensatz zu industriellen Sachleistungen - die *Preistransparenz* bei unternehmensnahen Dienstleistungen eher *gering*. Bei identischen oder vergleichbaren Angeboten sind daher auch im Bereich unternehmensnaher Dienstleistungen deutliche Preisunterschiede festzustellen. Die gebündelte Offerte von Dienst- und Sachleistungen schafft für die Anbieter im Allgemeinen die Möglichkeit, den

---

[306] vgl. Backhaus (1993), Sp. 1937; Stauss (1997), S. 509
[307] vgl. Backhaus (1999), S. 2; Casagranda (1994), S. 61; Engelhardt (1995), Sp. 1062; Schmitz, (2000), S. 198 f.
[308] vgl. Casagranda (1994), S. 63; Homburg, Garbe (1996 b), S. 74; Rathmell (1974), S. 198
[309] vgl. Killinger (1999), S. 145
[310] vgl. Bullinger (1997), S. 29 ff.; Engelhardt (1995), Sp. 1061; Lay, Schneider (2001), S. 16
[311] vgl. Backhaus (1999), S. 6; Forschner (1988), S. 1; Killinger (1999), S. 145; Schmitz (2000), S. 199; Stauss (1997), S. 509 f.; Strambach (1999), S. 8
[312] vgl. Engelhardt (1996), Sp. 331; Hilke (1989), S. 28 f.; Homburg, Garbe (1996 b), S. 74

im industriellen Bereich vorherrschenden Preiswettbewerb - zumindest teilweise - zu umgehen.[313]
Die Überregionalität des Angebots, die höhere Komplexität und die Bündelung mit Sachgütern führen dazu, dass unternehmensnahe Dienstleistungen vielfach in *Kooperation mit Partnern* erbracht werden. Ein Beispiel für eine solche Konstellation ist die Wartung von Rechnern beim Kunden-Unternehmen durch ein partnerschaftlich verbundenes, jedoch externes Unternehmen.[314]

- ***Prozessuale Besonderheiten bei unternehmensnahen Dienstleistungen***
  Unternehmensnahe Dienstleistungen unterliegen auch speziellen Marktprozessen. Die im Rahmen der speziellen Marktstrukturen identifizierten Merkmale der höheren Individualität und Komplexität implizieren eine *intensive Interaktion* zwischen Anbieter und Nachfrager. Zwar ist die Einbeziehung des Kunden in den Erstellungsprozess für sämtliche Dienstleistungen charakteristisch, aufgrund der speziellen Gegebenheiten bei unternehmensnahen Dienstleistungen ist bei diesen allerdings von einer höheren Interaktionsintensität auszugehen.[315] Meist wird die Dienstleistung zudem beim Kunden erbracht. Die Interaktion beschränkt sich darüber hinaus nicht nur auf den Erbringungsprozess, vielfach ist aufgrund der Individualität der Leistung bereits bei der Angebotserstellung eine enge Zusammenarbeit zwischen Anbieter und Nachfrager notwendig, wie etwa bei komplexen Bauprojekten.
  Kennzeichnend für den Marktprozess bei unternehmensnahen Dienstleistungen sind auch Unterschiede bei der Einbeziehung des externen Faktors. Die Problematik, auf einen nicht in der vollen Verfügungsgewalt des (dienst-) leistenden Unternehmens stehenden Potenzialfaktor - in der Regel einen Menschen - zur Erbringung der Leistungen angewiesen zu sein, ist für alle Dienstleistungen evident. Bei unternehmensnahen Dienstleistungen ist in diesem Zusammenhang darauf hinzuweisen, dass industrielle Beschaffungsprozesse meist durch ein sogenanntes Buying Center[316] vollzogen werden. Während bei Konsumdienstleistungen in der Regel Käufer und externer Faktor identisch sind und damit die Kooperation des externen Faktors gewährleistet ist, sind die Personen, aus denen sich ein solches Buying Center zusammensetzt, und der externe Faktor, an dem bzw. unter dessen Mitwirkung die Dienstleistung erbracht wird, in vielen Fällen nicht kongruent. Dies kann zu

---

[313] vgl. Backhaus, Weiber (1993), S. 73; Homburg, Garbe (1996 b), S. 71 f.; Simon (1993 b), S. 190 f.; Strambach (1993), S. 101

[314] vgl. Böcker, Goette (1994), S. 117; Killinger (1999), S. 145; Schade, Schott (1993), S. 492

[315] vgl. Casagranda (1994), S. 56 f.; Engelhardt (1995), Sp. 1061; Forschner (1988), S. 6; Strambach (1999), S. 8 f.; Töpfer (1996 a), S. 108 f.

[316] vgl. zum Beispiel Backhaus (1999), S. 58 f.; Backhaus, Büschken (1995), Sp. 1956 ff.; Fließ (2000), S. 305 ff.

zusätzlichen *Schwierigkeiten bei der Erbringung der Dienstleistung* führen.[317]

Der Kauf einer unternehmensnahen Dienstleistung läuft in den seltensten Fällen spontan ab. Man ist bestrebt, Entscheidungen auf einer rationalen Basis zu treffen. Dazu ist der gesamte Entscheidungsprozess stark *formalisiert.* Es existieren Festlegungen bezüglich der Abteilungen, die in die Entscheidung miteinzubeziehen sind, sowie der Methoden zur Beurteilung des Bezugs bzw. des Bezugsobjekts. Das Marketing unternehmensnaher Dienstleistungen muss sich an diesen Gegebenheiten ausrichten. Dabei geht es vor allem um die Vermittlung der objektiven Vorteile der Dienstleistung, weniger um das Wecken von Emotionen.

Von spezieller Bedeutung ist der *Qualitätsaspekt.* Da unternehmensnahe Dienstleistungen entweder als Input für die eigene Produktion oder in Verbindung mit eigenen Sach- oder Dienstleistungen an Kunden weitergegeben werden, ist ein adäquates Qualitätsniveau besonders ausschlaggebend. Aufgrund der Immaterialität bzw. Nichtlagerbarkeit von Dienstleistungen erweist sich eine *vorgeschaltete Qualitätskontrolle* jedoch als *nicht durchführbar.* Besondere Aufmerksamkeit verdienen daher Hilfsindikatoren wie zum Beispiel die Reputation am Markt oder konkrete Referenzen.[318]

Die Ausführungen machen deutlich, dass unternehmensnahe Dienstleistungen spezielle Charakteristika besitzen, die es beim Management solcher Leistungen explizit zu berücksichtigen gilt. Basis dieser Merkmale bilden die beiden Spezifika, anhand derer Dienstleistungen generell von Sachgütern unterschieden werden können: die Immaterialität sowie die Synchronität von Erbringung und Inanspruchnahme der Leistungen. Darüber hinaus sind bei unternehmensnahen Dienstleistungen die Spezifikationen zu beachten, welche sich aus der vorrangigen Verwendung im Business-to-Business-Bereich ergeben.

Die folgende Abbildung 2-17 vermittelt einen zusammenfassenden Überblick über die beschriebenen Zusammenhänge und die damit in der Regel verbundenen Besonderheiten unternehmensnaher Dienstleistungen.

---

[317] vgl. Schmitz (2000), S. 200; Stauss (1997), S. 510

[318] vgl. Backhaus, Weiber (1993), S. 73; Corsten (1997), S. 299; Grönroos (1984), S. 38 ff.; Killinger (1999), S. 146; Maleri (1997), S. 121 ff.; Meyer, Mattmüller (1987), S. 188 ff.; Parasuraman, Zeithaml et al. (1985), S. 42 f.; Simon (1993 b), S. 191

Besonderheiten unternehmensnaher Dienstleistungen	
strukturelle Besonderheiten	prozessuale Besonderheiten
• überregionale Anbieter • individualisierte Leistungen • komplexe Leistungsstrukturen • geringe Preistransparenz • Erbringung in Kooperationen	• intensive Interaktion • hoher Mitwirkungsgrad des externen Faktors/Erbringung beim Kunden • hohe Qualitätsanforderungen • formalisierter Beschaffungsprozess

Abbildung 2-17: Besonderheiten unternehmensnaher Dienstleistungen

3 GESTALTUNGSANSÄTZE FÜR DAS OUTSOURCING UNTERNEHMENSNAHER DIENSTLEISTUNGEN

Die Diskussion der vorangegangen Abschnitte zeigt, dass im Rahmen des Outsourcing unternehmensnaher Dienstleistungen noch verschiedene Themenfelder wissenschaftlich aufzuarbeiten sind. Forschungsbedarf existiert zum einen im Bereich des *Outsourcing-Management.* Während einzelnen Elementen dieses Themenkomplexes, etwa der Rolle der Transaktionskosten, durchaus bereits größere Aufmerksamkeit zuteil wurde, ist bei anderen die theoretische Fundierung eher rudimentär vorhanden. Auch gibt es bislang nur wenige *ganzheitliche Ansätze* für ein Management des Outsourcing.[319] Neben diesen Defiziten ist es vor allem der *unzureichende Dienstleistungsbezug*, der eine tiefergehende Beschäftigung mit dem Outsourcing-Management bei unternehmensnahen Dienstleistungen bedeutsam erscheinen lässt. Die Ausrichtung auf Dienstleistungen erfordert eine entsprechende Gestaltung des Outsourcing[320], da diese sich maßgeblich von Sachleistungen unterscheiden.[321] Unternehmensnahe Dienstleistungen wiederum stellen als investiv verwendete Dienstleistungen ein spezielles Cluster innerhalb des Dienstleistungsbereichs dar, dessen kennzeichnende Charakteristika dabei ebenso zu berücksichtigen sind.
Die folgenden Abschnitte setzen an diesen Punkten an; ihr prinzipieller Aufbau wird von der nachstehenden Abbildung 3-1 verdeutlicht. Einen Schwerpunkt stellt die Behandlung grundsätzlicher Gestaltungsprinzipen für das Outsourcing dar, welche sich aus *wirtschaftswissenschaftlichen Forschungsansätzen* ergeben und die entsprechend für die Auslagerung unternehmensnaher Dienstleistungen adaptiert werden. Darüber hinaus werden die bereits abgeleiteten *Spezifika unternehmensnaher Dienstleistungen* als Impulsgeber herangezogen; sie sichern den Dienstleistungsbezug. Auch die - empirisch belegten - *Chancen und Risiken* bei der Auslagerung unternehmensnaher Dienstleistungen finden Eingang in die Betrachtungen. Denn die besonderen Chancen- und Gefahrenpotenziale des Outsourcing sind bei der Modellgestaltung ebenfalls in geeigneter Weise zu berücksichtigen.
Abschließend werden die im Rahmen dieser drei Hauptelemente identifizierten Gestaltungsansätze in einem *generischen Modell zum Outsourcing unternehmensnaher Dienstleistungen* zusammengeführt, das im weiteren Verlauf der Arbeit eine Hinterlegung mit konkreten Methoden und Instrumenten erfährt.

---

[319] siehe Abschnitt 2.1.5.2

[320] Die Termini *Outsourcing* und *Outsourcing-Management* werden im Folgenden synonym verwendet.

[321] vgl. Barth, Hertweck (1997), S. 25; Domberger (1998), S. 181

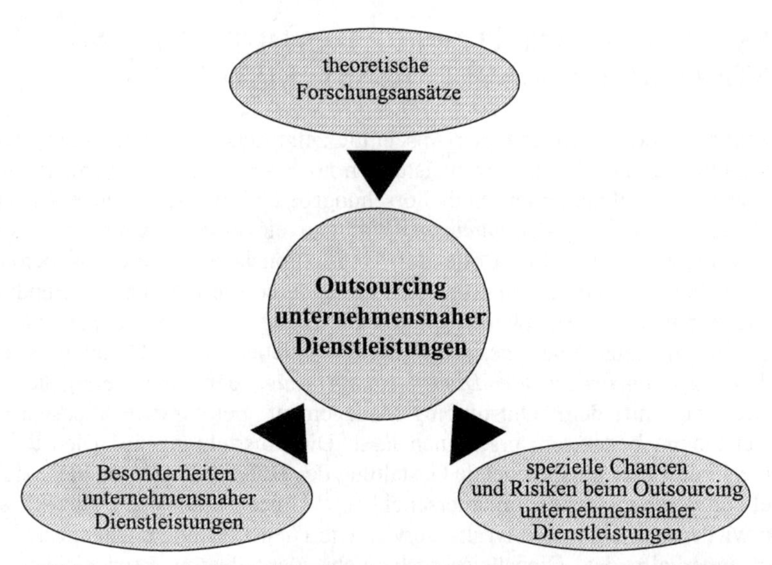

Abbildung 3-1: Grundsätzliche Gestaltungsansätze für ein ganzheitliches Outsourcing unternehmensnaher Dienstleistungen

3.1 Theoretische Ansätze zur Gestaltung des Outsourcing unternehmensnaher Dienstleistungen

Die Outsourcing-Thematik ist eng mit der grundsätzlichen Entscheidung zwischen Eigenfertigung und Fremdbezug verknüpft. Outsourcing fokussiert dabei den Teilaspekt, welcher sich auf die Auslagerung oder Ausgliederung bisher selbst erstellter Leistungen an externe Dritte bezieht. Die Beschreibungen der Chancen und Risiken von Outsourcing sowie deren Verbreitung in der Unternehmenspraxis vermögen allerdings keine bzw. nur unzureichende Empfehlungen für die erfolgreiche Durchführung eines Outsourcing-Vorhabens zu vermitteln. Gestaltungshinweise lassen sich vor allem aus der Anwendung verschiedener ökonomischer Theorien auf die Outsourcing-Problematik ableiten.
Die wichtigsten in der wirtschaftswissenschaftlichen Literatur mit der Outsourcing-Thematik verknüpften Theorien werden im Folgenden einer detaillierten Untersuchung hinsichtlich der aus ihnen ableitbaren Gestaltungsansätze unterzogen. Einen Schwerpunkt dabei bildet die Outsourcing-Entscheidung, also die Frage, welche Leistungen weiterhin vom Unternehmen selbst erstellt und welche an Externe vergeben werden sollen. Mit der zunehmenden Verbreitung des Outsourcing gewinnen in jüngster Zeit aber auch andere Aspekte wie etwa die Thematik der Partnerauswahl und -beurteilung, der organisatorischen Umset-

zung von Auslagerungsprojekten oder der Begrenzung opportunistischen Verhaltens und damit der zweckmäßigen Ausgestaltung von Outsourcing-Beziehungen stark an Bedeutung. Auch hierfür bilden theoretische Erklärungsansätze eine fundierte Basis.

Zu den wichtigsten in den Wirtschaftswissenschaften für die Gestaltung des Outsourcing herangezogenen Erklärungsansätzen gehören

- traditionelle, kostenorientierte Verfahren,
- die Theorien der Neuen Institutionenökonomik,
- interorganisationale Ansätze,
- industrieökonomische Überlegungen sowie
- ressourcenbasierte Ansätze.[322]

Gegenstand der folgenden Abschnitte ist die genauere Betrachtung der einzelnen Ansätze. Dabei werden zum einen zentrale Inhaltspunkte skizziert, zum anderen die Relevanz der jeweiligen Erklärungsansätze für die Gestaltung von Outsourcing-Vorhaben dargestellt. Abschließend erfolgt eine Systematisierung der verschiedenen Ansätze, die teilweise auf dieselben Gestaltungsaspekte ausgerichtet sind, anhand eines Prozessschemas.

3.1.1 Traditionelle Ansätze - Kostenaspekte

Die traditionellen Ansätze basieren im Wesentlichen auf der neoklassischen Produktionskostentheorie. Obwohl die im Rahmen der neuen Institutionenökonomik zu behandelnde Transaktionskostentheorie bedeutend älter ist, werden gewöhnlich die kostenrechnerischen Ansätze als „traditionell" bezeichnet, was auf den längeren Anwendungszeitraum in der Praxis zurückzuführen ist.[323]

Wichtige Grundannahmen der neoklassischen Theorie sind *vollständige Information* und *unbegrenzte Rationalität* aller Akteure. Hieraus resultieren ein vollkommener Wettbewerb und ein entsprechendes Marktgleichgewicht.[324] Das

---

[322] Auf eine nähere Betrachtung der Aussagen spieltheoretischer Ansätze im Zusammenhang mit Outsourcing-Partnerschaften (vgl. dazu zum Beispiel Axelrod (2000)) wird im Rahmen dieser Arbeit verzichtet. Zwar entsprechen die Ausgangsbedingungen bei kooperativen Spielen wie etwa dem Gefangenendilemma durchaus den zu beobachtenden Verhältnissen bei Auslagerungsprozessen - auch beim Outsourcing stehen sich gewöhnlich zwei ähnlich starke Parteien gegenüber - womit das Grundmodell und die sich aus ihm ergebenden Aussagen ohne Anpassungen übernommen werden können (vgl. Zahn (2000), S. 157 f.). Jedoch sind diese Aussagen insgesamt nur wenig konkret und erklären allein das Zustandekommen von Outsourcing-Partnerschaften. Nicht betrachtet werden die im Rahmen dieser Arbeit zentralen Aspekte der Ursachen und Bedingungen von Externalisierungen bestimmter Leistungen sowie die Organisation der Zusammenarbeit (vgl. Sydow (1992), S. 171).

[323] vgl. Männel (1981), S. 90 ff.; Wöhe (1990), S. 223 ff.

[324] vgl. zum Beispiel Hennigs (1979), S. 471 ff.; Ordelheide (1993), Sp. 1841 f.

Unternehmen wird als Input-Output-System verstanden und entsprechend durch eine Produktionsfunktion repräsentiert.[325] Seine Existenz ist ausschließlich über Produktionskostenvorteile (economies of scale and scope)[326] begründet, seine Grenzen sind technisch vorgegeben. Die Beantwortung der Frage nach Selbsterstellung oder Fremdbezug wird somit nur unter Betrachtung von Nachfrage-, Produktions- und Kostenfunktionen entschieden. Im Mittelpunkt steht dabei das Problem der relevanten Kosten. Bei einer Entscheidung dürfen nur die Kosten berücksichtigt werden, die von der Wahl des jeweiligen Bereitstellungswegs (Eigenerstellung oder Fremdbezug) tatsächlich betroffen sind, d.h. es sind genau die Kosten einzurechnen, die bei Durchführung der beiden Alternativen jeweils zusätzlich entstehen bzw. wegfallen.[327]

Die Höhe der Kosten hängt primär von der Fristigkeit der Entscheidung sowie von der Beschäftigungssituation des auslagerungswilligen Unternehmens ab. Im Rahmen der Fristigkeit der Entscheidung kann zwischen kurzfristig und langfristig bindenden Entscheidungen differenziert werden. Erstere sind gewöhnlich auf Kapazitätsprobleme zurückzuführen, die einen kurzfristigen Fremdbezug notwendig machen. Aufgrund ihres temporären Charakters stellen sie gewöhnlich kein Outsourcing im eigentlichen Sinn dar und werden daher nur kurz skizziert.

Soll die Auslagerung nur befristet erfolgen, sind nur jene Kosten, die bei einer Entscheidung für den betreffenden Bereitstellungsweg zusätzlich entstehen bzw. wegfallen, miteinzubeziehen. Bei freien Kapazitäten sind dies ausschließlich die *variablen Herstellkosten.*[328] Fixe, d.h. im Entscheidungszeitraum nicht beeinflussbare Kosten sind irrelevant, da sie unabhängig von der Realisierung der betrachteten Maßnahme anfallen. Bei Vollbeschäftigung hingegen ist davon auszugehen, dass durch eine Eigenfertigung Engpasssituationen auftreten, durch die bestimmte Leistungen verdrängt werden. Es reicht somit nicht mehr aus, nur die variablen Kosten als Basis für die Kalkulation heranzuziehen. Durch die Verdrängung von Leistungen entgehen dem Unternehmen Deckungsbeiträge, die in Form von *Opportunitätskosten* zu den Kosten der Eigenfertigung addiert werden müssen.[329]

Outsourcing-Vorhaben bedeuten jedoch gewöhnlich längerfristig bindende Entscheidungen. Auch für sie basiert der Kostenvergleich auf der beschriebenen Preisobergrenzen-Logik, verlangt allerdings die Berücksichtigung weiterer Kosten. Dabei ist allerdings zu beachten, dass, langfristig gesehen, Kosten, die

---

[325] vgl. Büchs (1991), S. 6 ff.; Zahn, Schmid (1996), S. 112 ff.

[326] vgl. Bohr (1996), Sp. 375 ff. u. Sp. 380 ff.

[327] vgl. Männel (1981), S. 105; Picot, Franck (1993), S. 185

[328] vgl. Deyhle (1996), S. 191; Männel (1981), S. 108; Picot, Franck (1993), S. 183; Reichmann, Pallocks (1995), S. 6

[329] vgl. Eisele (1993), S. 572; Femerling (1997), S. 21; Hummel, Männel (1999), S. 118 ff.; Schäfer-Kunz, Tewald (1998), S. 73 ff.

kurzfristig als fix gelten, variablen Charakter bekommen. Diese Tatsache erfordert eine gründliche Analyse der *Fixkostenstruktur* des Unternehmens, denn nicht alle fixen Kosten sind für den selben Zeitraum fix. Zusätzlich zu diesen Kosten implizieren strategische Dispositionen solcher Art immer Investitionen bzw. Desinvestitionen. Diese müssen deshalb mit geeigneten finanzwirtschaftlichen Verfahren, zum Beispiel statischen oder dynamischen Investitionsrechnungen[330], auf ihre Vorteilhaftigkeit überprüft werden.[331]

Das Heranziehen der Preisobergrenze als Entscheidungskriterium für Eigenfertigung oder Fremdbezug gibt in Unterbeschäftigungssituationen einem Outsourcing tendenziell erst mit zunehmender Länge des Betrachtungszeitraums den Vorzug, da Kostenvorgaben, die nur auf den eigenen Grenzherstellkosten aufsetzen, von externen Dienstleistern kaum zu erfüllen sind. Mit der Behandlung von Outsourcing als längerfristig bindende Entscheidung und der (teilweisen) Einbeziehung auch der fixen Kosten in die Kostenbetrachtungen wird erreicht, dass Outsourcing rechtzeitig in die Wege geleitet wird, um so bei Erreichen der Vollbeschäftigung unter den ursprünglichen Bedingungen noch über freie Kapazitäten zu verfügen. Im Vollbeschäftigungsfall werden somit keine zusätzlichen Kapazitäten aufgebaut, die - im Fall eines Beschäftigungsrückgangs - zu einer erhöhten Fixkostenbelastung führen würden.[332]

Fasst man diese Aussagen in einem Portfolio mit den Dimensionen Fristigkeit und Beschäftigung zusammen, ergeben sich die in Abbildung 3-2 visualisierten Kostensituationen.

Eine ausschließliche Orientierung der Outsourcing-Entscheidung an kostenbasierten Kalkülen erweist sich aus verschiedenen Gründen als problembehaftet.[333]

- Die exakte und objektive Berechnung der Kosten der Eigenerstellung, unabdingbarer Bestandteil aller kostenrechnerischen Ansätze, ist in der Regel nicht möglich. Mangelnde Zurechenbarkeit großer Teile der Gemein- bzw. Fixkosten auf einzelne Funktionen oder Leistungen lässt nur eine ungefähre Bestimmung der tatsächlichen eigenen Herstellkosten zu. Es kann darüber hinaus angenommen werden, dass unternehmensinterne Abteilungen primär an der Beibehaltung bzw. Ausweitung der Leistungserstellung interessiert sind und aus diesem Grund die Kosteninformationen entsprechend aufbereiten, was die genaue Feststellung zusätzlich erschwert. Deshalb werden unter Umständen auch längerfristige Entscheidungen auf der Basis kurzfristiger Daten, d.h. nur der variablen Kosten, gefällt und damit die Eigenerstellung systematisch bevorzugt. Es besteht die Gefahr, dass das „Soll-Ergebnis“

---

[330] vgl. hierzu zum Beispiel Perridon, Steiner (1999), S. 34 ff.

[331] vgl. Franze (1998), S. 25 ff.; Heyd (1998), S. 907 f.; Knolmayer (1994), S. 316 ff.; Picot (1991), S. 340 ff.; Scherm (1996), S. 50 ff.; Zahn, Barth et al. (1998 a), S. 71 ff.

[332] vgl. Reichmann, Pallocks (1995), S. 6

[333] Zu den folgenden Punkten vgl. Beer (1998), S. 27 f.; Bühner, Tuschke (1997), S. 25; Femerling (1997), S. 22 ff.; Picot (1991), S. 341 f.; Wildemann (1992), S. 84 f.

schon vor der Durchführung der regulären Kostenanalyse zwischen den betroffenen Abteilungen inoffiziell „ausgehandelt" und dann mit entsprechenden Zahlen objektiviert wird.

Abbildung 3-2: Relevante Kosten bei der Outsourcing-Entscheidung (vgl. Reichmann, Pallocks (1995), S. 69; Zahn, Barth et al. (1998 a), S. 73)

- Ähnliche Probleme können sich auch für den Preis der fremdbezogenen Leistung ergeben. Lieferanten bieten unter Umständen Leistungen unter dem Preis der eigenen Selbstkosten an, etwa um die Kalkulationspreise der unternehmensinternen Abteilungen oder von Konkurrenten zu unterbieten. Nach Vertragsabschluß versuchen sie dann, ihre Anfangsverluste zu kompensieren, indem sie dem Besteller überhöhte Änderungskosten verrechnen.
- Ein nur auf Kosten basierender Vergleich verlangt außerdem, dass die einander gegenüber gestellten Leistungen dieselbe Qualität besitzen. Dies ist insbesondere bei komplexen Outsourcing-Vorhaben nicht immer überprüfbar. Vielfach enthält das Leistungsangebot des externen Unternehmens auch zusätzliche Vor- oder Nebenleistungen, wie zum Beispiel die Gewährleistung für ungenügende Qualität oder verspätete Lieferungen, die bei der internen Erstellung nicht einkalkuliert werden.
- In den Vorstellungen der neoklassischen Theorie finden außerdem Faktoren wie Macht, Abhängigkeit, gegenseitige Verpflichtung oder unternehmerische Flexibilität, die für eine Outsourcing-Entscheidung von hoher Bedeutung sind, keine systematische Berücksichtigung.

- Die bloße Konzentration auf die Produktionskosten vernachlässigt auch wichtige indirekte Kosten des Outsourcing, wie zum Beispiel zusätzlich anfallende Koordinations-, Vertrags- oder Managementkosten.
- Die Fokussierung auf die beiden Extrempositionen Eigenfertigung bzw. Fremdbezug lässt zudem die Vielzahl möglicher Outsourcing-Zwischenformen, die den individuellen Gegebenheiten angepasst werden können, außer Acht.

Trotz dieser Kritikpunkte sind Kostenvergleiche ein wichtiges Instrument für das Outsourcing-Management. Kostengesichtspunkte sind ein zentrales Entscheidungskriterium in vielen Outsourcing-Situationen. Potenziale, ihre diesbezügliche Aussagekraft zu präzisieren, bestehen in der verstärkten Anwendung der Prozesskostenrechnung[334], welche vor allem dem diesbezüglichen Charakter von Dienstleistungen gerecht wird.[335] Dennoch ist es aufgrund ihrer einseitigen Ausrichtung wenig zweckmäßig, die traditionellen Verfahren als alleiniges Kriterium für oder wider eine Auslagerung heranzuziehen.[336] Sie sind eingedenk ihrer Unzulänglichkeiten als ein Entscheidungskriterium unter mehreren zu verstehen und im Rahmen des Outsourcing-Management an entsprechender Stelle zu berücksichtigen.

3.1.2 Ansätze innerhalb der Neuen Institutionenökonomik

Neoinstitutionalistische Ansätze stellen einen theoretischen Richtungswechsel infolge einer Erweiterung neoklassischer Annahmen dar. Anders als die neoklassische Theorie unterstellen sie asymmetrisch verteilte Fähigkeiten und Wissen. Dies bedeutet, dass durch Spezialisierung und Tausch das gesamtwirtschaftliche Leistungsniveau erhöht werden kann. Allerdings wird dieses durch die Annahmen einer beschränkten Rationalität und des Opportunismus der Entscheidungsträger beeinträchtigt.[337] Auf diese Weise soll das real zu beobachtende Verhalten des Menschen widergespiegelt werden.[338]

Die Annahme der *Rationalitätsbegrenzung* besagt, dass der Mensch zwar bestrebt ist, rational zu handeln, ihm dies jedoch aufgrund beschränkter Kapazitäten bezüglich Informationsaufnahme, -verarbeitung und -speicherung nur un-

---

[334] vgl. zum Beispiel Horváth (2001), S. 499 ff.

[335] vgl. Leman, Weigand (1998), S. 253 ff.; Palloks-Kahlen, Kuczynski (2000), S. 139 ff.

[336] Dies konstatiert bereits Selchert (1971), der neben Kostenargumenten u.a. Aspekte wie Ertragssteigerungen, die Reduzierung des Kapitaleinsatzes oder Risikominderungen anführt.

[337] vgl. Ordelheide (1993), Sp. 1841 f.; Williamson (1985), S. 44 ff.

[338] vgl. Coase (1984), S. 231

vollständig gelingt.[339] *Opportunismus* markiert die Maximierung des eigenen Nutzens, wozu auch die bewusste oder unbewusste Benachteiligung oder Schädigung anderer Individuen in Kauf genommen wird. Er repräsentiert mithin die stärkste Form der Verfolgung von Eigeninteressen. Zentrale Konsequenz des Opportunismus ist die unvollständige bzw. verzerrte Informationsweitergabe, die wiederum als Ursache von Verhaltensunsicherheit anzusehen ist.[340]
Das Zusammenspiel von begrenzter Rationalität und Opportunismus führt in einer arbeitsteilig organisierten Ökonomie zu großen Problemen beim Austausch der Leistungen. Denn der Abschluss vollständiger Verträge, in denen die Leistungen und Gegenleistungen der Beteiligten unter Berücksichtigung aller möglichen Umweltzustände geregelt sind, ist nicht möglich. Die Neue Institutionenökonomik versucht, diesen Hindernissen durch den Entwurf von Institutionen zu begegnen.[341] Der Begriff der Institution ist dabei sehr weit gefasst und kann als Summe aller verhaltensbeeinflussenden Regeln umschrieben werden.[342] Gegenstand der neuen Institutionenökonomik sind nicht nur Unternehmen bzw. Organisationen. Auch Märkte, Vertragswerke, Gesetze o.ä. stellen verhaltensbeeinflussende Institutionen dar.[343]
Im Zentrum der Neuen Institutionenökonomik steht die Analyse von Institutionen, in deren Rahmen der ökonomische Austausch vollzogen wird. Ziel ist es herauszufinden, welche Institutionen bei verschiedenen Arten des ökonomischen Austauschs die relativ geringsten Kosten bei vergleichsweise größter Effizienz bewirken und wie diese Institutionen am zweckmäßigsten zu gestalten sind. Die Elemente Institution, Austausch, Kosten und Effizienz sind wechselnd abhängige oder unabhängige Variablen in diesem Erklärungsmuster.[344] Institutionen regulieren den Austausch von Leistungen und Verfügungsrechten. Dieser verursacht ebenso Kosten wie die Etablierung und Aufrechterhaltung von institutionellen Regelungen. Die Kosten wiederum wirken auf die Effizienz der jeweiligen Austauschbeziehung und determinieren damit die Wahl der entsprechenden Institution.
Die Neue Institutionenökonomik besteht im Wesentlichen aus drei verschiedenen, sich ergänzenden Ansätzen: der Transaktionskostentheorie[345], der Prinzipal-Agent-Theorie[346] und der Theorie der Verfügungsrechte[347].

---

[339] vgl. Kaas, Fischer (1993), S. 687; Simon (1997), S. 24; Williamson (1985), S. 47 ff.; March, Simon (1977), S. 41 ff.; Simon (1981), S. 116 ff.
[340] vgl. Kreps (1994), S. 672 ff.; Williamson (1985), S. 47 ff.
[341] vgl. Franck (1995), S. 21
[342] vgl. Dietl (1991), S. 35 ff.
[343] vgl. Ebers, Gotsch (1993), S. 193
[344] vgl. Ebers, Gotsch (1993), S. 193
[345] vgl. dazu zum Beispiel Coase (1937), S. 18 ff.; Williamson (1975); Picot (1982), S. 267 ff.
[346] vgl. dazu zum Beispiel Jensen, Meckling (1976), S. 305 ff.; Pratt, Zeckhauser (1985), S. 1 ff.

3.1.2.1 Die Transaktionskostentheorie - Einbeziehung der Kosten des Leistungstauschs

Die Transaktionskostentheorie befasst sich mit der effizienten Koordination arbeitsteiliger Leistungsbeziehungen. Dabei steht nicht der physische Leistungsaustausch, sondern die zeitlich vorgelagerte Übertragung der Verfügungsrechte im Mittelpunkt des Interesses. Die Übertragung dieser Rechte wird als Transaktion bezeichnet.[348] Betrachtet wird die Effizienz unterschiedlicher Transaktionsformen, externer Transaktionen über den Markt oder unternehmensinterner Transaktionen. Im Zuge der Organisation dieser Transaktionen fallen Kosten an.[349] Diese sogenannten *Transaktionskosten*, d.h. die Kosten, welche entweder bei Inanspruchnahme des Markts oder bei innerorganisatorischer Transaktionskoordination, die durch das Management vorgenommen wird, entstehen, werden als Effizienzkriterium zur Entscheidung über die jeweils günstigste Transaktionsform herangezogen.
Zu den Transaktionskosten zählen sämtliche im Zusammenhang mit der Transaktion anfallende Kosten zur Überwindung von Informations- und Kommunikationsproblemen.[350] In Orientierung an den Phasen des Transaktionsprozesses lassen sich ex-ante Transaktionskosten und ex-post Transaktionskosten unterscheiden. Ex-ante Transaktionskosten umfassen alle die Kosten, die im Vorfeld einer vertraglichen Vereinbarung bis zum Abschluss des Vertrags entstehen können. Ex-post Transaktionskosten treten auf, nachdem die vertragliche Vereinbarung zustande gekommen ist und setzen sich in der Hauptsache aus Überwachungs- und Absicherungskosten sowie Anpassungskosten bei Vertragsänderungen zusammen. Die folgende Abbildung 3-3 verdeutlicht die verschiedenen Kostenarten im Zusammenhang.
Die Höhe der Transaktionskosten wird durch zwei Faktoren determiniert: die *Transaktionseigenschaften* der jeweiligen Leistung und die *institutionellen Rahmenbedingungen*, innerhalb derer die Transaktionen abgewickelt werden.[351] In Abhängigkeit von den vorliegenden Transaktionseigenschaften eignen sich unterschiedliche Organisationsformen, die Transaktionskosten zu minimieren und dadurch die größtmögliche Effizienz sicherzustellen.
Wesentliche Transaktionseigenschaften sind die *Spezifität der Leistung*, ihre *strategische Bedeutung* sowie die *Unsicherheit und Häufigkeit der Transaktion*.[352]

---

[347] vgl. dazu zum Beispiel Alchian, Demsetz (1972), S. 783 ff.; Furubotn, Pejovich (1972), S. 1137 ff.; Picot (1981), S. 153 ff.
[348] vgl. Commons (1931), S. 652; Picot, Franck (1993), S. 188
[349] vgl. Benkenstein, Henke (1993), S. 79; Picot, Franck (1993), S. 188
[350] vgl. Picot (1982), S. 270
[351] vgl. Picot (1991), S. 344
[352] vgl. Picot (1991), S. 346; Picot, Dietl (1991), S. 182; Williamson (1985), S. 52 ff.

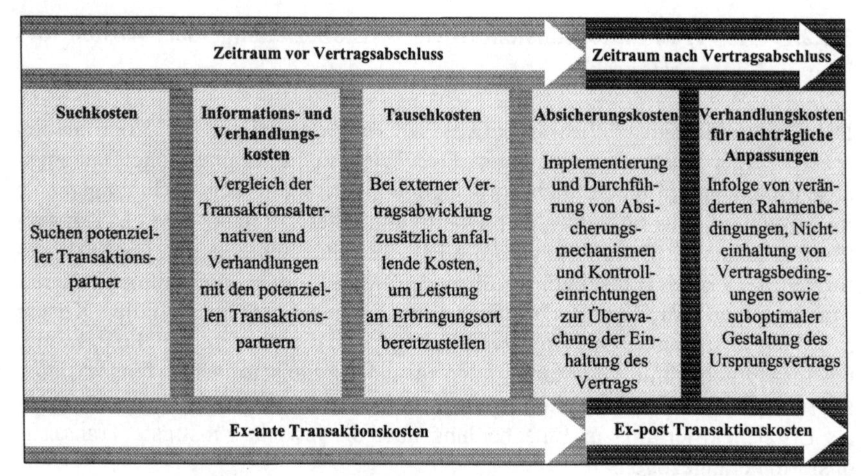

Abbildung 3-3: Klassifikation der Transaktionskostenarten
(vgl. Kreikebaum (1998), S. 25; Benkenstein, Henke (1993), S. 79; Picot (1993), Sp. 4194 ff.)

- *Spezifität* entsteht immer dann, wenn für bestimmte Transaktionen spezielle Investitionen getätigt werden. Sie tritt in der industriellen Fertigung typischerweise in Form spezieller, auftragsbezogener Werkzeuge auf. Aber auch Know-how, Personalqualifikationen, Logistik oder Qualitätseigenschaften können spezifisch sein. Mit steigender Spezifität einer Transaktion erhöhen sich die gegenseitigen Abhängigkeiten und Sicherheitsbedürfnisse (sog. „Lock-in Effekt"), da im Extremfall der Besteller alleiniger Abnehmer ist bzw. der Lieferant als einziger die Kompetenz besitzt, die Leistung zu erbringen.[353]
  Die Faktorspezifität kann zu verschiedenen Problemsituationen zwischen den Transaktionspartnern führen. Die sogenannte „Small-Numbers-Situation"[354] tritt bei Transaktionen mit hohem ex-ante Spezifitätsgrad[355] ein. Solche Transaktionen werden nur mit einer geringen Anzahl von Partnern durchgeführt und zeichnen sich bereits ex-ante durch monopolartige Austauschbeziehungen mit meist wechselseitigen Abhängigkeiten aus. Bei der fundamentalen Transformation[356] hingegen stehen sich ex-ante eine Vielzahl konkurrie-

[353] vgl. Picot (1991), S. 345 f.
[354] vgl. Williamson (1975), S. 26 ff.
[355] Der Spezifitätsgrad einer Transaktion wird durch die Quasi-Rente quantifiziert. Sie bezieht sich auf die (positive) Differenz zwischen dem Wert der Investition in einer gegebenen Transaktionsbeziehung und ihrem Wert bei der besten Verwendung außerhalb einer solchen Beziehung und trägt damit den entstehenden Opportunitätskosten Rechnung (vgl. Klein, Crawford et al. (1978), S. 298).
[356] vgl. Williamson (1985), S. 61 ff.

render Anbieter gegenüber. Im Lauf der Zeit wird daraus infolge von langfristigen, transaktionsspezifischen Investitionen gewöhnlich eine monopolartige Austauschbeziehung mit ex-post hoher Spezifität. Der in beiden Situationen reduzierte Konkurrenzdruck bietet den Vertragspartnern die Möglichkeit, die Abhängigkeit des anderen jeweils opportunistisch auszunutzen (Hold-up-Situation). Lösungsmöglichkeiten hierfür sind der Aufbau symmetrischer Abhängigkeiten, die Eigenerstellung der Leistung oder langfristige Verträge. Vor allem die letztere Möglichkeit bietet einen stabilen, integrativen Rahmen, innerhalb dessen die erforderlichen Produktionsfaktoren erworben bzw. erstellt werden können, ohne dass eine Ausnutzung der Situation durch den Transaktionspartner zu befürchten ist. Für tendenziell eher unspezifische Leistungen hingegen sollten, da ein Marktbezug keine Schwierigkeiten bereitet, Institutionen mit geringem Integrationsgrad eingesetzt werden. Hier werden die Transaktionskosten gering gehalten.[357]

- Als zweite Transaktionseigenschaft wird die *strategische Bedeutung* von Leistungen aufgeführt.[358] Strategisch bedeutsame Leistungen sind gewöhnlich solche Leistungen, mit denen sich das Unternehmen langfristig von den Wettbewerbern differenzieren kann und die den Kundennutzen nachhaltig steigern. Derartige Leistungen weisen gewöhnlich einen vergleichsweise hohen Spezifitätsgrad auf, weshalb - sofern das notwendige Know-how nicht intern verfügbar ist - höher integrierte Bezugsformen, wie zum Beispiel Joint Ventures oder Beteiligungsgesellschaften, sinnvoll erscheinen. Hinzu kommt, dass Schutz und Geheimhaltung dieser Leistungen dann einfacher zu bewerkstelligen sind als bei Marktbezug.[359]
- *Unsicherheit* ist eine weitere Transaktionseigenschaft. Zu differenzieren sind dabei Umwelt- und Verhaltensunsicherheit.[360] Umweltunsicherheit besteht dann, wenn sich die Transaktionsbedingungen häufig und schnell verändern. Solche Veränderungen können in der Regel nicht vertraglich antizipiert werden, und es bleibt daher unklar, wie die Lasten aus den Folgen der Veränderungen zu verteilen sind. Unter Verhaltensunsicherheit wird verstanden, dass zum Zeitpunkt des Vertragsabschlusses nicht bekannt ist, wie sich die Partner während der Transaktion verhalten. Sie können beispielsweise opportunistisch agieren und Informationen verschweigen oder verzerren. Je höher die Unsicherheit einer Transaktion ist, desto weniger gelingt daher ihre vertragliche Absicherung. Leistungen mit hoher Spezifität und hoher Unsicherheit sind aus diesem Grunde effizienter in integrierten Organisationsformen abzuwickeln, während Leistungen niedriger Spezifität und hoher Unsicherheit

[357] vgl. Picot (1991), S. 345 f.
[358] vgl. Picot (1991), S. 346 f.
[359] vgl. Picot (1991), S. 346 f.
[360] vgl. Williamson (1985), S. 58 f.

durchaus effizient über marktnahe Organisationsformen bezogen werden können. Das Merkmal der Unsicherheit verstärkt damit die Wirkungen von Spezifität und strategischer Bedeutung und kann somit als unterstützende Transaktionseigenschaft bezeichnet werden.[361]

- Ähnliches trifft auf die letzte Transaktionseigenschaft, die *Häufigkeit*, zu. Bei oftmaliger Durchführung von Transaktionen fallen die (fixen) Transaktionskosten, etwa zur Einrichtung von Koordinations- oder Kontrollsystemen, nicht mehr an. Auch das Eintreten von Lerneffekten macht sich transaktionskostensenkend bemerkbar. Diese Einsparungen treten allerdings bei allen Koordinationsformen auf und sprechen daher nicht für oder gegen eine bestimmte Koordinationsform.[362]

Die im Rahmen der Transaktionskostentheorie wesentlichen Eigenschaften von Leistungen sowie die daraus ableitbaren generellen Empfehlungen hinsichtlich der zu wählenden Einbindungsform sind in der folgenden Abbildung zusammengefasst.

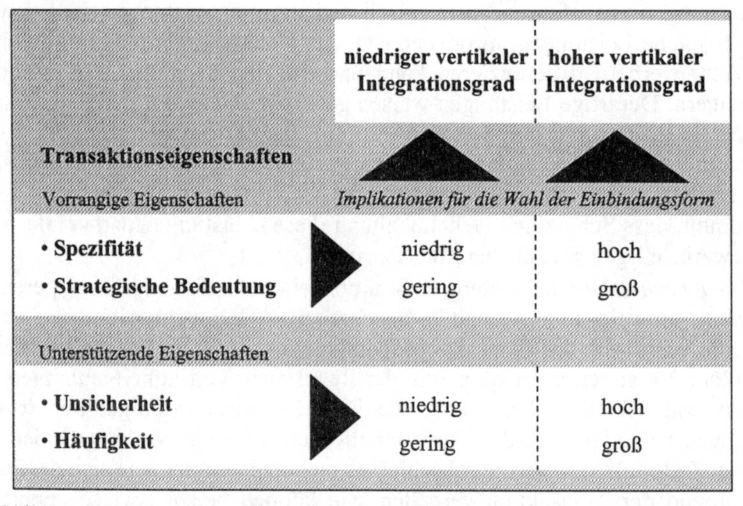

Abbildung 3-4: Transaktionseigenschaften als Basis für die Wahl der Einbindungsform (in Anlehnung an: Picot (1991), S. 346)

Bei der Wahl der optimalen Leistungstiefe sind neben den relevanten Eigenschaften der betrachteten Leistungen zusätzlich auch vorhandene institutionelle Rahmenbedingungen zu berücksichtigen, die sich als Barrieren für eine Beibehaltung der Eigenerstellung bzw. für ein Auslagern von Leistungen erweisen können. Hierzu sind in besonderem Maße *die Verfügbarkeit von Know-how und*

[361] vgl. Kaas, Fischer (1993), S. 688 f.; Picot (1991), S. 347
[362] vgl. Williamson (1985), S. 69

Kapital zu zählen. Darüber hinaus müssen situationsspezifische Charakteristika, wie zum Beispiel rechtliche Bedingungen oder logistische Besonderheiten, beachtet werden.[363] Erweist sich eine Eigenerstellung aus transaktionskostenanalytischer Sicht als vorteilhaft, ist deshalb im Rahmen einer Transaktionskostenanalyse auch zu prüfen, ob das entsprechende Know-how vorhanden bzw. zu erwerben ist. Kann ein Zukauf nur mit prohibitiven Transaktionskosten realisiert werden, etwa weil die Abwerbung eines Know-how-Trägers nicht möglich ist oder die technischen bzw. personellen Voraussetzungen, dieses Wissen anzuwenden, fehlen, so ist es möglicherweise zweckmäßig oder gar notwendig, die Leistung von Dritten erstellen zu lassen, obwohl die übrigen Indikatoren dagegen sprechen. Ähnlich verhält es sich mit Kapital. Die oftmals begrenzte Verfügbarkeit von Kapital für die Entwicklung bzw. Erbringung strategisch bedeutsamer Teilleistungen bei zugleich umfang- und risikoreichem Kapitaleinsatz verstärkt die Notwendigkeit, die erforderlichen Ressourcen in Form von Outsourcing-Partnerschaften oder Zusammenschlüssen sicherzustellen.[364]

Die Transaktionskostentheorie vermag somit, wichtige Anhaltspunkte für die Leistungstiefenoptimierung einer Unternehmung zu geben. Sie bzw. das auf ihr basierende Entscheidungsverfahren zielen darauf, die Leistungen, die ein Unternehmen zur Erfüllung seiner Gesamtaufgabe benötigt, so mit den verfügbaren Einbindungsformen zu kombinieren, dass die Transaktionskosten insgesamt minimiert werden.[365] Die Ermittlung, welche Leistungen zweckmäßigerweise auszulagern sind und welche Einbindungsform des Dienstleisters als jeweils optimal anzusehen ist, gehört zu den wichtigsten Entscheidungstatbeständen beim Outsourcing. Die Transaktionskostenanalyse spielt gerade bei (unternehmensnahen) Dienstleistungen eine nicht zu unterschätzende Rolle.[366] Aufgrund des speziellen Know-hows, wie dies etwa bei IT-Leistungen notwendig ist, werden unternehmensnahe Dienstleistungen vielfach komplett vom übernehmenden Unternehmen erbracht. Dadurch entsteht Abhängigkeit, die im Falle vertraglicher Unzulänglichkeiten opportunistisch ausgenutzt werden kann.

Die Thesen, auf welchen die Transaktionskostentheorie beruht, werden durch empirische Untersuchungen weitgehend gestützt.[367] Obwohl wesentliche Fragestellungen des Outsourcing von Leistungen durch die Transaktionskostentheorie abgedeckt werden, wird - ähnlich wie bei der isolierten Anwendung der traditionellen Verfahren[368] - das Management von Auslagerungsvorhaben allein auf dieser Basis in der Regel zu unbefriedigenden Ergebnissen führen.

---

[363] vgl. Picot (1991), S. 347

[364] vgl. Picot (1991), S. 348

[365] vgl. Picot (1991), S. 344

[366] vgl. Hardt (1996), S. 35

[367] vgl. zum Beispiel Balakrishnan, Wernerfelt (1986), S. 347 ff.; Joskow (1988), S. 33 ff.; Levy (1985), S. 438 ff.; Pisano (1990), S. 153 ff.; Walker, Weber (1984), S. 373 ff.

[368] vgl. Abschnitt 3.1.1

Ein offensichtliches Problem ist zunächst die Bestimmung der genauen Höhe der Transaktionskosten, denn das Spektrum dieser Kosten beschränkt sich nicht ausschließlich auf jene mit pagatorischem Charakter, sondern beinhaltet auch die Berücksichtigung von Nachteilen in Form von Mühe oder Zeitaufwand und damit die zusätzliche Bindung von Ressourcen. Die Messproblematik verschärft sich noch, wenn man die Transaktionskosten darüber hinaus auch als Opportunitätskosten versteht, die in Folge nicht realisierter Erträge oder Kostensenkungen entstehen.[369] Befürworter der Transaktionskostenanalyse sehen darin jedoch keine wesentliche Einschränkung des Bedeutungsgehalts und verweisen auf die rein komparative Funktion der Transaktionskosten bei der Leistungstiefenentscheidung.[370] Durch einen Vergleich soll nur bestimmt werden, ob die zu erwartenden Transaktionskosten bei der Verwirklichung einer Transaktionsform höher ausfallen als bei der einer anderen.
In der Kritik steht auch die ausschließliche Berücksichtigung externer Transaktionskosten. Fallen solche Kosten intern an - wie zum Beispiel die Kosten dysfunktionaler Wirkungen bürokratischer Organisationen oder organisatorischen Wandels - bleiben diese unberücksichtigt. Dies führt zur systematischen Unterschätzung der Kosten für die Eigenerstellung, während die Kosten bei Fremdbezug tendenziell überschätzt werden.[371]
Der Transaktionskostenansatz geht außerdem von gleichen Leistungserstellungskosten bei internem und externem Bezug aus. Umstritten ist jedoch, inwieweit es vertretbar ist, die Erstellungskosten, die im Mittelpunkt der kostenrechnerischen Betrachtung stehen, vollständig außer Acht zu lassen. Denn ein sich bei Eigenfertigung ergebender Transaktionskostenvorteil kann durchaus von einer Steigerung der Produktionskosten überkompensiert werden.[372]
Ähnlich wie beim traditionellen, auf die Produktionskosten ausgerichteten Kostenvergleich ist auch im Rahmen des Transaktionskostenansatzes zu hinterfragen, ob die Wahl einer bestimmten Organisationsform allein durch die Bestimmung der Transaktionskosten geklärt werden kann und inwieweit spezielle, strategieadäquate Organisationsformen keine Beachtung finden. Zum Beispiel verlangt die Strategie der Differenzierung gewöhnlich eine besondere funktionale Flexibilität der Unternehmung, welche eher durch hierarchische Organisationsformen zu gewährleisten ist, unter Umständen jedoch höhere Transaktionskosten nach sich zieht. Generell lässt sich eine strategische Wahl daher nicht allein auf Transaktionskostenüberlegungen zurückführen.[373]
Zweifelhaft ist ebenso, ob Unternehmen in einer kapitalistisch-marktwirtschaftlichen Ordnung nur - wie dies beim Transaktionskostenansatz aus-

---

[369] vgl. Kaas, Fischer (1993), S. 688; Pfaffmann (1999), S. 618; Windsperger (1996), S. 13 ff.
[370] vgl. Picot, Dietl (1983), S. 183; Williamson (1985), S. 22
[371] vgl. Sydow (1991), S. 275
[372] vgl. Kang, Siebiera (1996), S. 27; Sydow (1991), S. 276; Weiss (1993), S. 116 f.
[373] vgl. Baur (1990), S. 283 ff.; Sydow (1991), S. 281 f.

schließlich der Fall ist - auf die Minimierung von Kosten zielen oder nicht auch andere Strategien verfolgen, etwa die Maximierung der Kapitalrendite durch Differenzierungsbemühungen.[374]

Doch auch die grundsätzliche Anwendbarkeit der Transaktionskostentheorie wird von Kritikern in Frage gestellt. Ein wesentlicher Einwand ist, dass die Transaktionskostentheorie Opportunismus als einziges Charakteristikum menschlichen Verhaltens unterstellt, während positive Eigenschaften wie zum Beispiel Ehrlichkeit, Integrität oder Vertrauen systematisch ausgeblendet werden.[375] Darüber hinaus vernachlässigt die Transaktionskostentheorie auch den Einfluss von Macht auf die Herausbildung von Organisationsformen.[376] Diese Kritik hat zu heftigen Auseinandersetzungen in der wissenschaftlichen Literatur geführt,[377] in deren Rahmen jedoch die grundsätzliche normative Bedeutung der Transaktionskostentheorie nicht widerlegt werden konnte.[378]

Es bleibt daher festzuhalten, dass auf Basis der Transaktionstheorie grundsätzliche Normen für die Leistungstiefengestaltung herausgearbeitet werden können, wenngleich nicht alle notwendigerweise zu berücksichtigenden Kriterien Eingang in die Betrachtungen finden. Trotzdem bildet die Transaktionskostenanalyse einen wichtigen Erklärungsansatz für das Zustandekommen und das Gestalten von Outsourcing-Beziehungen und ermöglicht in Verbindung mit anderen theoretischen Ansätzen die konzeptionelle Bestimmung der effizienten Grenzen der Unternehmung.

3.1.2.2 Die Principal-Agent-Theory - Probleme durch asymmetrische Informationsverteilung

Die Principal-Agent-Theory[379] beschäftigt sich mit der Analyse und Gestaltung von vertraglich geregelten Austauschbeziehungen zwischen einem *Auftraggeber* (Principal) und einem *Auftragnehmer* (Agent). Diese entstehen vor allem dann, wenn eine Partei (Principal) Entscheidungs- und Ausführungskompetenzen auf eine andere Partei (Agent) delegiert. Wichtige Kennzeichen dabei sind asymmetrisch verteilte Informationen sowie Unsicherheit bezüglich des Eintretens bestimmter Umweltzustände bzw. des Verhaltens des Vertragspartners. Ziel ist die Ermittlung des optimalen Vertragsdesigns zur Steuerung und Beherrschung der Principal-Agent-Beziehung.[380]

---

[374] vgl. Sydow (1991), S. 279
[375] vgl. Goshal, Moran (1996), S. 13 ff
[376] vgl. Sydow (1991), S. 287
[377] vgl. zum Beispiel Goshal, Moran (1996), S. 13 ff.; Williamson (1996), S. 48 ff.
[378] vgl. Beer (1998), S. 68; Goshal, Moran (1996), S. 15
[379] vgl. zum Beispiel Jensen, Meckling (1976), S. 305 ff.; Pratt, Zeckhauser (1985), S. 1 ff.
[380] vgl. Elschen (1991), S. 1002 ff.; Wenger, Terberger (1988), S. 506 ff.

Der Grund für die Aufgabendelegation an den Agenten liegt in den Informationen, über die dieser verfügt und die für die Erledigung des Auftrags erforderlich sind. Dies bedingt jedoch, dass der Agent Entscheidungen trifft, die nicht nur sein, sondern auch das Nutzenniveau des Principals beeinflussen. Dabei besteht die Gefahr, dass der Agent opportunistisch handelt. Der Principal kann aufgrund seines Informationsdefizits nicht beurteilen, ob die gewählte Handlung wirklich diejenige war, durch welche die gesetzten Ziele bestmöglich erfüllt werden. Da aufgrund der Prämissen der unvollständigen Information und der Unbestimmtheit zukünftiger Umstände bzw. der dadurch verursachten Kosten die Aushandlung eines perfekten Vertrags nicht möglich ist, müssen Anreiz-, Kontroll- und Informationsmechanismen in den Vertrag mitaufgenommen werden.[381] Principal-Agent-Beziehungen kommen in der Unternehmenspraxis sehr häufig vor. Sie bestehen zum Beispiel zwischen Eigentümer und Manager oder zwischen Aufsichtsrat und Vorstand. Organisationen wie Unternehmen können als Geflecht von Principal-Agent-Beziehungen verstanden werden.[382] Aber auch zwischen Unternehmen sind solche Beziehungen möglich, etwa auf der Basis gegenseitiger Austauschbeziehungen oder Kooperationen.

Bei vollständiger Information aller Beteiligten existierten die beschriebenen Principal-Agent-Probleme nicht. Da jedoch gemäß der Prämissen die beteiligten Akteure unvollständig informiert sind und die vorhandenen Informationen außerdem ungleich verteilt sind, entstehen diskretionäre Handlungsspielräume. Entsprechend ihres zeitlichen Auftretens lassen sich drei Problembereiche unterscheiden.[383]

- *Hidden characteristics* spielen vor Vertragsabschluss eine Rolle. Das Problem besteht darin, dass dem Principal wichtige Eigenschaften des Agenten, zum Beispiel dessen Qualifikation oder Kreditwürdigkeit, nicht bekannt sind. Hieraus resultiert die Gefahr der Auswahl unerwünschter Geschäftspartner („adverse selection“).
- *Hidden actions* treten hingegen erst nach Abschluss eines Vertrages in der Phase der Vertragserfüllung auf. Hierbei kann der Principal aufgrund der ihm fehlenden Informationen nicht beobachten oder beurteilen, ob die vom Agenten gewählte Handlungsalternative die beste zur Verwirklichung seiner Interessen ist. Dabei wird davon ausgegangen, dass der Agent seine Verhandlungsspielräume opportunistisch ausbeutet („moral hazard“) und deshalb seine Leistung entsprechend reduziert oder Ressourcen für eigene Zwecke nutzt.
- Auch das Problem der *hidden intention* liegt nach dem Vertragsabschluss. Dabei haben entweder der Prinzipal oder der Agent Vorleistungen zum Bei-

---

[381] vgl. Picot, Neuburger (1995), Sp. 15

[382] vgl. Picot, Reichwald et al. (1998), S. 47

[383] vgl. Arrow (1985), S. 37 ff.; Picot, Neuburger (1995), Sp. 16; Spremann (1990), S. 568 ff.; Wenger, Terberger (1988), S. 507

spiel in Form spezifischer Investitionen erbracht und geraten daher in die Abhängigkeit des jeweils anderen Partners („hold up"). Hier zeigt sich auch der Zusammenhang zum Transaktionskostenansatz, denn in beiden Fällen liegt der Problemgrund in der Spezifität der Leistung.

Die Minimierung der skizzierten Agency-Probleme verursacht Kosten. Diese Agency-Kosten setzten sich aus den Überwachungs- und Kontrollkosten des Principals, den Garantiekosten des Agenten sowie dem verbleibenden Wohlfahrtsverlust zusammen, der trotz der ergriffenen Gegenmaßnahmen aufgrund der Nicht-Realisierung des Nutzenmaximums des Principals entsteht.[384] Zwischen den drei Kostenarten bestehen Interdependenzen. Der Wohlfahrtsverlust lässt sich durch weitergehende Überwachungs- und Kontrollmaßnahmen verringern, die ihrerseits jedoch höhere Kosten nachsichziehen. Diese wiederum können durch die Einräumung zusätzlicher Garantieleistungen verringert werden, was jedoch mit zusätzlichen Kosten für den Agenten einhergeht.[385]

Um diese Probleme zu beherrschen, werden im Rahmen der Agency-Theorie konkrete Gestaltungsmaßnahmen entwickelt. Zur Vermeidung der beschriebenen Auswahlprobleme der „Adverse Selection" werden *„Signaling"*- bzw. *„Screening"-Mechanismen* oder die *Methode der „Self-Selection"* vorgeschlagen.

Beim „Signaling" signalisiert der Agent dem Principal seine Charaktereigenschaften bzw. die Eigenschaften seiner Leistung in der Hoffnung, dadurch den Abschluss eines Vertrags zu erreichen. Im Rahmen des Outsourcing besitzen etwa Referenzprojekte oder Pilotanwendungen derartigen Signalcharakter. Dagegen geht beim „Screening" die Initiative vom Principal aus. Er versucht, sich zusätzliche Informationen über den potenziellen Agenten zu verschaffen. So sind beispielsweise Erkundigungen bei früheren Outsourcing-Partnern des Agenten denkbar. Bei der „Self-screening"-Methode gibt der Principal dem Agenten Entscheidungssituationen vor, die so gestaltet sind, dass er aus dem Verhalten des Agenten Rückschlüsse auf dessen Eigenschaften ziehen kann. So mag das auslagernde Unternehmen zum Beispiel auf einem Vertrag mit vergleichsweise kurzer Laufzeit und hohen Garantieleistungen bestehen. Qualitativ unzureichende Dienstleister, so die Annahme, werden vor dem Abschluss eines solchen Vertrags zurückschrecken. Dies funktioniert allerdings nur bei entsprechend kritischer Selbsteinschätzung der potenziellen Outsourcing-Partner.[386]

Zur Begrenzung der „Moral hazard"-Problematik empfiehlt die Principal-Agent-Theorie die Implementierung von Anreiz- und Kontrollsystemen. Diese wiederum bedingen die Vorgabe von Verhaltensnormen. Dabei schreiben explizite Verhaltensnormen dem Agenten in Form eines Verhaltenskatalogs die genaue

---

[384] vgl. Jensen, Meckling (1976), S. 308

[385] vgl. Picot, Reichwald et al. (1998), S. 48

[386] vgl. Beer (1998), S. 45; Elschen (1991), S. 1009 f.

Art und Weise vor, wie er die ausgelagerten Aufgaben zu erledigen hat. Dies funktioniert allerdings nur beim Outsourcing von Standardleistungen, deren jeweilige Ausgestaltung absehbar ist und dem übernehmenden Unternehmen detailliert vorgegeben werden kann. Bei komplexen und im Vorfeld eher weniger genau zu definierenden Leistungen hingegen kommen implizite Verhaltensnormen zur Anwendung. Sie schreiben dem Agenten die zu realisierenden Ziele vor, wohingegen die Wahl des Weges bzw. der Mittel zur Zielerreichung ihm selbst überlassen bleibt.[387]
Zur Beherrschung der „Hold-up"-Problematik, d.h. der Begrenzung opportunistischen Verhaltens aufgrund der mit Vertragsabschluss entstehenden Abhängigkeit, werden verschiedene Formen der Selbstbindung der Partner vorgeschlagen. Diese sollen die Absicht zu kooperativem Verhalten glaubhaft vermitteln, zum Beispiel durch die Beteiligung des Agenten an notwendigen Investitionen, dem Abschluss langfristiger Verträge oder der Schaffung gegenseitiger Abhängigkeiten.[388]
Die folgende Abbildung 3-5 vermittelt einen zusammenfassenden Überblick über die verschiedenen Agenturprobleme sowie Ansätze zu ihrer Unterbindung.
Die Principal-Agency-Theorie ist darauf ausgerichtet, unter Berücksichtigung der Risikoeinstellungen beider Parteien sowie in Abhängigkeit von den Informationsmöglichkeiten des Principals ein optimales Vertragsdesign für eine Principal-Agent-Beziehung zu entwerfen. Das dafür verwendete Grundmodell ist sehr einfach gehalten, was seine Anwendbarkeit stark erleichtert. Allerdings bildet dies auch Anlass zur Kritik, denn je komplexer die im Rahmen der Beziehungen zu behandelnden Aufgaben werden, desto schwieriger wird es, die notwendigen Maßnahmen entsprechend vertraglich zu regeln. So können zum Beispiel nur solche Probleme angegangen werden, die bereits bei Vertragsabschluss offensichtlich sind, während es das Modell nicht zulässt, sich im Verlauf der Partnerschaft ergebende Schwierigkeiten zu berücksichtigen.
Ein anderes ungelöstes Problem liegt in der Operationalisierung der Agency-Kosten. Deren Ermittlung stellt die Basis für die Bestimmung des Nutzenmaximums des Principals und damit der zu ergreifenden Maßnahmen dar. Aufgrund des vorhandenen Informationsdefizits ist dies jedoch vielfach nicht eindeutig möglich, weshalb die entscheidungslogische Ableitung von exakten Empfehlungen nur bedingt durchführbar ist.[389]

---

[387] vgl. Laux (1990), S. 2 ff.; Picot, Neuburger (1995), Sp. 18
[388] vgl. Spremann (1990), S. 563
[389] vgl. Beer (1998), S. 51 f.

Agenturprobleme	**Adverse Selection**	**Moral Hazard**	**Hold Up**
Zeitpunkt	**vor** Vertragsabschluss	**nach** Vertragsabschluss	**nach** Vertragsabschluss
Ursache	*Hidden information* aufgrund von Informationsasymmetrien	*Hidden action* aufgrund von Informationsasymmetrien	*Hidden intention* aufgrund von einseitig spezifischen Investitionen
Lösungs-mechanismen	Selektion	Anreizsysteme	Selbstbindung
Gestaltungs-varianten	- Signaling - Screening - Self-Selection	Interessenausgleich durch: - ergebnisorientierte Entlohnungssysteme - Verbesserung der Informationssysteme	Interessenausgleich durch: - langfristige Vertragsgestaltung - Schaffung von Abhängigkeiten

Abbildung 3-5: Agenturprobleme und Mechanismen zu ihrer Lösung
(vgl. Beer (1998), S. 48; Picot, Neuburger (1995), Sp. 17)

Die Principal-Agent-Theory dient sowohl der Erklärung als auch der normativen Gestaltung von Agency-Beziehungen.[390] Sie geht zwar von realitätsnahen Verhaltens- und Umweltmaßnahmen aus, kann aber - aufgrund der skizzierten Probleme - nur in vereinfachter Form explizit angewandt werden. Dennoch besitzt sie, nicht zuletzt aufgrund der enthaltenen vergleichsweise konkreten Lösungsmöglichkeiten, praktische Bedeutung als Orientierungshilfe bei der Gestaltung von Anreiz- und Kontrollsystemen.[391]

3.1.2.3 Die Theorie der Verfügungsrechte - die Verteilung von Rechtsbündeln

In der Theorie der Verfügungsrechte werden Leistungen durch ein Bündel von *Verfügungsrechten* („property rights“) repräsentiert. Die Zuordnung von Verfügungsrechten schafft Handlungsrechte für die damit ausgestatteten Individuen und begrenzt die Handlungen derjenigen, welche über keine Verfügungsrechte am betreffenden Gut bzw. Leistung verfügen.[392] Der Wert einer Leistung be-

[390] vgl. Picot, Reichwald et al. (1998), S. 48
[391] vgl. Laux (1990), S. 527; Picot, Neuburger (1995), Sp. 20
[392] vgl. Alchian, Demsetz (1973), S. 17 f.; Picot, Reichwald et al. (1998), S. 39

misst sich folglich danach, welche Verfügungsrechte mit ihr verbunden sind.[393] Vier Arten von Verfügungsrechten werden unterschieden:

- das Recht, eine Leistung bzw. ein Gut zu nutzen (*usus*),
- das Recht, sich aus der Nutzung entstehende Gewinne bzw. Verluste anzueignen bzw. zu tragen (*usus fructus*),
- das Recht, ein Gut/eine Leistung zu verändern (*abusus*) sowie
- das Recht, das Gut/die Leistung und damit das Rechtsbündel bzw. Teile davon zu veräußern.[394]

Diese Verfügungsrechte für ein Gut können auf ein Individuum (verstanden als Mitglied einer Organisation) konzentriert oder auf mehrere Individuen verteilt sein („verdünnte Property Rights").[395] Alternative Verteilungen bedingen dabei unterschiedliche Auswirkungen auf das Verhalten der Akteure und damit auf die Effizienz der eingesetzten Leistungen. Erklärungsziel der Property-Rights-Theorie ist die Analyse der Auswirkungen dieser unterschiedlichen Formen der Gestaltung und Verteilung von Verfügungsrechten.[396]

Die einfachste Aussage der Property-Rights-Theorie beinhaltet, dass eine Verteilung von Verfügungsrechten an Leistungen auf einzelne Personen oder die Beschränkung der Durchsetzbarkeit von Verfügungsrechten zu unwirtschaftlichem Verhalten bezüglich dieser Leistungen führt. Da der Einzelne die ökonomischen Folgen seines Handelns weder im positiven noch im negativen Sinn vollständig zu tragen hat, entstehen sogenannte externe Effekte, also Nebenwirkungen individueller Konsum- und Produktionsakte auf Dritte, die nicht über den Markt entgolten oder auf andere Weise als einzelwirtschaftliche Kosten angelastet werden.[397]

Die Zusammenführung verteilter Verfügungsrechte erfolgt gewöhnlich durch Verträge bzw. Vereinbarungen. Vertragsanbahnung, -schließung, -durchsetzung und -kontrolle sind nicht kostenlos, sondern verursachen Transaktionskosten.[398] Die Vertragspartner verfügen daher in der Regel nicht über vollständige Informationen, was vertragsabweichendes Verhalten begünstigt. Dabei wird die Höhe des mutmaßlichen Schadens durch die Höhe der Kontrollkosten begrenzt. Sind nämlich die Transaktionskosten geringer als der damit zu verhindernde Schaden, ist es ökonomisch sinnvoll, die vereinbarten Rechte effektiv zu kontrollieren.

Externe Effekte und Transaktionskosten bilden die Effizienzkriterien zur Beurteilung und Auswahl alternativer Property-Rights-Verteilungen. Die effizienteste Verteilung ist dann gefunden, wenn die Summe aus Transaktionskosten und

---

[393] vgl. Furubotn, Pejovich (1972), S. 1138 ff.; Picot (1981), S. 156 f.
[394] vgl. Alchian, Demsetz (1972), S. 783; Furubotn, Richter (1996), S. 82
[395] vgl. Furubotn, Pejovich (1972), S. 1140
[396] vgl. Ebers, Gotsch (1993), S. 194
[397] vgl. Picot, Reichwald et al. (1998), S. 39
[398] vgl. Abschnitt 3.1.2.1

die durch negative externe Effekte hervorgerufenen Wohlfahrtsverluste minimiert ist.[399] Effizienzverbesserungen in Form alternativer institutioneller Regelungen und damit eine Umverteilung der Property Rights sind vor allem dann möglich, wenn hohe Transaktionskosten und hohe negative externe Effekte existieren. Daraus wird die Empfehlung abgeleitet, dass die Property Rights an einem Gut so zu verteilen sind, dass einem handelnden Individuum vollständige Rechtsbündel zugeordnet werden, um so Anreize für einen möglichst effizienten und selbstverantwortlichen Umgang mit den damit verbundenen Ressourcen zu erzielen.[400]
Das betriebswirtschaftliche Anwendungsgebiet der Property-Rights-Theorie erstreckt sich damit auf die Untersuchung aller Entscheidungen, die zu einer Veränderung der Handlungs- und Verfügungsrechte führen und erweist sich damit speziell für das Outsourcing von Relevanz. Im Mittelpunkt steht die Forderung nach einer effizienzmaximalen Zuordnung der Verfügungsrechte. Die Theorie stützt damit vor allem Dezentralisierungs- und Modularisierungsbestrebungen. Ihre empirische Belegung kann als relativ hoch eingestuft werden.[401] Schwierigkeiten bei der Bestimmung der Transaktionskosten bzw. der genauen Höhe der externen Effekte behindern jedoch die Operationalisierung des Ansatzes.[402]

3.1.3 Interorganisationale Ansätze - Problematik von Beziehungen zwischen Organisationen

Im Rahmen der Definition des Outsourcing-Begriffs[403] wurde als ein wesentliches Charakteristikum der Übergang einer Leistung „an externe Dritte" festgestellt. Hierunter fallen nicht nur die beiden grundsätzlichen Alternativen der Eigenfertigung und des Fremdbezugs, welche Extrempositionen darstellen, sondern ein ganzes Spektrum an organisatorischen Alternativen, die jeweils unterschiedlich starke Ausprägungen von marktlicher und hierarchischer Koordination vereinen. Beispiele hierfür sind Kapitalbeteiligungen, Joint Ventures, Lizenzabkommen etc.[404]
Die bisher vorgestellten theoretischen Ansätze liefern für diese Mischformen marktlicher und hierarchischer Koordination keine oder höchstens unvollständige Erklärungsansätze, da sie vor allem den ökonomischen Aspekt im Sinne von

---

[399] vgl. Picot, Reichwald et al. (1998), S. 39
[400] vgl. Dietl (1991), S. 53; Picot (1995), Sp. 2018; Picot, Reichwald et al. (1998), S. 39 f.
[401] vgl. Picot, Reichwald et al. (1998), S. 40
[402] vgl. Beer (1998), S. 41
[403] vgl. Abschnitt 2.1.1.1
[404] vgl. Klein (1996), S. 98; Picot, Reichwald et al. (1998), S. 45 f.; Zahn, Barth et al. (1998 a), S. 9 sowie Abschnitt 2.1.5

Kosten in den Vordergrund stellen, hingegen Faktoren wie Vertrauen, Macht und Unternehmenskultur, die für die Existenz dieser Zwischenformen in besonderem Maße relevant sind, nicht miteinbeziehen.[405] Im Hinblick auf die Auslagerung von Leistungen ist es vor allem die Abhängigkeit vom Dienstleister, d.h. eine Ausprägung der Machtproblematik, die als großes Outsourcing-Hindernis betrachtet wird[406] und eine Integration dieser Themenfelder in die Gestaltung von Outsourcing-Vorhaben notwendig macht.
Einen wichtigen Beitrag zum Verständnis der Macht- und Vertrauensproblematik beim Outsourcing leisten interorganisationstheoretische Ansätze. Darunter sind verschiedene Erklärungsversuche zur *Entstehung interorganisationaler Beziehungen* bzw. Empfehlungen zu ihrer Gestaltung zusammengefasst.[407] Im Folgenden werden mit *dem Resource-Dependence-Ansatz*[408] und dem *interaktionsorientierten Netzwerkansatz*[409] die zwei für die Gestaltung eines Outsourcing-Management wesentlichen Perspektiven näher beleuchtet.

3.1.3.1 Der Resource-Dependence-Ansatz - Ressourcenknappheit und Autonomie

Ziel des Resource-Dependence-Ansatzes ist die Erklärung der Entstehung interorganisationaler Beziehungen. Zentraler Ansatzpunkt dabei ist die Problematik knapper Ressourcen. Unternehmen verfügen demnach in der Regel nicht über sämtliche zur Erreichung ihrer Ziele bzw. zu ihrem Überleben notwendigen Ressourcen[410], können sich diese aber durch Tausch mit anderen Organisationen beschaffen.[411] Durch derartige Tauschgeschäfte verringert sich jedoch ihre Autonomie, da sie bei der Ressourcenakquisition von anderen Unternehmen abhängig sind. Es entsteht eine paradoxe Situation, denn einerseits sind die

---

[405] vgl. Sydow (1991), S. 296
[406] vgl. Kapitel 2.1.2
[407] Eine ausführliche Darstellung der verschiedenen Ansätze findet sich bei *Sydow* (1992), S. 191 ff.
[408] vgl. Pfeffer, Salancik (1978); Gils (1984), S. 1073 ff.
[409] vgl. Johanson, Mattsson (1991), S. 21 ff.
[410] vgl. Pfeffer, Salancik (1978), S. 46 f.
[411] Unter einem *Austausch* wird die freiwillige Aktivität zweier oder mehrerer Organisationen zum Zweck einer besseren Zielerreichung verstanden. Diese Definition entstammt der *sozialen Austauschtheorie* (vgl. Homans (1961); Emerson (1962)), auf der der Resource-Dependence-Ansatz im Wesentlichen basiert. Die soziale Austauschtheorie beschäftigt sich mit dem Entstehen bzw. der Evolution interorganisationaler (Austausch-) Beziehungen, welche im Kern auf die Bemühungen der beteiligten Organisationen zurückzuführen sind, durch den Austausch von Ressourcen, Informationen, Wertvorstellungen etc. einen die Kosten dieses Austauschs überschreitenden Nutzen zu erzielen (vgl. Sydow (1992), S. 193 ff.).

Unternehmen bestrebt, Stabilität und Sicherheit ihrer Austauschbeziehungen sicherzustellen, indem sie konstante Kooperationsstrukturen aufbauen, andererseits bedingt jede Form der Institutionalisierung von Kooperationsstrukturen einen Verlust an Autonomie. Um daher den eigenen Autonomieverlust bei möglichst großer Konstanz der notwendigen Austauschbeziehungen zu minimieren, entwickeln Organisationen verschiedene Maßnahmen, mit deren Hilfe das Verhalten der Organisationen, von denen sie abhängig sind, kontrolliert werden soll.[412]

Nach dem Resource Dependence-Ansatz sind die *Vermeidung, Ausnutzung und Entwicklung der beschriebenen Abhängigkeiten* die zentralen Triebkräfte einer Evolution interorganisationaler Beziehungen. Interorganisationsbeziehungen sind damit Ausdruck des Versuchs von Organisationen, ihren Einfluss auf die wichtigsten Organisationen in ihrer Umwelt zu stärken, indem sie versuchen, die eigene Abhängigkeit zu reduzieren und gleichzeitig die Abhängigkeit der betroffenen Organisationen von sich selbst zu erhöhen.[413] Das Streben nach Macht zur Verringerung der Abhängigkeit stellt damit die zentrale Leitlinie des Resource Dependence-Ansatzes dar.[414]

Grundsätzlich werden im Rahmen des Ansatzes zwei wesentliche Arten von Abhängigkeiten unterschieden. Im Fall der gegenseitigen Abhängigkeit sowie bei gleichzeitig übereinstimmenden Zielvorstellungen der Beteiligten sind die Beziehungen tendenziell von Stabilität geprägt, und es existiert die Basis für eine längerfristige (Austausch-)Beziehung. Divergieren hingegen die Ziele der Partner, besteht die hohe Wahrscheinlichkeit, dass einer der Beteiligten versuchen wird, seine Position durchzusetzen, indem er Machtmittel anwendet. Gelingt dies, entsteht ein einseitiges Abhängigkeitsverhältnis. Zentrales Kennzeichen eines solchen Verhältnisses ist die Machtasymmetrie zwischen den Partnern, die vielfach zu Unsicherheit und dem Streben nach Veränderungen führt, denn die abhängige Organisation wird bemüht sein, den Grad der Abhängigkeit mindestens auf das Niveau gegenseitiger Abhängigkeit zu reduzieren[415], etwa durch die Formierung einer Gegenmacht oder die Suche nach anderen Bezugsquellen.[416] Der *Grad der Abhängigkeit* wird im Wesentlichen von drei Faktoren bestimmt:[417]

- von der Wichtigkeit der Ressource zum Überleben der Unternehmung,

---

[412] vgl. Aldrich (1979), S. 119; Gils (1984), S. 1081

[413] vgl. Sydow (1992), S. 197

[414] Hier liegt der entscheidende Unterschied zwischen dem *Resource Dependence-Ansatz* und der *sozialen Austauschtheorie*, welche neben Machtaspekten auch die Erreichung von bestimmten Unternehmenszielen (domain consensus) als Grund für Interorganisationsbeziehungen ansieht (vgl. Sydow (1992), S. 194 u. 197).

[415] vgl. Gils (1984), S. 1083 ff.

[416] vgl. Sydow (1992), S. 197

[417] vgl. Pfeffer, Salancik (1978), S. 68

- von der Macht über den Gebrauch der Ressource im Sinne des Wissens über Verteilung und Verwendung der betreffenden Ressource sowie
- von der Konzentration der Ressourcenkontrolle, d.h., inwieweit auf alternative Bezugsquellen zurückgegriffen werden kann.

Um die Kontrolle über kritische Ressourcen zu erlangen, bieten sich grundsätzlich zwei Strategien an. Zum einen können Organisationen die sie bedrohende Abhängigkeit durch vertikale Integration vollständig aufheben. Ist dies - beispielsweise aufgrund gesetzlicher oder ökonomischer Gründe - nicht möglich oder nicht sinnvoll, besteht zum anderen die Möglichkeit einer Kooperation. Diese ist vor allem dann zu empfehlen, wenn die Ziele und Interessen der Beteiligten konvergent sind, eine einseitige Abhängigkeit zwischen den Unternehmen besteht und sich die Interaktionshäufigkeit auf mittlerem Niveau bewegt.[418] Dabei ist zu beachten, dass kooperative Verhaltensweisen generell dem Autonomiestreben der einzelnen Organisationen entgegenstehen. Eine kooperative Zusammenarbeit sollte daher nur dann aufgenommen werden, wenn - aus der Sicht des schwächeren Partners - die Übernahme in Form einer vertikalen Integration droht oder - aus Sicht des stärkeren Partners - eine solche Integration nicht möglich ist.

Der Resource Dependence-Ansatz berücksichtigt damit explizit den Aspekt der Macht, der von den bisher vorgestellten Ansätzen gänzlich vernachlässigt wurde. Allerdings rufen bestimmte Annahmen, die dem Ansatz zugrunde liegen, Kritik hervor. Strittig ist vor allem die Unterstellung eines letztlich rational und autonom handelnden Managements. Eine etwaige subjektive Bevorzugung von Kooperations- gegenüber Wettbewerbsstrategien wird ebensowenig berücksichtigt wie Effizienzüberlegungen, durch die etwa der Transaktionskostenansatz bestimmt wird.[419]

Aufgrund seiner Ausrichtung an der Kontrolle externer Ressourcen vermittelt der Resource Dependence-Ansatz speziell im Hinblick auf das Outsourcing von Leistungen interessante Hinweise. Der in diesem Zusammenhang sehr bedeutsame Aspekt der Macht wird thematisiert, und es lassen sich Ansatzpunkte zur organisatorischen Umsetzung von Outsourcing-Beziehungen und deren Evolution ableiten.

3.1.3.2 Der interaktionsorientierte Netzwerkansatz - Netzwerkbeziehungen als Ressource

In Ergänzung zum Resource Dependence-Ansatz, bei dem das Zustandekommen von Kooperationen im Wesentlichen von Macht- bzw. Abhängigkeitsaspekten

---

[418] vgl. Pfeffer, Salancik (1978), S. 113 ff.; Sydow (1992), S. 198
[419] vgl. Sydow (1992), S. 198 f.

determiniert wird, ist der interaktionsorientierte Netzwerkansatz entwickelt worden. Er fußt auf Beobachtungen von Investitionsgütermärkten, welche sich durch relativ langfristige und stabile Austauschbeziehungen auszeichnen, an denen zumeist mehrere, intensiv interagierende Organisationen beteiligt sind. Weitere Kennzeichen sind Langfristigkeit, Stabilität, Interdependenz, relative Geschlossenheit und hohe Kosten des Partnerwechsels.[420] Auch mit diesem Ansatz wird das Ziel verfolgt, Evolution und Dynamik der beobachteten Beziehungsgeflechte zu erklären. Ausgehend vom Resource-Dependence-Ansatz wird argumentiert, dass jedes Untenehmen aufgrund der Limitierung der eigenen Ressourcenbasis von den komplementären Ressourcen anderer Unternehmen abhängig ist. Treiber für die Interaktionsbeziehungen sind demnach entweder die Ausübung von *Macht* oder *gemeinsam motiviertes Handeln*,[421] wobei letzteres beim interaktionsorientierten Netzwerkansatz anders als beim Resource-Dependence-Ansatz als mindestens gleichrangig mit den Machtaspekten zu verstehen ist. Vernachlässigt man die Machtaspekte, welche analog zum Resource-Dependence-Ansatz zu sehen sind, und analysiert die hinter den gemeinsamen Zielen stehenden Faktoren genauer, ergeben sich wesentliche Funktionen partnerschaftlicher Beziehungen in Netzwerken, die in Abbildung 3-6 systematisiert sind.

Solche Beziehungen sind entsprechend weniger durch opportunistisches Verhalten oder Konkurrenz als durch Zusammenarbeit gekennzeichnet.[422] Welche konkreten Potenziale und Handlungsmöglichkeiten sich für die einzelne beteiligte Unternehmung ergeben, werden vor allem von deren jeweiligen *Position im Netzwerk* bestimmt.[423] Diese stellt die zentrale Komponente im Rahmen des interaktionsorientierten Netzwerkansatzes dar[424] und wird durch die vier folgenden Faktoren näher determiniert:[425]

- die bisher im Netzwerk ausgeübte Funktion der Unternehmung,
- die relative Bedeutung des Unternehmens im Netzwerk,
- die Stärke der Beziehungen zu anderen Unternehmen sowie
- die Bedeutung der Unternehmen des Netzwerks, mit denen Beziehungen unterhalten werden.

---

420 vgl. Sydow (1992), S. 216
421 vgl. Johanson, Mattsson (1991), S. 257 ff.
422 vgl. Morath (1996), S. 29
423 vgl. Sydow (1992), S. 217
424 vgl. Mattsson (1987), S. 237
425 vgl. Mattsson (1987), S. 237; Sydow (1992), S. 217

Potenziale partnerschaftlicher Netzwerksbeziehungen	
Innovationspotenziale	**Effizienzpotenziale**
• frühzeitige, zuverlässige und spezifische Informationen über Märkte und Innovationen • verkürzter Innovationsprozess durch Ressourcenpooling und Wissensredundanz • erhöhte Produktqualität durch Integration der Stake-Holder in den Entwicklungsprozess • schnelle Fehlerkorrektur aufgrund von frühzeitigem Feedback bei eigenen Kundenbeziehungen • koordinierte Einführung innovativer Produkte durch enge Kundenbeziehungen	• Nutzung von Synergien • Zeit- und Flexibilitätsvorteile, u.a. durch Vernetzung von Informations- und Kommunikationssystemen • Sicherung des mittel- bis langfristigen Zugangs zu wichtigen Ressourcen • Kostensynergien, z.B. Fixkostendegression durch gemeinsame Nutzung von Einrichtungen • bessere Durchsetzung von gemeinsamen Interessen gegenüber Dritten • Erhöhung des individuellen Images durch Beziehungen zu einem renommierten Unternehmen • Zugang zu sonst unzugänglichen Ressourcen z.B. Kundenstamm

Abbildung 3-6: Potenziale partnerschaftlicher Netzwerkbeziehungen
(in Anlehnung an: Morath (1996), S. 30; Zahn, Foschiani (2002 b), S. 269 ff.)

Die jeweilige Netzwerkposition eröffnet bzw. verschließt dem Unternehmen den Zugriff auf Ressourcen, die von anderen Netzwerkunternehmen kontrolliert werden. Die Positionierung unterliegt dabei gewöhnlich einer dynamischen Entwicklung auf der Basis einzelner Interaktionen. Diese bestehen zu Anfang meist aus relativ unbedeutenden Transaktionen, die zunächst wenig Vertrauen erfordern und mit geringem Risiko verbunden sind. Im Laufe der Zeit verdichten sie sich zu komplexeren Beziehungen, bei denen die Unternehmen besser zueinander passen, die gegenseitigen Abhängigkeiten zunehmen und sich eine Beziehungskultur entwickelt.[426]

Von der Fähigkeit zum Aufbau und Erhalt dieser Beziehungen wird der wirtschaftliche Erfolg eines Unternehmens maßgeblich bestimmt. Beziehungen werden damit zur wertvollsten Ressource, die ein Unternehmen besitzt.[427] Die folgende Abbildung 3-7 verdeutlicht die beschriebenen Zusammenhänge.

---

[426] vgl. Johanson, Mattsson (1991), S. 257 f.; Reiß (2001), S. 149 ff.; Zahn, Foschiani (2002 a), S. 76

[427] vgl. Håkansson (1989), S. 170 f.; Sydow (1992), S. 216 f.

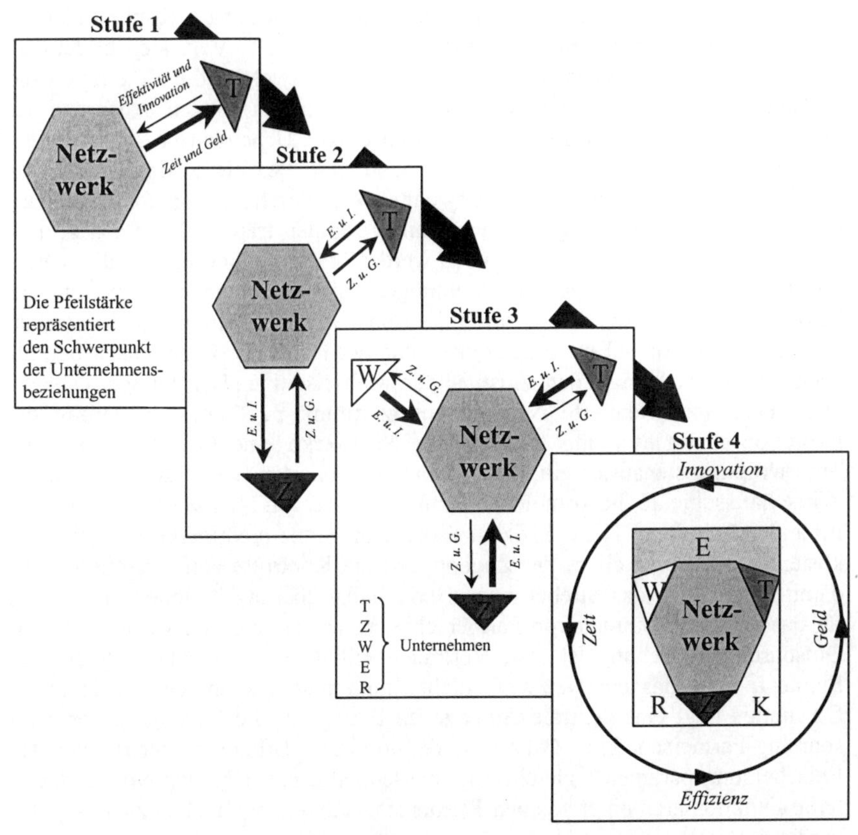

Abbildung 3-7: Evolution von Netzwerkbeziehungen
(in Anlehnung an: Morath (1996), S. 32)

Während Interorganisationsbeziehungen auf der einen Seite Ressourcen erschließen, wirken sie auf der anderen jedoch auch begrenzend, da sie den Handlungsspielraum des Unternehmens beschränken.[428] Netzwerke sind somit ebenso Ergebnis von Interaktionen wie sie Interaktionen durch ihre Organisiertheit Grenzen setzen.[429]

Neben Macht stellt *Vertrauen* eine zentrale Komponente von Netzwerken dar.[430] Bereits die Entstehung von Netzwerken wird in erheblichem Maße vom Vorhandensein einer Vertrauensbereitschaft unterstützt, die durch bestehende per-

---

[428] siehe dazu auch die Ausführungen zum *Ressource Dependence-Ansatz*, Abschnitt 3.1.3.1

[429] vgl. Håkansson (1989), S. 126 f.; Morath (1996), S. 29 f.; Sydow (1992), S. 217

[430] vgl. Miles, Snow (1986), S. 62 ff.; Jarillo (1988), S. 31 ff.; Klein (1996), S. 114

sönliche oder geschäftliche Beziehungen, durch unmittelbare Kommunikation oder durch die Empfehlung von Dritten aktiviert wird.[431] Vertrauen bildet darüber hinaus eine notwendige Voraussetzung, ohne welche die Beteiligten die vorhandenen netzwerkinduzierten Chancen nicht nutzen können. Aufgrund der in Netzwerkstrukturen vorhandenen wechselseitigen Dependenzen zwischen den einzelnen Mitgliedern stellt Vertrauen auch eine flexiblere Möglichkeit zur Stabilisierung der Netzwerkbeziehung dar als dies durch vertragliche Festlegungen und Vereinbarungen geschehen kann. Vertrauen trägt außerdem dazu bei, dass Lücken in Verträgen geschlossen werden.[432] Somit sind es vor allem Vertrauen und wechselseitige Verpflichtungen, die eine stabile Grundlage für Beziehungen in Netzwerken schaffen.[433] Dabei variieren Umfang und Intensität des Vertrauens sowohl in Abhängigkeit von der Dauer der Zusammenarbeit als auch von den Zielen und dem Ausmaß der wechselseitigen Beziehungen.[434]
Der interaktionsorientierte Netzwerkansatz nimmt mit seiner Erklärung der Evolution und Gestaltung strategischer Netzwerke eine Gegenposition zum Transaktionskostenansatz ein, welcher mit der isolierten Betrachtung nur zweier Wirtschaftssubjekte die komplexen Struktureffekte von Netzwerken zwangsläufig außer Acht lässt. Nicht Effizienzaspekte im Sinne niedrigerer Transaktionskosten, sondern vor allem der Zugang und die Kontrolle von Ressourcen und damit letztendlich das Streben nach Herrschaftssicherung[435] stellen die Treiber für das Zustandekommen von Partnerschaften, wie sie beispielsweise auch eine Outsourcing-Beziehung ist, dar. Vertrauen gilt dabei als ein konstituierendes Element, ohne das ein Netzwerk nicht funktionieren kann. Gerade in dieser Erkenntnis liegt eine zentrale Aussage im Bezug auf die Gestaltung von Outsourcing-Partnerschaften. Zwar sind ökonomische Effizienzkriterien wichtige Entscheidungsparameter, gleichzeitig müssen jedoch im Hinblick auf das dauerhafte Funktionieren einer solchen Partnerschaft unbedingt auch soziale Aspekte berücksichtigt werden.
Der interaktionsorientierte Netzwerksansatz eignet sich darüber hinaus besonders gut für die vorliegende Themenstellung, da seine Wurzeln in der Betrachtung von Investitionsgütermärkten liegen, zu welchen auch die im Rahmen dieser Arbeit thematisierten unternehmensnahen Dienstleistungen zu rechen sind.[436] Große Affinitäten bei den jeweiligen Charakteristika bestätigen dies. Neben der Ableitung konkreter Gestaltungshinweise ermöglicht der interaktionsorientierte Netzwerkansatz auch Einblicke in künftige Entwicklungspfade von Outsourcing-Partnerschaften im Bereich unternehmensnaher Dienstleistun-

---

[431] vgl. Sydow (1992), S. 89
[432] vgl. Klein (1996), S. 114; Wurche (1994), S. 142 ff.
[433] vgl. Pfeffer, Salancik (1978), S. 161
[434] vgl. Sydow (1995), S. 196 f.
[435] vgl. Sydow (1991), S. 286 f.
[436] vgl. Kapitel 2.2.3

gen, welche, wie aktuelle Beispiele aus der Unternehmenspraxis bereits heute zeigen, statt der Auslagerung einzelner Leistungen in Richtung des Outsourcing ganzer Funktionen an Firmenkonsortien und damit der Netzwerksbildung gehen, mit denen sich neben der Erfüllung ökonomischer Kriterien auch die Thematik des Wissenserwerbs sehr gut bewältigen lässt.[437] Damit ist dieser Ansatz speziell für Empfehlungen hinsichtlich des Umgangs mit wissensintensiven Dienstleistungen von Bedeutung.

3.1.4 Industrieökonomik und strategieorientierte Ansätze - Betrachtung des Outsourcing-Umfelds

Eine klassische Perspektive zur Untersuchung von In- und Outsourcing-Bestrebungen stellt die *Industrial Organization Theory*[438] dar.[439] Sie beschäftigt sich vor allem mit der Beschreibung von Markt- und Industriestrukturen und deren Auswirkungen auf das Verhalten von Unternehmen. Grundlegendes Konzept ist das sog. „Structure-Conduct-Performance"-Paradigma,[440] welches letztlich die *unmittelbare Abhängigkeit der wirtschaftlichen Leistung* (Performance) von der *Industriestruktur* (Structure) unterstellt. Unternehmen müssen deshalb ihr Verhalten (Conduct) den von den Marktstrukturen gesetzten Anforderungen anpassen.[441]

In jüngerer Zeit wird diese deterministische Konzeption der Industrieökonomik kritisch betrachtet. Vor allem die Bedeutung der Unternehmensstrategie und -politik für den wirtschaftlichen Erfolg und ihr Potenzial zur Gestaltung der Industriestruktur werden hervorgehoben.[442] Demnach ist die Struktur einer Branche zwar bedeutsam für den wirtschaftlichen Erfolg eines Unternehmens, entscheidender ist allerdings die eingeschlagene Wettbewerbsstrategie.[443] Die Ratio des strategischen Verhaltens manifestiert sich vornehmlich im Ausnutzen bestehender branchenbezogener Machtasymmetrien, im Aufbau von Eintrittsbarrieren und in der Auswahl von Wettbewerbsarenen, die in ihrer Zusammensetzung aus Sicht des betroffenen Unternehmens günstig sind und ein erfolgver-

---

[437] vgl. Quinn (2000), S. 13 ff. sowie zur Thematik des Angebots komplexer Full-Service-Leistungen auf Basis eines Unternehmensnetzwerks zum Beispiel Zahn, Hertweck et al. (1999), S. 15 ff.; Zahn, Stanik (2002), S. 171 ff.

[438] vgl. zum Beispiel Stigler (1968); Scherer (1966)

[439] vgl. Picot, Franck (1993), S. 185

[440] Das *„Structure-Conduct-Performance"-Paradigma* wurde in den dreißiger Jahren maßgeblich von *E.S. Mason* an der Harvard Business School begründet und später von *J.S. Bain* weiterentwickelt. Vgl. Mason (1939), S. 61 ff.; Bain (1959)

[441] vgl. zum Beispiel Sydow (1993), S. 173 f.; Welge, Al-Laham (1999), S. 39 ff.

[442] vgl. zum Beispiel Bamberger, Wrona (1996), S. 146 f.; Porter (1981), S. 613; Rumelt (1991), S. 167 ff.; Schreyögg (1984), S. 53

[443] vgl. Porter (1990), S. 108 ff.; Zahn (1998 b), S. 396

sprechendes Ausspielen der eigenen Stärken ermöglichen. Neben den unternehmensexternen Gegebenheiten wird dabei der Blick auch verstärkt auf unternehmensspezifische Quellen von Wettbewerbsvorteilen gelenkt. Mit Hilfe einer Analyse der Wertkette eines Unternehmens werden gezielt Stärken und Schwächen eruiert und strategisch genutzt.[444] Der wesentliche Fokus im Wettbewerb liegt damit im geschickten Positionieren und Manövrieren in Produkt/Markt-Arenen. Wettbewerbsvorteile werden primär durch Entweder-oder-Strategien wie Kostenführerschaft oder Differenzierung angestrebt.[445] Diese stark absatzmarktorientierte Sichtweise wird daher auch als „Market-based View" bezeichnet.[446]

Aus industrieökonomischer Sicht zielen auch Outsourcing-Vorhaben darauf, die Wettbewerbsposition durch die Beeinflussung der Industriestruktur zu verbessern. Durch die Erschließung des Know-hows eines Outsourcing-Partners können strategische Vorteile realisiert und die Wettbewerbsposition des Unternehmens verbessert werden. Outsourcing-Vorhaben sind daher immer im Kontext der jeweiligen Wettbewerbsstrategie zu beurteilen und entsprechend zu gestalten. Im Zusammenhang mit Outsourcing-Vorhaben kommt den industrieökonomischen Theorieansätzen damit doppelte Bedeutung zu. Zum einen können auf ihrer Basis im Vorfeld einer Outsourcing-Entscheidung grundsätzliche Outsourcing-Felder bestimmt werden. Dazu bedarf es einer intensiven Auseinandersetzung mit der wettbewerbsstrategischen Ausrichtung des Unternehmens. Nur solche Bereiche oder Funktionen sollten in die diesbezüglichen Überlegungen miteinbezogen werden, bei denen eine Auslagerung Vorteile in wettbewerbsstrategischer Hinsicht erwarten lässt. Zum anderen können auf der Grundlage industrieökonomischer Betrachtungen auch Anhaltspunkte für die Gestaltung des Outsourcing abgeleitet werden. Zum Beispiel macht es die Wahl einer entsprechenden Outsourcing-Form möglich, die Markteintrittsbarrieren für potenzielle Wettbewerber zu erhöhen.

Wenngleich industrieökonomische Theorieansätze für die strategische Ausrichtung des Outsourcing von hoher Bedeutung sind, ergeben sich aus ihnen jedoch kaum Aussagen über die konkrete Organisation von Outsourcing-Partnerschaften und des darin agierenden Managements. Sie sind deshalb weniger in Konkurrenz zu den bisher vorgestellten Ansätzen zu sehen, vielmehr stellen sie einen wichtigen, zu den übrigen Theorieansätzen komplementären Baustein für eine umfassende Outsourcing-Systematik dar. Mit der Betrachtung der Unternehmensumwelt bzw. den sich aus ihr ergebenden wettbewerbsstrate-

---

[444] vgl. Kreikebaum (1997), S. 136 ff.; Porter (1999), S. 63; Welge, Al-Laham (1999), S. 235 ff.

[445] vgl. Zahn (1995 a), S. 356

[446] vgl. Rühli (1995), S. 93; Zahn, Foschiani et al. (2000), S. 49

gischen Implikationen liefern sie wesentliche Anhaltspunkte für die erfolgreiche Ausrichtung von Outsourcing-Vorhaben.

3.1.5 Ressourcen-basierte Ansätze - Fokussierung der internen Stärken und Schwächen

Während in der industrieökonomischen Perspektive die Branchenstruktur die Grundlage für das Verhalten der Unternehmen bzw. deren Erfolg im Wettbewerb bildet (Structure-Conduct-Performance-Paradigma) und damit eine starke Außenorientierung („Market-based View") vorherrscht[447], fokussiert der „*Resource-based View*" auf interne Erfolgsfaktoren, welche vor allem in der Ressourcenausstattung des Unternehmens begründet sind.[448] Damit stehen nicht mehr die Produktmärkte im Mittelpunkt, sondern der Fokus richtet sich auf die Faktormärkte und ihre Unvollkommenheit.[449]
Grundlegend für den Resource-based View ist, dass *Unternehmen als Ansammlungen von Ressourcen betrachtet* werden.[450] Da diese weder uneingeschränkt mobil noch beliebig imitierbar sind, ist jedes Unternehmen in unterschiedlichem Maß mit Ressourcen ausgestattet.[451] In der jeweiligen Ressourcenausstattung und der Art der Nutzung dieser Ressourcen liegt der Erfolg bzw. Misserfolg von Unternehmen begründet. Vor allem solche Unternehmen sind überdurchschnittlich erfolgreich, welche einzigartige und schwierig zu imitierende (Schlüssel-)Ressourcen besitzen (*Resource-Conduct-Performance-Paradigma*).[452]
Damit kehrt der ressourcenbasierte Ansatz die im Rahmen des marktbasierten Ansatzes abgeleiteten Zusammenhänge um. Der Ressourcenbedarf einer Unternehmung leitet sich nicht mehr aus den Branchengegebenheiten und der intendierten Wettbewerbsposition ab, sondern proaktiv aufgebaute Ressourcenpotenziale ermöglichen das Erreichen einer vorteilhafteren Wettbewerbsposition und damit das Erzielen von überdurchschnittlichen Gewinnen.[453]
Der ressourcenbasierte Ansatz ist jedoch nicht als Gegenposition zum Market-based View zu verstehen, vielmehr bildet er dessen notwendige Ergänzung. Attraktive Marktpositionen lassen sich nur aufgrund überlegener Ressourcen erreichen und halten. Gleichzeitig sind diese besonderen Ressourcen nutzlos,

---

[447] vgl. Zahn (1995 a), S. 356
[448] vgl. Barney (1991), S. 99 ff.; Grant (1991), S. 114; Zahn (1995 a), S. 357
[449] vgl. Zahn (1998 b), S. 396 f.
[450] vgl. Penrose (1959), S. 25 sowie die dortige Argumentation aufgreifend zum Beispiel Bamberger, Wrona (1996), S. 131; Zahn (1995 a), S. 358
[451] vgl. Barney (1991), S. 99 ff.; Rasche (1994), S. 55 f.; Rühli (1994), S. 43 f.; Zahn, Foschiani et al. (2000), S. 50 f
[452] vgl. Bamberger, Wrona (1996), S. 131 f.; Prahalad, Hamel (1990), S. 80 f.; Wernerfelt (1984), S. 172; Zahn (1995 a), S. 358
[453] vgl. Rühli (1994), S. 50

wenn sie sich nicht in der differenzierten Stiftung von Kundennutzen niederschlagen. Die beiden Ansätze ergänzen sich damit insofern, als der marktbasierte Ansatz die notwendige Außen- und der ressourcenbasierte Ansatz die erforderliche Innenorientierung zu einem ganzheitlichen Management beisteuert.[454] Zentral für das Verständnis des ressourcenorientierten Ansatzes ist die Definition des Ressourcen-Begriffs. Entsprechend den verschiedenen Vertretern des Ansatzes haben sich zum Teil sehr unterschiedliche Abgrenzungen und Definitionen herausgebildet,[455] was eine klare Erfassung seiner Bedeutung im Rahmen des Outsourcing beträchtlich behindert. Fasst man den Begriff der Ressource sehr weit, lassen sich darunter sämtliche internen, materiellen und immateriellen Güter, Systeme, Prozesse, Firmenattribute, Informationen, Wissen etc. subsumieren.[456] Zur genaueren Systematisierung werden diese häufig weiter unterteilt in[457]

- *physische Ressourcen*. Hierzu zählt zum Beispiel die verfügbare Ausstattung des Unternehmens. Solche Ressourcen sind meistens begrenzt vorhanden und nutzen sich beim Gebrauch in der Regel ab.
- *intangible Ressourcen*, bei denen sich wiederum Vermögenswerte und Fähigkeiten bzw. Kompetenzen unterscheiden lassen. Beispiele für Vermögenswerte (Assets) sind Patente, Copyrights, Verträge, Geschäftsgeheimnisse oder das Firmenimage. Fähigkeiten hingegen beziehen sich vor allem auf das Know-how der Mitarbeiter sowie auf Routinen, die als Verhaltensregeln in Organisationen verankert sind. Im Gegensatz zu den Vermögenswerten besitzt das Unternehmen an den Fähigkeiten keine Verfügungsrechte. Für beide Arten der intangiblen Ressourcen gilt, dass sie sich durch ihre Anwendung nicht abnutzen; vielfach wirkt sich ihr Gebrauch sogar wertsteigernd aus, zum Beispiel durch das Sammeln von Erfahrung.[458]
- *finanzielle Ressourcen*, die sich auf die dem Unternehmen zur Verfügung stehenden internen und externen Finanzmittel beziehen. Sie sind im Allgemeinen begrenzt und gehen nach dem Gebrauch vollständig unter bzw. in andere Ressourcen über.

Allein das Vorhandensein von Ressourcen führt jedoch nicht bereits zu Wettbewerbsvorteilen. Diese können erst dann entstehen, wenn die zugrunde liegenden Ressourcen wertvoll und knapp sind.[459] Dies trifft in großem Umfang auf die intangiblen Unternehmensressourcen und dabei insbesondere auf Fähigkeiten und Kompetenzen zu.[460] Diese Einsicht führte zu einer Weiterentwicklung des

---

[454] vgl. Bamberger, Wrona (1996), S. 135; Zahn, Foschiani et al. (2000), S. 51
[455] vgl. Bamberger, Wrona (1996), S. 132; Zahn (1996), Sp. 884
[456] vgl. Barney (1991), S. 101; Bogaert, Martens et al. (1994), S. 59 ff.; Zahn (1995 a), S. 359
[457] vgl. Bamberger, Wrona (1996), S. 133; Grant (1991), S. 119
[458] vgl. Hall (1993), S. 607 ff.; Zahn (1995 a), S. 359; Zahn (1996), Sp. 884
[459] vgl. Bamberger, Wrona (1996), S. 135; Barney (1991), S. 105 f.; Zahn (1995 a), S. 359 f.
[460] vgl. Zahn (1998 b), S. 397 f.

ressourcenbasierten Ansatzes hin zu einem kompetenzbasierten Ansatz.[461] In dessen Mittelpunkt steht vor allem die dynamisch-prozessuale Betrachtungsweise, welche den Erfolg eines Unternehmens nicht ausschließlich über seine Ressourcen und Fähigkeiten bzw. Kompetenzen definiert, sondern auch darauf abstellt, wie diese eingesetzt werden. Es geht mithin nicht mehr nur um die Beschaffung bzw. Bereitstellung von Ressourcen, sondern spezielle Aufmerksamkeit fällt auf die Fähigkeiten, mit Hilfe derer die Ressourcen zu konkreten Wettbewerbsvorteilen gemacht werden können. In den Mittelpunkt der Betrachtungen rückt damit das Management von Ressourcen und Kompetenzen.[462]
Ähnlich den Industrial-Organization-Ansätzen[463] gewinnt auch der ressourcenbasierte Ansatz vor allem dadurch für das Management von Outsourcing-Vorhaben an Bedeutung, dass er in Bezug zum strategischen Management gesetzt wird. Das strategische Kompetenz-Management wird dabei im Wesentlichen von drei Funktionen geprägt: der *Identifikation und Entwicklung* von Ressourcen und Kompetenzen, ihrem *Schutz* sowie ihrer *Verwertung*.[464]
Im Rahmen der *Identifikation* von Kompetenzen steht die Frage im Mittelpunkt, welche Ressourcen bzw. Ressourcenbündel im Unternehmen generell vorhanden sind. Hierzu empfiehlt sich eine systematische Bestandsaufnahme, mit deren Hilfe die Kompetenzen erfasst und ihr Leistungsbeitrag kritisch beurteilt werden kann.[465] Damit zu verbinden ist eine Evaluation der identifizierten Kompetenzen, um sicherzustellen, dass sie sich zur Kundennutzenstiftung, Kostensenkung oder zur Differenzierung im Wettbewerb eignen.[466] Aus den auf diese Weise identifizierten Kompetenzen sind jene herauszufiltern, auf denen die künftige Unternehmensentwicklung basieren soll. Dazu muss eine Begründungskette aufgebaut werden, die verdeutlicht, wie Kompetenzen und Endleistungen des Unternehmens zusammenhängen und wie mit diesen unter Berücksichtigung erwarteter Marktchancen und Wettbewerbsvorteile eine zufriedenstellende Gewinnentwicklung erzeugt werden kann.[467] Gewöhnlich sind nicht alle hierfür notwendigen Kompetenzen bereits vollständig im Unternehmen vorhanden. Als fehlend erkannte Ressourcen oder Kompetenzen müssen dementsprechend

---

[461] vgl. zum Beispiel Hamel, Prahalad (1995), Prahalad, Hamel (1990) sowie Zahn (1998 b), S. 397 f.

[462] vgl. Hinterhuber, Friedrich (1999), S. 997 f.; Zahn (1996), Sp. 884; Zahn, Foschiani et al. (2000), S. 53

[463] siehe Kapitel 3.1.5

[464] vgl. zum Beispiel Bamberger, Wrona (1996), S. 140; Grant (1991), S. 115; Hamel (1994), S. 25 ff.; Hamel, Prahalad (1995), S. 320 ff.; Krüger, Homp (1997), S. 92 ff.; Zahn (1995 a), S. 366 f.

[465] vgl. Boos, Jarmai (1994), S. 20; Bouncken (2000), S. 867 f.; Krüger, Homp (1997), S. 100 ff.; Zahn (1995 a), S. 366

[466] vgl. Zahn (1995 a), S. 366

[467] vgl. Zahn (1996), Sp. 890 f.

entwickelt werden. Dies findet gewöhnlich in Form eines Lernprozesses statt, bei dem Wissen sowohl aus dem Unternehmen als auch aus seinem Umfeld akkumuliert und integriert wird.[468] Identifikation und Entwicklung von Unternehmenskompetenzen gewinnen vor allem vor dem Hintergrund einer gezielten *Nutzung* dieser Kompetenzen an Bedeutung. Damit sich die damit verbundenen Aufwendungen lohnen, müssen die Ressourcen und Kompetenzen einer möglichst breiten Palette von Leistungs-/Marktfeldern bzw. immer wieder neuen Geschäften zugeführt werden.[469] Dies stößt oft auf Hindernisse, etwa aufgrund aufbauorganisatorischer Beschränkungen, was dazu führt, dass die Kompetenzen „eingesperrt" werden und dadurch weder weiterentwickelt werden noch in verschiedenen Bereichen Anwendung finden können. Abhilfe schaffen hier eine offene Kommunikation, bereichsübergreifende Zusammenarbeit und Freiräume für selbstorganisatorische Prozesse.[470] Kompetenzen bedürfen schließlich auch der *Protektion*. Da die Erosion von (Kern-)Kompetenzen wesentliche Auswirkungen auf die Unternehmensentwicklung besitzen kann, ist deren umfassender Schutz notwendig. Wichtige Erosionsgründe liegen in der unzureichenden Finanzierung, der Fragmentierung durch Divisionalisierung, der Personalabwanderung oder im Wissensabfluss durch Outsourcing oder andere Formen von Partnerschaften.[471]

Im Rahmen des Outsourcing kommt der Schutzfunktion die wohl größte Bedeutung zu.[472] Aus Ressourcensicht ist ein kurzfristig orientiertes, auf akutem Problemdruck beruhendes Outsourcing kritisch zu hinterfragen, da es gewöhnlich aus zu enger Perspektive heraus erfolgt und mittelfristig zur Gefährdung des Unternehmens führen kann, wenn der Kompetenzbasis des Unternehmens dabei keine Beachtung geschenkt wird.[473] Probleme resultieren vor allem daraus, dass an Externe vergebene Tätigkeiten stärker gefährdet sind, imitiert oder kopiert zu werden als in eigener Verantwortung erbrachte Leistungen.[474] Das auslagernde Unternehmen läuft daher Gefahr, wettbewerbsrelevante Kompetenzen einzubüßen, die kurzfristig nicht wieder aufgebaut werden können. Dadurch kann es zum einen in Abhängigkeit vom übernehmenden Unternehmen geraten, zum anderen wird es dem externen Unternehmen mit Hilfe der im Rahmen der Zusammenarbeit erworbenen Kompetenzen unter Umständen sogar möglich, als

---

[468] vgl. Bamberger, Wrona (1996), S. 141 f.; Grant (1991), S. 115 ff.; Zahn (1995 a), S. 367
[469] vgl. Zahn (1996), Sp. 891
[470] vgl. Boos, Jarmai (1994), S. 24 f.; Zahn (1996), Sp. 891
[471] vgl. Bamberger, Wrona (1996), S. 142 f.; Hamel (1994), S. 32; Krüger, Homp (1997), S. 124 f.; Zahn (1996), Sp. 892 sowie Kapitel 2.1.2
[472] vgl. Bacher (2000), S. 146; Meyer, Dullinger (1998), S. 717
[473] vgl. Bettis, Bradley et al. (1992), S. 7 ff.; Zahn, Barth et al. (1998 a), S. 27
[474] vgl. Quinn (1992), S. 79

Wettbewerber aufzutreten.[475] Kurzfristige, auf derartiges Outsourcing zurückzuführende Erfolge können somit langfristig zum Verlust der Wettbewerbsfähigkeit führen. Eine undifferenzierte Übertragung dieses Vorgehens von einem auf mehrere Geschäftsbereiche kann sogar die Gesamtunternehmung in ihrem Bestand gefährden.[476] Die folgende Abbildung verdeutlicht die skizzierten Wirkungszusammenhänge sowie deren branchenbezogene und gesamtwirtschaftliche Effekte.

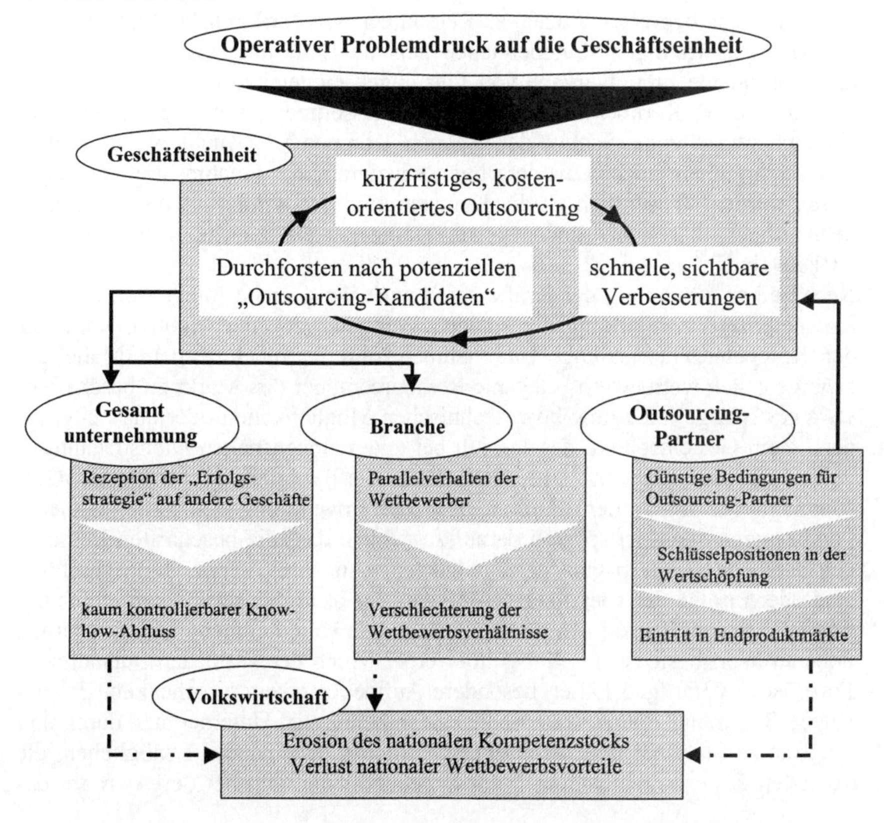

Abbildung 3-8: Ökonomischer Niedergang infolge von Outsourcing (vgl. Bettis, Bradley et al. (1992), S. 10)

Im Zusammenhang mit Outsourcing-Entscheidungen ist daher sorgfältig zu prüfen, inwieweit die Auslagerung von Leistungen die für die künftige Unter-

---

[475] siehe Abschnitt 2.1.2 sowie Bettis, Bradley et al. (1992), S. 16 f.; Quinn, Hilmer (1994), S. 52 ff.; Zahn (1992), S. 20 f.

[476] vgl. Bettis, Bradley et al. (1992), S. 16 f.; Friedrich (1996), S. 277 ff.

nehmensentwicklung wichtigen Unternehmensressourcen gefährdet. Notwendig ist vor allem die Einbettung von Outsourcing-Entscheidungen in die Gesamtstrategie des Unternehmens.[477]
Nicht nur beim Schutz von Kompetenzen, auch im Rahmen ihrer Entwicklung muss sich das Kompetenzmanagement mit der Outsourcing-Thematik auseinandersetzen. Dabei geht es vor allem um die aktive Erweiterung vorhandener bzw. die Erschließung neuer Kompetenzfelder.[478] Da einer Unternehmung in der Regel nur eine begrenzte Anzahl an Ressourcen zur Verfügung steht, müssen in den weniger wichtigen Randbereichen gezielte Entlastungsmaßnahmen durch die konsequente Fremdvergabe von Leistungen eingeleitet werden, um die für den Ausbau der Kernbereiche notwendigen Ressourcen zu erhalten. Dabei darf der sicherzustellende Schutz der eigenen Kompetenzen nicht als generelles Pauschalargument gegen eine derartige Reduzierung der Leistungstiefe herangezogen werden. Wesentlich ist die Konzentration der Kräfte auf die aus Unternehmenssicht besonders bedeutsamen Kompetenzen, welche gezielt zu entwickeln sind.[479]
Neben einer Bündelung der Kräfte spielt auch die gezielte Integration externer Kompetenzen zur Stärkung der eigenen Kompetenzen eine wichtige Rolle bei der Kompetenzentwicklung. Unternehmen sind in zunehmendem Maße gezwungen, sich wettbewerbsrelevante Ressourcen über den Markt zu beschaffen, etwa aus Mangel an Know-how, technischen Möglichkeiten oder aus Zeitgründen,[480] ein Gesichtspunkt, der speziell bei unternehmensnahen Dienstleistungen von erheblicher Relevanz ist.[481] Bei einem diesbezüglich ausgerichteten Outsourcing, das primär dem Aufbau bzw. der Erweiterung von Unternehmenskompetenzen dient, ist speziell darauf zu achten, dass die beschafften Ressourcen durch den Erwerb von Verfügungsrechten in ihrer Verwendung geschützt sind oder infolge der spezifischen Verwendung bzw. der komplexen Kombination mit anderen Ressourcen für das auslagernde Unternehmen einen wesentlich höheren Wert besitzen als für Wettbewerber. Auch der Wahl der Outsourcing-Form ist in derartigen Fällen besondere Aufmerksamkeit zu schenken. Es sind solche Beziehungen anzustreben, die es den beteiligten Unternehmen durch ihre langfristige Stabilität und ihr partnerschaftliches Miteinander ermöglichen, die gesetzten Ziele zu realisieren.[482] Entsprechend sind auch bei der Auswahl des

---

[477] vgl. Doig, Ritter et al. (2001), S. 28 ff. u. 36 f.; Zahn, Barth et al. (1998 a), S. 11
[478] vgl. Bacher (2000), S. 150 ff.; Bettis, Bradley et al. (1992), S. 18 f.
[479] siehe Abschnitt 2.1.2 sowie Hamel, Prahalad (1995), S. 246 f.; Quinn (1999), S. 11; Quinn, Doorley et al. (1990), S. 58; Scherm (1996), S. 45; Zahn (1995 a), S. 366 f.
[480] siehe Abschnitt 2.1.2 sowie Bamberger, Wrona (1996), S. 141
[481] vgl. Backhaus, Hahn (1998), S. 104
[482] vgl. Bamberger, Wrona (1996), S. 141; Bettis, Bradley et al. (1992), S. 20; Quinn, Doorley et al. (1990), S. 66

Partners Kriterien wie etwa dessen Innovationskraft oder Kompetenzstärke in den Vordergrund zu rücken.[483]
Die ressourcenorientierte Betrachtungsweise besitzt damit wichtige Konsequenzen sowohl für die Outsourcing-Entscheidung als auch für die Umsetzung des Auslagerungs-Projekts. Sie verdeutlicht im Zusammenhang mit der Entwicklung und Verwertung von Ressourcen bzw. Kompetenzen zentrale Chancen- und Risikenbereiche des Outsourcing und zeigt dabei potenzielle Konsequenzen auf, die bei transaktionaler bzw. kostenrechnerischer Betrachtung unberücksichtigt bleiben. Die volle Bedeutung der Ressourcen- bzw. Kompetenzperspektive wird allerdings erst bei genauerer Aufschlüsselung des Kompetenzbegriffes deutlich. Zu unterscheiden sind dabei im Hinblick auf das Outsourcing-Management vor allem Kompetenzen und Kernkompetenzen. Kompetenzen stellen - wie bereits beschreiben - den Teil der intangiblen Ressourcen eines Unternehmens dar, welcher als Mitarbeiter-Know-how und organisationale Routinen charakterisiert werden kann.[484] Zu ihnen gehören

- *personale Kompetenzen*, d.h. Fähigkeiten und Fertigkeiten der Mitarbeiter;
- *Unternehmenskompetenzen*, zum Beispiel weiche Aktivposten, Wissensbasen o.ä.;
- *Technologiekompetenzen*, beispielsweise die Beherrschung von Produktionsprozessen;
- *Managementkompetenzen*, wie Führungs-, Organisations- und Koordinationskompetenz;
- *operative Steuerungskompetenzen*, die sich in der Erfüllung von Zeit-, Kosten- und Qualitätszielen manifestieren, sowie
- *strategische Erneuerungskompetenzen*, ausgedrückt etwa in der Fähigkeit zur kreativen Unternehmenserneuerung.[485]

Diese Kompetenzbereiche sind (u.a.) mit Hilfe gezielter Outsourcing-Maßnahmen zu stärken und auszubauen.[486] Kritisch im Bezug auf solche Auslagerungs-Aktivitäten sind allerdings die Kompetenz-Bereiche eines Unternehmens zu beurteilen, die als *Kernkompetenzen* gelten.[487] Diese speziellen Kompetenzen stellen, wie es schon alleine durch die Verwendung desselben Wortstamms zum Ausdruck kommt, einen bestimmten Teilbereich in der Kompetenzlandschaft eines Unternehmens dar. Allerdings ist der Begriff der „Kernkompetenz" nicht einheitlich definiert.[488] Es besteht jedoch ein weitgehender Konsens

---

[483] vgl. Zahn, Barth et al. (1998 a), S. 112 f.
[484] vgl. Bamberger, Wrona (1996), S. 133; Zahn (1995 a), S. 359
[485] vgl. Turner, Crawford (1994), S. 246; Zahn (1995 a), S. 363 f.; Zahn (1996), Sp. 885
[486] zu den Instrumenten des Kompetenzmanagements siehe zum Beispiel Krüger, Homp (1997), S. 85 ff.; Hinterhuber, Handelbauer et al. (1997), S. 57 ff.
[487] vgl. Hinterhuber, Stuhec (1997), S. 10 ff.; Zahn, Barth et al. (1998 a), S. 64 ff.
[488] vgl. Zahn (1996), Sp. 885

bezüglich der Anforderungen, die Kompetenzen erfüllen müssen, wenn sie als Kernkompetenzen gelten sollen.[489] Demnach sind nur solche Kompetenzen wirkliche Kernkompetenzen, welche die langfristige Unternehmensentwicklung durch Schaffung dauerhafter Erfolgspositionen sichern, Grundlage für ein breites Spektrum von Produkten bilden, schwierig zu imitieren sind, neue Märkte erschließen und bestehende Kompetenzvorteile konkurrierender Unternehmen schwächen und zerstören können.[490]

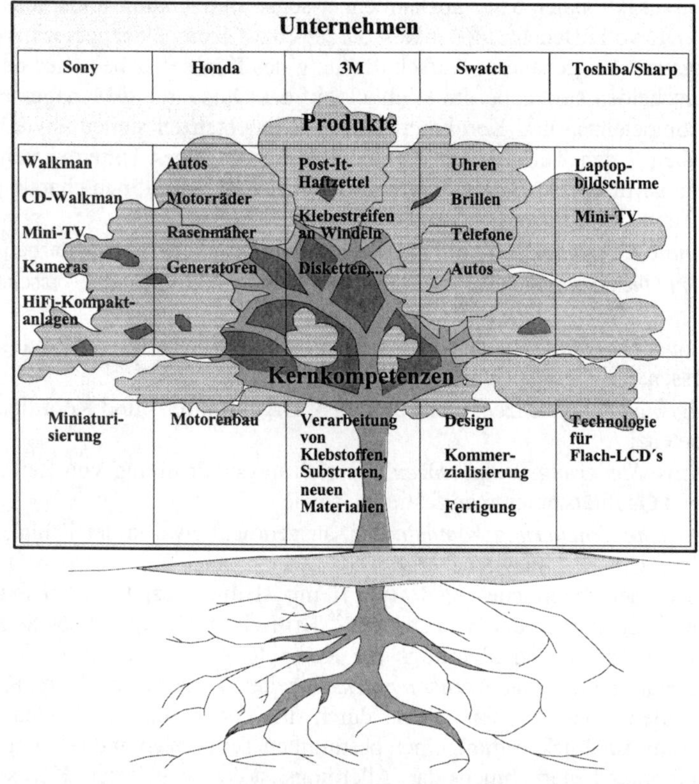

Abbildung 3-9: Der Zusammenhang zwischen Kernkompetenzen und Produkten (vgl. Zahn, Barth et al. (1998 a), S. 53)

Dem besseren Verständnis des vergleichsweise abstrakten Begriffs der Kernkompetenz dient die Metapher des Baums, bei der zwischen (Kern-)Produkten

[489] vgl. Zahn (1996), Sp. 886 sowie die dort angegebene Literatur

[490] vgl. Bouncken (2000), S. 867; Prahalad, Hamel (1991), S. 69 ff.; Friedrich (1995), S. 88; Handlbauer, Hinterhuber et al. (1998), S. 911 f.; Schoemaker (1992), S. 75 f.; Zahn (1996), Sp. 886

und Kernkompetenzen unterschieden wird. Ebenso wie ein Baum von seinen Wurzeln her wächst, entwickelt sich ein Unternehmen aus seinen Kernkompetenzen heraus. Die Krone des Baums steht für die am Markt angebotenen Leistungen (siehe Abbildung 3-9).[491]

Die Verknüpfung mit dem Konzept der Kernkompetenzen erweitert die Outsourcing-Thematik um eine strategische Perspektive.[492] Die Problematik des Verlusts von Wettbewerbsvorteilen infolge einer Auslagerung von Leistungen kann dadurch vom Grundsatz her vermieden werden. Die zentralen Kernaufgaben einer Unternehmung sind demnach im Wesentlichen in Eigenregie zu erbringen, während mit abnehmender strategischer Relevanz auch marktnähere Koordinationsformen in Betracht gezogen werden können. Allerdings bestehen - ähnlich wie beim Transaktionskostenansatz - Schwierigkeiten bei der Operationalisierung des Konzepts, beispielsweise bei der Bestimmung der jeweiligen Kernkompetenzen. Dennoch vermittelt eine solche Betrachtungsweise die Bedeutung unternehmensinterner, wissensbasierter Erfolgspotenziale, die systematisch aufgebaut, verwertet und geschützt werden müssen.

3.1.6 Anwendungsfelder der Forschungsansätze im Rahmen des Outsourcing

Die in den vorangegangenen Abschnitten behandelten theoretischen Ansätze stellen wichtige Entscheidungs- und Gestaltungsansätze für das Outsourcing von (Dienst-)Leistungen dar. Aufgrund der Vielschichtigkeit und Komplexität dieser Thematik[493] sind die einzelnen Theorien zum Teil für ähnliche, zum Teil jedoch auch für unterschiedliche Problembereiche innerhalb des Outsourcing relevant. Notwendig für eine Zuordnung ist daher die Differenzierung zentraler Problemfelder innerhalb der Outsourcing-Thematik, die dann mit den entsprechenden theoretischen Erklärungsmustern verknüpft werden können.
Ausgangspunkt für die Identifikation dieser Problembereiche bildet die Interpretation des Outsourcing als betriebswirtschaftliches Entscheidungsproblem, für das mit Hilfe eines geeigneten Entscheidungsprozesses eine Lösung gefunden werden kann.[494] Derartige Entscheidungsprozesse lassen sich in verschiedene, voneinander abgrenzbare Phasen einteilen.[495] Gängig ist eine Dreigliederung in die Phasen der

[491] vgl. Prahalad, Hamel (1991), S. 69; Zahn (1992), S. 18 f.
[492] vgl. Zahn, Barth et al. (1999 b), S. 24 f.
[493] vgl. Burr (1998), S. 22 f.; Scherm (1996), S. 45; Zahn, Barth et al. (1998 a), S. 21
[494] siehe Abschnitt 2.1.5.2
[495] vgl. zum Beispiel Kahle (1981), S. 43 ff.; Witte (1993), Sp. 915

- Entscheidungsvorbereitung,
- Alternativendarstellung und Auswahl sowie der
- Realisation und Kontrolle.[496]

Adaptiert man diese Phasen auf das Outsourcing, ergeben sich die folgenden drei Schritte, die gleichsam das Grundgerüst von Auslagerungsvorhaben darstellen (siehe Abbildung 3-10).

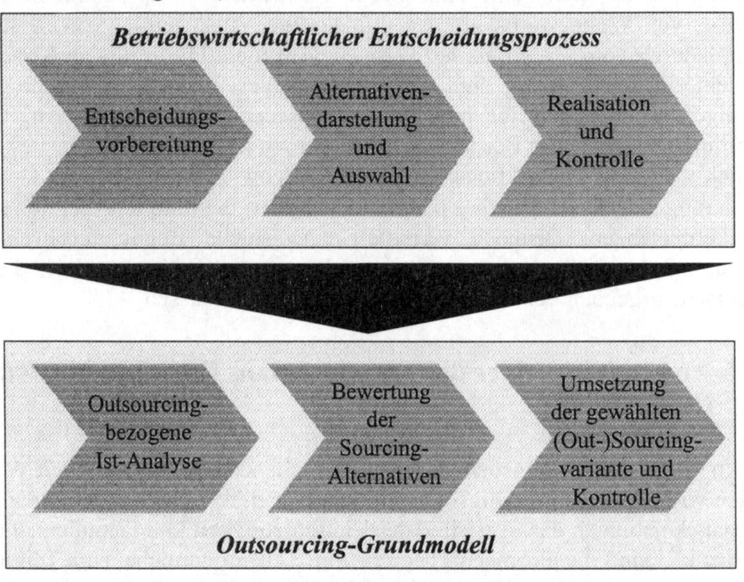

Abbildung 3-10: Outsourcing als betriebswirtschaftliches Entscheidungsproblem

Der Entscheidungsvorbereitung im allgemeinen Modell entspricht eine *outsourcing-bezogene Ist-Analyse*, bei der verschiedene Leistungen oder Funktionen des Unternehmens auf ihr Outsourcing-Potenzial hin überprüft werden. Im Rahmen der Alternativendarstellung und Auswahl werden für die interessantesten Outsourcing-Kandidaten verschiedene *Sourcing-Alternativen* dargestellt und bewertet. Anschließend erfolgt für die Leistungen bzw. Funktionen, bei denen das Outsourcing die beste Alternative darstellt, die konkrete *Umsetzung* sowie deren Kontrolle.

Die in diesem Grundmodell vorgenommene Aufgliederung der Outsourcing-Thematik in drei Abschnitte ermöglicht die differenzierte Zuordnung der einzelnen behandelten Theorien entsprechend ihres jeweiligen Schwerpunkts. Sie ist in der folgenden Abbildung 3-11 dargestellt.

[496] vgl. Cyert, March (1963), S. 162 ff.; Kirsch (1970), S. 72 ff.

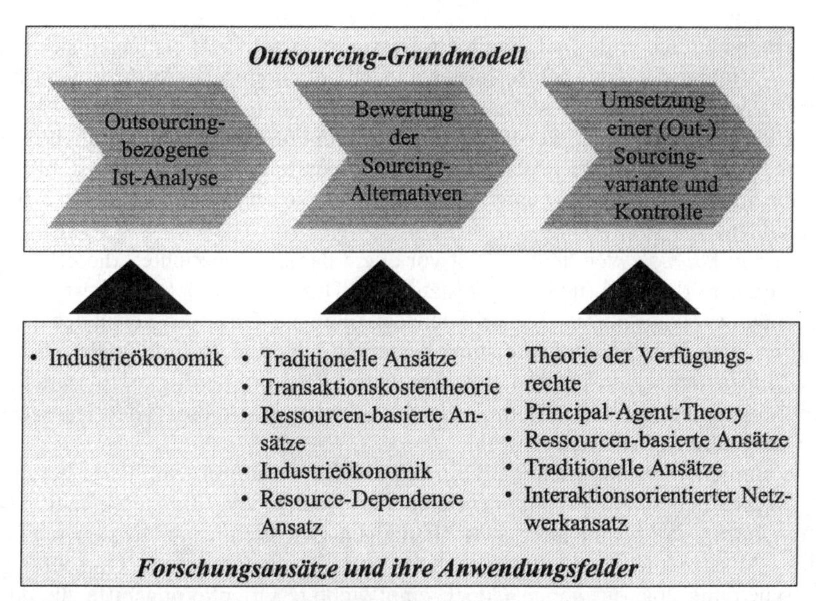

Abbildung 3-11: Anwendungsfelder der Forschungsansätze im Rahmen des Outsourcing

Demnach sind *Industrieökonomische Ansätze*[497] vor allem bei der Ist-Analyse sowie bei der Alternativendarstellung von Bedeutung. In ihrem Mittelpunkt stehen vor allem die Branchen- bzw. Marktstrukturmerkmale, innerhalb derer sich ein Unternehmen vorteilhaft zu positionieren hat. Die Durchführung entsprechender Umweltanalysen[498] verhilft zu ersten Einblicken, welche Leistungen bzw. Funktionen eines Unternehmens aus Wettbewerbssicht grundsätzlich für ein Outsourcing in Frage kommen können. Neuere industrieökonomische Ansätze fokussieren neben den externen Gegebenheiten auch die unternehmensimmanenten Stärken.[499] Im Rahmen von Unternehmensanalysen soll ein möglichst objektives Bild von den gegenwärtigen Stärken und den Schwächen der Unternehmung gezeichnet werden.[500] Zentraler Bestandteil einer solchen Unternehmensanalyse im Hinblick auf ein Outsourcing von Leistungen ist eine Analyse der Unternehmens-Wertkette. Mit ihrer Hilfe werden innerhalb des Gesamtsystems der Leistungserstellung eines Unternehmens strategisch relevante Tätigkeiten identifiziert, welche, abhängig von der Art ihrer Verrichtung, zu Wettbewerbsvorteilen führen können. Erweisen sich alternative Verrichtungsformen, etwa durch die vertikale Verflechtung mit den Wertketten anderer

497 vgl. Abschnitt 3.1.4
498 vgl. zum Beispiel Welge, Al-Laham (1999), S. 183
499 vgl. Porter (1999), S. 63 ff.
500 vgl. zum Beispiel Welge, Al-Laham (1999), S. 231

Unternehmen, als vorteilhaft, kann ein Outsourcing solcher Leistungen sinnvoll sein.[501] Neben der Ist-Analyse leisten industrieökonomische Ansätze auch bei der Auswahl bzw. der Gestaltung verschiedener Sourcing-Alternativen Unterstützung. Es ist möglich, verschiedene Outsourcing-Varianten hinsichtlich ihrer wettbewerbsstrategischen Auswirkungen zu beurteilen und daraus konkrete diesbezügliche Gestaltungsempfehlungen für die weitere Zusammenarbeit abzuleiten.

Die *Transaktionskostentheorie*[502] ist vor allem darauf ausgerichtet, die effizienten Grenzen der Unternehmung festzulegen. Dazu wird auf Basis bestimmter sogenannter Transaktionseigenschaften der optimale Grad der vertikalen Integration einer Funktion oder Leistung bestimmt. Niedrige Ausprägungen wichtiger Transaktionseigenschaften etwa deuten auf die Vorteilhaftigkeit marktlicher Koordinationsformen hin. Damit liegt der Schwerpunkt dieses Theorieansatzes auf der Sourcing-Alternativenwahl.

Eine ähnliche Stellung nehmen die *traditionellen Verfahren* ein.[503] Sie beruhen im Wesentlichen auf einem Vergleich der Kosten von Eigenerstellung und Fremdbezug. Aufgrund ihrer ausschließlichen Orientierung an Kosten reichen diese Ansätze nicht als alleiniges Kriterium für eine fundierte Outsourcing-Entscheidung aus; sie geben jedoch eine wichtige Orientierungshilfe für oder wider eine Auslagerung, die in jedem Fall berücksichtigt werden sollte. Neben der Entscheidungsphase besitzen die kostenorientierten Ansätze auch im Rahmen der Entscheidungskontrolle Bedeutung; sie sind eine wichtige Steuerungsgröße für den Erfolg eines Auslagerungsvorhabens. Mit der Auslagerung von Leistungen an Dritte sollte daher auch eine regelmäßige Analyse der anfallenden Kosten sowie ein Vergleich mit den entsprechenden Kosten bei Eigenerstellung einhergehen.

Der *Resource-Dependence-Ansatz*[504] liefert ebenso wichtige Anhaltspunkte für die Alternativenwahl. Zentral ist hierbei die Problematik knapper Ressourcen sowie die damit verbundenen Abhängigkeiten. In diesem Zusammenhang werden vor allem Macht- und Vertrauensaspekte thematisiert. Diese sind für auslagerungswillige Unternehmen von erheblicher Bedeutung[505], weshalb eine Beurteilung von Outsourcing-Vorhaben ohne Berücksichtigung dieser Kriterien an der Realität vorbeiführen und den Erfolg eines Outsourcing in Frage stellen würde.

Auch *ressourcen-orientierte Ansätze*[506] haben ihren Einsatzschwerpunkt bei der Auswahl der Sourcing-Alternativen. Anders als die industrieökonomische

---

[501] vgl. Bacher (2000), S. 170 f.; Meffert (1989), S. 263; Zahn, Barth et al. (1998 a), S. 29 ff.
[502] siehe Abschnitt 3.1.2.1
[503] siehe Abschnitt 3.1.1
[504] siehe Abschnitt 3.1.3.1
[505] siehe Abschnitt 2.1.2
[506] siehe Abschnitt 3.1.5

Theorie orientieren sie sich an unternehmensinternen Fähigkeiten und Kompetenzen bzw. deren Einfluss auf den langfristigen Unternehmenserfolg. Besonders zentrale Kompetenzen, die sogenannten Kernkompetenzen, sollten demnach im Wesentlichen inhouse erstellt und nicht an Dritte ausgelagert werden. Für sie sind spezielle Schutz- und Entwicklungsmaßnahmen vorzusehen, damit sie langfristig als Quelle von Wettbewerbsvorteilen erhalten bleiben. Aufgrund der vielfach hohen (Markt-)Dynamik können in zunehmendem Umfang Kompetenzen nur noch mit Hilfe externer Dritter erhalten bzw. zu Kernkompetenzen ausgebaut werden. Ein Outsourcing dieser Bereiche ist sehr behutsam anzugehen und erfordert flankierende Schutz- und Sicherungsmaßnahmen, wie zum Beispiel spezielle vertragliche Regelungen. Damit spielen die ressourcenorientierten Forschungsansätze auch für die Entscheidungsumsetzung eine Rolle.

Abgesehen von der Alternativenwahl gehen von den verschiedenen Forschungsansätzen auch für die Umsetzung und Kontrolle von Outsourcing-Vorhaben wichtige Impulse aus. Die *Theorie der Verfügungsrechte*[507] setzt die Gestaltung und Verteilung von Verfügungsrechten zum Verhalten der davon betroffen Personen in Bezug. Demnach führt eine verstärkte Zuordnung von aufgabenrelevanten Verfügungsrechten auf einen Aufgabenträger zu dessen höherer Motivation und steigert seine Verantwortung für eine effiziente Aufgabenerfüllung, da der Akteur sowohl die positiven als auch die negativen Auswirkungen seiner Aktivitäten selbst zu tragen hat. Entsprechend sind die Koordinationsstrukturen innerhalb einer Outsourcing-Partnerschaft so zu gestalten, dass eine möglichst weitgehende Dezentralisierung von Kompetenz und Verantwortung gewährleistet ist.

Im Zusammenhang mit der Umsetzung und Kontrolle von Outsourcing-Vorhaben besitzt auch die *Principal-Agent-Theory*[508] ihren Schwerpunkt. Das Ziel besteht darin, durch ungleich verteilte Informationen begünstigtes opportunistisches Verhalten des Agenten, im Fall einer Outsourcing-Partnerschaft also des übernehmenden Dienstleisters, möglichst effektiv zu begrenzen. Dazu bieten sich verschiedene Ansatzpunkte. Zum einen können zur Auswahl eines geeigneten Outsourcing-Partners auf der Basis der Principal-Agent-Theory verschiedene Methoden abgeleitet werden, welche die Informationsasymmetrie und damit die Ursache der Agency-Probleme vermindern. Zum zweiten bietet die Theorie einen Optimierungsansatz für die Gestaltung von Kontroll- und Entlohnungssystemen. Darüber hinaus thematisiert sie das Problem ungleich verteilter Investitionen innerhalb der Outsourcing-Beziehung, für das verschiedene Ausgleichsmechanismen vorgeschlagen werden, die die Risiken beider Partner einander annähern.

---

[507] siehe Abschnitt 3.1.2.3
[508] siehe Abschnitt 3.1.2.2

Auch die *Theorie der interaktionsorientierten Netzwerke*[509] ist primär für den Bereich der Entscheidungsumsetzung relevant. Neben dem bereits im Rahmen des Resource Dependence-Ansatzes thematisierten Machtsaspekt stellt Vertrauen ein zentrales Charakteristikum für das Funktionieren von Netzwerkbeziehungen dar. Diese Problematik kann direkt auf das Outsourcing übertragen werden. Denn in vielen Fällen entsteht durch das Outsourcing von Leistungen für das auslagernde Unternehmen eine Situation der Abhängigkeit, welche Vertrauen zum Partner erfordert. Vor allem bei entsprechender strategischer Bedeutung der ausgelagerten Leistung wird diese als großes Hindernis empfunden.[510] Die Berücksichtigung des Vertrauensaspekts und der Aufbau einer entsprechenden partnerschaftlichen Beziehungskultur stehen zunächst im Widerspruch zu den kostenorientierten Effizienzkriterien, die sich aus der Mehrzahl der übrigen skizzierten Forschungsansätzen ergeben. Erfahrungen der Unternehmenspraxis zeigen jedoch, dass dieser Aspekt gleichrangig mit den anderen Kriterien zu behandeln ist, wenn die Outsourcing-Partnerschaft langfristig erfolgreich sein soll.[511]

Die Zuordnung der verschiedenen, in den Wirtschaftswissenschaften für die Gestaltung des Outsourcing herangezogenen Ansätze zeigt, dass es nicht ausreicht, die Outsourcing-Entscheidung und -Umsetzung nur anhand eines oder weniger Kriterien auszurichten. Vielmehr thematisiert jeder der dargestellten Forschungsansätze wesentliche Aspekte, die beim Outsourcing zu berücksichtigen sind. Die Outsourcing-Entscheidung und deren Umsetzung stellt sich somit als komplexe Konfiguration mehrerer, oft widersprüchlicher Gestaltungsdimensionen dar,[512] deren befriedigende Realisierung nur unter Einbeziehung verschiedener Theorieansätze möglich ist. Dabei erweisen sich jedoch die unterschiedlichen Ansätze je nach ökonomischer Situation als in unterschiedlicher Weise relevant.[513]

Die dargestellten Outsourcing-Schritte und die Zuordnung der verschiedenen Forschungsansätze bilden den Ausgangspunkt für eine detaillierte Betrachtung von Outsourcing bzw. des Managements von Outsourcing-Vorhaben. Nachhaltigen Einfluss auf die Gestaltung eines solchen Outsourcing haben darüber hinaus auch die Spezifika unternehmensnaher Dienstleistungen[514] sowie die speziellen Chancen und Risiken, die beim Outsourcing unternehmensnaher Dienstleistungen entstehen. Diese beiden Sachverhalte werden in den nächsten

---

509 siehe Abschnitt 3.1.3.2

510 vgl. Barth, Hertweck (1997), S. 26 ff.

511 vgl. Zahn, Hertweck et al. (1996), S. 55

512 vgl. Beer (1998), S. 119; Müller, Prangenberg (1997), S. 38; Scherm (1996), S. 45; Zahn, Barth et al. (1998 a), S. 1

513 vgl. Sydow (1991), S. 283, der dies für Unternehmensnetzwerke am Beispiel der Transaktionskosten aufzeigt, sowie Scherm (1996), S. 53 f.; Zahn, Barth et al. (1998 a), S. 1

514 siehe Abschnitt 2.2.3

Abschnitten analysiert, bevor in einem weiteren Schritt ein spezifischer Prozess für das Outsourcing unternehmensnaher Dienstleistungen abgeleitet werden kann.

3.2 Gestaltungserfordernisse aufgrund der Spezifika von Dienstleistungen

Die Diskussionen in den vorangegangenen Abschnitten zeigen, dass Outsourcing ein mehrdimensionales Entscheidungsproblem ist, für dessen Lösung verschiedene theoretische Forschungsansätze herangezogen werden können. Daneben sind *die spezifischen Eigenschaften* von *Dienstleistungen* und insbesondere von *unternehmensnahen Dienstleistungen* eine weitere wichtige Gestaltungsgrundlage. Beide wurden bereits ausführlich dargestellt[515] und bilden den Ausgangspunkt für die im Folgenden skizzierten Prozessspezifika (siehe Abbildung 3-12).

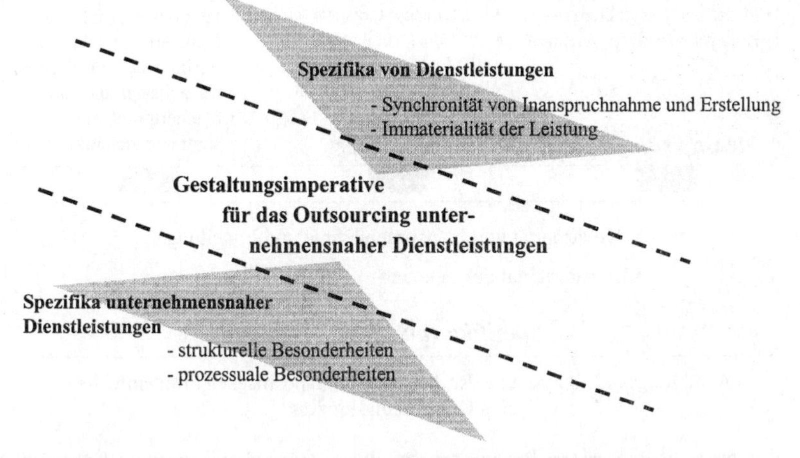

Abbildung 3-12: Gestaltungsimperative für das Outsourcing unternehmensnaher Dienstleistungen auf Basis der Dienstleistungsspezifika

3.2.1 Auswirkungen der Charakteristika von Dienstleistungen

Die Beschäftigung mit den *Besonderheiten von Dienstleistungen* führt zu dem Ergebnis, dass sich Dienstleistungen vor allem aufgrund ihrer Immaterialität sowie der Notwendigkeit der Einbeziehung des externen Faktors und der damit

---

[515] siehe die Abschnitte 2.2.1 und 2.2.3

einhergehenden Synchronität von Erstellung und Absatz von anderen Gütern unterscheiden. Das wiederum hat Konsequenzen für die Gestaltung des Outsourcing von Dienstleistungen. Ausgangspunkt hierzu bildet der bereits abgeleitete, generische Outsourcing-Prozess.[516] Die folgende Abbildung 3-13 vermittelt einen Überblick über die verschiedenen Problemfelder und deren Zuordnung zu den einzelnen Prozessphasen.

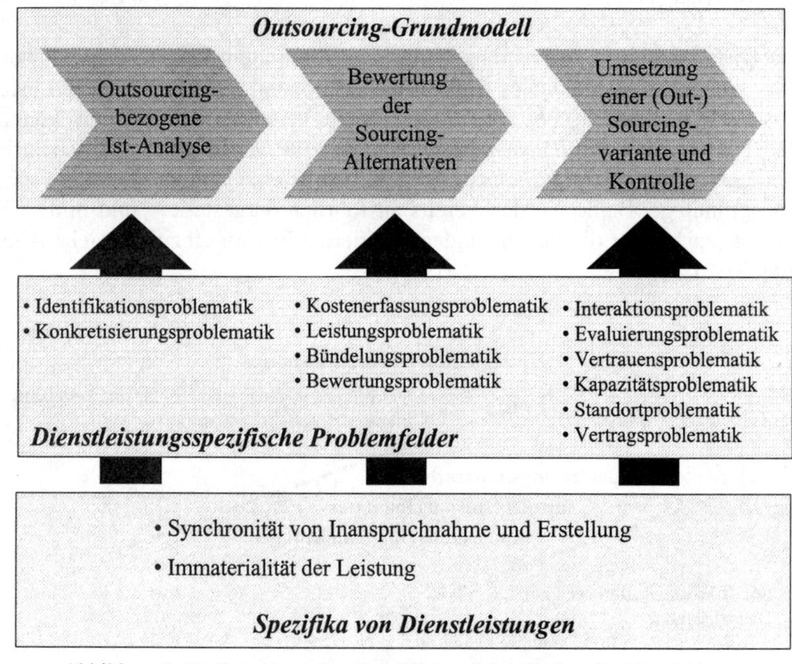

Abbildung 3-13: Zuordnung der dienstleistungsspezifischen Problemfelder zum Outsourcing-Prozess

Analysiert man den ersten Prozessschritt, die *outsourcing-bezogene Ist-Analyse*, ergeben sich die folgenden Punkte:

- Gewöhnlich werden Dienstleistungen sowohl extern als auch intern in *sehr viel geringerem Umfang wahrgenommen* als (physisch vorhandene) Sachgüter. Dies führt in vielen Fällen zur Unterschätzung des tatsächlichen Ausmaßes bzw. der Bedeutung der vom Unternehmen erbrachten Dienstleistungen und damit zur Verkennung vorhandener Outsourcing-Potenziale im Dienstleistungsbereich (Identifikationsproblematik).[517] Diesbezügliche Ist-Analysen müssen an diesem Problempunkt ansetzen und versuchen, die von

[516] siehe Abschnitt 3.1.6
[517] vgl. Graßy (1998), S. 1351 ff.; Simon (1993 b), S. 216

einem Unternehmen oder Unternehmensbereich erbrachten Dienstleistungen in ihrer Gesamtheit zu erfassen. Dabei sind neben den reinen Dienstleistungen auch solche mitaufzunehmen, die, gekoppelt an Sachleistungen, in Form hybrider Produkte[518] erbracht werden und deshalb gewöhnlich nicht als separate Dienstleistung wahrgenommen werden. Unterstützung können hierbei vor allem geeignete Dienstleistungsdefinitionen oder -klassifizierungen leisten, die zentrale Merkmale von Dienstleistungen beschreiben und so die Basis für eine ganzheitliche Erfassung schaffen.

- Ein zweites Problemfeld, welches eng mit den Identifikationsschwierigkeiten verknüpft ist, die aufgrund der mangelnden Wahrnehmung von Dienstleistungen bestehen, stellt die *Konkretisierbarkeit von Dienstleistungen* dar. Im Vergleich zu Sachgütern, die sich über bestimmte Leistungsdaten vergleichsweise exakt beschreiben lassen, erweist sich die Spezifizierung von Dienstleistungen als schwierig, da diese gewöhnlich keine materiellen Bezugspunkte hinsichtlich Prozess und Ergebnis bieten (Konkretisierungsproblematik).[519] Wird eine Dienstleistung zwar als solche erkannt, jedoch mangels Konkretisierbarkeit nicht beschrieben, kann dies ebenso zu einer Nichtausschöpfung des bestehenden Outsourcing-Potenzials führen. Abhilfe können standardisierte Erfassungsraster auf Basis der o.a. Dienstleistungsdefinitionen schaffen, die eine einheitliche Beschreibung zentraler Leistungsmerkmale ermöglichen.
- Dienstleistungsspezifische Ist-Analysen sollten auch der *Heterogenität von Dienstleistungen* Rechnung tragen. Die Unterschiedlichkeit der einzelnen Leistungen erfordert in der Regel einen differenzierten Umgang im Hinblick auf eine mögliche Auslagerung. Daher erweist sich eine Clusterung der einzelnen Leistungen als sinnvoll. Mit ihrer Hilfe ist es möglich, die verschiedenen Dienstleistungen eines Unternehmens zu Gruppen zusammenzufassen, mit denen entsprechend weiter verfahren werden kann. Der Clusterung kommt damit eine wichtige Strukturierungsfunktion zu, welche zur Transparenz und Beschleunigung der weiteren Prozessschritte beiträgt.

Auch beim zweiten Prozessschritt, *der Bewertung der Sourcing-Alternativen*, sind die Spezifika von Dienstleistungen speziell zu berücksichtigen.

- Einer der wohl augenfälligsten Punkte ist die *Kostenstruktur von Dienstleistungen*. Aufgrund der Nichtlagerbarkeit von Dienstleistungen ist es notwendig, sich bei der Kapazitätsplanung und -vorhaltung am jeweiligen Spitzenbedarf zu orientieren, was gegenüber Sachleistungen zu tendenziell höheren

---

[518] vgl. Bullinger, Stanke et al. (1997), S. 350 ff.

[519] vgl. Corsten (2001), S. 62 f.; Engelhardt, Schwab (1982), S. 510 ff.; Kißling (1999), S. 43; Meyer (1991), S. 200; Zahn, Barth et al. (1998 a), S. 19

Fixkosten führt.[520] Gerade hier erweist sich ein Outsourcing als besonders sinnvoll, da mit dessen Hilfe eine Variabilisierung bisher fixer Kosten erreicht werden kann.

- Auch die *Ermittlung der genauen Herstellkosten* von Dienstleistungen stößt gewöhnlich auf Schwierigkeiten. Problematisch ist vor allem, geeignete Bezugsgrößen für die Ermittlung der Herstellkosten zu finden, da das im Sachleistungsbereich vielfach angewandte Verfahren der Entgeltbestimmung über die abgesetzte Menge oder über bestimmte physikalische Maßgrößen aufgrund der Immaterialität von Dienstleistungen nicht anwendbar ist (Kostenerfassungsproblematik).[521] Dementsprechend existiert bis dato eine nur geringe Anzahl von Ansätzen für eine eigene Kostenrechnungssystematik für Dienstleistungen, bei welcher die beschriebenen Besonderheiten entsprechend berücksichtigt werden.[522]
- Die Kostenerfassung wird darüber hinaus durch Leistungsinkonsistenzen bei Dienstleister und Kunde erschwert (*Leistungsproblematik*). Sie sind meistens im Zusammenhang mit personalintensiven Dienstleistungen zu beobachten und auf die jeweils unterschiedliche physische und psychische Situation der Betroffenen zum Erbringungszeitpunkt zurückzuführen.[523] Derartige Leistungsschwankungen können sowohl auf Anbieterseite als auch - infolge des Uno-actu-Prinzips - auf Nachfragerseite auftreten. Sie haben zur Folge, dass für dieselben Dienstleistungen bei wiederholter Erbringung unterschiedlich hohe Aufwendungen notwendig sind und somit keine einheitlichen Erstellungskosten kalkuliert werden können.
- Weiterhin ist im Rahmen der Kostenerfassung von Dienstleistungen zu beachten, dass sie aus absatzpolitischen Gründen oft gemeinsam mit Sachgütern angeboten werden. Bei einer solchen Bündelung ist vielfach der Preis für die Dienstleistung im Preis für das Sachgut eingeschlossen. Zusammen mit der bei Dienstleistungen in weitaus geringerem Maße vorhandenen Kostentransparenz führt dies in der Unternehmenspraxis häufig dazu, dass viele Unternehmen nicht in der Lage sind, die Kosten für die Dienstleistung separat zu berechnen (*Bündelungsproblematik*).[524] Abgesehen von der Nicht-Kenntnis der Erstellungskosten resultiert hieraus auch ein mangelhaftes Kos-

---

[520] vgl. Corsten (1997), S. 363; Nagengast (1997), S. 43; Potthoff (1989), Sp. 290; Reckenfelderbäumer (1998), S. 398; Simon (1993 b), S. 193

[521] vgl. Corsten (2001), S. 63 f.; Nagengast (1997), S. 36; Reckenfelderbäumer (1995), S. 6

[522] vgl. Küpper (1998), S. 386 ff.; Lützel (1987), S. 30; Niemand (1996), S. 23 ff.; Paul, Reckenfelderbäumer (2001), S. 631; Reckenfelderbäumer (1998), S. 402 ff.; Vikas (1990), S. 265

[523] vgl. Corsten (2001), S. 61; Meyer (1998 b), S. 23 ff.; Meyer, Mattmüller (1987), S. 189; Kißling (1999), S. 46; Oppermann (1998), S. 59 ff.; Simon (1993 b), S. 191; Zeithaml, Parasuraman et al. (1985), S. 34

[524] vgl. Simon (1993 b), S. 214 ff.

tenbewusstsein für Dienstleistungen, was zu absatzpolitischem Fehlverhalten und damit zu unnötigen Kostenbelastungen für das Unternehmen führen kann.[525]

- Die dargestellten Probleme bei der Erfassung der Herstellkosten führen dazu, dass die traditionellen, vor allem an Kosten bzw. Wirtschaftlichkeitsgesichtspunkten ausgerichteten Bewertungsverfahren beim Outsourcing im Dienstleistungsbereich als alleinige Grundlage ungeeignet sind. Sie müssen ergänzt werden durch Betrachtungen hinsichtlich der Qualität potenzieller Dienstleister sowie des Umfangs der von ihnen angebotenen Leistungen. Damit sind - in weitaus größerem Umfang als bei Sachgütern - in quantitative Betrachtungen auch qualitative Aspekte zu integrieren (*Bewertungsproblematik*).
- Derartige qualitative Bewertungsaspekte ergeben sich speziell aus der erhöhten *Beschaffungsunsicherheit* von Dienstleistungen. Aufgrund des Merkmals der Immaterialität erhalten Kunden - anders als bei Sachgütern - bei der Entscheidung für die Dienstleistung eines bestimmten Anbieters nur ein begrenzt überprüfbares Leistungsversprechen.[526] Kaufentscheidende Bedeutung gewinnt vor allem das Image dieser Leistung bzw. des erbringenden Unternehmens.[527] Bei einer Bewertung von Sourcing-Alternativen sollte dieser Umstand unbedingt mitberücksichtigt werden, indem geprüft wird, ob eine Auslagerung von den Kunden generell akzeptiert würde und diese auch keine Einschränkungen in der Qualität mitsichbrächte.

Sowohl die Anwendung der in den vorangegangen Abschnitten dargestellten Bewertungsverfahren als auch die dabei zum Tragen kommenden Besonderheiten von Dienstleistungen sind in hohem Maß von der Dienstleistung abhängig, die gerade zu untersuchen ist. Vergleichbar der Ist-Analyse erscheint es daher auch für die Bewertungsphase sinnvoll, der Heterogenität des Dienstleistungsbereichs mit einer Typologisierung zu begegnen, auf deren Basis für die identifizierten Typen ein standardisiertes Vorgehen zur Bewertung abgeleitet werden kann.

Auch beim dritten Prozessschritt des skizzierten generischen Outsourcing-Prozesses sind verschiedene dienstleistungsspezifische Besonderheiten zu berücksichtigen. Die zentrale Aufgabe dieser Prozessphase besteht in der *Umsetzung* der gewählten (Out-)Sourcing-Variante sowie ihrer *Kontrolle*. Die wichtigsten Aspekte, die infolge des Outsourcing-Objekts „Dienstleistung" zu berücksichtigen sind, werden im Folgenden thematisiert:

- Zunächst bereitet die *Qualitätsbeurteilung* von Dienstleistungsunternehmen erhebliche Probleme. Generell ist vor der Auslagerung einer Leistung zu prü-

---

[525] vgl. Engelhardt, Paul (1998), S. 1336; Simon (1993 b), S. 207 f.

[526] vgl. zum Beispiel Maleri (1997), S. 237; Rück (1995), S. 10 f. sowie Abschnitt 2.2.1

[527] vgl. Meffert, Bruhn (2000), S. 63 f.; Meyer (1998 c), S. 1081

fen, ob bzw. inwieweit das für die Übernahme der Leistung vorgesehene Unternehmen in der Lage ist, die Leistung in der geforderten Qualität zu erbringen. Bei Dienstleistungen kommen diesbezüglich verschiedene Probleme zum Tragen. Zum einen behindert die Synchronität von Beschaffung und Absatz eine sorgfältige ex-ante Prüfung (Interaktionsproblematik), zum anderen bestehen infolge der Immaterialität der Leistung keine bzw. nur unzulängliche Möglichkeiten, objektive Qualitätskriterien wie etwa bestimmte technische Leistungsfähigkeiten anzulegen (Evaluierungsproblematik). Stattdessen muss ein Qualitätstest über sogenannte Surrogate, beispielsweise Referenzen, erfolgen. Diese sind jedoch mit einer deutlich höheren Unsicherheit behaftet als beispielsweise die bei materiellen Produkten üblichen Tests, da sie nichts über den bei einer spezifischen Leistungserbringung tatsächlich zu erwartenden Leistungswillen eines Dienstleisters auszusagen vermögen.[528]

- Ähnliche Evaluierungsprobleme wie bei der Qualitätsbestimmung ergeben sich beim *Vergleich verschiedener Dienstleistungsangebote* untereinander, welcher immer dann notwendig ist, wenn mehrere Dienstleister für die Erbringung der auszulagernden Leistung zur Auswahl stehen. Ein solcher Vergleich gestaltet sich vielfach relativ aufwändig, da die verschiedenen Angebote gewöhnlich sehr heterogen sind und ihnen unterschiedliche Preis-Leistungs-Relationen zugrunde liegen, sie jedoch infolge der Immaterialität von Dienstleistungen nur schwer einander gegenüberzustellen sind.[529]
- Sowohl vor dem Hintergrund der Evaluierungs- als auch der Interaktionsproblematik erweist sich der Aspekt des *Vertrauens zwischen den Outsourcing-Partnern* als wichtiger Erfolgsfaktor für die Umsetzungsphase (Vertrauensproblematik). Dem Vertrauensfaktor kann dabei größere Bedeutung zukommen als beispielsweise Kosten- oder Kompetenzvergleichen. Für die Schaffung von Vertrauen existiert freilich kein formalisiertes Vorgehen. Eine wichtige Basis hierfür können positive Erfahrungen mit einem bestimmten Partner im Rahmen einer bestehenden Geschäftsbeziehung oder Empfehlungen Dritter sein.[530]
- *Kapazitätsaspekte* sind im Rahmen des Dienstleistungs-Outsourcing ebenfalls besonders zu berücksichtigen. Da Dienstleistungen generell nicht lagerbar sind, ist ihre terminliche Verfügbarkeit an die Kapazität des potenziellen Dienstleisters gekoppelt. Kommt es bei diesem infolge der Übernahme zu-

---

[528] vgl. Burr (1998), S. 16 f.; Day, Barksdale (1992), S. 86 f.; Engelhardt, Kleinaltenkamp et al. (1993), S. 420; Freiling, Paul (1995), S. 34 ff.; Grönroos (1984), S. 38 ff.; Maleri (1997), S. 121 ff.; Meyer, Mattmüller (1987), S. 188 ff.; Parasuraman, Zeithaml et al. (1985), S. 42 f.; Picot, Hardt (1998), S. 634; Stauss (1994), S. 92 f.; Woratschek (2001), S. 266

[529] vgl. Backhaus, Weiber (1993), S. 72; Kißling (1999), S. 46; Zahn, Barth et al. (1998 a), S. 110

[530] vgl. Aulinger (1999), S. 105 ff.; Kißling (1999), S. 45

sätzlicher Leistungen zu Engpässen, können die Leistungen entweder während des vereinbarten Zeitraums nicht erbracht werden oder es erfolgt eine intensitätsmäßige Anpassung. In beiden Fällen ist mit Einbußen bei der Dienstleistungsqualität zu rechnen (Kapazitätsproblematik).[531]

- Neben der zeitlichen Verfügbarkeit ist auch die *räumliche Nähe des Dienstleisters* ein wesentliches Auswahlkriterium (Standortproblematik). Da ein elementares Charakteristikum von Dienstleistungen die Einbeziehung des externen Faktors ist, bedingt die Erstellung von Dienstleistungen den Transport desselben zum Dienstleister oder den Transfer von dessen Leistungsfähigkeit zum Kunden.[532] Darüber hinaus sind in vielen Fällen, etwa bei komplexen Ingenieursdienstleistungen, im Vorfeld der eigentlichen Dienstleistungserbringung umfangreiche Abstimmungsmaßnahmen notwendig, welche durch die räumliche Nähe von Kunden und Dienstleister erleichtert werden.
- Die Spezifika von Dienstleistungen müssen auch in der *Vertragsgestaltung* ihren Niederschlag finden. Das zentrale Problem besteht darin, dass die endgültige Konkretisierung der Anforderungen gewöhnlich erst bei der Erstellung von Dienstleistungen, nicht hingegen schon beim Abschluss des Vertrags erfolgen kann (Vertragsproblematik).[533] Dies erfordert eine flexible Form der Vertragsgestaltung. In vielen Fällen wird dazu ein Rahmenvertrag vereinbart, der Sachverhalte regelt, welche für die Zusammenarbeit langfristig Geltung besitzen. Ergänzend werden separate Vereinbarungen für einzelne Leistungsbereiche abgeschlossen, die man bei entsprechenden Entwicklungen leicht anpassen kann, ohne dabei den Gesamtvertrag in Frage stellen zu müssen.[534]

Mit diesen Punkten sind die Auswirkungen der Spezifika von Dienstleistungen auf den Outsourcing-Prozess beschrieben. Ergänzend dazu sind darüber hinaus die Eigenschaften unternehmensnaher Dienstleistungen zu berücksichtigen.

3.2.2 Auswirkungen der Charakteristika unternehmensnaher Dienstleistungen

Im Folgenden werden Gestaltungsempfehlungen für das Outsourcing-Management bzw. den Outsourcing-Prozess abgeleitet, welche sich aufgrund der *Charakteristika unternehmensnaher Dienstleistungen* ergeben. Grundlage hierfür bilden die bereits dargestellten strukturellen und prozessualen Besonder-

---

[531] vgl. Corsten (1997), S. 168 f.; Meyer (1998 b), S. 27; Zeithaml, Parasuraman et al. (1985), S. 41 ff.

[532] vgl. Meyer (1998 b), S. 28 f.

[533] vgl. Corsten (1986), S. 29 ff.; Kißling (1999), S. 50; Schade, Schott (1993), S. 494

[534] vgl. Zahn, Barth et al. (1998 a), S. 152

heiten solcher Leistungen.[535] Abbildung 3-14 vermittelt einen Überblick über die involvierten Aspekte und ihre Auswirkungen.

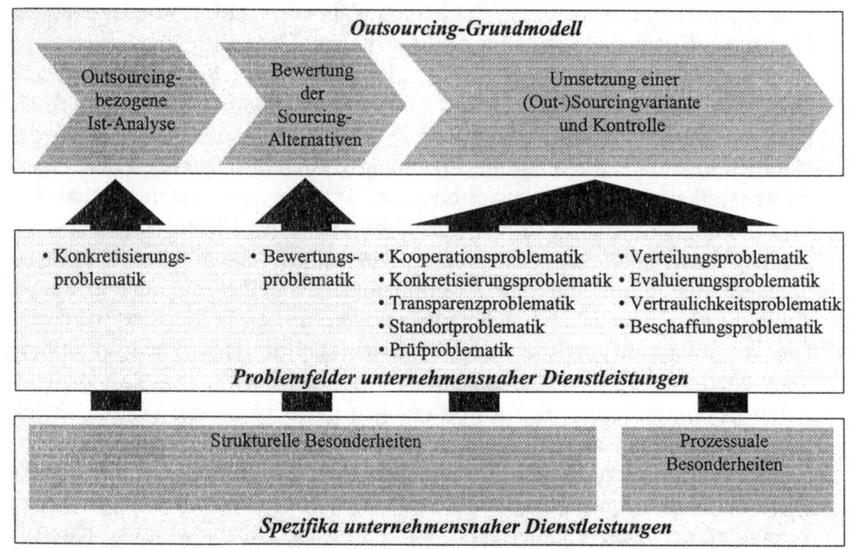

Abbildung 3-14: Zuordnung der spezifischen Problemfelder unternehmensnaher Dienstleistungen zum Outsourcing-Prozess

Analysiert man die *strukturellen Besonderheiten* im Hinblick auf eine entsprechende Anpassung des Outsourcing unternehmensnaher Dienstleistungen, so ergeben sich die folgenden Problempunkte, welche eine spezielle Betrachtung notwendig machen:

- Anbieter unternehmensnaher Dienstleistungen sind meist überregional tätig. Durch die Notwendigkeit einer professionellen Erstellung dieser Dienstleistungen verschärft sich die bereits im Rahmen der Dienstleistungsspezifika angesprochene *Standortproblematik* weiter. Bei der Auswahl potenzieller Dienstleister ist daher verstärkt auf die Sicherstellung der regionalen Präsenz durch den Dienstleister beim Kunden zu achten.
- Unternehmensnahe Dienstleistungen weisen einen tendenziell hohen Individualisierungsgrad auf, welcher beträchtliche *Konkretisierungsprobleme* nachsichzieht. Um flexibel auf Wünsche und Bedürfnisse des Kunden reagieren zu können, welcher in Gestalt des externen Faktors einen wichtigen Anteil an der Leistungserstellung besitzt, erfolgt die endgül-tige Konkretisierung der Leistung gewöhnlich nicht bereits im Rahmen der Anbieterauswahl, sondern erst während des Erbringens der Leistung (Konkretisierungsproble-

[535] siehe Abschnitt 2.2.3

matik).[536] Zur Sicherstellung des Erfolgs empfiehlt es sich, im Vorfeld der Leistungserstellung zusammen mit dem gewählten Dienstleister einen Abgleich zwischen den konkreten Anforderungen des Kunden sowie den Vorstellungen und Potenzialen des Dienstleisters vorzunehmen. Darüber hinaus resultiert hieraus eine verstärkte Prüfproblematik, denn einerseits können - wie bei Dienstleistungen generell - kaum präventive Qualitätskontrollen erfolgen, während andererseits speziell bei unternehmensnahen Dienstleistungen ein hohes Qualitätsniveau erwartet wird.

- Aufgrund ihrer vergleichsweise komplexen Leistungsstrukturen - unternehmensnahe Dienstleistungen werden vielfach im Verbund mit Sachgütern bzw. gebündelt mit anderen Dienstleistungen angeboten[537] - ist die *Bewertung von Sourcing-Alternativen* bei solchen Dienstleistungen relativ aufwändig (Bewertungsproblematik). Besonders zu beachten sind Ausstrahlungseffekte auf andere Leistungen. Die Frage der Vorteilhaftigkeit einer Auslagerung ist daher nicht nur im Hinblick auf die betreffende Leistung allein, sondern vor allem im Zusammenhang mit dem Leistungsverbund zu analysieren. Denn auch wenn eine auszulagernde Dienstleistung nicht die eigentliche Kernleistung des Unternehmens darstellt, wirken sich Qualitätsmängel bei ihrer Erstellung in der Regel negativ auf das gesamte Leistungsbündel aus (Spill-over-Effekte).[538]
- Die tendenziell geringe Preistransparenz bei unternehmensnahen Dienstleistungen führt vor allem bei preissensitiven Vergaben zu erhöhtem *Aufwand beim Vergleich der Angebote* (Transparenzproblematik). Um dem entgegenzuwirken, kann zum einen die auszulagernde (Gesamt-)Leistung in überschaubare und damit besser zu vergleichende Einzelleistungen zerlegt werden, zum andern können den potenziellen Dienstleistern vergleichsweise genaue Vorgaben in Form einer detaillierten Ausschreibung bezüglich ihrer Angebote gemacht werden. Das kann jedoch dazu führen, dass diese ihr innovatives Potenzial nur in geringem Maße einbringen können.[539]
- Unternehmensnahe Dienstleistungen werden vielfach in Kooperationen erbracht. Bei einer Auslagerungsentscheidung sind daher neben dem eigentlich übernehmenden Unternehmen auch dessen Wertschöpfungspartner zu begutachten, was eine entsprechende *Erweiterung des Betrachtungshorizonts in der Auswahlphase* erfordert (Kooperationsproblematik).

---

[536] vgl. Corsten (1997), S. 83 ff.; Kißling (1999), S. 50

[537] vgl. zum Beispiel Bullinger (1997), S. 32 ff.; Buttler, Stegner (1990), S. 938 ff.; Homburg, Garbe (1996 b), S. 69; Simon (1993 a), S. 8 ff.; Töpfer, Mehdorn (1996), S. 3 f.

[538] vgl. Backhaus, Hahn (1998), S. 105; Engelhardt, Kleinaltenkamp et al. (1993), S. 273

[539] vgl. Zahn, Barth et al. (1998 a), S. 89 ff.

Außer den strukturellen Besonderheiten unternehmensnaher Dienstleistungen sind auch deren *prozessuale Spezifika* bei der Gestaltung des Outsourcing miteinzubeziehen.

- So zeichnen sich unternehmensnahe Dienstleistungen in dieser Hinsicht gewöhnlich durch die Notwendigkeit einer intensiven Interaktion zwischen Anbieter und Nachfrager sowie die intensive Beteiligung des externen Faktors bei der Erstellung der Leistung aus. Hieraus ergibt sich eine Verschärfung der bereits im Rahmen der Spezifika von Dienstleistungen herausgearbeiteten *Interaktionsproblematik*. Der Nachfrager muss während der Dienstleistungserstellung bei einem Teil der Aufgaben zumindest passiv mitwirken, etwa indem er sich an der Erarbeitung einer Lösungskonzeption beteiligt, entsprechende Informationen zur Verfügung stellt o.ä.[540] Dies wiederum zieht Probleme bei der Aufgabenteilung zwischen den Partnern nach sich, weshalb im Vorfeld vertraglich geregelt werden sollte, wer welche Aufgaben übernimmt (Verteilungsproblematik).[541]
- Unternehmensnahe Dienstleistungen unterliegen gewöhnlich auch hohen Qualitätsanforderungen.[542] Dies bedeutet, dass insbesondere für sie die bereits dargestellten Aspekte der *Evaluierungsproblematik* gelten. Hinzu kommt, dass der vergleichsweise starke Interaktionsgrad bei der Erstellung unternehmensnaher Dienstleistungen die Beurteilung der Qualität zusätzlich erschwert. Zwar kann der Nachfrager versuchen, seine Leistungswünsche gemäss seinen Ansprüchen zu konkretisieren, es ist ihm aber unmöglich zu wissen, wie die von ihm gelieferten Informationen vom Anbieter umgesetzt werden und welche Qualität das Dienstleistungsergebnis folglich besitzen wird.[543] Zur Qualitätsbeurteilung kann daher nur auf die sogenannten Vertrauenseigenschaften[544] einer Dienstleistung zurückgegriffen werden, die Ausdruck des vom Nachfrager dem Anbieter entgegengebrachten Vertrauens sind.[545] Obgleich diese nur schwer zu konkretisieren sind, muss ihnen im Rahmen des Outsourcing unternehmensnaher Dienstleistungen besondere Aufmerksamkeit entgegengebracht werden.
  Ein spezieller Qualitätsaspekt bei vielen unternehmensnahen Dienstleistungen ist darüber hinaus ihre *vertrauliche Erbringung* (Vertraulichkeitsproblematik). Beispiele hierfür sind F&E-, Unternehmens- oder Rechtsberatungs-

---

[540] vgl. Engelhardt, Kleinaltenkamp et al. (1992), S. 33 f.; Meffert, Bruhn (2000), S. 53 ff.; Meyer (1998 b), S. 21 ff.

[541] vgl. Day, Barksdale (1992), S. 87 f.; Engelhardt, Schwab (1982), S. 511; Kißling (1999), S. 49; Picot, Hardt (1998), S. 641

[542] siehe Abschnitt 2.2.3

[543] vgl. Kleinaltenkamp (1992), S. 811; Kißling (1999), S. 45

[544] vgl. Benkenstein (2001), S. 694; Corsten (2001), S. 64; Rosada (1990), S. 116; Zeithaml (1981), S. 187

[545] vgl. Kleinaltenkamp (1992), S. 811

leistungen, welche durch hohe diesbezügliche Anforderungen gekennzeichnet sind.[546] Auch dieses Kriterium kann im Rahmen einer Outsourcing-Entscheidung ex-ante nur über das Heranziehen der Vertrauenseigenschaften evaluiert werden.

- Wie Investitionsgüter im Allgemeinen werden auch unternehmensnahe Dienstleistungen im Rahmen eines formalisierten Prozesses beschafft. Dessen wesentliches Kennzeichen ist, dass Beschaffer und Verwender der Leistung in der Regel nicht identisch sind.[547] Im Zusammenhang mit unternehmensnahen Dienstleistungen, welche sich gerade durch einen besonders hohen *Interaktionsanteil* auszeichnen, ist dies als besonders problematisch zu betrachten (Beschaffungsproblematik). Um die entsprechenden Schwierigkeiten zu umgehen, sollte der Verwender einer auszulagernden Dienstleistung in den Auswahlprozess des Anbieters miteinbezogen werden.

Die beschriebenen Besonderheiten von Dienstleistungen im Allgemeinen sowie unternehmensnahen Dienstleistungen im Speziellen zeigen, dass sich das Outsourcing solcher Leistungen von der Auslagerung anderer Güter deutlich unterscheidet. Vor allem im Vergleich zu Sachgütern weist das Outsourcing unternehmensnaher Dienstleistungen, bedingt durch deren speziellen Eigenschaften, eine deutlich höhere Komplexität auf.

3.3 Gestaltungsimpulse durch die Chancen und Risiken beim Outsourcing unternehmensnaher Dienstleistungen

Der dritte und letzte Punkt, welcher Einfluss auf die Gestaltung des Outsourcing-Prozesses besitzt, liegt in den spezifischen Chancen und Risiken bei der Auslagerung unternehmensnaher Dienstleistungen. Neben Implikationen aus ökonomischen Theorien und den Erfordernissen, die sich aus den Spezifikationen unternehmensnaher Dienstleistungen ergeben, müssen auch deren Gestaltungserfordernisse entsprechend verankert sein, um ein zielorientiertes Prozessdesign zu gewährleisten.

Die folgende Abbildung 3-15 gibt die Chancen und Risiken, welche von Unternehmen im Zusammenhang mit dem Outsourcing unternehmensnaher Dienstleistungen gesehen werden, wieder. Die Verteilung beruht auf einer Erhebung in der Region Stuttgart, welche 1996 durchgeführt wurde.

Die Nutzenpotenziale des Outsourcing wurden bereits ausführlich erörtert. Entgegen den dort konstatierten Befunden, bei welchen der Kostenaspekt als Leitmotiv klar im Vordergrund steht, dominiert beim Outsourcing unternehmensnaher Dienstleistungen offensichtlich die *Konzentration auf die jeweiligen Kernkompetenzen*. Daneben werden auch häufig die Möglichkeit zur *flexibleren*

---

[546] vgl. Burr (1998), S. 15; Hamel (1996), S. 331; Kißling (1999), S. 45 f.

[547] siehe Abschnitt 2.2.3

Kapazitätsanpassung und die *Realisierung von Zeitgewinnen* genannt. Erst an vierter Stelle folgen die bei allgemeinen Outsourcing-Betrachtungen gewöhnlich vorherrschenden Kostengesichtspunkte. Aus der Verteilung der Antworten ist als erstes zu schließen, dass die befragten Unternehmen die betroffenen Dienstleistungen offensichtlich als nicht zum Kerngeschäft gehörend betrachten und daher (im Sinne einer ökonomischen Ressourcenallokation) an spezialisierte Unternehmen vergeben. Interessant ist, dass nur ca. 25% der Unternehmen Outsourcing als Mittel für das Erlangen zusätzlichen Know-hows ansehen, ein Motiv, das in der relevanten wirtschaftswissenschaftlichen Literatur sehr häufig angeführt wird.[548] In den befragten Unternehmen wird offenbar keine größere Notwendigkeit hierfür gesehen.

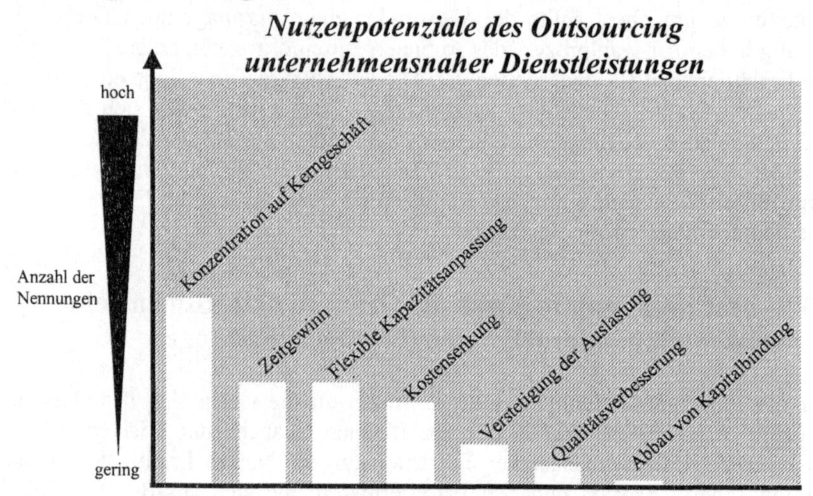

Abbildung 3-15: Empirische Befunde zu den Chancen des Outsourcing unternehmensnaher Dienstleistungen
(vgl. Barth, Hertweck (1997), S. 27 sowie Dillerup, Foschiani (1996), S. 41)

Während die Konzentration auf die jeweiligen Kernkompetenzen sicherlich strategisch motivierten Outsourcing-Überlegungen zuzuordnen ist, stellen sowohl das am zweit- als auch das am dritthäufigsten genannte Outsourcing-Motiv, Zeitgewinn und Flexibilisierung, eher operative Aspekte in den Vordergrund. Dies entspricht zusammen mit der relativen Vernachlässigung des Wissensaspekts jedoch nicht der aktuellen Ausrichtung der Thematik[549] und ist vor allem auch angesichts der Tatsache, dass die Einschätzungen Ergebnisse einer Erhebung aus dem Jahr 1995 darstellen, kritisch zu werten.

---

[548] vgl. zum Beispiel Bruch (1998), S. 34; Gay, Essinger (2000), S. 11; Greaver (1999), S. 4; Picot, Maier (1992 a), S. 18; Zahn, Barth et al. (1998 a), S. 13

[549] vgl. Greaver (1999), S. 8 f.; o.V. (2000 b), S. 1 ff.; Simke (2000), S. 2

Einen ersten Anhaltspunkt bietet ein Blick auf die Art der outgesourcten Leistungen. Es fällt auf, dass in der Mehrzahl einfache, unproblematische Leistungen mit hoher Marktgängigkeit nach außen vergeben werden. Der Know-how-Zugewinn beim Outsourcing solcher Leistungen ist in der Regel begrenzt. Wie die ebenfalls gestellte Frage nach potenziellen, für die Zukunft denkbaren Outsourcing-Aktivitäten offenbart, wird von den Unternehmen bei komplexen unternehmensnahen Dienstleistungen auch ein deutlich höheres Outsourcing-Potenzial als bei den vergleichsweise einfachen Leistungen prognostiziert.[550] Mit der Auslagerung komplexerer Leistungen rückt der Know-how-Aspekt somit stärker in den Mittelpunkt. Eine Übertragung derartiger Leistungen - Beispiele hierfür sind F&E- oder IT-Dienstleistungen - erfolgt mit dem Ziel, die eigene Performance durch die Einbeziehung externen Wissens zu steigern. Die aufgrund von Know-how-Aspekten ausgelagerten Leistungen weisen deshalb gewöhnlich eine deutlich engere Beziehung zum eigentlichen Kerngeschäft des Unternehmens auf.[551]

Der 1995 von den Befragten prognostizierte Zuwachs beim Outsourcing komplexer unternehmensnaher Dienstleistungen kann inzwischen als eingetreten betrachtet werden. Zwar liegen keine direkten statistischen (Vergleichs-)Zahlen vor, doch wird in verschiedenen aktuellen Publikationen anhand unterschiedlicher Indikatoren nachgewiesen, dass speziell bei Business Services ein deutlicher Trend zum know-how-orientierten Outsourcing vorliegt.[552]

Ein Vergleich mit den USA liefert interessante Ergänzungen zu dieser Beobachtung. Denn bei der Auslagerung der betreffenden Dienstleistungen weist Deutschland einen deutlichen Rückstand gegenüber den Vereinigten Staaten auf. Zwar ist der Stellenwert von Dienstleistungen in Deutschland ähnlich hoch wie in anderen Industrienationen, doch werden diese hierzulande viel stärker von Unternehmen des sekundären Sektors erbracht als dies in den USA der Fall ist.[553] Die Auslagerungsintensität dort ist wesentlich höher. Berücksichtigt man die immer noch steigenden Zuwachsraten des Outsourcing unternehmensnaher Dienstleistungen in den USA[554], die in vielen ökonomischen Bereichen zu beobachtende Vorreiterrolle der USA[555] und die das Dienstleistungsgeschäft erfassende Globalisierung sowie den damit einhergehenden Zwang zur Kostensenkung bei gleichzeitiger Leistungserweiterung, ist es - trotz der in jüngster

---

550 vgl. Zahn, Hertweck et al. (1996), S. 52 ff.

551 vgl. Zahn, Barth et al. (1998 a), S. 3 f.

552 vgl. Auguste, Hao et al. (2002), S. 61 f.; Gay, Essinger (2000), S. 19 ff.; o.V. (1999), S. 7; Simke (2000), S. 2

553 vgl. Beyer, Hilbert et al. (1998), S. 79 f.; Haisken-DeNew, Horn et al. (1996), S. 223 f.; Krämer (1997), S. 177; o.V. (1996), S. 21; Wimmers, Hauser et al. (1999), S. 1

554 vgl. Greaver (1999), S. 13 ff.; o.V. (1999), S. 4

555 vgl. Albach (1989 a), S. 93 ff.; Zahn, Hertweck et al. (1996), S. 2 f.

Zeit verstärkt beschriebenen Outsourcing-Misserfolge[556], die als Anzeichen für überzogene Outsourcing-Aktivitäten interpretiert werden können - wahrscheinlich, dass in Deutschland das Outsourcing unternehmensnaher Dienstleistungen noch erheblich an Bedeutung gewinnen wird.
Für das Outsourcing unternehmensnaher Dienstleistungen ist damit eine vergleichbare Entwicklung zu erwarten, wie sie bereits im Rahmen der generellen Analyse des Outsourcing festgestellt wurde. Nachdem in einer ersten Welle vor allem einfache, kernferne Leistungen ausgelagert wurden, wenden sich die Unternehmen mit wachsender Erfahrung und einer zunehmenden Zahl von Anbietern auch dem Outsourcing von wissensintensiveren, sich näher am eigentlichen Kerngeschäft befindlichen Leistungen zu.[557]
Die Hauptgründe dafür sind die Optimierung der Ressourcenverteilung durch Konzentration auf die Kernkompetenzen sowie die Generierung von Know-how zur Stärkung bestehender oder zum Aufbau neuer Geschäftsfelder. Für das Management von Outsourcing bei Business Services bedeutet dies, dass speziell die klare *Abgrenzung der Kerngeschäfte*, welche nicht nach außen vergeben werden sollen, und eine genaue *Überprüfung der Leistungsfähigkeit des übernehmenden Dienstleisters* hinsichtlich des geforderten Know-hows wichtige Tätigkeiten darstellen. Da die einzelnen Auslagerungs-Motive nicht immer vollständig komplementär sind, ist außerdem eine eindeutige *Artikulierung und Priorisierung der jeweils vorliegenden Outsourcing-Motive* unerlässlich. Diese drei Punkte sollten beim Design des Auslagerungsprozesses entsprechend berücksichtigt werden.
Als sehr aufschlussreich in dieser Hinsicht erweist sich auch die nähere Analyse der erhobenen Risikofaktoren beim Outsourcing unternehmensnaher Dienstleistungen, wie sie in Abbildung 3-16 dargestellt sind.
Demnach werden die Risiken, welche die Auslagerung von Business Services mitsichbringt, von den Befragten insgesamt als eher gering eingeschätzt. Den größten Problemfaktor bildet die *Abhängigkeit vom übernehmenden Unternehmen*. Darüber hinaus werden *Koordinationsschwierigkeiten* zwischen den Partnern sowie *mangelnde Einflussnahme* genannt. Diese Problemfelder decken sich weitgehend mit den bereits für das Outsourcing generell ermittelten Risiken. Auffällig ist jedoch, dass Aspekte aus der Risikokategorie der „Leistungseinbußen"[558], wie zum Beispiel die mangelhafte Leistungserbringung durch den Dienstleister oder die Tendenz zur Standardisierung der outgesourcten Leistungen, in der Erhebung zum Outsourcing unternehmensnaher Dienstleistungen nur in vergleichsweise geringem Maße vertreten sind. Erklärungsansätze hierfür lassen sich auch in diesem Fall durch eine genauere Analyse des Fragenkontex-

---

[556] vgl. z.B. Gay, Essinger (2000), S. 12 ff.
[557] siehe dazu auch Abschnitt 2.1.5.2
[558] siehe Abschnitt 2.1.2

tes gewinnen. Da bei den befragten Unternehmen im Wesentlichen die Auslagerung weniger komplexer bzw. für das Kerngeschäft eher unbedeutender Leistungen im Mittelpunkt steht, scheinen potenzielle Risiken im Rahmen der Leistungsaspekte nicht so sehr ins Gewicht zu fallen. Unter Einbeziehung des gegenwärtigen Trends zum Outsourcing höherwertiger Leistungen ist für aktuelle Auslagerungsprojekte von einem wesentlichen Bedeutungszuwachs dieser Problemkategorie auszugehen.

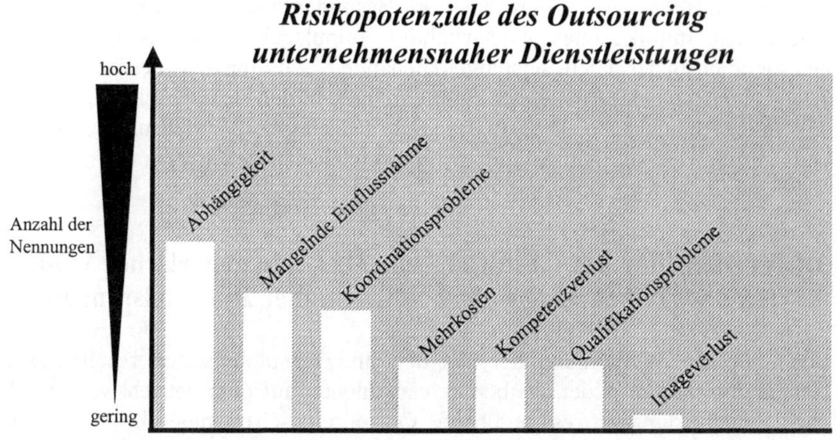

Abbildung 3-16: Empirische Befunde zu den Risiken des Outsourcing unternehmensnaher Dienstleistungen
(vgl. Barth, Hertweck (1997), S. 27 sowie Dillerup, Foschiani (1996), S. 41)

Die im Hinblick auf eine Risikoverminderung zentralen Schwerpunkte beim Management des Outsourcing unternehmensnaher Dienstleistungen sind somit die *Reduktion der Abhängigkeit* und die *Sicherstellung einer adäquaten Leistung* des übernehmenden Unternehmens. Elementar für die Verringerung der Abhängigkeit ist, sie zu erkennen. Nur wahrgenommene Abhängigkeit lässt sich reduzieren. Ansätze hierzu im Hinblick auf die Prozessgestaltung liegen in der eingehenden Analyse des Unternehmens sowie seines Umfelds und dessen Entwicklung. Damit können die wesentlichen Felder bereits bestehender bzw. sich ergebender Abhängigkeiten identifiziert und diese durch konkrete Maßnahmen wie etwa die Wahl einer geeigneten Outsourcing-Form oder eine entsprechende Vertragsgestaltung eingegrenzt werden. Zur Sicherstellung der Leistungsfähigkeit eines Anbieters sind zwei Punkte zu beachten. Vor einer Auslagerung müssen für die jeweilige Leistung überprüfbare Qualitätskriterien festgelegt werden, die ein Dienstleister zu erfüllen hat. Damit die Leistung dann gemäß den Vorstellungen des auslagernden Unternehmens erbracht werden kann, sind neben der Bereitschaft und Fähigkeit des Dienstleisters vor allem ausgewogene und realistische Vertragskonditionen notwendig, die dies auch

erlauben. Das Problem der mangelhaften Koordination, welches die befragten Unternehmen ebenfalls sehen, kann durch die frühzeitige Einbeziehung des künftigen Partners sowie durch eine konsequente Implementierung angegangen werden. Diese beinhaltet neben einer klaren und auf die spezifischen Gegebenheiten ausgerichteten Implementierungsstrategie nicht zuletzt auch die umfassende und rechtzeitige Information der betroffenen Mitarbeiter.
Mit der Darstellung der *Spezifika von Dienstleistungen* im Allgemeinen und *unternehmensnahen Dienstleistungen* im Besonderen sowie den sich aus ihnen ergebenden Implikationen sind wichtige Impulsgeber für das Outsourcing unternehmensnaher Dienstleistungen behandelt. Zusammen mit den aus den *Theoriebausteinen* abzuleitenden Empfehlungen bilden sie die Grundlage für ein auf unternehmensnahe Dienstleistungen ausgelegtes Vorgehensmodell zum Outsourcing. Dessen Aufstellung erfolgt zunächst in generischer Form und ist Gegenstand des folgenden Abschnitts.

3.4 Verdichtung der Gestaltungsansätze - ein generisches Modell für das Outsourcing unternehmensnaher Dienstleistungen

Basis für die Verdichtung der aus den drei Hauptelementen resultierenden Gestaltungsansätze bildet das bereits verwendete, auf dem betriebswirtschaftlichen Entscheidungsprozess beruhende Outsourcing-Grundmodell.[559] Abbildung 3-17 illustriert die Anordnung der Phasen und die gegenüber dem Ursprungsmodell vorgenommenen Erweiterungen.
Im Vergleich zum dreiteiligen Grundmodell weist der generische Outsourcing-Prozess sechs sequenziell angeordnete Phasen auf. Während sich die ersten zwei Prozessschritte in den beiden Modellen direkt entsprechen, wurde das dritte Prozesselement aus dem ursprünglichen Modell in vier separate Phasen aufgespalten, welche die inhaltliche Differenziertheit der im Rahmen des Outsourcing-Prozesses zu bewältigenden Aufgaben widerspiegeln. Die Anordnung der Einzelschritte sowie die gegenüber dem Grundmodell vorgenommenen Erweiterungen beruhen auf zwei Aspekten:

- *Eigene, empirisch fundierte Untersuchungen* zum Outsourcing unternehmensnaher Dienstleistungen bilden die zentrale Grundlage, aus der sich ein Set generischer, branchenübergreifender Phasenabschnitte sowie deren grundsätzliche Anordnung ableiten lässt.[560]
- Wichtige Anregungen für die Abgrenzung und Gestaltung der verschiedenen Phasen des Prozesses ergeben sich auch aus *Auswertungen anderer konzeptioneller Studien* zum Outsourcing-Management.[561]

---

[559] siehe die Abschnitte 2.1.5 sowie 3.1.6
[560] vgl. Barth, Hertweck (1997), S. 25 ff.; Zahn, Barth et al. (1998 a), S. 22 ff.
[561] siehe Abschnitt 2.1.5.2

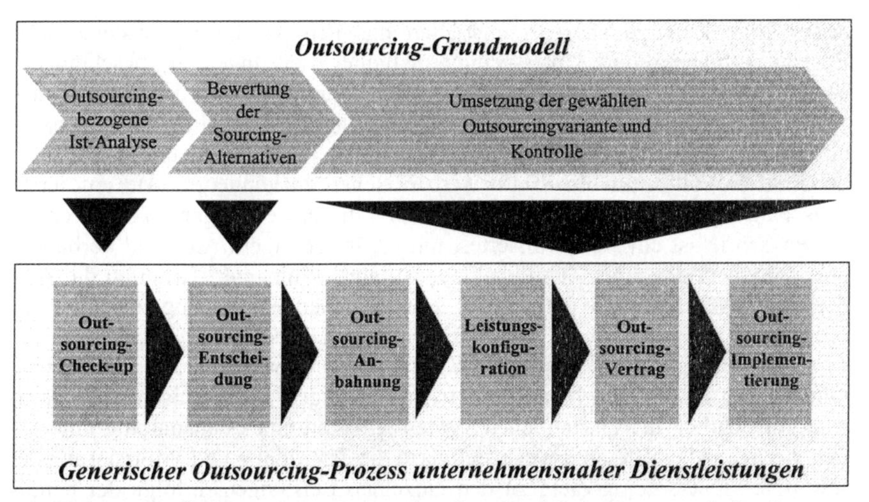

Abbildung 3-17: Überführung des Outsourcing-Grundmodells in einen generischen Prozess für das Outsourcing unternehmensnaher Dienstleistungen

Das aufgestellte Phasenmodell orientiert sich an den eingangs formulierten Grundsätzen, welche generell an Vorgehensmodelle zu stellen sind. Wie prinzipiell im Zusammenhang mit Modellen ist auch hier zu beachten, dass es sich bei dem entwickelten Vorgehen nur um ein näherungsweises, vereinfachtes Abbild der in der Realität vorkommenden Abläufe handelt,[562] welches der situationsspezifischen Anpassung an spezielle Gegebenheiten im jeweiligen Unternehmen bzw. an besondere Randbedingungen des einzelnen Falles bedarf.[563] Die Anwendung des Phasenmodells sollte aus diesem Grund nicht starr bzw. strikt sequenziell erfolgen. Vielmehr ist das Modell als eine flexible Heuristik zu verstehen, die der Orientierung dient und eine Reduktion der Unsicherheit im Umgang mit Outsourcing-Projekten ermöglicht.[564]

Im Vorgehensmodell sind die wesentlichen Aktivitäten, welche für die Auslagerung unternehmensnaher Dienstleistungen notwendig sind, festgelegt und eine Empfehlung hinsichtlich ihrer Reihenfolge angegeben. Für die erfolgreiche Durchführung solcher Vorhaben sind die einzelnen Phasen des Modells jedoch noch inhaltlich zu konkretisieren. Hierbei eröffnen sich beträchtliche Gestaltungsspielräume, die vor allem im Hinblick auf den Dienstleistungsbezug entsprechend zu nutzen sind.

Die erste Phase - *der Outsourcing-Check-up* - hat die Identifikation solcher Unternehmensleistungen zum Ziel, die ein Outsourcing sinnvoll erscheinen

---

[562] vgl. Bea (2000), S. 314; Picot, Maier (1992 b), Sp. 925

[563] vgl. Zahn, Barth et al. (1998 a), S. 22

[564] vgl. Bruch (1998), S. 118; Femerling (1997), S. 39 f.; Zahn, Barth et al. (1998 a), S. 22 f.

lassen. Eine derartige Ist-Analyse ist allerdings nicht nur auf eine systematische Bestandsaufnahme und Untersuchung aktueller Leistungen zu beschränken; einzubeziehen sind auch Einschätzungen über künftige Anforderungen an das Unternehmen bzw. daraus abzuleitende Leistungen.[565] Ergebnis ist gleichsam ein Katalog all der Leistungen, die das Unternehmen heute und in Zukunft beherrschen sollte, um im Wettbewerb bestehen zu können, sowie eine erste Einschätzung hinsichtlich der Auslagerbarkeit dieser Leistungen. Wesentlich für diesen Schritt ist ein standardisiertes, mit relativ geringem Aufwand verbundenes Vorgehen, das unter Zuhilfenahme weniger, dominanter Kriterien die Zahl der in der nächsten Phase detaillierter zu untersuchenden Leistungen zielbewusst reduziert.

In dieser Phase - *der Outsourcing-Entscheidung* - müssen die als potenzielle Outsourcing-Kandidaten herausgefilterten Leistungen einer kritischen Überprüfung hinsichtlich der tatsächlichen Vorteilhaftigkeit eines Outsourcing unterzogen werden. Als hilfreich erweist sich dazu die Zuordnung und Priorisierung der jeweiligen Outsourcing-Ziele zu den einzelnen Leistungen. Infolge der bereits dargestellten Komplexität einer Outsourcing-Entscheidung sowie den bei Dienstleistungen generell bestehenden Bewertungsproblemen sollten die Untersuchungen nicht auf ein Kriterium beschränkt werden, sondern mehrdimensional unter Einbeziehung der Ressourcen-, Wettbewerbs-, (Transaktions-)Kosten- sowie der Netzwerk-Perspektive erfolgen.[566] Dabei ist die Gewichtung der einzelnen Perspektiven wesentlich von der Art und der Bedeutung der jeweils betrachteten Dienstleistung abhängig.[567] Die hieraus gewonnenen Erkenntnisse erleichtern die Festlegung der (Dienst-)Leistungen, die auch künftig in Eigenregie erstellt werden sollten, und jener Leistungen, die an externe Partner vergeben werden können bzw. sollten. Zu einer ganzheitlichen Outsourcing-Entscheidung gehört auch die Bestimmung der jeweils optimalen Outsourcing-Form, welche ebenfalls in dieser Phase festzulegen ist.

Für Dienstleistungen, bei denen sich eine Auslagerung als sinnvoll erweist, ist nun ein adäquater Partner zu finden. Im Rahmen einer solchen *Anbahnungs-Phase* müssen zunächst Vorstellungen darüber entwickelt werden, welche Anforderungen ein idealer Dienstleister zu erfüllen hat. Danach ist nach geeigneten Wegen für eine Kontaktaufnahme zu suchen. Wie die vorangegangen Ausführungen zeigen, ist gerade bei der Auslagerung von (unternehmensnahen) Dienstleistungen oftmals vom konventionellen, auf Sachgüter ausgelegten Vorgehen abzuweichen, welchem die Spezifika von Dienstleistungen entgegenstehen.

---

[565] vgl. Barth, Hertweck (1997), S. 28; Beer (1998), S. 15 f.; Engelhardt, Schwab (1982), S. 510 f.; Reichmann, Neukirchen (1998), S. 345

[566] siehe Abschnitt 3.1.6

[567] vgl. Zahn, Barth (2001 b), S. 284

Liegen Angebote eines oder mehrerer potenzieller Dienstleister vor, müssen diese zunächst anhand der Erwartungen des auslagernden Unternehmens bewertet werden. Das Ergebnis ist gewöhnlich die Entscheidung für ein Angebot, welches in der Regel jedoch nicht genau den ursprünglichen Leistungserwartungen entspricht. Der *Abgleich* zwischen den Vorstellungen des auslagernden und des übernehmenden Unternehmens macht in der Regel eine neue Leistungskonfiguration erforderlich. Von besonderer Bedeutung ist diese, wenn die Auslagerung vor allem aus Gründen fehlenden eigenen Know-hows erfolgt. Um sich die spezielle diesbezügliche Kompetenz des Outsourcing-Partners nutzbar zu machen, ist die Neu- bzw. Fortentwicklung der bestehenden Leistung im Sinne eines Service Engineering[568] notwendig. Je nach spezifischer Situation kann dies gemeinschaftlich oder unter der Führung eines der Partner stattfinden.
Obwohl vom Outsourcing meist nicht das direkte Kerngeschäft eines Unternehmens betroffen ist, kann die ausgelagerte Leistung für die Ausführung der originären Unternehmensaufgaben dennoch vergleichsweise bedeutsam sein. Oftmals ist damit auch die Weitergabe vertraulicher Informationen verbunden. Es ist daher für alle Outsourcing-Partner essenziell, die verschiedenen Eckpunkte der künftigen Zusammenarbeit in einem *Vertrag* zu fixieren, bevor die ersten Umsetzungsschritte der neuen Partnerschaft begonnen werden. Nur so können Rechte und Pflichten verbindlich festgelegt und spätere Schwierigkeiten zufriedenstellend aufgelöst werden. Bei der Auslagerungen unternehmensnaher Dienstleistungen sind außerdem deren Spezifika zu beachten. Infolge ihrer Immaterialität bzw. des Uno-actu-Prinzips[569] erweist sich beispielsweise eine genaue Beschreibung der Leistungsinhalte oder die ex-ante Qualitätsbeurteilung von Anbietern als problematisch. Outsourcing-Verträge müssen dem durch eine entsprechend flexible Ausformung mit der Möglichkeit zu Anpassungen Rechnung tragen.
Der Outsourcing-Prozess endet mit der *Implementierung* der Zusammenarbeit. Dazu muss das vereinbarte Konzept in die bestehenden Kontexte der beteiligten Unternehmen integriert werden. Naturgemäß ergeben sich dabei die gravierendsten Änderungen für das outsourcende Unternehmen, bei dem die Eigenerstellung zugunsten des Fremdbezugs aufgegeben wird. Erfolgreiche Outsourcing-Implementierungen zeichnen sich vor allem dadurch aus, dass die mit der Integration einhergehenden Veränderungen nicht einseitig erfolgen, sondern sowohl das Outsourcing-Konzept als auch die bestehenden Unternehmenskontexte so lange angepasst werden, bis eine für alle Beteiligten zufriedenstellende Lösung erreicht ist.[570] Ein wichtiges Element im Rahmen der Implementierung

[568] vgl. zum Beispiel Bullinger, Meiren (2001), S. 149 ff.; Barth, Hertweck (1999 a), S. 177 ff.
[569] siehe die Abschnitte 2.2, 3.2 sowie 3.3
[570] vgl. Zahn, Barth et al. (1998 a), S. 167 f.

stellt auch das Outsourcing-Controlling dar. Seine Aufgaben liegen in der Koordination der Zusammenarbeit der Partner sowie in der zugehörigen Informationsversorgung.[571] Erstere erfordern eine Beteiligung des Controlling an den outsourcing-bezogenen Planungs- und Kontrollprozessen.[572] Die eigentliche Aufgabe besteht hier nicht in der materiell-inhaltlichen Planung der Auslagerung, sondern in der Koordination und Kontrolle des Prozesses und seiner Ergebnisse.[573] Im Rahmen der Informationsversorgungsfunktion muss das Controlling das Informationsversorgungssystem auf die neu entstehenden Verhältnisse ausrichten und sicherstellen, dass die für das auslagernde Unternehmen relevanten Informationen aus dem outgesourcten Bereich weiterhin mit dem notwendigen Genauigkeits- und Verdichtungsgrad am richtigen Ort zum richtigen Zeitpunkt zur Verfügung stehen.[574]
Die folgende Abbildung verdeutlicht die inhaltlichen Schwerpunkte der einzelnen Phasen im Zusammenhang:

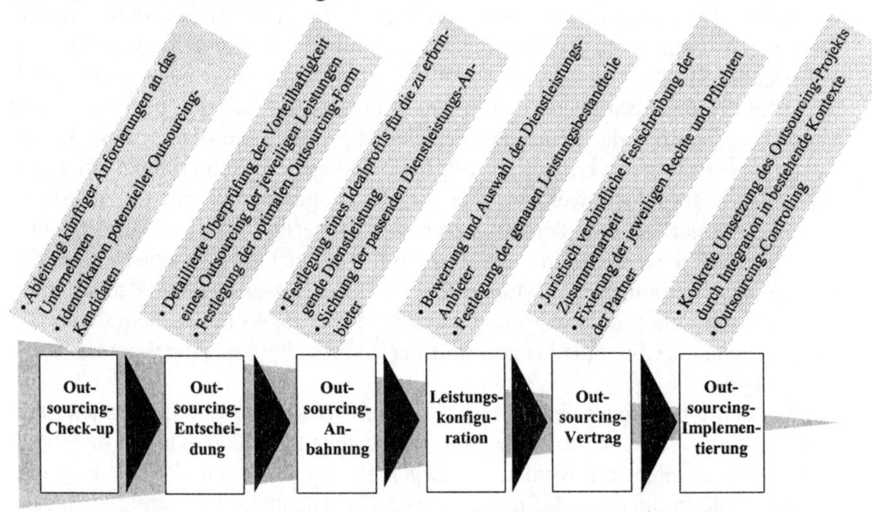

Abbildung 3-18: Die Phasen des Outsourcing-Prozesses und ihre zentralen Inhaltspunkte im Überblick

[571] vgl. Horváth (2001), S. 151 ff.; Zahn, Barth et al. (1998 a), S. 182
[572] vgl. Küpper, Weber et al. (1990), S. 284
[573] vgl. Bruch (1998), S. 177 ff.; Mensch (1996), S. 607; Zahn, Barth et al. (1998 a), S. 182
[574] vgl. Zahn, Barth et al. (1998 a), S. 182

4 DETERMINANTEN DES OUTSOURCING UNTERNEHMENSNAHER DIENSTLEISTUNGEN

Der im vorangehenden Abschnitt entwickelte Prozess zum Outsourcing unternehmensnaher Dienstleistungen ist eine flexible Heuristik, welche das Grundgerüst zum Vorgehen bei dienstleistungsbezogenen Auslagerungsprojekten darstellt. Seine generische Natur erlaubt die Anpassung an unterschiedliche Unternehmenssituationen. Dabei bleiben die identifizierten Phasen des Outsourcing-Prozesses in ihrer grundsätzlichen Funktion unverändert bestehen, allerdings können ihre Reihenfolge sowie die jeweils eingesetzten Methoden und Instrumente variieren. Durch seine Anpassbarkeit ist das Modell zwar sehr flexibel und für viele Outsourcing-Fälle einsetzbar, jedoch schmälert dies gleichzeitig seine Operativität. Vor allem hinsichtlich der situationsspezifisch richtigen Wahl und Gewichtung der einzusetzenden Methoden, welche zum Teil sogar zu gegensätzlichen Aussagen führen können, sind keine grundsätzlichen Empfehlungen hinterlegt.

Das Spannungsfeld zwischen Anpassbarkeit und Operativität kann durch die Identifikation der wesentlichen Einflussgrößen, welche den Ablauf und die inhaltliche Gestaltung des Outsourcing-Prozesses determinieren, verringert werden. Den unterschiedlichen Ausprägungen dieser Einflussfaktoren lässt sich ein jeweils idealer Prozessverlauf bzw. Methodeneinsatz zuordnen. Art und Ausprägung dieser Determinanten des Outsourcing-Prozesses sind Gegenstand der folgenden Ausführungen.

Eine Basisthese hinsichtlich der Determinanten besteht darin, dass die Gestaltung des Outsourcing-Prozesses wesentlich von den jeweiligen Zielen und Motiven beeinflusst wird, die mit dem Outsourcing verfolgt werden. Dies bedeutete, dass bei einem primär kostenmotivierten Auslagern von Leistungen sämtliche Prozesselemente daran auszurichten wären. Dem steht entgegen, dass ein Auslagerungsvorhaben durchaus mehrere Ziele besitzen kann, die nicht immer komplementär und eindeutig priorisierbar sind. Outsourcing ist vielmehr als eine mehrdimensionale, komplexe Entscheidung zu begreifen.[575] Daraus resultiert, dass es nicht ausreicht, beim kostenorientierten Outsourcing etwa nur die Kostenkomponente zu überprüfen, während bei einem know-how-orientierten Outsourcing ausschließlich der Know-how-Aspekt betrachtet wird. Eine solche direkte Kopplung führt aufgrund ihrer Eindimensionalität in vielen Fällen zu „falschen" bzw. wenigstens problematischen Outsourcing-

---

[575] vgl. Barth, Hertweck (1997), S. 27 f.; Bruch (1998), S. 42 ff.; Beer (1998), S. 200 ff.; Doig, Ritter et al. (2001), S. 32 ff.; Greaver (1999), S. 25 ff.; Heyd (1998), S. 906 f.; Männel (1996), S. 149; Picot, Hardt (1998), S. 627 ff.; Picot, Maier (1992 a), S. 19 ff.; Scherm (1996), S. 49 ff.; Zahn, Barth et al. (1998 a), S. 47

Entscheidungen, welche entsprechende Outsourcing-Risiken nachsichziehen.[576] Wesentlich besser als Indikator für die jeweils adäquate Gestaltung des Outsourcing-Prozesses ist die *(strategische) Bedeutung* der einzelnen Dienstleistung geeignet. Sie ist einerseits unabhängig von den bestimmenden Motiven der Auslagerung, weist jedoch andererseits direkten Bezug zum Outsourcing-Objekt - der unternehmensnahen Dienstleistung - auf. Auf ihrer Basis können wesentliche Elemente des weiteren Prozessverlaufs festgelegt werden.[577]
Neben der Bedeutung spielt auch der *Typ* der jeweils auszulagernden (unternehmensnahen) Dienstleistung eine zentrale Rolle als Prozessdeterminante.[578] Verschiedenartige Dienstleistungen besitzen unterschiedliche, sie charakterisierende Merkmale. Es ist unmittelbar einsichtig, dass sich beispielsweise die Auswahl eines Dienstleisters direkt an diesen Merkmalen zu orientieren hat. Bei wissensintensiven Dienstleistungen etwa, die spezielles Know-how bei ihrer Erbringung erfordern, ist darauf zu achten, dass beim Dienstleister entsprechende Wissenspotenziale vorhanden sind. Erweisen sich die zu erbringenden Dienstleistungen als sehr kontaktintensiv, muss eine Präsenz beim Endkunden vor Ort sichergestellt sein. Diese charakterisierenden Merkmale einer Dienstleistung besitzen auch Einfluss auf die Gestaltung der sie ergänzenden Leistungsangebote. So weisen stark interaktive Dienstleistungen aufgrund des engen Kundenkontakts mehr Ansatzpunkte für ergänzende Leistungen auf als weniger kontaktintensive und bieten damit auch mehr Spielräume zur Differenzierung.[579] Dies ist vor allem im Rahmen der Leistungskonfiguration entsprechend zu berücksichtigen. Wie jedoch bereits im Zusammenhang mit der Dienstleistungsdefinition[580] angeklungen ist, sind die unter dem Terminus „Dienstleistung" zusammengefassten Leistungen sehr heterogen. Entsprechend viele verschiedene, jeweils typische Merkmale werden mit unterschiedlichen unternehmensnahen Dienstleistungen assoziiert. Um die Anwendbarkeit dieser zweiten Determinante im Hinblick auf die Gestaltung des Outsourcing-Prozesses sicherzustellen, empfiehlt es sich daher, zunächst eine geeignete Typologisierung unternehmensnaher Dienstleistungen vorzunehmen, mit deren Hilfe sich zentrale Merkmale dieser Dienstleistungen herausfiltern lassen.
Die *Bedeutung einer Dienstleistung* für das Unternehmen sowie ihr jeweiliger *Dienstleistungstyp* sind die zentralen Determinanten für die Modellierung und Gestaltung des Outsourcing-Prozesses.[581] Beide werden im Folgenden ausführlich dargestellt. Ihren Ausprägungen lassen sich verschiedene, standardisierte

---

[576] siehe Abschnitt 2.1.2
[577] vgl. Zahn, Barth (2001 a), S. 564; Zahn, Barth (2001 b), S. 283
[578] vgl. Zahn, Barth (2001 b), S. 282 f.
[579] vgl. Meyer, Dullinger (1998), S. 726
[580] siehe Abschnitt 2.2
[581] vgl. Zahn, Barth (2001 b), S. 282 f.; Zahn, Barth (2001 c), S. 27 f.

Vorgehensweisen zum Outsourcing zuordnen, welche die Operativität des dargestellten Outsourcing-Vorgehensmodells steigern.

4.1 Bedeutung der auszulagernden Dienstleistung im Unternehmen

Korrespondierend mit der steigenden Bedeutung investiver bzw. unternehmensnaher Dienstleistungen aus makroökonomischer Sicht[582] ist ein entsprechender Zuwachs auch auf einzelwirtschaftlicher Ebene zu konstatieren,[583] wenngleich die Dienstleistungsintensität zwischen den einzelnen Branchen beträchtlich voneinander abweicht und eine industriezweigübergreifende Betrachtung daher eine starke Verallgemeinerung darstellt.[584] Die identifizierten Strukturveränderungen bei unternehmensnahen Dienstleistungen besitzen auch Auswirkungen auf den Umgang mit dem Outsourcing dieser Leistungen. In der aktuellen Wettbewerbslandschaft stellen unternehmensnahe Dienstleistungen nicht mehr nur eine Ergänzung und Abrundung des in der Regel stark sachgutorientierten Produktprogramms der Unternehmen dar. Vielmehr variiert die Bandbreite ihrer Bedeutung beträchtlich und eventuelle Outsourcing-Entscheidungen sind sorgfältig zu prüfen, denn es können strategisch wichtige Kompetenzfelder davon betroffen sein.
Die *Bewertung der Bedeutung einer Dienstleistung* im Unternehmen ist eine vielschichtige Thematik, die auf unterschiedlichste Weise angegangen werden kann und für die in vielen Fällen keine eindeutige Lösung zu finden ist. In dem hier bestehenden Kontext, in dessen Rahmen die strategische Bedeutung einer Dienstleistungen zur Festlegung von Ablauf und Gestaltung des Outsourcing-Prozesses herangezogen wird, erscheint eine Analyse wettbewerbsstrategischer Aspekte der sektoralen Strukturverschiebungen am zweckmäßigsten. Eine solche Untersuchung ermöglicht es, gegenwärtige und künftige Anforderungen an das Unternehmen zu identifizieren, welche notwendig sind, um im Wettbewerb bestehen zu können und daraus einen Katalog von zu erbringenden (Dienst-)Leistungen abzuleiten.[585]
Betrachtet man die Entwicklung des Dienstleistungsbereichs von Industrieunternehmen im Zeitablauf, lassen sich drei charakteristische Entwicklungsstufen identifizieren.[586]

---

[582] siehe Abschnitt 2.2.2
[583] siehe Abschnitt 2.3.2
[584] vgl. Gruhler (1993), S. 28; Olemotz (1995), S. 24
[585] vgl. Zahn, Barth et al. (1998 a), S. 38
[586] vgl. Belz, Schuh et al. (1997), S. 32 f.; Engelhardt, Paul (1998), S. 1324 ff.; Graßy (1998), S. 1344 f.; Hünerberg, Mann (1998), S. 167 ff.; Kleinaltenkamp (2001), S. 41 ff.; Laib

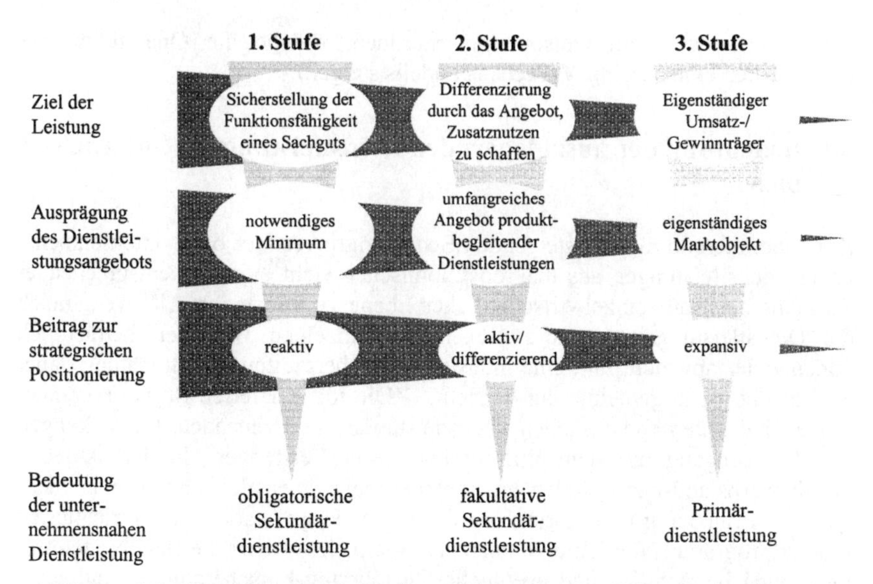

Abbildung 4-1: Dienstleistungen als Wettbewerbsinstrument von Industrieunternehmungen (vgl. Zahn, Barth (2001 c), S. 29 sowie Graßy (1996), S. 59; Laib (1998), S. 516; Töpfer (1996), S. 33)

Auf der ersten Stufe stellen unternehmensnahe Dienstleistungen bloße Nebenleistungen dar, die einzig die Aufgabe haben, die Funktionsfähigkeit des jeweils zugehörigen Sachguts sicherzustellen. Sie sind ohne das Sachgut nicht absetzbar. Meist handelt es sich dabei um (technische) Kundendienstleistungen wie Produkthandlings-, Reparatur-, Wartungs- oder Garantiearbeiten. Da diese Leistungen oftmals mit einem negativen Image im Sinne von Kompliziertheit oder Qualitätsmängeln verbunden sind, unterliegen sie gewöhnlich kaum eigenständigen Marketingaktivitäten und ihr Anteil am gesamten Leistungsbündel eines Unternehmens ist auf das notwendige Minimum beschränkt. Als *obligatorische Sekundärleistungen*, die von allen Wettbewerbern in ähnlicher Form angeboten werden müssen, weisen sie meist kein oder nur geringes akquisitorisches Potenzial auf.[587]

Aufgrund wachsender Kundenerwartungen, größeren Angebotsdrucks sowie der zunehmenden Komplexität der Sachgüter erreichen unternehmensnahe Dienstleistungen vielfach eine neue Bedeutungsdimension. Um die Funktion der komplexer werdenden Sachgüter zu sichern, erweitern die Unternehmen ihr

---

(1998), S. 515 ff.; Luczak, Sontow (1998), S. 266 ff.; Meyer, Dullinger (1998), S. 727 ff.; Schönrock (1982), S. 85 ff.; Töpfer (1996 b), S. 30 ff.

587 vgl. Biehal (1993), S. 34 ff.; Forschner (1988), S. 141 f.; Graßy (1996), S. 59 f.; Laib (1998), S. 515 f.; Neckermann, Wessels (1992), S. 527 f.

Dienstleistungsangebot in Art und Umfang.[588] So werden vermehrt kaufmännische Dienstleistungen wie zum Beispiel Finanzierungsangebote oder Wirtschaftlichkeitsprüfungen offeriert. Für die Vermarktungsfähigkeit des Hauptprodukts ist dieses Angebot aber nicht zwingend notwendig (*fakultative Sekundärleistung*).[589] Einhergehend mit diesem Wandel rücken die Dienstleistungen auch ins Blickfeld wettbewerbsstrategischer Überlegungen. Sie stellen nicht mehr nur reine Add-on-Leistungen zum Sachgut dar, sondern bieten Ansatzpunkte zur Differenzierung im Wettbewerb, indem mit ihrer Hilfe anbieter- oder produktspezifische Präferenzen geschaffen werden, welche sich positiv auf den Absatz der Sachgüter auswirken. Ihre steigende Bedeutung impliziert Veränderungen zentraler Basismerkmale, welche für Leistungen der ersten Stufe des Entwicklungsprozesses charakteristisch sind. Am bedeutsamsten ist hierbei, dass - da die erweiterten Leistungen als fakultativ betrachtet werden - für ihre Erbringung in der Regel ein Entgelt zu entrichten ist, um die mit ihnen verbundenen Kosten abzudecken bzw. Gewinne zu realisieren. Dienstleistungen erscheinen für derartige Differenzierungsstrategien besser geeignet als beispielsweise zusätzliche technische Produktmerkmale, da sie aufgrund ihrer Charakteristika[590] eine starke Individualisierung und eine hohe persönliche Bindung erlauben.[591]
Den (bisherigen) Endpunkt in der Evolution des Angebots unternehmensnaher Dienstleistungen bildet die Behandlung von *Dienstleistungen als eigenständiges Marktobjekt*, welche den Übergang von Sekundär- zu Primärleistungen impliziert. Dienstleistungen dienen nicht mehr nur als Instrument zur Förderung des Sachgutabsatzes, sondern stellen separate Umsatz- bzw. Gewinnträger dar. Zentrales Abgrenzungskriterium zu den Sekundärdienstleistungen ist die entsprechend separate und aktive Vermarktung dieser Leistungen.[592] Die Gründe für diese Entwicklung liegen zum einen in der dienstleistungsimmanenten Kostenproblematik[593], denn die vergleichsweise hohen Kosten für die Vorhaltung der notwendigen Dienstleistungsressourcen lassen sich immer weniger in

---

[588] Um diesen Schritt zu vollziehen, ist es notwendig, dass sich die Industrieunternehmen vom oftmals vorherrschenden, ausschließlich sachgutorientierten Denken und Handeln lösen. Dies thematisiert *Levitt* bereits 1972: „There are no such things as service industries. There are only industries whose service components are greater or less than those of other industries. Eyerybody is in service." Vgl. Levitt (1972), S. 41

[589] vgl. Engelhard, Reckenfelderbäumer (1993), S. 267 f.; Graßy (1993), S. 90 f.; Homburg, Garbe (1996 a), S. 262; Kleinaltenkamp (2001), S. 43

[590] siehe Abschnitt 2.2

[591] vgl. Deppe (1992), S. 296 ff.; Graßy (1998), S. 1345 f.; Jugel, Zerr (1989), S. 164; Meffert (1987), S. 93 f.; Töpfer (1996 b), S. 32

[592] vgl. Laib (1998), S. 516; Olemotz (1995), S. 99; Palloks-Kahlen, Kuczynski (2000), S. 135

[593] siehe Abschnitt 3.2.1

einem gemeinsamen Bündelpreis für Sachgut und Dienstleistung durchsetzen.[594] Zum anderen verändert sich das Selbstverständnis der Unternehmen immer stärker dahingehend, dass sie sich nicht mehr länger darauf beschränken, nur Anbieter eines bestimmten Produktes zu sein, sondern - umfassender - als Problemlöser auftreten, wozu Dienstleistungen unbedingt benötigt werden.[595] Gerade Dienstleistungen stellen dabei häufig den strategisch bedeutsamsten Teil der Lösung dar. Die Unternehmen versuchen deshalb, sich durch Integration von in der Wertkette vor- bzw. nachgelagerten Dienstleistungsaufgaben eine Systemkompetenz aufzubauen.[596] Im Rahmen dieser dritten Evolutionsstufe, bei der sich Dienstleistungen zu einem Kernbestandteil des Angebots entwickeln, werden diese auch zum Objekt eigenständiger wettbewerbsstrategischer Bemühungen. Abhängig vom Umfang des Dienstleistungsangebots sowie seiner organisatorischen Einbindung kann sich das Industrieunternehmen mittelfristig sogar zum Dienstleistungsunternehmen wandeln, bei dem Sachgüter nur noch als Ergänzung des Dienstleistungsangebots dienen.[597]

Die drei identifizierten Abschnitte stellen die prinzipiellen Stufen der Entwicklung des Dienstleistungsangebots eines Industrieunternehmens dar. Auf ihrer Basis ist die Abschätzung der Bedeutung einer Dienstleistung für das Unternehmen möglich. Im Hinblick auf die Verwendung dieser Kategorisierung zur Feststellung der Zweckmäßigkeit eines Outsourcing sollte allerdings ein weiterer Aspekt Beachtung finden. Die zweite und dritte Stufe des aufgezeigten Evolutionspfades ist meist mit einer starken Expansion des Dienstleistungsprogramms verbunden. Gewöhnlich ist dabei eine ausgeprägte Produkt- bzw. Konkurrenzorientierung festzustellen, Kundenwünsche werden jedoch in vergleichsweise geringem Umfang reflektiert. Es besteht insbesondere eine Vielfalt fakultativer Leistungen, die für den Kunden nicht mehr oder nur noch wenig transparent sind und von denen viele am realen Kundenbedarf vorbeigehen.[598] Die Folge hiervon ist eine entsprechend geringe Nachfrage, der eine in der Regel erhebliche Kostenbelastung infolge des Vorhaltens von Kapazitäten gegenübersteht.

Die Auseinandersetzung mit dem Dienstleistungsprogramm des Unternehmens im Rahmen von Outsourcing-Überlegungen sollte deshalb dazu genutzt werden, das *Dienstleistungsangebot professioneller zu gestalten*. Ein mit differenzie-

---

[594] vgl. Kleinaltenkamp (2001), S. 43 ff.; Meyer, Dullinger (1998), S. 730 ff.; Simon (1994), S. 731 f.

[595] vgl. Belz (1999), S. 3 f.; Beyer, Hilbert et al. (1998), S. 82 f.; Bullinger (1997), S. 29 ff.; Bullinger (1998 b), S. 24 f.; Chase, Garvin (1989), S. 61 ff.; Deppe (1992), S. 300; Lay, Schneider (2001), S. 16; Luczak (1995), S. 109; Zahn, Schmid (1996), S. 99 ff.

[596] vgl. Engelhardt (1996), Sp. 332; Fischer, Kallenberg (1999), S. 3 f.; Graßy (1998), S. 1346; Töpfer (1996 b), S. 35

[597] vgl. Hünerberg, Mann (1998), S. 169

[598] vgl. Graßy (1996), S. 61; Meyer, Blümelhuber (1995), S. 30

rungsschwachen Leistungen aufgeblähtes Dienstleistungsprogramm sollte auf einen Leistungskern zurückgeführt werden, der am Markt profilierend wirkt. Alle Leistungen, welche keinen zusätzlichen Nutzen für den Kunden bringen, für ihn unwichtig oder nicht nachvollziehbar sind, sollten aus dem Angebot entfernt werden.[599] Als hilfreich hierfür erweist sich die Einordnung der zu untersuchenden Leistungen in das folgende Portfolio, mit dessen Hilfe sich die Prioritäten aus Kundensicht übersichtlich darstellen und diskutieren lassen.

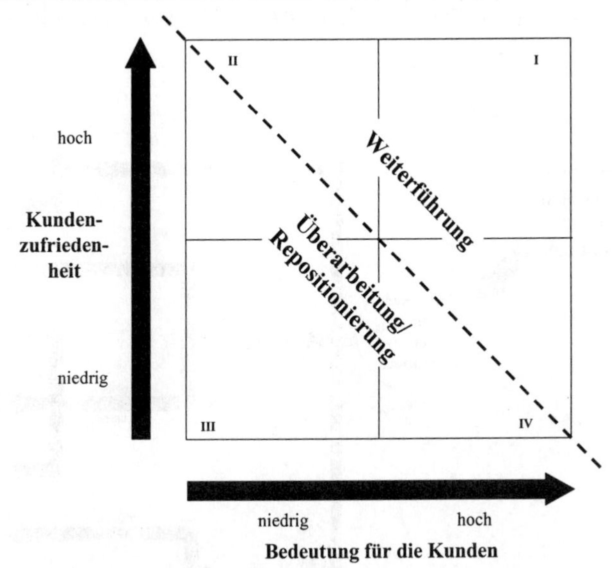

Abbildung 4-2: Das Kundenzufriedenheits-/Kundenbedeutungsportfolio (in Anlehnung an: Graßy (1996), S. 63)

Als zweite Achse neben der *Bedeutung für den Kunden* wurde die *Kundenzufriedenheit* gewählt. Mit Hilfe dieses Indikators sollen solche Leistungen herausgefiltert werden, mit denen - beispielsweise aufgrund einer auffällig hohen Anzahl an Beschwerden - die Kunden offensichtlich nicht zufriedengestellt werden konnten. Insbesondere das Angebot von Leistungen mit geringer Bedeutung für den Kunden sowie geringer Kundenzufriedenheit sollte überdacht und ggf. eliminiert werden.[600] Dienstleistungen, die für den Kunden zwar prinzipielle Bedeutung besitzen, allerdings in ihrer bisherigen Form als nicht zufriedenstellend empfunden werden, sollten im Rahmen von Outsourcing-Überlegungen einer Neugestaltung und Repositionierung unterzogen werden. Ähnliches gilt für

---

[599] vgl. Biermann (1997), S. 88 ff.; Graßy (1998), S. 1348; Sebastian, Hilleke (1994), S. 51; Töpfer (1996 b), S. 32

[600] vgl. Graßy (1996), S. 62

Leistungen, mit denen zwar eine hohe Kundenzufriedenheit erreicht wird, die allerdings nur von geringer Bedeutung sind. Hier erweist sich gewöhnlich eine Veränderung des Leistungsinhalts und -umfangs als erforderlich. Keine wesentlichen Anpassungen sind bei Dienstleistungen notwendig, die im dritten Quadranten positioniert sind. Bedeutung und Zufriedenheit sind hier jeweils hoch.
Im Fall der Notwendigkeit einer Veränderung einzelner Dienstleistungen bzw. des gesamten Leistungsprogramms bestehen verschiedene, prinzipielle Handlungsmöglichkeiten, welche in der folgenden Abbildung systematisiert sind.

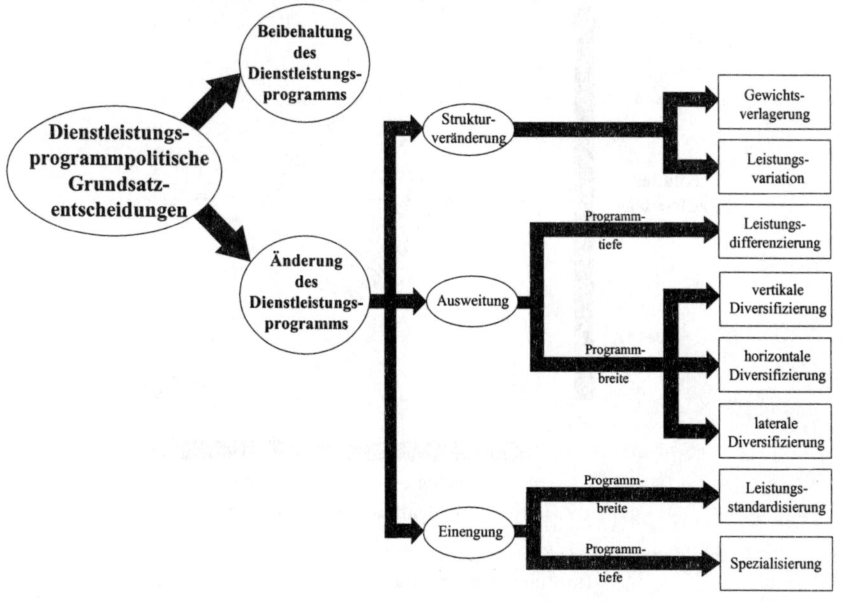

Abbildung 4-3: Standardmaßnahmen im Rahmen der Dienstleistungsprogrammgestaltung (vgl. Meyer (1996), S. 67; Kleinaltenkamp, Ginter (1998), S. 755)

Um ein zielgerichtetes Outsourcing zu gewährleisten, ist es zweckmäßig, wenn eventuelle Neustrukturierungen von Leistungen vor dem Beginn von Outsourcing-Maßnahmen erfolgen. Dabei müssen die erkannten Defizite beseitigt und die Leistungsinhalte auf das übrige Leistungsprogramm abgestimmt werden.[601]
Die Positionierung einer Dienstleistung innerhalb des Stufenmodells sowie ihre kritische Reflexion an den Kundenbedürfnissen bzw. der Kundenzufriedenheit erlaubt die Beurteilung der gegenwärtigen Bedeutung der Dienstleistung für das Unternehmen, und zwar sowohl aus unternehmensinterner Perspektive als auch aus Kundensicht. Um die Bedeutung der Dienstleistung jedoch als Determinante

[601] Für Einzelheiten zur Leistungsprogrammgestaltung siehe zum Beispiel Casagranda (1994), S. 178 ff.; Fassott (1995), S. 236 ff.; Meyer, Dullinger (1998), S. 722 ff.

für den Ablauf des Outsourcing-Prozesses heranziehen zu können, sind nicht nur der momentane Ist-Zustand, sondern auch die zukünftigen Entwicklungsmöglichkeiten und -erfordernisse der jeweiligen Dienstleistung zu betrachten. Outsourcing bedeutet schließlich die dauerhafte Fremdvergabe von Leistungen und benötigt daher auch eine langfristige, strategische Ausrichtung. Dazu muss die Dienstleistung sowohl im Kontext der wichtigsten diesbezüglichen Umweltentwicklungen als auch der langfristigen strategischen Orientierung des Unternehmens analysiert werden. Die Ausprägungen der Determinante bei den jeweils betrachteten Dienstleistungen lassen sich am besten mit Hilfe einer einfachen Profilgrafik systematisieren und veranschaulichen.[602]

	Bedeutung der Dienstleistung		
	niedrig	mittel	hoch
gegenwärtig	●	●	
zukünftig	▼ *Dienstleistung A*	*Dienstleistung B*	▲

Abbildung 4-4: Gegenwärtige und zukünftige Bedeutung des Dienstleistungsgeschäfts im Überblick

In ihr wird jede Dienstleistung entsprechend ihrem Entwicklungsstand einer der drei beschriebenen Stufen zugeordnet. Es empfiehlt sich, nicht nur den aktuellen Ist-Stand zu berücksichtigen, sondern auch eine Einschätzung der künftig wahrscheinlichen Bedeutung. Auf diese Weise lässt sich ein potenzieller Entwicklungspfad der betreffenden Dienstleistung ermitteln. Eine solche Einschätzung ist in Abbildung 4-4 beispielhaft anhand zweier Dienstleistungen A und B illustriert.

Aggregiert man die Darstellungen der einzelnen Leistungen in einer Grafik, vermittelt diese zudem einen Überblick über das Dienstleistungsgeschäft des Unternehmens insgesamt, dessen Entwicklungspotenziale sowie dessen Ausgewogenheit. Für das weitere Vorgehen ist es darüber hinaus hilfreich, für jede Dienstleistung eine kurze Zusammenfassung zu erstellen, in der die wichtigsten Erkenntnisse der Analysen stichwortartig vermerkt sind.

Ergebnis solcher Analysen ist ein Katalog aller aktuell vorhandenen internen oder externen Dienstleistungen eines Unternehmens, einschließlich einer Einschätzung bezüglich ihrer gegenwärtigen und zukünftigen Bedeutung. Der Katalog dient als Ausgangspunkt für Outsourcing-Überlegungen. Besitzen die Outsourcing-Kandidaten etwa eine hohe Bedeutung für das Unternehmen, ist zu

---

[602] Die konkrete Bestimmung der Ausprägung der Determinante für die jeweils fokussierte Dienstleistung erfolgt im Rahmen der Outsourcing-Check-up-Phase, siehe Abschnitt 5.2

prüfen, ob eine Auslagerung überhaupt sinnvoll ist oder ob zukünftige Entwicklungspotenziale dadurch gefährdet werden. Umgekehrt kann zum Beispiel eine für das Unternehmen eher periphere Dienstleistung, welche voraussichtlich auch in Zukunft keine besondere Rolle spielen wird, in der Regel als Outsourcing-Kandidat eingestuft werden.

Zentraler Einfluss auf den Outsourcing-Prozess kommt der Determinante damit bei der Gestaltung der Outsourcing-Entscheidung zu. Die Kategorisierung von Dienstleistungen anhand ihrer Bedeutung ermöglicht eine direkte Zuordnung entsprechender Bewertungsverfahren und damit die zielgerichtete Durchführung der Evaluierung der Dienstleistungen hinsichtlich ihrer Outsourcing-Eignung. Darüber hinaus können auf Basis der Einschätzungen bezüglich der künftigen Bedeutung der betrachteten Dienstleistungen Ansatzpunkte für solche Leistungen identifiziert werden, die das Unternehmen zum gegenwärtigen Zeitpunkt noch nicht erbringt, die jedoch wesentlich sein können, um in Zukunft im Wettbewerb zu bestehen. Diese sind allerdings per definitionem noch nicht Gegenstand von Outsourcing-Maßnahmen.[603] Sie werden daher im Rahmen dieser Arbeit nicht weiter betrachtet.

4.2 Typus der auszulagernden Dienstleistung

Neben der Bedeutung von Dienstleistungen ist der jeweilige *Typus der auszulagernden Dienstleistung* eine zweite, wesentliche Einflussgröße des Outsourcing-Prozesses. Ein Typ bezeichnet die Zusammenfassung einzelner Dienstleistungen, welche sich durch gleiche Merkmale auszeichnen. Diese Typ-Merkmale unterscheiden sich allerdings von den dargestellten Dienstleistungscharakteristika und ebenso von den Besonderheiten unternehmensnaher Dienstleistungen. Während diese primär dem präziseren Umreißen des Dienstleistungsbegriffs und der Abgrenzung zu Sachgütern dienten, stehen jetzt solche Merkmale im Vordergrund, die eine unterschiedliche Gestaltung von Outsourcing-Prozessen erforderlich machen.

Über die verschiedenen Typen unternehmensnaher Dienstleistungen und ihre vorherrschenden Merkmale besteht - nicht zuletzt aufgrund deren Heterogenität - keineswegs Einigkeit.[604] Um eine Operationalisierung dieser zweiten Determinante im Hinblick auf die Ableitung von Gestaltungsempfehlungen für den Outsourcing-Prozess zu erreichen, ist es daher notwendig, zunächst eine Zusammenfassung der Vielfalt unternehmensnaher Dienstleistungen zu einigen wenigen Typen vorzunehmen. Ein Rückgriff auf bereits existierende Typologi-

[603] Outsourcing bezieht sich nur auf solche Leistungen, die bislang intern erbracht wurden (siehe Abschnitt 2.1.1.1).

[604] Diese lässt sich vor allem an der Vielzahl der existierenden Dienstleistungstypologien festmachen. Vgl. hierzu die Ausführungen bei Jaschinski, Roy (1993), S. 9 ff.

sierungen[605] scheidet dabei aus, da sich bei diesen entweder die gewählten Abgrenzungsmerkmale für Ableitungen von Gestaltungsempfehlungen für Outsourcing-Prozesse als ungeeignet erweisen[606] oder die Typologisierungsergebnisse nicht empirisch belegt sind.[607]
Im Folgenden wird daher, basierend auf empirischen Ergebnissen[608], eine eigene Typologisierung für unternehmensnahe Dienstleistungen entwickelt, welche als Ausgangspunkt für die weitere Determinierung von Outsourcing-Prozessen herangezogen werden kann. Ihr Ausgangspunkt ist die Festlegung der zu untersuchenden Dienstleistungsmerkmale, welche auf Basis der Dienstleistungsdefinition[609] erfolgt. Darauf aufbauend werden mittels einer Faktorenanalyse und einer daran anschließenden Clusteranalyse in sich homogene Typen von Dienstleistungen identifiziert,[610] mit deren Hilfe sich der Outsourcing-Prozess genauer bestimmen lässt.
Um eine bessere Fokussierung unternehmensnaher Dienstleistungen zu erreichen, wurden bereits im Vorfeld der empirischen Erhebung auf Basis bestehender Dienstleistungstypologien[611] insgesamt acht Merkmale zur Charakterisierung von Dienstleistungen (vor-)ausgewählt (siehe die nachstehende Abbildung 4-5).

---

605 vgl. Knoblich (1972), S. 143

606 Dies trifft vor allem auf Typologisierungen nach Branchen zu (vgl. zum Beispiel Decker (1975), S. 217 ff.; Jaschinski (1998), S. 60 ff.; Knigge (1973), S. 90 ff.). Diese sind für eine Strukturierung von Dienstleistungen deshalb wenig geeignet, da im Dienstleistungsbereich eine beständige Konversion einzelner Branchen stattfindet. Ein Beispiel hierfür stellen sogenannte Customer Care Services dar. Es existiert mittlerweile nahezu keine Branche, in der solche Dienste in Form von Call Centern, Helpdesks oder Hotlines nicht anzutreffen ist. Darüber hinaus ist zu konstatieren, dass gerade unternehmensnahe Dienstleistungen vielfach von produzierenden Unternehmen erbracht (siehe Abschnitt 2.2.2.3), was die notwendige Trennschärfe zwischen den Branchen weiter verringert. Vgl. Barth, Baumeister et al. (1999), S. 25

607 vgl. zum Beispiel Engelhardt, Kleinaltenkamp et al. (1992), S. 34 ff.; Meyer (1998 b), S. 51 ff.; Vandermerwe, Chadwick (1991), S. 49 ff.; Witt (1988), S. 674 ff.

608 vgl. Barth, Baumeister et al. (1999), S. 25 ff.; dort finden sich auch detaillierte Angaben zum Untersuchungsdesign.

609 siehe Abschnitt 2.2.1

610 vgl. Barth, Hertweck et al. (2000), S. 2

611 Wichtigste Bezugsquelle bildeten die zum Beispiel bei Corsten (vgl. Corsten (1997), S. 31 ff.) aufgelisteten eindimensionalen Ansätze von Dienstleistungen sowie die von Meyer aufgestellten Differenzierungskriterien für Dienstleistungen (vgl. Meyer (1984), S. 202 ff.), aus welchen die für unternehmensnahe Dienstleistungen relevantesten Merkmale ausgewählt wurden.

Merkmal 1: Objekt der Dienstleistungserbringung

➤ **Frage:** An wem werden ihre Dienstleistungen überwiegend erbracht?

Merkmal 2: Faktor der Dienstleistungserbringung

➤ **Frage:** Durch wen werden ihre Dienstleistungen überwiegend erbracht?

Merkmal 3: Komplexität der Dienstleistung

➤ **Frage:** Wie hoch schätzen Sie den Komplexitätsgrad Ihrer Dienstleistungen ein?

Merkmal 4: Standardisierungsgrad der Dienstleistung

➤ **Frage:** Wie hoch schätzen Sie den Standardisierungsgrad (Abläufe, Ergebnisse, etc.) Ihrer Dienstleistungen ein?

Merkmal 5: Anpassbarkeit der Dienstleistung

➤ **Frage:** Wie hoch schätzen Sie die Anpassbarkeit Ihrer Dienstleistungen an individuelle Kundenwünsche ein?

Merkmal 6: Interaktionsgrad

➤ **Frage:** Wie hoch schätzen Sie die Interaktion zwischen Kunden und Mitarbeitern bei der Dienstleistungserbringung ein?

Merkmal 7: Kopplung der Dienstleistung an materielle Güter

➤ **Frage:** Wie hoch schätzen Sie die Kopplung Ihrer Dienstleistungen an materielle Güter ein?

Merkmal 8: Dienstleistungsbündelung

➤ **Frage:** Wie hoch schätzen Sie die gegenseitige Kopplung Ihrer Dienstleistungen („Dienstleistungsbündelung") ein?

Abbildung 4-5: Empirische Erhebung: Merkmale zur Kategorisierung der angebotenen Dienstleistungen
(vgl. Barth, Hertweck et al. (2000), S. 6)

Jedem der acht Merkmale wurde eine Frage zugeordnet, zu deren Beantwortung die Unternehmen die von ihnen angebotenen Dienstleistungen auf einer fünfstufigen Skala kategorisieren mußten.[612] Bereits aus der Verteilung der Antworten zu den einzelnen Merkmalen lassen sich einige interessante Aussagen hinsichtlich charakteristischer Eigenschaften unternehmensnaher Dienstleistungen ableiten, welche wiederum als Ausgangspunkt für eine typorientierte Zusammenfassung dienen können.[613] Sie sind im Folgenden im Überblick dargestellt.

- Bezüglich des ersten untersuchten Merkmals, dem *Objekt der Dienstleistungserbringung*, antworten 36 Prozent der befragten Unternehmen, dass ihre Dienstleistungen überwiegend an Menschen erbracht werden. Bei rund 45 Prozent handelt es sich um Mischformen, während 19 Prozent der Unternehmen ihre Dienstleistungen überwiegend an Maschinen erbringen. Beispiele für die letztere Gruppe sind insbesondere technische Dienstleistungen wie etwa Montage-, Wartungs- und Instandhaltungsleistungen. Charakteristisch für viele dieser Dienstleistungen ist zudem, dass sie von den Unternehmen meist nicht als eigenständige Leistung angeboten werden, sondern als begleitende Nebenleistung zu Sachgütern. Interessant ist darüber hinaus die Tatsache, dass Unternehmen, die ihre Dienstleistungen im Wesentlichen am Menschen erbringen, diese Leistungen in der Regel als Hauptleistungen anbieten.

[612] Zum genauen Untersuchungsdesign sowie zur Datenbasis der Erhebung siehe Barth, Baumeister et al. (1999), S. 20 ff.

[613] vgl. Barth, Baumeister et al. (1999), S. 27 ff.; Barth, Hertweck et al. (2000), S. 5 ff.

- Bei der anschließenden Frage, durch wen die Dienstleistungen erbracht werden (*Faktor der Dienstleistungserbringung*) nennen 61 Prozent der Unternehmen den Menschen als wesentlichen Faktor der Dienstleistungserbringung, während nur bei drei Prozent die Dienstleistungen überwiegend durch Maschinen erstellt werden. Bei letzteren handelt es sich um hochautomatisierte Dienstleistungen wie etwa maschinengestützte Kuvertierungs- und Versandarbeiten für Massenwurfsendungen oder Online-Dienstleistungen wie Datenclearing und Datentransport. Dienstleistungen können mithin durchaus auch mit einer sehr geringen Personalintensität erbracht werden. Insgesamt gesehen bestätigen die Ergebnisse jedoch das konventionelle Verständnis von Dienstleistungen, welches von der Vorstellung eines hohen Einsatzes an menschlicher Arbeitsleistung geprägt ist.
- Das dritte Merkmal zielt auf die Beurteilung der *Komplexität der angebotenen Dienstleistung*. Hier antworten 49 bzw. 28 Prozent der Unternehmen, dass sie ihre Dienstleistungen als hoch bzw. sehr hoch komplex einschätzen, während nur zwei Prozent der Unternehmen die Komplexität ihrer Dienstleistungen als gering empfinden. Dienstleistungen werden also durchaus nicht als etwas „Einfaches“ und „leicht Handhabbares“ gesehen, vielmehr wird ihnen ein recht hoher Komplexitätsgrad zugeschrieben - zumindest nach Meinung der befragten Unternehmen. Eine mögliche Ursache hierfür könnte der hohe Bedeutungsgrad des menschlichen Faktors sein (siehe dazu die Merkmale eins und zwei); unter Umständen ist dies aber auch auf einen Mangel an geeigneten Methoden zum Management von Dienstleistungen zurückzuführen. Vergleicht man die Dienstleistungskomplexität mit anderen Merkmalen, so fällt auf, dass sie mit einigen davon positiv korreliert ist. Als wesentliche Komplexitätstreiber bei Dienstleistungen lassen sich die Anpassbarkeit, der Interaktionsgrad und die Dienstleistungsbündelung identifizieren. Die Komplexität ihrerseits wiederum hat Einfluss auf den Faktor der Dienstleistungserbringung. Je komplexer eine Dienstleistung ist, desto eher wird sie vom Menschen erbracht.
- Die Frage nach dem *Standardisierungsgrad* der angebotenen Leistungen ergibt deutliche Unterschiede zur bisherigen Verteilung der Antworten. Waren diese durch eher extreme Merkmalsausprägungen (vor allem linksschiefe Verteilungen) gekennzeichnet, so ergibt sich bezüglich des Standardisierungsgrads eine annähernd symmetrische Verteilung. Insgesamt geben fünf Prozent der Unternehmen an, dass ihre Dienstleistungen in sehr hohem Maße standardisierbar sind. Im Gegensatz dazu sind es zehn Prozent der Unternehmen, die den Standardisierungsgrad ihrer Dienstleistungen als sehr gering einschätzen. Dabei handelt es sich vor allem um Forschungs- und Beratungsdienstleistungen.
- Die *Anpassbarkeit* der jeweiligen Dienstleistungen an individuelle Kundenwünsche ist das fünfte der untersuchten Merkmale. Hier geben 57 Prozent

bzw. 29 Prozent der befragten Unternehmen an, dass ihre Dienstleistungen in sehr hohem bzw. hohem Maße an Kundenwünsche adaptierbar sind, während innerhalb der gesamten Befragung gerade zwei Unternehmen ihre Leistung als nur sehr gering anpassbar charakterisieren. Die Ergebnisse bestätigen damit nicht nur die außerordentliche Bedeutung des externen Faktors „Kunde" bei der Erbringung von Dienstleistungen, sondern verdeutlichen auch den hohen Grad an Flexibilität, der von der überwiegenden Mehrheit der Dienstleistungsanbieter verlangt wird.

- Der *Interaktionsgrad*, welcher den angebotenen Dienstleistungen zu eigen ist, weist eine ähnliche Verteilung wie das vorherige Merkmal der Anpassbarkeit auf. Auch hier bewerten drei Viertel der Unternehmen die Merkmalsausprägung als hoch bis sehr hoch, d.h., die Interaktion zwischen Mitarbeitern und Kunden spielt bei der Dienstleistungserbringung eine entscheidende Rolle. Dieses Resultat zeigt damit zugleich sehr deutlich, dass an Mitarbeiter im Dienstleistungsbereich erheblich andere Anforderung zu stellen sind als etwa an Mitarbeiter in produzierenden Unternehmen. Insbesondere erlangen kommunikative und soziale Fähigkeiten im Umgang mit den Kunden eine weitaus größere Bedeutung.
- Das siebte der untersuchten Merkmale beschäftigt sich mit der *Kopplung der Dienstleistungen an Sachgüter*. Dabei fällt auf, dass sich die Antworten der befragten Unternehmen relativ gleichmäßig über die einzelnen Kategorien verteilen. Insbesondere erhalten die beiden Extrema vergleichsweise hohe Werte. So geben 17 Prozent der Unternehmen an, dass ihre Dienstleistungen nur in sehr geringem Umfang an Sachgüter angelehnt sind. Dies trifft vor allem auf Beratungs- und Schulungsleistungen zu. Dagegen zählen zu den 13 Prozent der Unternehmen, deren Dienstleistungen sehr stark an materielle Güter gekoppelt sind, insbesondere technische Dienstleistungen, aber auch Dienstleistungen im Bereich des Facility Management oder des IT-Outsourcing.
- Das letzte Merkmal betrachtet die *Kopplung der Dienstleistungen untereinander*. Es bezieht sich auf den Umstand, ob Dienstleistungen von den Unternehmen eher als Einzelleistungen oder als Dienstleistungspakete bzw. -bündel angeboten werden. Die Ergebnisse der Befragung zeigen, dass bei der Mehrzahl der Unternehmen die offerierten Dienstleistungen relativ miteinander verwoben sind. So schätzen immerhin insgesamt 37 Prozent die gegenseitige Kopplung ihrer Dienstleistungen als hoch ein, 14 Prozent bezeichnen diese sogar als sehr hoch. Hingegen geben nur fünf Prozent der Unternehmen an, ihre Dienstleistungen seien in nur sehr geringem Maße gegenseitig gekoppelt. Im Vergleich zur Sachgüterkopplung fällt auf, dass die Dienstleistungen der befragten Unternehmen stärker an andere Dienstleistungen als an Sachgüter gekoppelt sind, denn die Verteilung bei der Sachgüterkopplung ist wesentlich ausgeglichener.

Die acht Merkmale und ihre Ausprägungen vermitteln ein umfassendes Bild hinsichtlich des Spektrums unternehmensnaher Dienstleistungen. Die für die angestrebte Strukturierung notwendige Ableitung von einzelnen, durch bestimmte Merkmalsausprägungen gekennzeichnete Typen ist auf dieser Basis allein jedoch noch nicht möglich. Dazu erforderlich ist eine Analyse der bestehenden Zusammenhänge zwischen den verschiedenen Merkmalen. Das Ergebnis einer derartigen Korrelationsanalyse für die acht beschriebenen Merkmale besagt, dass zwischen ihnen kaum nennenswerte Wechselbeziehungen vorliegen - die höchsten Werte sind für die Anpassbarkeit und den Interaktionsgrad sowie die Komplexität und den Interaktionsgrad zu verzeichnen.[614] Um diese gemeinsamen Einflüsse völlig zu eliminieren und so möglichst „reine" Typen zu erhalten, wird im Anschluss eine Faktorenanalyse durchgeführt. Dabei werden die Merkmale, zwischen denen Korrelationen bestehen, zu gemeinsamen Faktoren zusammengefasst. Schlussendlich erhält man - unter Inkaufnahme eines gewissen Informationsverlusts, welcher mit jeder Reduzierung der Merkmale einhergeht - eine geringe Zahl vollständig unabhängiger Faktoren. Die Zahl der Faktoren ist daher so zu wählen, dass einerseits die gegenseitigen Wechselbeziehungen möglichst gering sind, andererseits ein möglichst hoher Teils des Gesamtverhaltens der untersuchten Dienstleistungen erklärt werden kann.[615] Die folgende Abbildung 4-6 zeigt die dazu notwendigen Verfahrensschritte im Überblick:

Merkmal 1: Objekt der Dienstleistungserbringung
Merkmal 2: Faktor der Dienstleistungserbringung
Merkmal 3: Komplexität der Dienstleistung
Merkmal 4: Standardisierungsgrad der Dienstleistung
Merkmal 5: Anpassbarkeit der Dienstleistung
Merkmal 6: Interaktionsgrad
Merkmal 7: Kopplung der Dienstleistung an materielle Güter
Merkmal 8: Dienstleistungsbündelung

Korrelationsanalyse
Faktorenanalyse

Faktor 1: Variantenvielfalt
Faktor 2: Kontaktintensität

Abbildung 4-6: Empirische Erhebung: Zentrale Einflussfaktoren der untersuchten Dienstleistungen
(vgl. Barth, Hertweck et al. (2000), S. 10)

Das in dieser Beziehung beste Ergebnis liefert die Reduktion und Zusammenfassung der acht Merkmale auf die zwei voneinander weitgehend unabhängigen Faktoren

[614] vgl. Barth, Baumeister et al. (1999), S. 30
[615] vgl. Barth, Baumeister et al. (1999), S. 30

- Variantenvielfalt und
- Kontaktintensität.[616]

Um über diese beiden Faktoren zu repräsentativen Dienstleistungstypen zu gelangen, ist es notwendig, mittels einer Clusteranalyse charakteristische Faktorkombinationen zu ermitteln, denen sich ein Großteil der betrachteten Dienstleistungen zuordnen lässt. Für die hier verwendeten Daten ergaben sich insgesamt vier in sich homogene Cluster, wie sie in Abbildung 4-7 dargestellt sind.

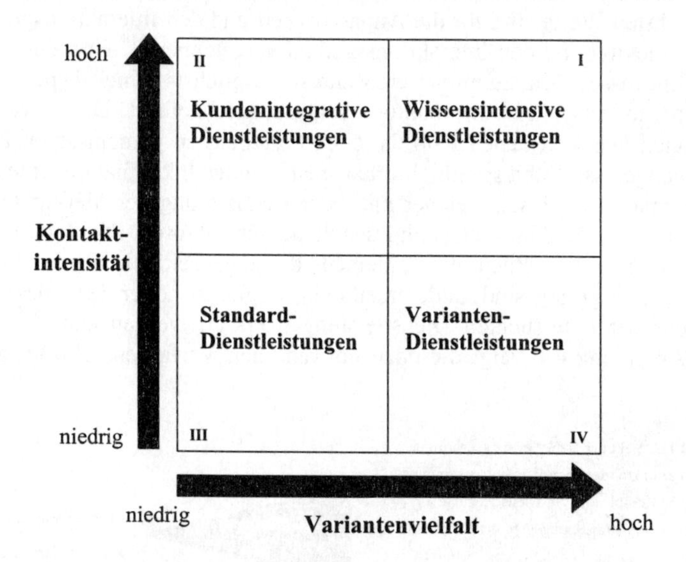

Abbildung 4-7: Dienstleistungstypologie
(vgl. Barth, Hertweck et al. (2000), S. 11)

Da die Unternehmen im Rahmen der Erhebung darüber hinaus gebeten wurden, jeweils typische Dienstleistungen zu benennen, lässt sich explizit bestimmen, welche Dienstleistungen in den einzelnen Clustern vertreten sind. Die Dienstleistungstypologie kann damit wie folgt beschrieben werden.[617]

- *Cluster 1: Wissensintensive Dienstleistungen*
  Diese von den Unternehmen angebotenen Dienstleistungen zeichnen sich durch hohe Mittelwerte bezüglich beider ermittelten Faktoren aus - charakteristisch sind eine breite Variantenvielfalt und eine große Kontaktintensität.

---

[616] Zur detaillierten Beschreibung des Vorgehens sowie Hinweisen bezüglich der Zusammenfassung der Merkmale und ihrer Interpretation vgl. Barth, Baumeister et al. (1999), S. 30 ff.

[617] vgl. Barth, Hertweck et al. (2000), S. 9 ff.

Die Analyse der Dienstleistungen, welche dem Cluster zugeordnet werden, macht deutlich, dass es sich dabei vor allem um Leistungen aus dem Bereich der hochwertigen Business Services handelt, also beispielsweise um Beratungs-, Marktforschungs- und Engineering-Dienstleistungen, die typischerweise sehr kundenspezifisch sind und in enger Zusammenarbeit mit dem Kunden erbracht werden. Sowohl die für dieses Cluster bezeichnenden Eigenschaften als auch die von den befragten Unternehmen exemplarisch genannten Dienstleistungen zeigen, dass es im Wesentlichen solche Dienstleistungen sind, die üblicherweise mit dem Terminus „wissensintensive Dienstleistungen“[618] bzw. „Professional Services“[619] umschrieben werden.

- *Cluster 2: kundenintegrative Dienstleistungen*
  Auch die im zweiten Cluster zusammengefassten Dienstleistungen sind kontaktintensiver Natur. Der wesentliche Unterschied zum ersten Cluster besteht hinsichtlich der Variantenvielfalt. Im Gegensatz zur ersten Gruppe handelt es sich hierbei um variantenarme Services, welche jedoch eine relativ hohe Kontaktintensität aufweisen. Sie werden daher unter der Bezeichnung kundenintegrative Dienstleistungen zusammengefasst. Typische unternehmensbezogene Leistungen in diesem Segment stellen Call Center oder andere Customer Care Services wie zum Beispiel die telefonische Kundenbetreuung dar. Obwohl der Kunde dabei ein integrales Element zur Erbringung der Dienstleistung ist, werden die Dienstleistungen praktisch nicht variiert, sondern folgen einem einheitlichen Grundmuster.
- *Cluster 3: Standard-Dienstleistungen*
  In diesem Cluster finden sich sowohl variantenarme als auch wenig kontaktintensive Dienstleistungen. Da beide Faktoren nur niedrige Ausprägungen aufweisen, ist bei ihnen von vergleichsweise einfachen Standardleistungen auszugehen.[620] In Anlehnung an den Prozess ihrer Erbringung werden solche Leistungen im angelsächsischen Sprachraum auch mit dem Begriff „Service Factory“ charakterisiert.[621] Beispiele hierfür sind vor allem Logistik- und Transportdienstleistungen.
- *Cluster 4: Varianten-Dienstleistungen*
  Dienstleistungen, die in diesem Cluster positioniert sind, bilden den Gegenpol zu den kundenintegrativen Dienstleistungen aus dem zweiten Cluster. Die Betrachtung der Faktoren-Mittelwerte zeigt eine im Vergleich entgegengesetzte Ausprägung. Es sind somit insbesondere sehr variantenreiche Dienstleistungen vertreten, die sich gleichzeitig durch eine extrem niedrige Kon-

---

[618] vgl. Michalski (1997), S. 360 f.; Strambach (1995), S. 177
[619] vgl. Müller-Stewens, Drolshammer et al. (1999), S. 20 ff.; Schmenner (1995), S. 11 f.
[620] vgl. Strambach (1997), S. 233
[621] vgl. Schmenner (1995), S. 11

taktintensität auszeichnen. In der Typologie werden sie deshalb als anpassbare Varianten-Dienstleistungen kategorisiert und entsprechen weitgehend den in der anglikanischen Literatur als „Service Shop“[622] titulierten Dienstleistungen. Beispiele hierfür sind einerseits vor allem technische Dienstleistungen, etwa solche, die im Rahmen eines IT-Outsourcing erbracht werden. Die Einbindung des Kunden erfolgt hier meist nur im Rahmen der Aufstellung eines genauen Anforderungskatalogs. Trotzdem ist die Variantenvielfalt bei diesen Dienstleistungen sehr hoch, da jeweils spezifische Anpassungen an die IT-Infrastruktur des Kunden erforderlich sind. Andererseits sind in diesem Zusammenhang Versicherungsdienstleistungen zu nennen, bei denen oftmals ein Kundenkontakt nur bei Vertragsabschluss oder im Schadensfall stattfindet, während die Dienstleistungsprozesse (zum Beispiel Kalkulationen, Rechnungsstellungen) in der übrigen Zeit fast komplett im Back Office des Versicherungsunternehmens ablaufen.

Mit der *Variantenvielfalt* und der *Kontaktintensität* konnten - auf Basis empirischer Untersuchungen - die zwei Merkmale ermittelt werden, anhand derer sich innerhalb des Feldes unternehmensnaher Dienstleistungen[623] verschiedene Typen differenzieren lassen. Obwohl nur auf zwei Charakteristika fußend, ist das Typologisierungs-Portfolio bei der Einordnung von Dienstleistungen nicht immer einfach zu verwenden. Vor allem an den Übergängen von einer niedrigen zu einer hohen Ausprägung beider Einflussdimensionen existieren „Grauzonen“, welche die exakte Zuordnung bestimmter Dienstleistungen erschweren. Im Hinblick auf die Funktion der Typologie als Determinante des Outsourcing-Prozesses fällt diese Unschärfe allerdings weniger stark ins Gewicht, denn eine grundsätzliche Positionierung der jeweiligen Dienstleistung innerhalb einem der vier Felder ist hierfür völlig ausreichend.

Betrachtet man die Konsequenzen für das Outsourcing bestimmter Dienstleistungstypen genauer, ergeben sich vor allem mit den einander entgegengesetzten Feldern der wissensintensiven und der standardisierten Dienstleistungen zwei Pole, die eine vergleichsweise unterschiedliche Handhabung erforderlich machen. Größere Schwierigkeiten, eindeutige Handlungsempfehlungen für das Outsourcing zu gewinnen, bereiten die beiden übrigen Typen, die je eine starke und eine schwache Ausprägung bei einem der Merkmale aufweisen. Hier erweist sich in der Regel ein selektives Vorgehen als notwendig, welches Methoden aus den beiden Extrempositionen kombiniert. Dies ist fallspezifisch anhand der jeweils vorliegenden Ausprägung der Merkmale festzulegen. Abhängig vom jeweiligen Dienstleistungstyp sind die einzelnen Phasen des Outsourcing-Prozesses entsprechend unterschiedlich anzugehen und zu gestalten. Dabei ist

---

[622] vgl. Schmenner (1995), S. 11 f.

[623] Zu den Charakteristika unternehmensnaher Dienstleistungen im Allgemeinen siehe Abschnitt 2.2.3

insbesondere das Zusammenspiel der beiden Determinanten zu beachten, welches vor allem bei der Gestaltung der Phase der Outsourcing-Entscheidung eine wichtige Rolle spielt.

4.3 Auswirkungen der Determinanten auf das Outsourcing-Modell

Mit der *Bedeutung der Dienstleistung* und dem *Dienstleistungstyp* wurden die zwei zentralen Determinanten des Outsourcing-Prozesses identifiziert und beschrieben. Über sie kann die konkrete Ausgestaltung der einzelnen Phasen des Outsourcing-Prozesses bestimmt werden. Während die Ausprägungen der Determinanten von Dienstleistung zu Dienstleistung verschieden sind, bleiben die allgemeinen Wirkungszusammenhänge zwischen den Determinanten und den jeweiligen Prozessphasen dieselben. Sie werden im Folgenden näher analysiert.

Die erste Determinante, die *Bedeutung der Dienstleistung* für das Unternehmen, besitzt vor allem Einfluss auf die Phase der Outsourcing-Entscheidung. Abhängig von der Bedeutung der jeweils fokussierten Dienstleistung sind unterschiedliche Evaluierungsmethoden zu wählen. Dienstleistungen etwa, die eigenständig am Markt positioniert und für das Unternehmen vergleichsweise wichtig sind, müssen vor einer Outsourcing-Entscheidung auf ihre Relevanz bezüglich der Kernkompetenzen des Unternehmens untersucht werden. Diese vergleichsweise aufwändige Analyse ist hingegen bei obligatorischen Sekundärleistungen[624] nicht zwangsläufig notwendig.

Im Gegensatz zur ersten Determinante, welche im Wesentlichen die Gestaltung der Entscheidungsphase beeinflusst, ist ein solcher zentraler Schwerpunkt bei der anderen Determinante, dem *Dienstleistungstyp*, nicht auszumachen. Unterschiedliche Typen von Dienstleistungen bedingen für alle Phasen des Outsourcing-Prozesses eine inhaltlich und methodisch entsprechend angepasste Ausgestaltung.

- In Bezug auf die *Outsourcing-Entscheidung* ist vor allem das Problem der Abhängigkeit je nach Dienstleistungstyp unterschiedlich zu behandeln. Standard-Dienstleistungen machen aufgrund der eher geringen Einbindung des Kunden und der begrenzten Variantenzahl eine „industrielle" Erstellung im Sinne einer „Service Factory" möglich. Sie werden in ähnlicher Form gewöhnlich von einer größeren Anzahl an Dienstleistern angeboten. Beim externen Bezug solcher Leistungen besteht daher für das auslagernde Unternehmen keine besondere Gefahr, in eine spezielle Abhängigkeit von einem Dienstleister zu geraten. Anders verhält sich dies bei Varianten- und wissens-

[624] siehe Abschnitt 4.1

intensiven Dienstleistungen. Hier dominiert gewöhnlich eine stark kundenindividuelle Ausrichtung. Die Dienstleistung ist quasi ein „Einzelstück". Abhängigkeitsprobleme sind bei diesen Typen in sehr viel stärken Ausmaß gegeben und daher an maßgeblicher Stelle in die Outsourcing-Entscheidung miteinzubeziehen.
Die Thematik der Abhängigkeit spielt auch eine wichtige Rolle bei der Wahl der Outsourcing-Form.[625] Entsprechend sind auch hier die verschiedenen Typen zu berücksichtigen. So eignen sich für gängige Standardleistungen eher marktlich koordinierte Formen, welche die effizienteste Form des Austausch sicherstellen. Je kundenindividueller die extern zu beziehende Leistung allerdings ist, desto mehr kommen hierarchisch koordinierte Formen in Betracht, die dem auslagernden Unternehmen einen gewissen Einfluss auf den Dienstleister sichern.[626]

- Im Rahmen der *Outsourcing-Anbahnung* lassen sich den verschiedenen Dienstleistungstypen unterschiedliche Vergabeverfahren zuordnen. Während die Angebote für Standardleistungen am besten breit gestreut per Ausschreibung eingeholt werden und darüber hinaus „Marktwege" wie Fachmedien, Anzeigen, Kongresse o.ä. sowie vermittelnde Institutionen eine wichtige Rolle spielen, übernehmen bei wissensintensiven Dienstleistungen vor allem bestehende Kontakte und Beziehungen eine Schlüsselfunktion für das Zusammentreffen von Anbieter und Nachfrager.[627] Dies ist nicht zuletzt auf den bei derartigen Dienstleistungen besonders bedeutsamen Aspekt der Qualität zurückzuführen.[628] Denn bei einer bereits bestehenden Zusammenarbeit ist es dem auslagernden Unternehmen möglich, die Leistungsfähigkeit des Dienstleisters und damit die zu erwartende Qualität einzuschätzen. Der Dienstleister wiederum kann im Laufe der Zusammenarbeit spezifische Kenntnisse über das nachfragende Unternehmen erwerben und ist damit in der Lage, die Bedürfnisse seines Kunden besser zu bedienen.
  Auch die Bewertung der Dienstleister kann mit Hilfe der Dienstleistungstypen besser auf den spezifischen Fall fokussiert und damit schneller und mit geringerem Aufwand durchgeführt werden. Bei kontaktintensiven Dienstleistungen etwa ist dem Humankapital sowie der räumlichen Präsenz des Dienstleisters besondere Aufmerksamkeit zu schenken[629], während beim Outsourcing von Standardleistungen das Preis-Leistungsverhältnis wichtigstes Bewertungskriterium für Dienstleister bildet. Hingegen ist bei der Auslagerung wissensintensiver Dienstleistungen verstärkt das Know-how des Dienstleisters zu prüfen.

---

[625] siehe Abschnitt 2.1.3
[626] vgl. Picot (1991), S. 347 ff.; Picot, Hardt (1998), S. 635 ff.
[627] vgl. Strambach (1993), S. 178 f.
[628] vgl. Meyer (1984), S. 205; Müller-Stewens, Drolshammer et al. (1999), S. 21 ff.
[629] vgl. Meyer (1984), S. 204; Meyer, Dullinger (1998), S. 716; Strambach (1993), S. 173

- Im Rahmen der *Leistungskonfiguration* lassen sich auf Basis der Typologisierung zwei grundsätzliche Fälle unterscheiden. Handelt es sich um die Auslagerung von gängigen Standardleistungen, sind die zu erbringenden Leistungsinhalte vom auslagernden Unternehmen gewöhnlich relativ genau vorgegeben und einem potenziellen Dienstleister bleibt wenig Spielraum zur Umsetzung seiner eigenen Konzepte. Beim Outsourcing von wissensintensiven Dienstleistungen hingegen nimmt die Leistungskonfiguration gewöhnlich einen wesentlich breiteren Raum ein. Das Hauptziel eines solchen Outsourcing besteht gemeinhin darin, mit Hilfe des Dienstleisters ein über die bisherige Leistung hinausgehendes, anspruchsvolleres Dienstleistungsangebot zu schaffen. Dabei wird auf die Unterstützung eines externen Unternehmens zurückgegriffen, weil hierfür die eigenen Ressourcen nicht ausreichen. Bei derart motiviertem Outsourcing genügt es allerdings nicht, die Leistungen in ihrer bestehenden Form nach außen zu vergeben, vielmehr ist - mit der bisherigen Leistung als Basis - eine neue Dienstleistung zu konzipieren und entsprechend umzusetzen, wobei die nun zugänglichen Potenziale eine zentrale Rolle spielen.
  Für die übrigen beiden Dienstleistungstypen sind die abzuleitenden Empfehlungen hinsichtlich der Leistungskonfiguration weniger eindeutig. Bei ihnen ist es notwendig, selektiv gemäß ihrer jeweiligen Ausprägung über ein adäquates Vorgehen zu entscheiden.
- Ähnlich wie bei der Leistungskonfiguration übt die Typologisierung auch Einfluss auf die *Gestaltung des Outsourcing-Vertrags* aus. So kann bei Standarddienstleistungen in den meisten Fällen von der Festschreibung von Wettbewerbsklauseln abgesehen und stattdessen eine attraktivere Preisgestaltung angestrebt werden. Bei wissensintensiven Dienstleistungen hingegen ist ein solcher Verzicht genau zu prüfen, da damit unter Umständen Wettbewerbern Zugang zu entsprechenden Leistungen ermöglicht wird.[630]
- Eher geringeren Einfluss besitzt die Dienstleistungstypologie im Rahmen der *Outsourcing-Implementierung*. Die bestehenden Aufgaben im Hinblick auf die Information, Qualifikation und Motivation der Mitarbeiter sowie die Organisation der Zusammenarbeit sind bei allem Outsourcing-Vorhaben zu berücksichtigen und fallen weitgehend typunabhängig an.

In Bezug auf die Typologisierung ist das Outsourcing damit vor allem geprägt von der Dichotomie zwischen *wissensintensiven* und *Standarddienstleistungen*.[631] Während bei ersteren *Kompetenzaspekte* im Vordergrund stehen, dominieren bei letzteren vor allem *Kostengesichtspunkte*. Diesem Unterschied ist auch bei der Ausgestaltung des Outsourcing-Prozesses Rechnung zu tragen, und die einzelnen Phasen sind inhaltlich und methodisch den genannten Bedingun-

---

[630] vgl. Benkenstein (1995), S. 181

[631] vgl. Bruch (1998), S. 64 ff.; Zahn, Barth (2001 c), S. 28 f.

gen anzupassen. Für die beiden übrigen Cluster, die kundenintegrativen und die Variantendienstleistungen, ist eine Methodenzuordnung nicht in dieser Eindeutigkeit möglich. Die Anpassung des Outsourcing-Prozesses an sie machen eine detaillierte Analyse gekoppelt mit einer selektiven, einzelfallorientierten Auswahl und Kombination der für die beiden anderen Dienstleistungsarten empfohlenen Methoden notwendig (siehe Abbildung 4-8).

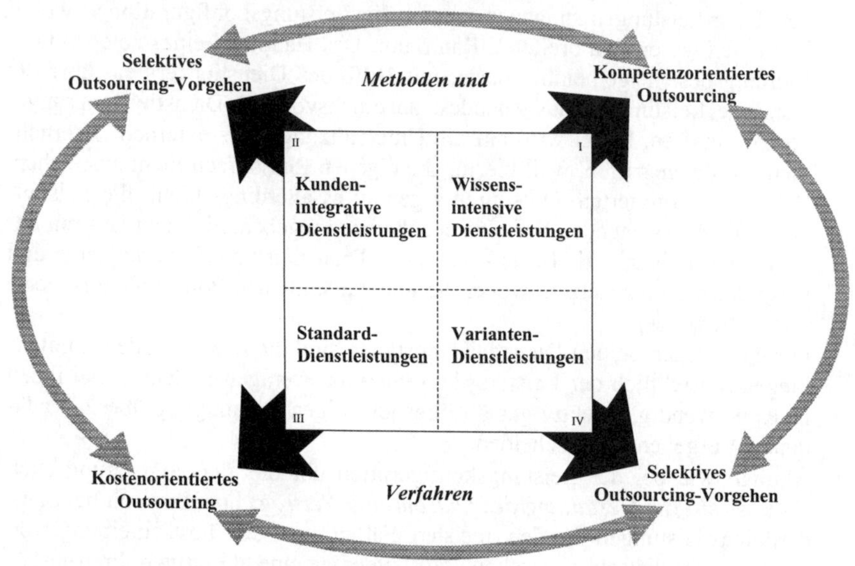

Abbildung 4-8: Dienstleistungstypinduzierte Gestaltungsoptionen des Outsourcing-Prozesses

In der Abbildung nicht berücksichtigt ist zunächst die Determinante der strategischen Bedeutung, welche die Gestaltung des Outsourcing-Prozesses ebenfalls maßgeblich beeinflusst. Sie bzw. ihre jeweiligen Ausprägungen besitzen jedoch hauptsächlich im Rahmen der Outsourcing-Entscheidung Bedeutung, während sie die übrigen Phasen eher weniger beeinflusst. Diesem Umstand kann durch eine entsprechende Gestaltung der Entscheidungsphase Rechnung getragen werden, was gleichzeitig die Wichtigkeit dieses Prozessschritts unterstreicht.[632]

[632] vgl. Zahn, Barth et al. (1999 b), S. 25

5 EIN KONFIGURIERBARES MODELL FÜR DAS OUTSOURCING UNTERNEHMENSNAHER DIENSTLEISTUNGEN

In den bisherigen Abschnitten wurde die Thematik des Outsourcing mit seinen Chancen und Risiken erläutert, die speziellen Problemstellungen der Auslagerung unternehmensnaher Dienstleistungen skizziert und daraus sowie auf der Basis zentraler betriebswirtschaftlicher Theorieansätze ein prinzipielles Vorgehensmodell für das Outsourcing solcher Leistungen entwickelt. Jedoch vermag dieses Grundmodell den eingangs gesetzten Anforderungen[633] - vor allem in Hinblick auf seine Vieldimensionalität, Integrativität und Verständlichkeit - nur unvollständig zu genügen. Der wesentliche Problempunkt liegt in der Vielfalt der Leistungen, welche unter dem Begriff der unternehmensnahen Dienstleistung subsumiert werden. Das Modell ist entweder auf das gesamte Leistungsspektrum anwendbar und damit zwangsläufig sehr allgemein gehalten. Dies beeinträchtigt die Genauigkeit, den Informationsgehalt sowie die Umsetzbarkeit der aus ihm abzuleitenden Aussagen und stellt damit seine grundsätzliche Relevanz in Frage. Oder das Modell bezieht sich nur auf eine bestimmte, homogene Teilmenge unternehmensnaher Dienstleistungen. Zwar können auf diese Weise die genannten Probleme umgangen werden, jedoch ist das Modell nur in einem stark eingegrenzten Bereich zu verwenden und verletzt damit die ebenfalls die anzulegenden Grundsätze.
Einen Ansatzpunkt zur Lösung bietet die Ableitung eines *konfigurierbaren Modells*. Es basiert auf dem generischen Grundmodell, sieht aber für jeden der dort identifizierten Schritte verschiedene Ausprägungen vor, mit denen die geforderte einfache Anpassbarkeit an die jeweils fokussierte Dienstleistung sichergestellt werden kann.

5.1 Prinzipieller Aufbau des Konfigurationsmodells

Grundlage des Konfigurationsmodells bildet ein sechsstufiger Prozess, der als Resultat der verschiedenen Gestaltungserfordernisse abgeleitet wurde.[634] Die konkrete Konfiguration der einzelnen Schritte im Hinblick auf die jeweils betrachtete Dienstleistung erfolgt anhand der identifizierten Determinanten der *Bedeutung der Dienstleistung* und des *Dienstleistungstyps*.[635] Diese Determinanten bzw. die Festlegung ihrer spezifischen Ausprägungen für eine bestimmte Dienstleistung stellen die wesentliche Ergänzung des Grundmodells im Hinblick

---

[633] siehe Abschnitt 2.1.5.1
[634] siehe Abschnitt 3.4
[635] siehe Abschnitt 4

auf seine Anpassbarkeit dar und sind daher in das Modell zu integrieren. Das Konfigurationsmodell hat den folgenden Aufbau:

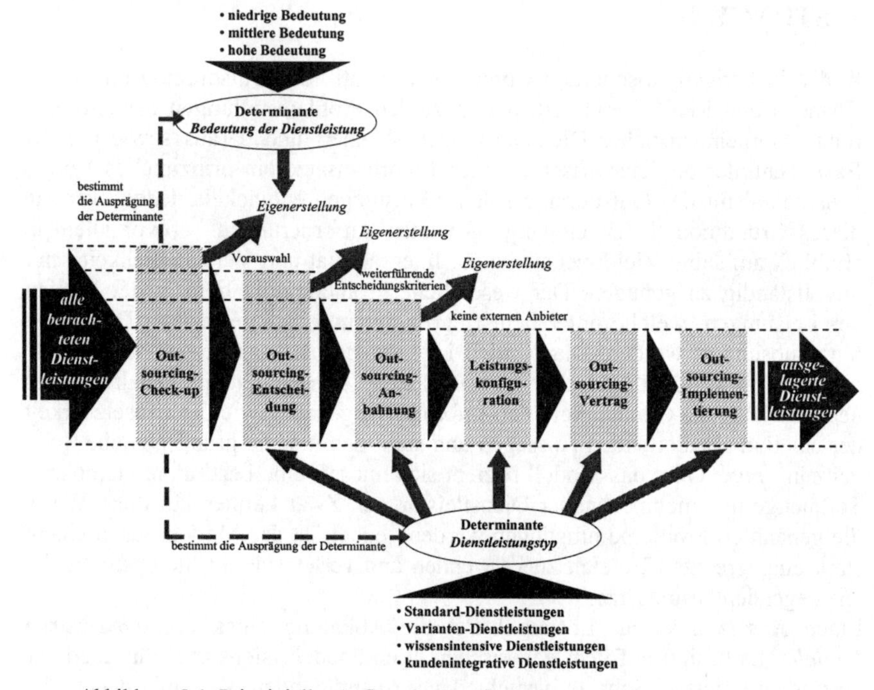

Abbildung 5-1: Prinzipieller Aufbau des Konfigurationsmodells zum Outsourcing unternehmensnaher Dienstleistungen

Die Abbildung verdeutlicht, auf welche Phasen des Outsourcing-Grundmodells die beiden Determinanten wirken. Eine gewisse Sonderstellung nimmt dabei der erste Schritt, der Outsourcing-Check-up, ein. Seine inhaltliche Ausformung unterliegt keiner der beiden Determinanten, vielmehr werden hier ihre Ausprägungen in Bezug auf die jeweilige Dienstleistung ermittelt. Diese Phase ist daher als einziges der Prozesselemente weitgehend unabhängig und in immer ähnlicher Weise zu handhaben.[636] Sämtliche anschließenden Elemente sind in Abhängigkeit von der Ausprägung der beiden Determinanten jeweils unterschiedlich zu gestalten. Das Schaubild zeigt darüber hinaus, dass nicht alle zum Outsourcing vorgesehenen Leistungen auch nach außen vergeben werden. Die

636 Zwar wird die Determinante der Bedeutung der Dienstleistung im Rahmen des Check-up zur Vorauswahl der Dienstleistungen herangezogen, sie besitzt jedoch keinen Einfluss auf die inhaltliche Gestaltung dieses Prozessschritts.

Feststellung der tatsächlichen Outsourcing-Eignung sowie die Prüfung der Umsetzbarkeit des Vorhabens erfolgt schrittweise in unterschiedlichen Phasen.
Die wichtigsten, sich aus der jeweiligen Ausprägung der Determinanten ergebenden Modellvarianten werden im Folgenden erläutert. Im Mittelpunkt steht dabei die Unterscheidung zwischen den beiden Polen der *wissensintensiven* und der *Standarddienstleistung* bzw. der mit ihnen jeweils verbundenen Variante des *kompetenz-* bzw. *kostenorientierten Outsourcing*. Eine Konzentration auf diese Leistungen erfolgt vor allem deshalb, da aus ihnen die Basiskonfigurationen des Modells abgeleitet werden können. Die übrigen Varianten sind Abwandlungen auf der Grundlage dieser beiden Fälle.
Nicht zu vernachlässigen ist auch, dass diese beiden Vorgehenskonfigurationen wohl den meisten Outsourcing-Vorhaben gerecht werden. Sowohl gesamt- als auch einzelwirtschaftlich betrachtet stellt die Auslagerung von Standarddienstleistungen den Ausgangspunkt in der Evolution des Outsourcing unternehmensnaher Dienstleistungen dar. Aufgrund ihrer Marktgängigkeit und der Tatsache, dass die Problematik der Abhängigkeit vom Dienstleister in der Regel nicht besteht, wählen viele Unternehmen solche Dienstleistungen für Outsourcing-Pilotprojekte, um Erfahrung mit Auslagerungsvorhaben zu sammeln. Wachsender Wettbewerb und die steigende Komplexität unternehmensnaher Dienstleistungen lassen mittlerweile vor allem die Bedeutung des kompetenzorientierten Outsourcing wissensintensiver Leistungen, der zweiten Modellvariante, stark steigen. Vielfach können unternehmensnahe Dienstleistungen nicht mehr ohne die Hilfe externer Spezialanbieter erbracht werden, was eine Verstärkung der Outsourcing-Aktivitäten nach sich zieht.[637]
Auch empirische Belege für die besondere Relevanz dieser beiden Outsourcing-Varianten bestehen. Die Kategorisierung der in einer Erhebung zum Stand des Outsourcing in der Region Stuttgart ermittelten unternehmensnahen Dienstleistungen ergibt etwa, dass die überwiegende Mehrheit der Leistungen einem der beiden genannten Typen zuzuordnen ist.[638]
Die nachstehenden Ausführungen beschäftigen sich mit der konkreten inhaltlichen Gestaltung von Outsourcing für diese beiden grundlegenden Dienstleistungstypen. Ausgangspunkt bildet der bereits skizzierte prinzipielle Prozess des Outsourcing unternehmensnaher Dienstleistungen, dessen einzelne Phasen jeweils im Hinblick auf die Auslagerung wissensintensiver und standardisierter Dienstleistungen dargestellt werden. Dazu erfolgt zunächst eine allgemeine Beschreibung der Aufgaben und Funktionen des jeweiligen Prozessschritts, auf deren Basis dann die unterschiedlichen Gestaltungsvarianten für die beiden Dienstleistungstypen erläutert werden.

---

[637] siehe Abschnitt 2.1.4
[638] vgl. Zahn, Barth et al. (1998 b), S. 124 ff.; Zahn, Hertweck et al. (1996), S. 51 ff.

5.2 Outsourcing Check-up

Mit dem Outsourcing Check-up werden zwei grundsätzliche Zielsetzungen verfolgt. Zum einen ist dies die *Identifikation aller der Dienstleistungen* eines Unternehmens, *für die ein Outsourcing sinnvoll und möglich erscheint*. Zum anderen gehört dazu *die Festlegung der inhaltlichen Gestaltung der anschließenden Prozessschritte*.
Bevor diese Themenstellungen konkret angegangen werden, bedarf es gewöhnlich eines Anstoßes zur generellen Beschäftigung mit dieser Thematik. Eine solche Initiative kann auf den verschiedensten Ursachen beruhen. Genannt werden in diesem Zusammenhang häufig die Notwendigkeit zur Reduzierung der Gemeinkosten, Organisationsveränderungen, die Undurchsichtigkeit von Kostenstrukturen o.ä.[639] Entscheidend ist, dass Outsourcing-Überlegungen nicht aus akutem Problemdruck heraus angestellt werden sollten. Bloßes Reagieren kann leicht zu Aktionismus verkommen. Die Aktivitäten erfolgen dann tendenziell aus einer zu engen Perspektive, eine ganzheitliche Suche nach der Problemursache unterbleibt. Symptomatische Lösungen sind daher eher die Regel.[640] Dagegen bieten Maßnahmen, die sich abzeichnende Entwicklungen miteinbeziehen und ein fundiertes Verständnis von umfeldbezogenen Herausforderungen vermitteln, bessere Voraussetzungen für fundamentale Problemlösungen. Gewöhnlich können mit einem solchen Vorgehen eine größere Anzahl von Handlungsoptionen identifiziert und ein höheres Nutzenpotenzial erschlossen werden. Bedeutendstes Hindernis dabei ist, dass in der Check-up-Phase die Entscheidungssituationen meist noch unpräzise und unstrukturiert sind. Es gilt daher nicht, sie bereits zu lösen, sondern sie überhaupt erst zu erkennen.[641]
Prinzipiell können derartige Anstöße für ein Outsourcing sowohl *intern als auch extern* erfolgen. Notwendig ist daher - analog zum Vorgehen bei der Strategieformulierung im Rahmen der strategischen Planung[642] - eine zielgerichtete und systematische Analyse sowohl der Unternehmensumwelt als auch der Innenwelt des Unternehmens.[643] Wichtig ist, im Vorfeld Aufbau und Inhalt dieser Analysen auf die Outsourcing-Thematik abzustimmen, zum Beispiel in Form einer Begrenzung der zu betrachtenden Felder der Unternehmensumwelt auf die hinsichtlich einer Auslagerung relevanten Bereiche.[644] Dies verbessert die Qualität der Ergebnisse und reduziert den damit verbundenen Aufwand.

---

[639] vgl. zum Beispiel Beer (1998), S. 157 f.; Cunningham, Fröschl (1995), S. 140 f.; Gay, Essinger (2000), S. 8 f.
[640] vgl. Zahn, Barth et al. (1998 a), S. 27
[641] vgl. Zahn, Barth et al. (1999 b), S. 26 f.
[642] vgl. Zahn (1989 a), Sp. 1906 ff.
[643] vgl. Beer (1998), S. 159 ff. u. 183 ff.; Gay, Essinger (2000), S. 80 ff.; Rommel (1994), S. 211; Wildemann (1992), S. 87; Zahn, Barth, Foschiani et al. (1998), S. 342 f.
[644] vgl. Welge, Al-Laham (1999), S. 183 f.

Die Ergebnisse dieser Analysen erlauben die Einschätzung einer Dienstleistung hinsichtlich ihrer generellen Bedeutung für das Unternehmen. Sie sind die adäquate Basis zur Ermittlung der Sinnhaftigkeit weiterer Outsourcing-Überlegungen für die betroffene Dienstleistung. Neben ihrer Eignung für eine *Vorauswahl* entsprechender Dienstleistungen lässt sich mit den Analyseergebnissen auch die *Ausprägung einer Determinante* des Outsourcing-Prozesses ermitteln. Umwelt- und Unternehmensanalysen kommen damit im Rahmen des Outsourcing-Managements eine doppelte Funktion zu - sie sind Analyseinstrument und Prozessdeterminante.
Im Folgenden werden diese beiden zentralen Elemente des Check-ups detailliert beschrieben. Sie stützen sich auf das der industrieökonomischen Theorie entstammende Branchenstrukturkonzept bzw. die mit ihm verbundenen Analysemethoden, bei denen das Unternehmen auf seine Positionierung innerhalb der Branche hin untersucht und entsprechende Strategien hieraus abgeleitet werden. Die Grundformen der Analysen sind in der betriebswirtschaftlichen Literatur vielfach detailliert beschrieben.[645] Vernachlässigt ist jedoch bisher die Anpassung der Methodik an die Outsourcing-Thematik im Allgemeinen sowie an die speziellen Erfordernisse unternehmensnaher Dienstleistungen.[646] Diese bilden den Schwerpunkt der folgenden Ausführungen.

5.2.1 Analyse des Unternehmens

Mit der Durchführung einer Unternehmensanalyse wird die *unternehmensinterne* Situation in Bezug auf Dienstleistungen bzw. deren Auslagerung näher betrachtet. Notwendig ist zunächst die Identifikation der Dienstleistungen eines Unternehmens, welche sich als Gegenstand von Auslagerungs-Überlegungen eignen, sowie die Bewertung hinsichtlich der Wettbewerbsfähigkeit ihrer Erbringung.
Als ein prinzipiell gut geeignetes Instrument hierfür erweist sich eine wertkettenorientierte Analyse des Unternehmens. Dieses Verfahren beruht auf dem von Porter entwickelten Wertkettenkonzept, welches davon ausgeht, dass Wettbewerbsvorteile einer Unternehmung nicht nur aus der letztendlich am Markt angebotenen Leistung erwachsen, sondern aus allen im Zusammenhang mit der Erstellung dieser Leistung erforderlichen Aktivitäten.[647] Um herauszufinden, welche Aktivitäten Wert schaffen und welche Kosten verursachen, muss das Gesamtsystem der Leistungserstellung in einzelne Tätigkeiten zerlegt werden,

---

[645] vgl. zum Beispiel Görgen (1995), Sp. 2716 ff.; Hahn (1989), Sp. 2074 ff.; Kienbaum (1989), Sp. 2033 ff.; Kotler (1994), S. 79 ff. u. 150 ff.; Kreikebaum (1997), S. 41 ff.; Schreyögg (1993), Sp. 4231 ff.; Welge, Al Laham (1999), S. 183 ff.
[646] vgl. Beer (1998), S. 159 ff; Zahn, Barth et al. (1998 a), S. 29 ff.
[647] vgl. Porter (1999), S. 58 ff.

die dann hinsichtlich ihrer strategischen Relevanz im Sinne von Differenzierungs- und Kostenvorteilen beurteilt werden.[648] Durch die Auflösung der verschiedenen am Markt angebotenen Leistungen und die Betrachtung der einzelnen wertschöpfungsbezogenen Aktivitäten vor dem Hintergrund des Outsourcing können diesbezüglich besonders relevante (Dienstleistungs-)Bereiche im Rahmen der Gesamtleistung des Unternehmens identifiziert werden. In der Regel handelt es sich dabei um solche Leistungen, die besondere Schwachstellen etwa bezüglich Kosten- oder Know-how-Positionen darstellen, welche durch eine gezielte externe Vergabe beseitigt werden können.[649] Im Zusammenhang mit Outsourcing wird die Wertkette damit nicht nur als Ex-post-Analyseinstrument zur Ermittlung und Bewertung der bisherigen Art und Weise der Ausübung der Wertaktivitäten verwendet, sondern sie wird primär als Ex-ante-Gestaltungsinstrument zur Entwicklung und Evaluation alternativer Formen der Erstellung von Leistungen genutzt.[650]

Je nach Ausrichtung des Unternehmens ist dabei von einer produktions- oder einer dienstleistungsorientierten Wertkette als Grundlage auszugehen. Dementsprechend finden sich als Ergebnisse der Analyse einzelne Elemente einer der beiden Ketten wieder, modifiziert anhand der jeweiligen situativen Gegebenheiten. Eine wertkettenorientierte Betrachtung sollte jedoch nicht für ein Unternehmen als Ganzes erfolgen, sondern differenziert für einzelne Produkte bzw. Leistungen oder Geschäftsbereiche vorgenommen werden. Da verschiedene Bereiche des Unternehmens eine unterschiedliche (produkt- oder dienstleistungsorientierte) Ausrichtung besitzen können, wird nur ihre getrennte Analyse der Komplexität der Aufgabe gerecht und ermöglicht das Aufdecken der verschiedenen Dienstleistungen eines Unternehmens.

Die folgende Abbildung 5-2 zeigt die unterschiedlichen Elemente der zwei Wertketten. Bei beiden wird zwischen *primären und sekundären Aktivitäten* unterschieden. Primäre Wertaktivitäten beinhalten die Herstellung und Vermarktung des Endprodukts, während die sekundären all die Tätigkeiten umfassen, die zur Ausübung der primären Aktivitäten notwendig sind.[651]

Zu den *primären Aktivitäten* eines auf *Sachgüter* ausgerichteten Unternehmens gehören:

- Eingangslogistik (Empfang, Lagerung und Distribution von Roh-, Hilfs- und Betriebsstoffen für das Produkt),
- Operationen (Umwandlung der Inputfaktoren in die Endprodukte),
- Ausgangslogistik (Sammlung, Lagerung und Distribution der Endprodukte),

---

648 vgl. Hergert, Morris (1989), S. 177; Porter (1999), S. 63; Welge, Al-Laham (1999), S. 237 f.

649 vgl. Beer (1998), S. 100

650 vgl. Bacher (2000), S. 171

651 vgl. Porter (1999), S. 65

- Marketing und Vertrieb (Vermarktung der Produkte) sowie
- Kundendienst (Werterhaltung des Produkts).

Die *unterstützenden Aktivitäten* umfassen die folgenden Kategorien:

- Beschaffung (Einkauf der zu verwendenden Inputfaktoren, nicht jedoch das Handling der beschafften Güter, welches zu den primären Aktivitäten gehört),
- Technologieentwicklung (Produkt- und Prozessverbesserungen),
- Personalwirtschaft (alle personalbezogenen Aktivitäten der Unternehmung) sowie
- Unternehmensinfrastruktur (Führungs- und Informationssystem einer Unternehmung).

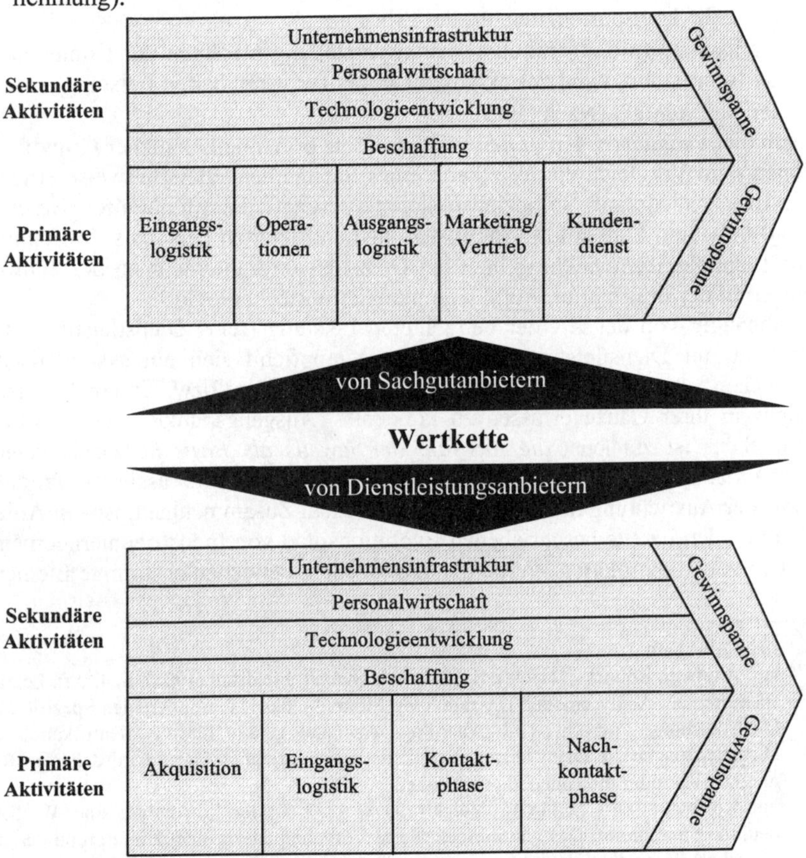

Abbildung 5-2: Prinzipieller Aufbau von produkt- und dienstleistungsbezogenen Unternehmenswertketten im Vergleich
(in Anlehnung an: Porter (1999), S. 63; Altobelli, Bouncken (1998, S. 289))

Demgegenüber weist eine für Dienstleistungsunternehmen typische Wertkette einige wesentliche Unterschiede auf. Zurückzuführen sind diese vor allem auf die Erstellungsprozesse der beiden Güterarten, welche sich aufgrund der speziellen Charakteristika von Dienstleistungen sehr verschieden gestalten[652] und als zentraler Auslöser für die Ableitung eines speziellen Vorgehens zum Outsourcing unternehmensnaher Dienstleistungen identifiziert wurden. Besondere Bedeutung kommt dabei der Integration des externen Faktors in die Wertkette zu. Im Rahmen der *primären Aktivitäten* einer Wertkette von *Dienstleistungsunternehmen* lassen sich somit unterscheiden:[653]

- die Akquisition (alle Aktivitäten zur Gewinnung von Kunden),
- die Eingangslogistik (die Lagerung benötigter physischer Inputfaktoren sowie ihr Transport an den Ort der Erbringung),
- der Kontakt (die eigentliche Leistungserstellung im Sinne der Kombination der Inputfaktoren und des externen Faktors zur vereinbarten Leistung) sowie
- der Nachkontakt (Nachkaufpflege).

Auch die *sekundären Aktivitäten* weisen – trotz prinzipiell ähnlicher Grundfunktionen - im Vergleich zur Wertkette eines Sachgutherstellers teilweise erhebliche Unterschiede auf. So beziehen sich zu beschaffenden Inputgüter (Beschaffung) in hohem Maß auf die Bereitstellung qualifizierten Personals. Im Rahmen der Technologieentwicklung liegt bei Dienstleistungsunternehmen der Schwerpunkt auf der Informations- und Kommunikationstechnologie.

Unabhängig von der Art der betrachteten Leistung (reine Dienstleistung bzw. Sachgut mit Dienstleistungskomponenten) empfiehlt sich ein systematisches Vorgehen, um die Dienstleistungen eines Unternehmens bzw. Unternehmensbereichs in ihrer Gänze erfassen zu können.[654] Ausgangspunkt eines derartigen Vorgehens ist zunächst *die Auswahl der jeweils als Basis heranzuziehenden Wertkette*. Sie hängt im Wesentlichen von der Art des fokussierten Produkts bzw. der Ausrichtung des Bereichs ab. In diesem Zusammenhang ist - in Anlehnung an den bereits beschriebenen Evolutionspfad von Industrieunternehmen[655] - auch von kombinierten Wertketten auszugehen, bei denen bestimmte Elemente

---

[652] siehe Abschnitt 2.2

[653] vgl. Altobelli, Bouncken (1998), S. 287 sowie Stabell, Fjeldstad (1998), S. 420 ff. Letztere entwerfen ein Analysemodell („Value Shop Modell"), das insbesondere den Spezifika von Dienstleistungen gerecht wird. Allerdings erscheint gerade für die Identifikation von Dienstleistungen die Dienstleistungswertkette besser geeignet. Diese wird daher im Rahmen des Konfigurationsmodells verwendet.

[654] vgl. Körfgen (1999), S. 118 ff.; Volck (1997), S. 33 ff., der die Analyse einer Wertkette detailliert beschreibt. Das von ihm skizzierte Vorgehen ist vor dem Hintergrund der strategischen Unternehmensanalyse entworfen, während im Kontext der vorliegenden Arbeit die Identifikation von potenziell auszulagernden Dienstleistungen das Ziel ist, was ein teilweise unterschiedliches Vorgehen notwendig macht.

[655] siehe Abschnitt 4.1

aus beiden Ketten vorkommen. Auf Basis der gewählten Wertkette sind dann die im betrachteten Bereich oder Unternehmen vorkommenden *Aktivitäten konkret zu bestimmen.* Dabei ist zu beachten, dass jede der in der Wertkette definierten Aktivitäten als Zusammenfassung verschiedener, ähnlich ausgerichteter Einzelaktivitäten zu verstehen ist. Entsprechend der branchenspezifischen Eigenheiten und der hieraus resultierenden Bedeutung der Kettenglieder gestaltet sich die Anzahl der jeweils subsumierten Tätigkeiten vergleichsweise unterschiedlich.[656]
Für einen ersten Ansatz zur Identifikation von Leistungen erweist es sich als zweckmäßig, sich am aufbau- und ablauforganisatorischen Rahmen des fokussierten Bereichs zu orientieren. Dabei wird in einigen Fällen die Zuordnung von erkannten Leistungen zu genau einer Wertaktivität nicht möglich sein. Grund hierfür ist die prozessorientierte Ausrichtung der Wertkette. Dies bedeutet, dass die einzelnen zu identifizierenden Aktivitäten nicht mit den institutionalisierten Funktionsabteilungen deckungsgleich sind, sondern alle Teilaktivitäten im Zusammenhang mit einer betrieblichen Basisfunktion beinhalten.[657] Eine exakte Zuordnung spielt im Rahmen der Identifikationsfunktion daher auch eine eher untergeordnete Rolle. Im Hinblick auf die in den nächsten Schritten zu erfolgende *Bewertung* sind die betroffenen Leistungen immer dort einzuordnen, wo sie die höchste Wettbewerbsrelevanz besitzen[658].
Im Anschluss an die Ermittlung der Einzelaktivitäten hat eine *Analyse von Verknüpfungen und Verflechtungen* zu erfolgen. Verflechtungen bezeichnen dabei Verbindungen zwischen den Aktivitäten verschiedener Bereiche (und damit Wertketten) eines Unternehmens, Verknüpfungen liegen vor, wenn eine Wertaktivität eine andere innerhalb derselben Wertkette beeinflusst.[659] Sowohl im Rahmen prinzipieller Vorüberlegungen hinsichtlich der Outsourcing-Tauglichkeit von Leistungen als auch bei der späteren Implementierung einer Outsourcing-Partnerschaft ist die Berücksichtigung dieser Verflechtungen und Verknüpfungen von zentraler Bedeutung.
Nachdem die Leistungen identifiziert und mit ihren wesentlichen Merkmalen in Form eines Steckbriefs dokumentiert sind, besteht der letzte Schritt in der *Auswahl derjenigen Leistungen, die grundsätzlich zum Outsourcing geeignet* sind. Ziel einer solchen Bewertung ist es, die Anzahl der für ein Outsourcing in Frage kommenden Leistungen auf ein vernünftiges Maß zu reduzieren, welches ein adäquates, den aufgezeigten Anforderungen entsprechendes Vorgehen zulässt. Die Feststellung dieser prinzipiellen Outsourcing-Tauglichkeit ist jedoch nicht allein mit der Beschränkung auf unternehmensseitige Gegebenheiten zu erreichen, vielmehr sind zusätzlich outsourcing-bezogene, auf die identifizierten

[656] vgl. Esser (1994 a), S. 134 f.
[657] vgl. Altobelli, Bouncken (1998), S. 283
[658] vgl. Welge, Al-Laham (1999), S. 244
[659] vgl. Volck (1997), S. 40

Leistungen zugeschnittene Betrachtungen der Unternehmensumwelt notwendig, welche im folgenden Abschnitt erläutert werden.

5.2.2 Analyse der Unternehmensumwelt

Die Umweltanalyse ergänzt die Unternehmensanalyse um eine am Umfeld des Unternehmens orientierte Stärken-/Schwächen- und Chancen-/Risiken-Betrachtung der als Outsourcing-Kandidaten identifizierten Dienstleistungsfelder.[660] Problematisch dabei ist, dass nicht jedes Ereignis in der Umwelt für diese Betrachtungen bzw. zur Bestimmung der prinzipiellen Outsourcing-Tauglichkeit relevant ist. Auch können aus Gründen der Informationsverarbeitungskapazität nur eine begrenzte Anzahl von Umweltelementen berücksichtigt werden.[661] Daher ist die Umweltanalyse eng mit den jeweils fokussierten Dienstleistungen abzustimmen. Zur Festlegung der spezifischen Analyseinhalte kann die folgende Systematik herangezogen werden.[662]

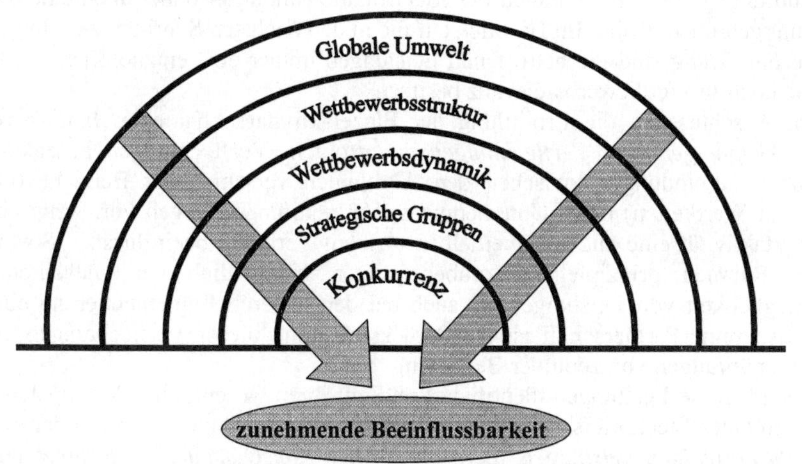

Abbildung 5-3: Die Elemente der Umweltanalyse
(in Anlehnung an: Welge, Al-Laham (1999), S. 185)

Das innerste Element in der schalenförmigen Darstellung, welche die nach außen abnehmenden Beeinflussungsmöglichkeiten durch ein Unternehmen symbolisiert, ist die *direkte Konkurrenz* des Unternehmens. Bei ihrer Analyse wird die zu betrachtende Dienstleistung im Vergleich zu den jeweiligen Hauptwettbewerbern positioniert. Mit der nächsten Schale, der *strategischen Gruppe*,

---

[660] vgl. Beer (1998), S. 183; Femerling (1997), S. 40 ff.; Zahn, Barth et al. (1998 a), S. 29 ff.
[661] vgl. Welge, Al-Laham (1999), S. 183
[662] vgl. Welge, Al-Laham (1999), S. 185 ff.

wird die Ebene der Konkurrenz verlassen und stärker die Branche als Ganzes beleuchtet. Die darauf folgenden beiden Schalen sind in enger Verbindung miteinander zu sehen. Während die *Analyse der Branchenstruktur* die strukturellen Merkmale einer Branche identifiziert, welche die Stärke der Wettbewerbsintensität und damit indirekt auch die Rentabilität der Unternehmungen und der Branche generell bestimmen[663], konzentriert sich die *Analyse der Wettbewerbsdynamik* auf die in den Märkten ablaufenden Wettbewerbsprozesse. Die Sichtweise geht dabei nicht mehr nur von statischen, auf die Gegenwart bezogenen Wettbewerbsvorteilen aus, sondern ist auf die herrschende Branchendynamik und damit auf das Erkennen zukünftiger Potenziale gerichtet.[664] Unabhängig von einer speziellen Dienstleistung kann diese Analyse zu einem Dienstleistungs-Signaling[665] ausgebaut werden, welches ständig den relevanten Markt und dessen Veränderungen beobachtet und eventuell notwendige Umbewertungen hinsichtlich der Outsourcing-Tauglichkeit bestimmter Dienstleistungen anstößt. Die Schale der globalen Umwelt hingegen befasst sich mit den Rahmenbedingungen in einem geographischen Raum, die für eine größere Anzahl von Unternehmen gelten und sowohl direkt als auch indirekt auf diese einwirken. Im Gegensatz zu den bisherigen Elementen kann sie von den einzelnen Unternehmen nicht bzw. nur in sehr geringem Maß beeinflusst werden.[666]

In dem hier behandelten Kontext des Outsourcing, bei dem die Umweltanalyse primär zur Ermittlung der Stärken und Schwächen einer Dienstleistung im Hinblick auf ihre Outsourcing-Tauglichkeit benutzt wird, sind tendenziell die inneren Elemente des Modells von höherer Bedeutung als die weiter außen liegenden. Keine der Schalen ist jedoch völlig aus den Betrachtungen auszuschließen.[667] Hervorzuheben sind die Unvollständigkeit und die zeitlich begrenzte Gültigkeit, welchen die erhobenen Informationen in der Regel unterliegen. Auf ihrer Basis gefällte Entscheidungen bedürfen daher einer regelmäßigen Überprüfung. Diese kann durchaus dazu führen, dass Einschätzungen hinsichtlich der Outsourcing-Eignung einer bestimmten Dienstleistung überdacht bzw. revidiert werden müssen, was entsprechend Outsourcing- oder Backsourcing-Aktivitäten zur Folge haben kann.[668]

---

[663] vgl. Porter (1997)

[664] vgl. d'Aveni (1995)

[665] vgl. Heil, Westerbarkey (1998), S. 896 ff.

[666] vgl. Welge, Al-Laham (1999), S. 185 ff. sowie die dort angegebene Literatur

[667] Ein exemplarisches Beispiel hierzu stellt die Entwicklung der Dienstleistung „Facility Management" dar. Bis ungefähr zum Beginn der neunziger Jahre in Deutschland so gut wie nicht existent, entwickelte sich in der Folgezeit sehr rasch ein Markt für derartige Dienstleistungen. Heute stellt das Facility Management eine wichtige Säule industrieller Dienstleistungen dar. Vgl. dazu zum Beispiel Balck (1996), S. 22 ff.; Braun (1994), S. 56 ff.; Jicha (1996), S. 202 ff.; Schneider (1996), S. 40 ff.

[668] vgl. Zahn, Barth et al. (1998 a), S. 30 f.

Generell gilt auch für die Durchführung der Umweltanalyse der Grundsatz, den Aufwand für die Betrachtungen auf vertretbares Maß zu begrenzen. Für die im Rahmen des Check-up zu treffenden Einschätzungen ist es in der Regel ausreichend, das in jedem Unternehmen vorhandene, implizite Wissen über die Stärken und Schwächen, die Positionierung sowie die Entwicklungspotenziale der Leistungen zu explizieren. Gute Erfahrungen diesbezüglich wurden mit einem standardisierten Fragenkatalog gemacht, anhand dessen die verschiedenen Dienstleistungen einer systematischen, aber dennoch pragmatisch-knappen Umweltanalyse unterzogen werden können. Mit ihm als Basis bestimmen spezielle Beurteilungsteams, welche sich aus entsprechenden Know-how-Trägern sowie Mitgliedern der Geschäftsführung zusammensetzen, im Rahmen einer verpflichtenden Festlegung, inwieweit bestimmte Dienstleistungen für eine Auslagerung geeignet sind und im weiteren Verlauf des Outsourcing-Prozesses einer näheren Betrachtung unterzogen werden sollten.[669]

Die im Rahmen der Umweltanalyse gewonnen Erkenntnisse erlauben nun, im Zusammenspiel mit den Ergebnissen der Unternehmensanalyse die Bedeutung der betrachteten Dienstleistung abzuschätzen und auf dieser Basis zur weiteren Betrachtung geeignete Dienstleistungen auszuwählen sowie die Ausprägung der zugehörigen Determinante zu bestimmen. Kernelement dabei ist die Positionierung der einzelnen Dienstleistungen in einem Portfolio (siehe Abbildung 5-4) und die Zuordnung von alternativen Sourcing-Strategien für das weitere Vorgehen.

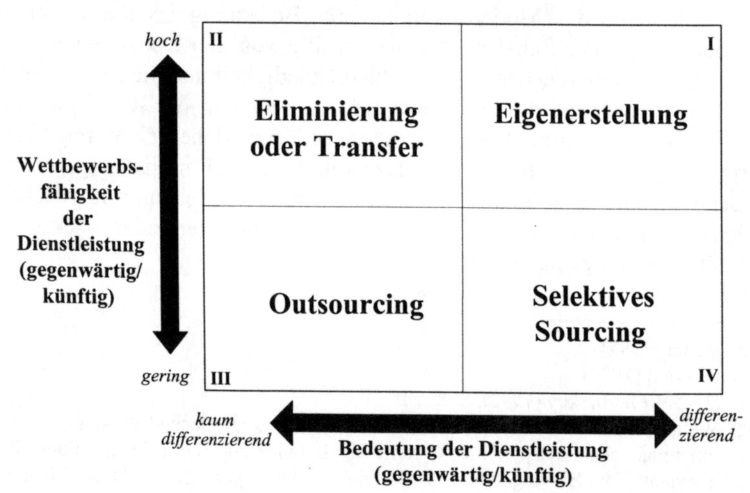

Abbildung 5-4: Strategien zur Behandlung von Outsourcing-Kandidaten

[669] vgl. Barth, Gagsch et al. (1999), S. 12 ff.; Foschiani, Hertweck (1999), S. 10 f.

Zur Absicherung dieser eher grundsätzlichen Verfahrensempfehlungen bezüglich des Outsourcing erweist es sich als sinnvoll, die Dienstleistungen nicht nur anhand ihrer strategischen Bedeutung, sondern auch im Vergleich mit dem Wettbewerb einzuordnen.[670] Bei einer großen Anzahl von zu beurteilenden Dienstleistungen ist eine solche Potenzialabschätzung allerdings nicht in Form einer detaillierten Benchmark-Studie mit Externen sinnvoll; vielmehr genügen für eine Zuordnung die Einschätzungen von jeweils verantwortlichen Mitarbeitern, die gewöhnlich relativ gut über die Stärken und Schwächen Bescheid wissen. Leitfragen hierzu können sich auf den Stand des Know-hows, auf die Zufriedenheit mit den Leistungsergebnissen sowie auf die bei der Leistungserstellung anfallenden Kosten beziehen.

Bei der Einordnung von Dienstleistungen in das Portfolio ist grundsätzlich zu beachten, dass sich sowohl bei der *Bedeutung der Dienstleistung* als auch bei deren *Wettbewerbsfähigkeit* die Position jeweils aus der Kombination der gegenwärtigen sowie der für die Zukunft angenommenen Situation ergibt. Ein solches Vorgehen erlaubt es, die Dynamik bei der Veränderung des Unternehmensumfelds zu reflektieren und diese mit der Outsourcing-Entscheidung in Einklang zu bringen, welche zumindest kurzfristig nicht reversibel ist.

Prinzipiell lassen sich vier Strategien zur Behandlung von Dienstleistungen hinsichtlich einer Auslagerung unterscheiden. Leistungen, die von wichtiger strategischer Bedeutung für das Unternehmen sind bzw. sein werden und gleichzeitig eine hohe Wettbewerbsfähigkeit besitzen (*Quadrant I*), sollten unbedingt im Unternehmen erbracht werden. Weitere Betrachtungen bezüglich eines Outsourcing erübrigen sich, es sei denn, für die Zukunft ist abzusehen, dass eine wettbewerbsfähige Erbringung der Leistung infolge von Kompetenzmängeln in Frage gestellt ist. Neben verschiedenen Formen des Wissenserwerbs, etwa durch Akquisitionen oder Kooperationen[671], kann sich in diesem Fall - trotz entgegenstehender unternehmensstrategischer Erwägungen - ein Outsourcing als notwendig erweisen. Allerdings ist dabei ein kritisch-differenziertes Vorgehen erforderlich, welches der Stellung der Dienstleistung im Unternehmen gerecht wird. Umgekehrt verhält es sich mit Leistungen, die im *dritten Quadranten* zu finden sind. Sie sind von eher geringer Bedeutung und werden auf keinem wettbewerbsfähigen Niveau erbracht. Für solche Dienstleistungen ist ein Outsourcing auf jeden Fall in Erwägung zu ziehen. Ähnliches gilt für Leistungen von vergleichsweise hoher strategischer Bedeutung, aber tendenziell niedriger Wettbewerbsfähigkeit (*Quadrant IV*). Sie müssen entsprechend ertüchtigt werden - eine Auslagerung ist somit grundsätzlich in Betracht zu ziehen. Allerdings verlangt die Bedeutsamkeit der Leistung - ähnlich der für den ersten Quadranten beschriebenen Problematik - ein selektives Vorgehen, welches dieser Tatsache

---

670 vgl. Nippa (1992), S. 149 f.; Reichmann, Neukirchen (1998), S. 345

671 vgl. zum Beispiel Zahn, Foschiani (2000), S. 510

besonders Rechnung trägt, etwa durch die Auslagerung von Teilumfängen oder die Wahl einer entsprechenden Outsourcing-Form. Das Anbieten von Dienstleistungen, die zwar auf wettbewerbsfähigem Niveau erbracht werden, deren Wichtigkeit aber als eher gering einzustufen ist, muss im Rahmen der Leistungsprogrammgestaltung überdacht werden (*Quadrant II*). Ihre Position im Portfolio lässt eine Entfernung aus dem Leistungsprogramm des Unternehmens als ratsam erscheinen, wobei aufgrund der relativ hohen Wettbewerbsfähigkeit ein Transfer in andere Unternehmensbereiche oder zu externen Unternehmen besonders in Betracht gezogen werden sollte.
Die folgende Abbildung visualisiert die beschriebenen Möglichkeiten, wie mit den identifizierten Dienstleistungen im Hinblick auf ein Outsourcing verfahren werden kann.

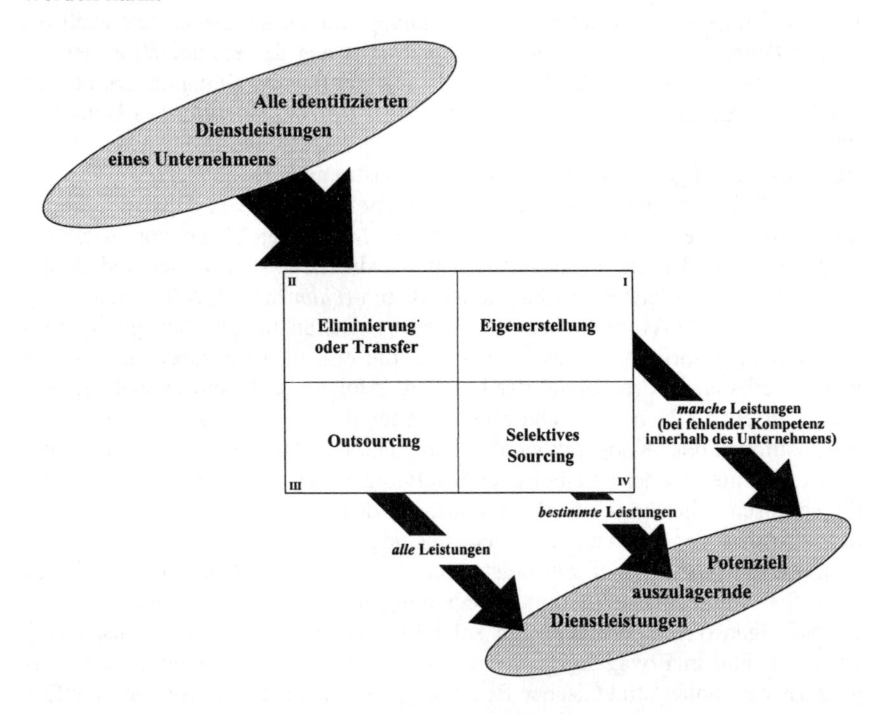

Abbildung 5-5: Die Vorauswahl im Rahmen des Outsourcing-Check-up

Durch die Berücksichtigung von Ergebnissen sowohl der Umwelt- als auch der Unternehmensanalyse ist eine ganzheitlich-strategisch orientierte Ausrichtung des Outsourcing-Vorhabens innerhalb des Unternehmenskontextes gewährleistet. Die Positionierung der identifizierten Dienstleistungen im Portfolio ermöglicht es außerdem, auch der zweiten Zielsetzung des Outsourcing Check-ups

gerecht zu werden, der Bestimmung der Ausprägungen der beiden Prozessdeterminanten. Mit ihrer Hilfe kann die inhaltliche Gestaltung der weiteren Prozessphasen konkretisiert werden.
Dabei ergeben sich für die Determinante *Bedeutung der Dienstleistung* die jeweiligen Ausprägungen direkt im Zusammenhang mit der Vorauswahl der Dienstleistungen. Von Einfluss auf die Prozessgestaltung sind daneben *typspezifische Merkmale* der auszulagernden Leistung, welche - wie etwa der Komplexitätsgrad der Dienstleistung - zum Beispiel bei der Auswahl des Dienstleisters bzw. der dafür zugrunde liegenden Verfahren eine Rolle spielen. Diese zweite Prozessdeterminante ist für jede *nach der Vorauswahl* im Betrachtungsbereich verbliebene Dienstleistung zu bestimmen. Dazu sind die Leistungen entsprechend der mit ihnen einhergehenden Variantenvielfalt und Kontaktintensität zu ordnen und im Typologisierungsportfolio zu positionieren. Die vier Cluster, welche die zentralen Typen unternehmensnaher Dienstleistungen repräsentieren, erfordern eine jeweils andere Gestaltung der folgenden Outsourcing-Phasen.
Mit der Festlegung der beiden Determinanten für jede der verbliebenen Dienstleistungen ist die Check-up-Phase des Outsourcing-Prozesses abgeschlossen. Das beschriebene Zusammenspiel von Unternehmens- und Umweltanalyse zur Vorauswahl der Leistungen sowie die darauf aufbauende Ableitung der Ausprägungen der beiden Prozessdeterminanten bilden - wie die folgende Abbildung 5-6 veranschaulicht - die Basis für den weiteren Prozessverlauf. Die folgenden Prozessphasen können angestoßen und ihre konkrete Konfiguration bestimmt werden.
Betrachtet man ihren Ablauf, nimmt die Check-up-Phase im Rahmen des Vorgehensmodells eine Sonderstellung ein. Als einziger der Schritte ist sie nicht konfigurierbar, d.h. sie wird nicht an die zu betrachtende Dienstleistung angepasst. Der Grund hierfür ist darin zu sehen, dass die zu untersuchenden Dienstleistungen erst im Verlauf des Check-ups identifiziert werden und eine Adaption somit nicht möglich ist. Mithin ist der Ablauf der Phase immer weitgehend derselbe.
Eine sorgfältig und detailliert durchgeführte Check-up-Phase verbessert die Chancen für den Erfolg eines Auslagerungsprojekts nachhaltig. Durch die im Rahmen der Vorarbeiten gewonnenen Erkenntnisse können die Prozessschritte besser auf die jeweils im Fokus stehende Leistung ausgerichtet werden. Wichtige Inhalte können stärker betont, unnötige aus dem Prozessverlauf entfernt werden. Dies ist auch empirisch zu belegen. In der Untersuchung von Bullinger, Rüger et al. waren 80% aller Unternehmen, die zu Beginn eine Ist-Analyse durchgeführt hatten, erfolgreich bei der Umsetzung von Auslagerungsprojekten.[672] Auch die aktuellere Outsourcing-Literatur nimmt sich verstärkt dieses

[672] vgl. Bullinger, Rüger et al. (1997), S. 73 f.

Themas an; dabei sehen die meisten Prozessdarstellungen eine solche Phase zu Projektbeginn vor.[673]

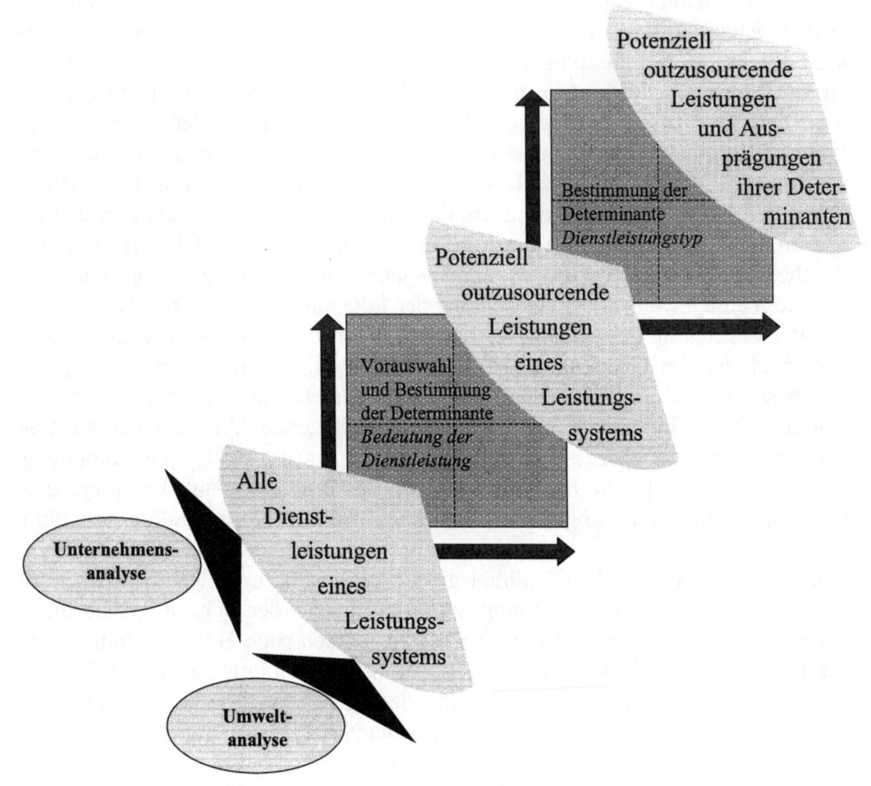

Abbildung 5-6: Die Elemente des Outsourcing-Check-ups

5.3 Outsourcing-Entscheidung

Im Mittelpunkt der Outsourcing-Entscheidung stehen zwei Themenkomplexe: zum einen ist zu bestimmen, welche der nach der Vorauswahl verbliebenen *Dienstleistungen auszulagern* und welche weiterhin *im eigenen Unternehmen zu*

[673] vgl. zum Beispiel Bruch (1998), S. 122 ff.; Gay, Essinger (2000), S. 53 ff.; Greaver (1999), S. 25 f.; Zahn, Barth et al. (1998 a), S. 27 ff.

erbringen sind. Zum anderen ist die Festlegung des *organisatorischen Rahmens* notwendig, innerhalb dessen die outgesourcten Leistungen zu erbringen sind.
Von zentraler Bedeutung im Hinblick auf die erste Fragestellung ist die Festlegung geeigneter Bewertungskriterien, auf deren Basis eine Entscheidung pro oder contra der Auslagerung einer bestimmten Dienstleistung gefällt werden kann. Dabei spielt neben Kosten- und Effizienzgesichtspunkten nicht zuletzt der strategische Kontext, in dem die auszulagernde Leistung steht, eine wesentliche Rolle. Verfolgt das outsourcende Unternehmen etwa eine Differenzierungsstrategie, sollte neben Kostenaspekten bspw. auch das Innovationspotenzial der möglichen Dienstleister in die Vergabeüberlegungen miteinbezogen werden.[674]
Für Leistungen, die auszulagern sind, muss eine geeignete Outsourcing-Form gefunden werden. Neben den beiden Möglichkeiten einer Komplettauslagerung und einer vollständigen Eigenfertigung existieren eine Vielzahl von Zwischenlösungen.[675] Aus diesen Möglichkeiten ist die für die jeweilige Situation am besten geeignete herauszufiltern. Dazu sind vor allem die Charakteristika sowie das spezifische Umfeld zu betrachten, innerhalb dessen diese Leistungen stehen. Da es sich bei den hier fokussierten Dienstleistungen insbesondere um unternehmensnahe Dienstleistungen handelt, welche oftmals bedeutsame Interdependenzen zu anderen betrieblichen Funktionen besitzen,[676] kann es sich als sinnvoll erweisen, nicht den vergleichsweise simplen Weg der Komplettauslagerung zu beschreiten, sondern den anspruchsvolleren Weg einer Inhouse-Lösung zu wählen.
Die beschriebenen Beispielsituationen zeigen, dass beide Fragestellungen gewöhnlich keine einfachen, eindimensionalen Antworten, die sich ausschließlich an den beiden Extrema Eigenerstellung oder Fremdbezug orientieren, zulassen. Vielmehr erweisen sie sich als komplexe, mehrstufige Themenstellungen mit jeweils eigenen Schwerpunkten. Notwendig ist daher ein speziell auf die fokussierte Dienstleistung ausgerichteter Outsourcing-Prozess. Für jede der nach der Check-up-Phase im Betrachtungsraum verbliebenen Dienstleistungen ein solches Vorgehen zu bestimmen und durchzuführen, ist mit hohem Aufwand verbunden, der in der Regel die zur Verfügung stehenden Ressourcen deutlich übersteigt. In praxi zu beobachten ist daher meist ein nur unzureichend auf die Gegebenheiten abgestimmter Entscheidungsprozess, welcher zu suboptimalen Outsourcing-Lösungen führt bzw. führen kann.

---

[674] vgl. Zahn, Barth et al. (1998 a), S. 47
[675] siehe Abschnitt 2.1.3
[676] siehe Abschnitt 4.1. Vor allem wenn die Dienstleistung als Ergänzung oder in Zusammenhang mit einem Sachgut am Markt angeboten wird, sind derartige Interdependenzen, wie sie zum Beispiel in Form von Ausstrahlungseffekten, der Notwendigkeit einer genauen Abstimmung von Sachgut und Dienstleistung oder der Bündelung verschiedener Dienstleistungen zu einer Gesamtleistung auftreten können, zu beachten.

Die Einsicht, dass Outsourcing-Entscheidungen im Wesentlichen von den beiden Aspekten des jeweils betrachteten *Dienstleistungstyps* sowie der *spezifischen Bedeutung der Dienstleistung* für das Unternehmen determiniert werden, eröffnet einen Ansatz zur Lösung dieser Problematik.[677] Dazu werden - ausgehend von den wichtigsten Kombinationen der Ausprägungen der beiden Determinanten - verschiedene Bewertungspfade für die Entscheidungsphase definiert. Auf ihrer Basis ist es möglich, alle sich noch im Betrachtungshorizont befindlichen Leistungen einer adäquaten Evaluation bezüglich ihrer Outsourcing-Eignung zuzuführen. Durch die Orientierung an den Determinanten bzw. deren Ausprägungen kann eine vergleichsweise genau auf die Dienstleistung abgestimmte Vorgehensweise erreicht werden, ohne für jede einzelne Leistung einen separaten Prozess entwerfen zu müssen. Durch die Kombination aus Standardisierung und Individualisierung wird der Bewertungsaufwand deutlich reduziert. Für die nach dem Check-up verbliebenen, prinzipiell outsourcing-tauglichen Dienstleistungen lassen sich zwei grundsätzliche Evaluationspfade identifizieren: Einer für das *kostenorientierte Outsourcing von Standard-Dienstleistungen*, ein anderer für das *kompetenzgetriebene Outsourcing wissensintensiver Dienstleistungen*.[678] Für diese gilt es nun, jeweils adäquate Methoden und Instrumente festzulegen, die eine Bewertung der verschiedenen Dienstleistungen ermöglichen.

5.3.1 Entscheidungspfad bei kostenorientiertem Outsourcing von Standardleistungen

Die Rahmenbedingungen der Entscheidungssituation bei der *Auslagerung von Standarddienstleistungen* lassen sich wie folgt umreißen.

- Die unter dieser Kategorie zusammengefassten Dienstleistungen sind gewöhnlich vergleichsweise arm an Varianten sowie wenig kontaktintensiv. Aufgrund dieser Eigenschaften werden sie vielfach von spezialisierten Unternehmen angeboten und können mit geringem Aufwand an die jeweiligen Bedürfnisse und Gegebenheiten adaptiert werden.[679]
- Die Effizienz ihrer Erbringung beim auslagerungswilligen Unternehmen ist im Vergleich eher gering bis durchschnittlich. Wettbewerber oder spezialisierte Unternehmen sind in diesem Punkt überlegen. Vor allem letztere können infolge „industrieller" Erbringung hohe Rationalisierungspotenziale realisieren, welche bei einem Outsourcing (zumindest teilweise) an das auslagernde Unternehmen weitergegeben werden.[680]

---

[677] vgl. Zahn, Barth (2001 a), S. 563
[678] siehe Abschnitt 4.3
[679] siehe Determinante *Typologisierung*, Abschnitt 4.2
[680] siehe Determinante *Bedeutung*, Abschnitt 4.1

- In Bezug auf ihre Bedeutung für das Unternehmen erweisen sich Standarddienstleistungen als ambivalent. Sie können für das Unternehmen sowohl weniger wichtig als auch von hoher Priorität sein.[681] Hier ist eine Unterscheidung verschiedener Bewertungsalternativen notwendig.

Die beschriebenen Charakteristika implizieren einen insgesamt problemlosen externen Bezug, geringe Schwierigkeiten bei der Integration der Leistungen sowie das Vorhandensein mehrerer Anbieter, womit die Problematik der Abhängigkeit in den Hintergrund tritt. Wichtig ist auch die Wettbewerbsfähigkeit der bisherigen (Inhouse-)Leistungserstellung. Diese wird im Rahmen des Check-up abgeschätzt und ist gewöhnlich geringer als bei externem Bezug. Implizites Ziel der Auslagerungsaktivitäten sind daher gewöhnlich *Effizienzsteigerungen*. Die auszulagernden Leistungen sind darüber hinaus in der Regel wohl definiert und sollen in gleicher oder ähnlicher Weise von einem externen Anbieter bezogen werden. Die Problematik fehlenden Know-hows, welches über ein Outsourcing akquiriert werden soll, steht somit eher im Hintergrund.[682] In der Konsequenz kommen beim Outsourcing von Standarddienstleistungen in der Hauptsache Kostenaspekte als Entscheidungskriterien zum Tragen. Zu unterscheiden ist dabei allerdings zwischen strategisch wichtigen und weniger bedeutsamen Dienstleistungen, was zu den folgenden Bewertungspfaden führt.

Für *konventionelle Standarddienstleistungen*, welche keine herausgehobene strategische Bedeutung für das auslagernde Unternehmen besitzen, ist ein *Kostenvergleich* zwischen den Kosten bei eigener Erstellung und den am Markt üblichen Kosten ausreichend. Dieses Verfahren hat verschiedene, bereits aufgezeigte Mängel.[683] Einige, wie zum Beispiel die Probleme durch den Vergleich von Leistungen unterschiedlicher Qualität und Umfangs, können aufgrund der Charakteristika der fokussierten Dienstleistungen vernachlässigt werden. Andere lassen sich durch die Einbeziehung der Transaktionskosten in den Kostenvergleich reduzieren. Ein solcher Art ausgeführter Kostenvergleich ist als Entscheidungskriterium für das Outsourcing strategisch weniger bedeutsamer Dienstleistungen ein relativ wenig aufwändiges Instrument, das eine hinreichend genaue Entscheidungsbasis liefert.

Das genaue Vorgehen bei einem solchen Kostenvergleich gestaltet sich vergleichsweise einfach. Im Rahmen der vorausgegangenen Check-up-Phase wurden die potenziell auszulagernden Dienstleistungen bereits in ihren wesentlichen Bestandteilen beschrieben. Auf dieser Basis ist nun eine detaillierte Kostenuntersuchung durchzuführen. Dabei sind die *Kosten eines Fremdbezugs* schnell ermittelt. Meist sind sie den entsprechenden Fachleuten im eigenen Unternehmen ungefähr bekannt. Falls nicht, empfiehlt es sich, eine unverbind-

---

[681] siehe Determinante *Bedeutung*, Abschnitt 4.1

[682] vgl. Zahn, Barth (2001 a), S. 564

[683] siehe Abschnitt 3.1.1

liche Abfrage bei potenziellen Lieferanten durchzuführen. Diese lässt sich in der Regel recht zügig und unkompliziert durchführen. Eine solche Abfrage weist zwar gewöhnlich nicht den Detaillierungsgrad eines konkreten, verbindlichen Angebots auf, zur Kalkulation und zum Vergleich der Kosten, die als Grundlage für eine Outsourcing-Entscheidung dienen, ist sie aber völlig ausreichend.
Schwieriger zu ermitteln sind gewöhnlich die *Kosten der Eigenerstellung*. Zwar wird die betroffene Leistung zum Entscheidungszeitpunkt noch im Unternehmen selbst erstellt. Mithin sind diesbezügliche Kosteninformationen aus dem internen Rechnungswesen verfügbar. Bei der Kalkulation der Kosten der Eigenerstellung ist jedoch darauf zu achten, welche Kostenarten miteinzubeziehen sind.[684] Darüber hinaus können durch entsprechende Schlüsselung der Fix- bzw. Gemeinkosten die Kalkulationen verzerrt und dadurch die Ergebnisse des Kostenvergleichs beeinflusst werden.[685]
Trotz der beschriebenen Ungenauigkeiten bei der Kostenermittlung lässt sich mit Hilfe dieser Methode relativ zügig bestimmen, ob ein Fremdbezug bei gleichem Leistungsumfang günstiger ist als die Beibehaltung der Eigenerstellung. Neben den beschriebenen Kostenpositionen fallen beim Fremdbezug von Leistungen zusätzliche Kosten in Form von *Transaktionskosten* an, welche es ebenfalls zu berücksichtigten gilt. Zu nennen sind in diesem Zusammenhang vor allem die Suchkosten nach potenziellen Dienstleistern, die Verhandlungs- und Vertragsschließungskosten sowie die Überwachungskosten.[686] Die genaue Höhe der verschiedenen Kostenarten zu bestimmen, ist in der Regel nicht möglich. Es ist jedoch festzustellen, dass Transaktionskosten bei den hier betrachteten marktgängigen Standardleistungen prinzipiell geringer ausfallen als beim Fremdbezug von spezifisch zugeschnittenen Spezialdienstleistungen. Trotzdem sollten diese Kosten in ihrer geschätzten Höhe beim Outsourcing-Entscheid nicht außen vor gelassen, sondern den Kosten des Fremdbezugs zugeschlagen werden.[687]
Das Heranziehen der Erstellungs- sowie der Transaktionskosten als Basis einer Entscheidung für oder gegen eine Auslagerung ist im Fall von Standarddienstleistungen ohne herausgehobene strategische Bedeutung völlig ausreichend. Erweitert werden sollten die Evaluierungsaktivitäten hingegen für den Fall, dass die betrachtete Leistung als (bereits gegenwärtig oder künftig) *strategisch wichtig* für das Unternehmen eingestuft wurde. Eine derartige Klassifizierung macht eine Überprüfung notwendig, ob die Fremdvergabe die Wettbewerbsfähigkeit des Unternehmens insgesamt beeinträchtigt. Am zweckmäßigsten

---

[684] siehe hierzu Abschnitt 3.1.1. Hier ist unter Berücksichtigung verschiedener Entscheidungssituationen dargestellt, welche Kostenarten jeweils im Kostenvergleich zu berücksichtigen sind.
[685] vgl. Schneider (1996), S. 210; Zahn, Barth et al. (1998 a), S. 75 f.
[686] siehe Abschnitt 3.1.2.1
[687] vgl. Zahn, Barth et al. (1998 a), S. 77 f.

erfolgt dies anhand eines Abgleichs mit den (Kern-)Kompetenzen des Unternehmens,[688] welche den Bezug zur künftigen Unternehmensentwicklung herstellen.[689]
Die dazu notwendige Identifikation von Kernkompetenzen ist kein trivialer Vorgang. Denn Kompetenzen sind in der Regel weder mit den Leistungen eines Unternehmens identisch, noch liegen sie in den wenigsten Fällen offen zutage.[690] Ihre Erfassung sowie die Zuordnung, welche Kompetenzen in welche Leistungen eingehen und wie diese in Bezug auf unverzichtbare Kernkompetenzen zu bewerten sind, erfordert gewöhnlich einen nicht unerheblichen Ressourceneinsatz, der zudem infolge der den Kompetenzen inhärenten Dynamik nie als vollständig abgeschlossen gelten kann. Im Zusammenhang mit den hier betrachteten Standarddienstleistungen, welche als marktgängig und vergleichsweise wenig komplex charakterisiert wurden, gestalten sich die Vorgehens- und Bewertungsschritte allerdings in der Regel vergleichsweise einfach.
Geht man davon aus, dass die wesentlichen Kernkompetenzen des Unternehmens oder des betroffenen Bereichs bereits identifiziert sind, müssen die zu betrachtenden Dienstleistungen zunächst dahingehend überprüft werden, ob

- ihnen Kernkompetenzen des Unternehmens zugrunde liegen oder
- sie direkt dem Schutz bzw. der Entwicklung der Kernkompetenzen dienen.

Da Standarddienstleistungen selten mehr als eine oder wenige wichtige Unternehmenskompetenzen inkorporieren, genügt in fast allen Fällen ein einfacher Abgleich, um eventuell betroffene Kernkompetenzen zu erkennen. Ist keine der Kernkompetenzen des Unternehmens tangiert, können die Outsourcing-Überlegungen ohne Einschränkung weiter verfolgt werden. Ist die betroffene Dienstleistung jedoch mit den Kernkompetenzen des Unternehmens in Zusammenhang zu bringen, muss anhand der Bedeutung der Kernkompetenz entschieden werden, ob ein Outsourcing dieser Leistung zweckmäßig ist und die Unternehmensentwicklung hiervon nicht beeinträchtigt wird, oder ob besser alternative Formen der Leistungserstellung angestrebt werden sollten.

5.3.2 Entscheidungspfad bei kompetenzgetriebenem Outsourcing wissensintensiver Dienstleistungen

Vom kostengetriebenen Vorgehen bei Standarddienstleistungen zu differenzieren ist die Outsourcing-Entscheidung im Zusammenhang mit *wissensintensiven*

---

[688] vgl. Bacher (2000), S. 145 f.; Hinterhuber, Stuhec (1997), S. 10 ff.; Zahn, Barth (1999), S. 28 f.
[689] siehe Abschnitt 3.1.5
[690] vgl. Bouncken (2000), S. 869; Zahn (1996), Sp. 889

Dienstleistungen. Die darunter subsumierten Dienstleistungen weisen deutlich andere Charakteristika auf.

- Im Rahmen der Typologisierung wurden sie als kontaktintensiv zum einen sowie als variantenreich zum anderen klassifiziert. Wissensintensive Dienstleistungen sind typischerweise sehr kundenspezifisch und werden in enger Interaktion mit dem Kunden erbracht. Im Gegensatz zu Standardservices gleicht kaum eine Dienstleistung der anderen, was Vereinheitlichungsbestrebungen relativ stark beschränkt. Neben genereller Methodenkompetenz bezüglich der Leistungsinhalte bedarf die Erbringung solcher Professional Services in der Regel auch der Fähigkeit, die Wünsche und Bedürfnisse der Nutzer in die Leistung zu integrieren.
- Wissensintensive Dienstleistungen werden vor allem dann Gegenstand von Outsourcing-Überlegungen, wenn das zu ihrer Erbringung notwendige Know-how intern nicht in ausreichendem Maß zur Verfügung steht. Die Dienstleistung in ihrer bisherigen Form kann die Erwartungen der (internen oder externen) Kunden nicht mehr erfüllen, und es besteht die Notwendigkeit einer Überarbeitung bzw. Erweiterung. Eine Auslagerung zielt damit vor allem auf Effektivitätsaspekte. Effizienzüberlegungen rangieren dagegen eher im Hintergrund, sind jedoch gleichwohl nicht zu vernachlässigen.
- In Bezug auf ihre Bedeutung gilt für wissensintensive Dienstleistungen Ähnliches wie für Standarddienstleistungen. Sie können für das Unternehmen sowohl weniger wichtig als auch von hoher Priorität sein.[691] Hier ist ebenfalls eine Unterscheidung verschiedener Bewertungsalternativen erforderlich.

Anders als bei Standarddienstleistungen ist bei wissensintensiven Leistungen in der Regel keine Marktgängigkeit gegeben. Aufgrund der starken Individualisierung und Spezialisierung existieren gewöhnlich nur wenige Anbieter, die in der Lage sind, eine Leistung entsprechend den Kundenanforderungen zu erbringen. Aus eben diesen Gründen ist auch ein eventueller Wechsel des Dienstleisters mit beträchtlichen Schwierigkeiten behaftet. Auslagerungsüberlegungen für solche Dienstleistungen sind daher auf die damit einhergehenden *Abhängigkeitsprobleme* zu untersuchen. Daneben spielt die *Kompetenzthematik* eine besondere Rolle. Kompetenzorientierte Outsourcing-Vorhaben verfolgen als primäres Ziel, nicht vorhandene Kompetenzen durch Verlagerung von bis dato intern erbrachten Aufgaben zu substituieren und damit eine günstigere Positionierung im Markt zu erreichen.[692] Ein Outsourcing von Kernkompetenzen des Unternehmens kann jedoch mittelfristig leicht zur existenziellen Gefährdung des Unter-

---

[691] siehe Determinante „*Bedeutung*“, Abschnitt 4.1

[692] vgl. Quinn (2000), S. 14 ff.; Zahn, Barth (2001 c), S. 28 f.

nehmens führen.[693] Andererseits kann eine zu große Leistungstiefe eine Überforderung oder Verzettelung nach sich ziehen sowie die strategische Beweglichkeit des Unternehmens behindern. Einen Ansatz zur Abhilfe aus diesem Dilemma schafft die ausführliche Auseinandersetzung mit den zentralen Unternehmenskompetenzen und deren Abgleich mit der auszulagernden Leistung.[694] Diese soll sicherstellen, dass nur solche Leistungsbestandteile nach außen vergeben werden, die *nicht Bestandteil der Kernkompetenzen* sind, und dass damit die Wettbewerbsfähigkeit des Unternehmens nicht aufs Spiel gesetzt wird.[695]

Die Entscheidung pro bzw. contra ein Outsourcing wissensintensiver Dienstleistungen muss die genannten Einflussfaktoren berücksichtigen und sich in einer entsprechend ausgelegten Bewertungssystematik widerspiegeln. Notwendig ist eine mehrdimensionale Betrachtung, deren theoretische Fundierung sich in den Resource-Dependence-Ansätzen[696], der Industrieökonomik[697] sowie dem ressourcenbasierten Ansatz[698] findet.[699] Ziel ist, die in Bezug auf das Outsourcing relevanten Aussagen der drei Theorien miteinander zu verbinden. Eine geeignete Basis für eine derartige integrative Betrachtung stellt eine *Kompetenzanalyse* des Unternehmens dar[700], die - entsprechend ergänzt - auch Markt- und Abhängigkeitsaspekte berücksichtigt.

Eine Kompetenzanalyse besteht prinzipiell aus zwei Schritten: der *Identifikation* und der *Bewertung* der Unternehmenskompetenzen. Sie ist nicht nur im Rahmen des Outsourcing von Bedeutung, sondern bildet auch einen wichtigen Baustein für das auf dem Competence-based View fußende strategische Kompetenzmanagement.[701]

Charakteristisches Merkmal der zu untersuchenden wissensintensiven Dienstleistungen ist ihre Komplexität. Aus ihr resultiert, dass die für die jeweiligen Dienstleistungen grundlegenden Kompetenzen meist nicht einfach offen zutage liegen. Dieser Umstand lässt es ratsam erscheinen, bei der Untersuchung - ähnlich dem Vorgehen bei Standarddienstleistungen - zwei Fälle zu unterscheiden, um den Analyseaufwand in vertretbarem Umfang zu halten. Bei Dienstleis-

---

693 vgl. Bettis, Bradley et al. (1992), S. 18; Friedrich (2000), S. 234 f.; Quinn (1999), S. 12; Zahn, Barth et al. (1998 a), S. 48

694 vgl. Zahn, Barth et al. (1998 a), S. 48

695 Zu den Konsequenzen eines die Kompetenzperspektive vernachlässigenden Outsourcing siehe Abschnitt 3.1.5 sowie speziell Abbildung 3-8

696 siehe Abschnitt 3.1.3.1

697 siehe Abschnitt 3.1.4

698 siehe Abschnitt 3.1.5

699 vgl. Hardt (1996), S. 33 f.; Zahn, Barth (2001 a), S. 564

700 vgl. Hinterhuber, Stuhec (1997), S. 2 ff.; Zahn, Barth et al. (1998 a), S. 47 ff.

701 vgl. zum Beispiel Prahalad, Hamel (1990), S. 79 ff.; Hamel, Prahalad (1995); Zahn (1995 a), S. 357 ff. sowie Abschnitt 3.1.5

tungen, die im Rahmen der Vorauswahl als eher *wenig bedeutsam* eingestuft wurden, ist gewöhnlich eine einfache Kompetenzanalyse ausreichend, vergleichbar mit der bei wichtigen Standarddienstleistungen.[702] Anders hingegen ist es bei wissensintensiven Dienstleistungen, die für das Unternehmen von hoher Bedeutung sind, bzw. solchen, die bereits beim Outsourcing-Check-up als „vorzugsweise intern zu erbringen" kategorisiert wurden, bei denen jedoch aus Mangel an im Unternehmen vorhandenen Kompetenzen auf externe Dienstleister zurückgegriffen werden muss.[703] Hier erweist sich eine detaillierte Eruierung und Bewertung der mit diesen Dienstleistungen in Verbindung stehenden Kompetenzen als unbedingt notwendig. Während die mit den eigentlichen Kernkompetenzen in Verbindung stehenden Leistungsinhalte weiterhin im eigenen Unternehmen erbracht werden sollten, können ggf. bestimmte andere Teilumfänge an externe Unternehmen vergeben werden.[704]
Zur *Identifikation von Kernkompetenzen* existieren eine Reihe von Ansätzen.[705] Basis für alle Verfahren ist eine Operationalisierung des Kompetenzkonstrukts. Einen wichtigen Beitrag hierzu leistet eine an den Spezifika des Unternehmens orientierte Auseinandersetzung mit dem Kompetenzbegriff, in deren Rahmen verschiedene Bedingungen für Kernkompetenzen festgelegt werden.[706] Ist diesbezüglich ein gemeinsames Grundverständnis erreicht, kann mit der eigentlichen Identifikationsarbeit begonnen werden. In dem hier behandelten Zusammenhang, bei dem es um die Überprüfung der Kompetenzinhalte bestehender Leistungen vor dem Hintergrund einer möglichen Auslagerung derselben geht, ist vor allem der Ansatz des Reverse Engineering von Bedeutung.[707] Dabei wird eine bestehende Leistung hinsichtlich der in sie eingehenden Kernkompetenzen untersucht. Die betreffenden Dienstleistungen werden dazu im Rahmen einer kritischen Bestandsaufnahme in die ihnen zugrunde liegenden Fähigkeiten, Technologien, Prozesse etc. zerlegt. Die Analyse der Erfolgsursachen bringt dann die Kompetenzen und Kernkompetenzen zum Vorschein.[708] Aufgrund der Charakteristika von Dienstleistungen[709] sind in vielen Fällen Personen wichtige Kompetenzträger. Diese Schlüsselpersonen gilt es im Vorfeld zu ermitteln und in die Bestandsaufnahme miteinzubeziehen. Sie stellen eine wertvolle Unterstützung des Prozesses dar, weil sie helfen, zusätzliche oder ergänzende Eindrücke über die vorhandenen Potenziale zu gewinnen. Dadurch können möglicherweise

---

[702] siehe Abschnitt 5.3.1
[703] siehe Abschnitt 5.2
[704] vgl. Hinterhuber, Stuhec (1997), S. 10 ff.; Quinn (1999), S. 12; Scherm (1996), S. 49 ff.; Zahn, Barth et al. (1998 a), S. 48
[705] Ein zusammenfassender Überblick findet sich bei Bouncken (2000), S. 871 ff.
[706] siehe dazu Abschnitt 3.1.5
[707] vgl. Boos, Jarmai (1994), S. 21 f.; Tampoe (1994), S. 64 ff.; Zahn (1996), Sp. 889 f.
[708] vgl. Barth, Schnabel et al. (1998), S. 10 ff.; Zahn, Barth et al. (1998 a), S. 51
[709] siehe Abschnitt 2.2.1

Fähigkeiten und Fertigkeiten aufgedeckt werden, die sich nicht aus der bloßen Betrachtung der Dienstleistung allein ableiten lassen.[710]
Ist die fokussierte Dienstleistungen im Rahmen des Check-up als für das Unternehmen bedeutsam eingestuft worden, empfiehlt es sich, zur Identifikation der involvierten Kompetenzen nicht nur unternehmensinterne Quellen zu nutzen. Einen wesentlichen Faktor stellen auch die Wahrnehmungen der Stakeholder des Unternehmens dar. Um dabei die richtigen auszuwählen, kann auf die Ergebnisse der Analyse der Unternehmensumwelt zurückgegriffen werden. Die Kontaktmöglichkeiten sind nach ihrer Bedeutung zu gewichten und die wichtigsten Betroffenen entsprechend auszuwählen. Der Aufwand, der sich hinter diesem Verfahrensschritt verbirgt, ist gewöhnlich jedoch nur bei bereits vorweg als kritisch erachteten Dienstleistungen gerechtfertigt.[711]
Während die Identifikation für die beiden zu unterscheidenden Fälle weitgehend ähnlich abläuft, ergeben sich hinsichtlich der *Bewertung der Kompetenzen* wesentliche Unterschiede. Für den Fall, dass die zu analysierende Leistung im Vorfeld als weniger wichtig für das Unternehmen eingestuft wurde, kann das Verfahren - ähnlich wie bei der Evaluierung bedeutsamer Standardleistungen - vergleichsweise einfach gehalten werden. Dies lässt sich zum Beispiel dadurch erreichen, dass die ermittelten Kompetenzen ohne weitere kritische Begutachtung etwa in Form von Kompetenz-Benchmarks oder Workshops mit externen Experten der Bewertung zugeführt werden.[712] Bei einem solchen Vorgehen unterbleibt vor allem die Berücksichtigung der Entwicklungspotenziale von Kompetenzen, welche selbst einem dynamischen Wandel unterliegen.[713] Diese sind hingegen für strategisch sensible Dienstleistungen unbedingt in die Betrachtungen mitaufzunehmen. Ohne ihre Beachtung liefe das Unternehmen leichtfertig Gefahr, wichtige Wettbewerbsvorteile aufs Spiel zu setzen.
Zur Abschätzung der Potenziale von Kompetenzen existieren verschiedene Alternativen. Zum einen kann dies durch die Befragung interner *Schlüsselpersonen* erfolgen. Durch Verdichtung der von ihnen getroffenen Aussagen zu branchenspezifischen Trends und Kernfähigkeiten können zukunftsbezogene Umweltszenarien abgeleitet werden, anhand derer dann die identifizierten Kernkompetenzen gemessen und bewertet werden.[714] Einen ähnlichen Ansatz verfolgt das Konzept der kritischen Erfolgsfaktoren. Es geht davon aus, dass für jedes Unternehmen in jedem seiner Marktsegmente einige wenige, gewöhnlich unterschiedliche *Erfolgsfaktoren* existieren, die über Erfolg und Misserfolg

---

710 vgl. Hinterhuber, Handelbauer et al. (1997), S. 109; Zahn, Barth et al. (1998 a), S. 52

711 vgl. Berger, Kalthoff (1995), S. 163 ff.; Hinterhuber, Handelbauer et al. (1997), S. 104 f.; Krüger, Homp (1997), S. 106 ff.; Zahn, Barth et al. (1998 a), S. 52

712 vgl. dazu zum Beispiel Buttler, Fries et al. (1999), S. 35 ff.

713 vgl. Zahn (1996), Sp. 887 ff.

714 vgl. Bouncken (2000), S. 878; Schnabel, Barth et al. (1998), S. 68 f.; Steinle, Bruch et al. (1997), S. 13 ff.;

entscheiden.[715] Diese kritischen Erfolgsfaktoren werden anhand unterschiedlicher Kriterien beurteilt, wie zum Beispiel aus der Sicht des Wettbewerbs oder der Kunden sowie bezüglich ihrer gegenwärtigen und zukünftigen Bedeutung. Den so ermittelten nachhaltigen Erfolgsfaktoren werden auf Basis von Scoring-Modellen die jeweiligen Kompetenzen gegenübergestellt und so deren Dauerhaftigkeit abgeschätzt.[716]
Andere Methoden betonen die Notwendigkeit, die erkannten Kompetenzen hinsichtlich ihres *Kundennutzens* zu evaluieren und damit den Marktbezug derselben sicherzustellen.[717] Dazu werden zunächst die für den Kunden wichtigen Qualitätsmerkmale bestimmt, die dann mit Hilfe eines vereinfachten Quality Function Deployment[718] den einzelnen Kompetenzen gegenübergestellt werden. Aus diesem Vergleich ergibt sich dann der Kundenwert der jeweiligen Kompetenzen.[719]
Die Einbeziehung der Kundenbedürfnisse in die Bewertung ermöglicht - wie eingangs postuliert - eine adäquate Berücksichtigung der Marktsicht. Der genaue Ablauf des Verfahrens, die jeweils einfließenden Kriterien sowie deren Gewichtung ist abhängig von den herrschenden Gegebenheiten innerhalb und im Umfeld des Unternehmens. Dabei ist auf die Verbindung der markt- und kompetenzorientierten Perspektive zu einer angemessenen und ausgewogenen Gesamtbetrachtung zu achten.[720]
Um die einzelnen Kompetenzen abschließend klassifizieren zu können, sind die gewählten Bewertungsaspekte zu verdichten und in einem entsprechenden Portfolio darzustellen. Eine Möglichkeit hierfür zeigt die folgende Abbildung. Als Bewertungskriterien werden die *Dauerhaftigkeit* und die *Qualität* der Kompetenzen herangezogen.[721] Beides sind Sammelpositionen für verschiedene, fallspezifisch zu wählende und zu gewichtende Einzelkriterien. Sie dienen gleichsam als Metakriterien und ermöglichen es, sowohl die Markt- als auch die Ressourcenperspektive zu berücksichtigen. Zugleich gewährleisten sie den geforderten Freiraum für firmenspezifische Evaluierungsaspekte (siehe Abbildung 5-7).

---

[715] vgl. Rockart (1979), S. 81ff.
[716] vgl. Bullinger, Kugel et al. (1995), S. 194 ff.; Zahn, Barth et al. (1998 a), S. 58 ff.
[717] vgl. Bouncken (2000), S. 878; Deutsch, Diedrichs et al. (1997), S. 32 ff.; Hinterhuber, Stuhec (1997), S. 6 ff.; Krüger, Homp (1997), S. 101 ff.
[718] vgl. dazu zum Beispiel Akao (1992); Hauser, Clausing (1988)
[719] vgl. Hinterhuber, Stuhec (1997), S. 6 ff.
[720] vgl. Hinterhuber, Stuhec (1997), S. 2 ff.; Krüger, Homp (1997), S. 104; Zahn (1995 a), S. 366; Zahn, Barth et al. (1998 a), S.53 ff.
[721] vgl. Zahn, Barth (1998), S. 53 ff.

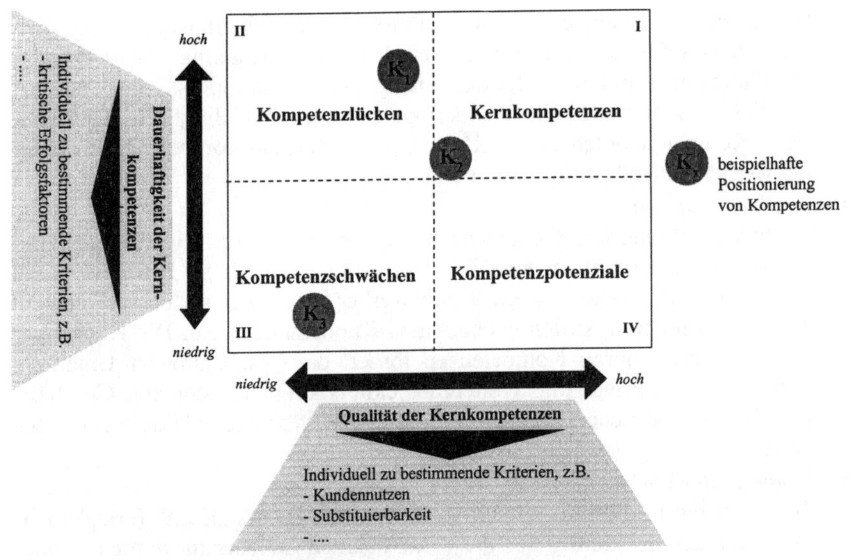

Abbildung 5-7: Das Kompetenzportfolio
(vgl. Zahn, Barth et al. (1998 a), S. 63)

Aus der Positionierung der identifizierten Kompetenzen ergibt sich ihre Bedeutung für das Unternehmen:[722]

- *Kompetenzschwächen*
  Kompetenzen eines Unternehmens, die nur wenigen der an sie angelegten Kriterien genügen, deren Qualität also entsprechend gering ist und deren Erfolgspotenzial in der Zukunft eher abnimmt, sind als Kompetenzschwächen einzuordnen. Sie stellen das Gegenteil von Kernkompetenzen dar, sind jedoch gewöhnlich notwendig für das Geschäft. Damit repräsentieren sie gleichsam die Grundtugenden in einer Branche. Da sie von Wettbewerbern in ähnlicher Weise oder sogar besser beherrscht werden, ist der Aufbau von Wettbewerbsvorteilen mit ihnen in der Regel kaum möglich. Allerdings schlägt sich eine Verschlechterung unter den Branchenstandard sehr schnell in Wettbewerbsnachteilen nieder.
- *Kompetenzpotenziale*
  Kompetenzen, die sich in diesem Quadranten finden, erfüllen zwar die an sie gestellten Qualitätsansprüche, ihre zukünftigen Erfolgschancen werden jedoch nicht als besonders groß eingeschätzt. Viele vom Unternehmen im Zusammenhang mit diesen Kompetenzen unternommene Anstrengungen stellen sich deshalb als wirkungslos heraus. Sie gehen an den wirklichen Erfolgspotenzialen vorbei, etwa weil diese sich im Lauf der Zeit grundlegend verän-

[722] vgl. Zahn, Barth (1998), S. 63 ff.

dert haben. Kompetenzpotenziale sind ihrer Natur nach ambivalent - sie können Chancen oder Belastung darstellen. Denn falls es gelingt, die vorhandenen Fähigkeiten mit den Marktentwicklungen zu harmonisieren, kann aus dem Potenzial durchaus eine Kernkompetenz werden. Gelingt dies nicht, mutieren Kompetenzpotenziale vielfach mit der Zeit zu Kompetenzschwächen und werden zu Ballast für das Unternehmen

- *Kernkompetenzen*
  Die hier positionierten Kompetenzen verkörpern die eigentlichen Kernkompetenzen eines Unternehmens. Mit ihnen ist eine dauerhafte Differenzierung im Wettbewerb möglich. Kein Wettbewerber beherrscht sie besser, sie sind schwer zu imitieren, stiften nachhaltigen Kundennutzen etc. Die Konzentration auf diese wahren Kompetenzen fördert das Wachstum der Unternehmung. Mit ihrer Pflege und Weiterentwicklung können bestehende Geschäfte ausgebaut sowie neue Geschäfte kreiert und zusätzliche Märkte erschlossen werden.
- *Kompetenzlücken*
  Kompetenzen in diesem Bereich verdienen den Zusatz „Kern" (noch) nicht. Zwar können sie künftig für das Unternehmen bedeutsam werden, jedoch sind sie gegenwärtig kaum nutzbar, da eine Lücke zwischen dem existiert, was der Markt jetzt bzw. in Zukunft will und dem, was das Unternehmen zu leisten im Stande ist. Aufgrund der zukünftigen Erfolgsrelevanz der Kompetenz sind hier besondere Anstrengungen für Verbesserungsmöglichkeiten angebracht.

Mit der dargestellten Vorgehensweise lassen sich wissensintensive Dienstleistungen identifizieren und bewerten. Die Hauptschwierigkeit des Verfahrens liegt neben dem verursachten Aufwand darin, dass die Kompetenzen in der Regel nicht direkt ersichtlich sind und bezüglich ihrer Bewertung ein beträchtlicher Ermessensspielraum besteht. Darüber hinaus ist zu beachten, dass Konkurrenten eine derartige Analyse gleichfalls vornehmen können und die bestehenden Wettbewerbsvorteile durch Aufbau ähnlicher Kompetenzen egalisieren könnten.[723] Im Hinblick auf nachhaltige Wettbewerbsvorteile sind die so ermittelten Kernkompetenzen daher weiterzuentwickeln, wozu ein Outsourcing - und damit der Anstoß zur Durchführung einer Kompetenzanalyse - sehr gut geeignet ist. Die gewonnenen Ergebnisse können daneben auch zur Überprüfung und Neuausrichtung der strategisch weniger bedeutenden Dienstleistungen genutzt werden.

Auf Basis dieser Klassifizierung der Kompetenzen kann nun die Outsourcing-Eignung der jeweils betrachteten wissensintensiven Dienstleistung evaluiert werden. In Abhängigkeit von den Kompetenzen, welche sie maßgeblich bestimmen, kann für die betreffende Dienstleistung eine konkrete Outsourcing-

---

[723] vgl. Bouncken (2000), S. 871; Hamel (1994), S. 26

Empfehlung abgeleitet werden. Dabei lassen sich, wie in der folgenden Abbildung visualisiert, vier grundsätzliche Fälle unterscheiden.[724]

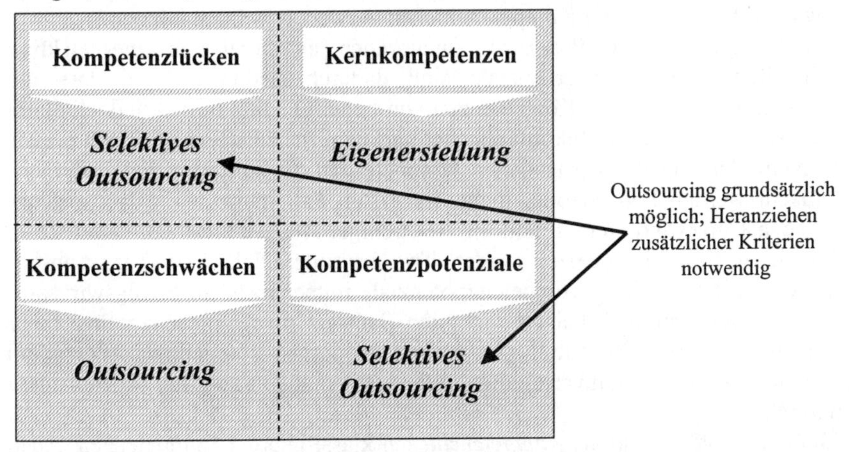

Abbildung 5-8: Outsourcing-Empfehlungen für verschiedene Kompetenzarten (in Anlehnung an: Zahn, Barth et al. (1998 a), S. 66)

Die *Kernkompetenzen* sind die bedeutendsten Kompetenzen von Unternehmen. Dienstleistungen bzw. die Anteile von ihnen, in die die Kernkompetenzen maßgeblich Eingang finden, sollten daher inhouse erbracht werden. Abhängigkeits- und Know-how-Probleme, wie sie sowohl theoretisch[725] als auch empirisch[726] belegt sind, können dadurch weitgehend vermieden werden. Wichtig ist daneben, Kernkompetenzen durch Lernprozesse ständig weiterzuentwickeln und diese Aktivität durch eine entsprechende Zuweisung von Investitionsmitteln, F&E-Ressourcen etc. zu unterstützen. Kernkompetenzen sollten auch nicht „eingesperrt“ werden, sondern allen Abteilungen des Unternehmens zugänglich sein und den Nährboden für eine breite Palette von Produkten bilden, die den Cash-Flow des Unternehmens sicherstellen. Darüber hinaus ist auch ihre besondere Protektion notwendig, denn eine Erosion der Kernkompetenzen kann dramatische Auswirkungen auf die Unternehmensentwicklung haben.[727]

Genau gegenteilig sind Kompetenzen zu behandeln, die als *Schwächen* identifiziert werden. Sie stellen keine wirklichen Kompetenzen des Unternehmens dar, zu groß sind die Unzulänglichkeiten der eigenen Position. Hier einzuordnende Kompetenzen bzw. die entsprechenden Dienstleistungen können gewöhnlich ohne große Bedenken von spezialisierten externen Anbietern bezogen werden.

---

[724] vgl. Hinterhuber, Stuhec, (1997), S. 11 f.; Zahn, Barth et al. (1998 a), S. 66 ff.
[725] siehe dazu die Ausführungen zum Resource-Dependence-Ansatz, Abschnitt 3.1.3.1
[726] siehe Abschnitt 3.3
[727] siehe Abschnitt 3.1.5

Ein Outsourcing dieser Kompetenzen kann Ressourcen freisetzen, die zur Entwicklung der Kernkompetenzen, zum Ausbau der Kernkompetenzpotenziale sowie zur Schließung der Kompetenzlücken verwendet werden können.
Sind Kompetenzen als *Potenziale* einzuordnen, empfiehlt sich eine selektive Behandlung. Kompetenzpotenziale sind dadurch gekennzeichnet, dass die Unternehmung hier zwar Kompetenzen von hoher Qualität besitzt, jedoch deren Erfolgspotential für die Zukunft als eher gering einschätzt. Es ist deshalb primär zu beurteilen, ob die vorhandenen Kompetenzen zu künftigen Erfolgsträgern gemacht werden können oder nicht. Im ersten Fall muss in die Kompetenzpotenziale investiert werden und ihr zielstrebiger Ausbau erfolgen, damit sie in Zukunft zu Kernkompetenzen werden. Tritt der andere Fall ein und es ist absehbar, dass die bisherigen Kompetenzpotenziale immer mehr an Erfolgswirksamkeit verlieren und auch keinen wichtigen Baustein im Kompetenzgefüge mehr darstellen, so sind Outsourcing-Überlegungen durchaus angebracht, vor allem im Hinblick auf eine Umverteilung der Ressourcen auf strategisch bedeutsamere Bereiche.
Ähnlich verhält es mit als *Kompetenzlücken* klassifizierten Kompetenzen. Auch hier ist ein selektives Vorgehen zu wählen. Bei solchen Kompetenzen, die einen wesentlichen Wertbeitrag leisten und deren Abstand zum Niveau der Wettbewerber nicht zu groß ist, sollten Outsourcing-Überlegungen kritisch hinterfragt werden. Um die Lücken innerhalb dieser Kompetenzen zu schließen, müssen allerdings schnell und zielstrebig Maßnahmen ergriffen werden. Reichen die eigenen Ressourcen hierzu nicht aus oder besteht eine zu große Kompetenzlücke, stellt ein Outsourcing durchaus eine Alternative dar, wobei die verschiedenen Möglichkeiten einer Wertschöpfungspartnerschaft in die Überlegungen miteinbezogen werden sollten.[728]
Die Kompetenzanalyse in der beschriebenen Form berücksichtigt die eingangs thematisierten Aspekte der Abhängigkeit, der Ressourcen- und der Marktproblematik bei der Auslagerung wissensintensiver Dienstleistungen. Abbildung 5-9 zeigt die einzelnen Schritte abschließend im Zusammenhang.
Die sich aus dem Prozess ergebenden Handlungsempfehlungen sollten jedoch nicht für jede Dienstleistung direkt übernommen werden. Eine kritische Reflexion vor allem von Grenzfällen ist notwendig. Die Gründe hierfür sind zum einen in den prinzipiellen Problemen von Portfolio-Ansätzen wie etwa der Subjektivität der Bewertung oder der fehlenden Dynamisierung zu finden.[729]. Zum anderen beugt ein Hinterfragen der Ergebnisse einer starren Anwendung der abgeleiteten Outsourcing-Strategien vor.[730] Denn eine sich aus dem Portfolio ergebende

---

[728] siehe Abschnitt 2.1.3
[729] vgl. Böhler (1989), Sp. 1556 f.; Bullinger (1994), S. 167 ff.; Müller-Stewens (1995), Sp. 2052 ff.
[730] vgl. Zahn, Barth et al. (1998 a), S. 68

Handlungsempfehlung für das Outsourcing einer bestimmten Leistung muss nicht zwangsläufig in ein Outsourcing derselben münden. Wissensintensive Dienstleistungen, welche nach Durchführung der Kompetenzanalyse für ein Outsourcing in Frage kommen, sollten, sofern nicht der Aspekt des Know-how-Transfers allein im Vordergrund steht, auch daraufhin überprüft werden, ob die Auslagerung grundsätzlich kostengünstiger ist als eine Eigenerstellung.[731]

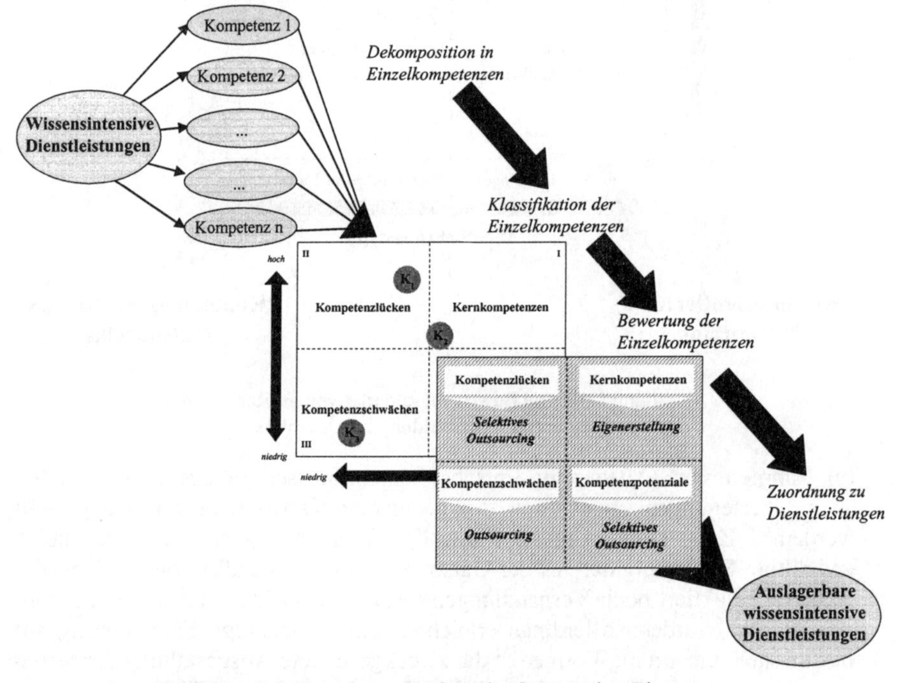

Abbildung 5-9: Prozess zur Prüfung der Outsourcing-Eignung wissensintensiver Dienstleistungen

Die beschriebenen Entscheidungspfade erlauben eine rationelle und gleichzeitig den spezifischen Gegebenheiten Rechnung tragende Beurteilung der Outsourcing-Eignung sämtlicher Dienstleistungen eines Unternehmens. Werden sie konsequent durchschritten, lässt sich das künftige Aufgabenspektrum der Unternehmung klar abgrenzen. Entsprechend der unterschiedlichen Ausprägung der Outsourcing-Determinanten ergeben sich vier spezifische Bewertungsvarianten, die in der folgenden Abbildung 5-10 nochmals verdeutlicht sind.

[731] Zur Problematik von Kostenabschätzungen für den Fremdbezug von Leistungen in der Phase der Outsourcing-Entscheidung siehe Abschnitt 5.3.1

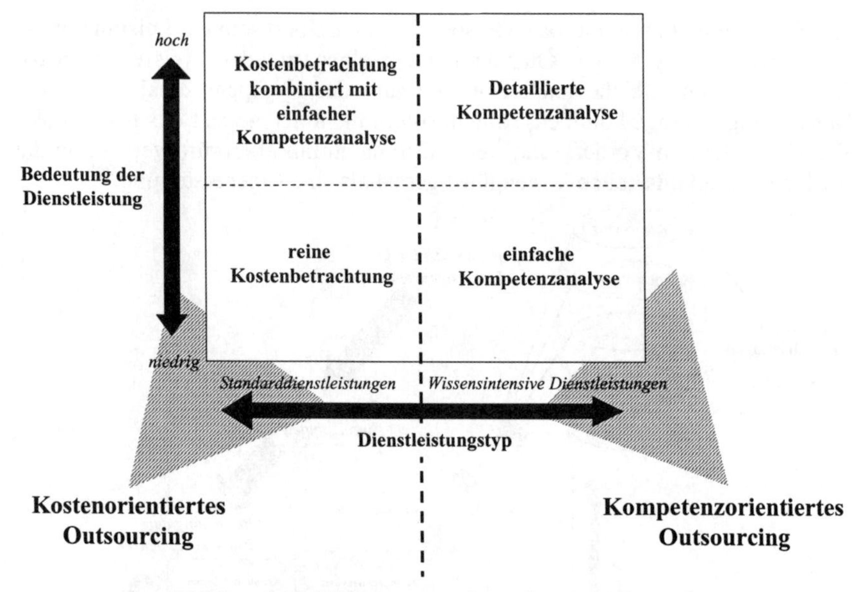

Abbildung 5-10: Die Bewertungsalternativen im Rahmen der Outsourcing-Entscheidung im Überblick

Im Rahmen von Outsourcing-Entscheidungen müssen in bestimmten Fällen auch Überlegungen hinsichtlich der geeigneten Outsourcing-Form angestellt werden.[732] Zwar kann in dieser Phase des Outsourcing-Prozesses noch keine endgültige Festlegung der Art der Outsourcing-Partnerschaft erfolgen, da weder Anbieter selektiert noch Verhandlungen bezüglich der Übernahme der Leistungen geführt wurden. Allerdings erleichtert eine frühzeitige Fokussierung auf bestimmte Outsourcing-Formen[733] die zweckgerichtete Ausgestaltung der weiteren Prozessphasen. In einzelnen Fällen besteht auch eine direkte Kopplung zwischen Auslagerungsszenario und Outsourcing-Form, die nur in Kombination sinnvoll sind. Dies betrifft vor allem wissensgetriebene Auslagerungen sensitiver Dienstleistungsbereiche. Beispielsweise ist es denkbar, dass für Dienstleistungen von entsprechender strategischer Bedeutung und hoher Komplexität nur interne Outsourcing-Formen in Frage kommen. Ist jedoch - etwa aufgrund von Marktkonstellationen - nur eine komplette Externalisierung möglich, kann ein Outsourcing nicht sinnvoll realisiert werden, und es müssen andere Weg zur Stärkung des betreffenden Dienstleistungsbereichs eingeschlagen werden.

---

[732] vgl. Zahn, Barth (2001 a), S. 564
[733] siehe Abschnitt 2.1.3

5.4 Outsourcing-Anbahnung

Im Verlauf der bisherigen Prozessschritte wurden die für eine Auslagerung in Frage kommenden Dienstleistungen ermittelt und hinsichtlich ihrer Outsourcing-Eignung bewertet. Bei der Outsourcing-Anbahnung geht es nun darum, für die verbliebenen Outsourcing-Kandidaten einen geeigneten Dienstleister zu finden. Das prinzipielle Vorgehen hierzu ist der folgenden Abbildung dargestellt.

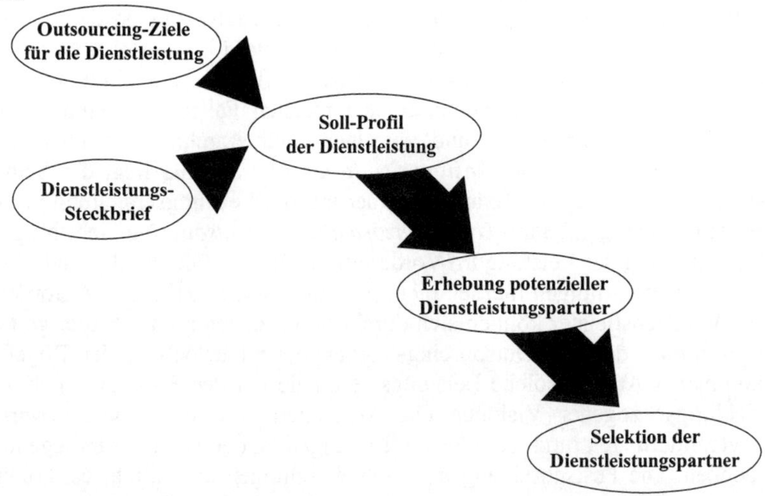

Abbildung 5-11: Prinzipieller Ablauf der Outsourcing-Anbahnungsphase

Auf Basis des im Rahmen der Check-up-Phase erstellten *Dienstleistungs-Steckbriefs* sowie der jeweils verfolgten *Outsourcing-Ziele* wird für die auszulagernde Dienstleistung gewöhnlich ein detailliertes *Soll-Profil* erarbeitet, in dem die benötigten und gewünschten Teilleistungen zusammengestellt sind. Parallel hierzu werden *Informationen* über die am Markt erhältlichen Leistungen und deren Anbieter eingeholt. Unter den Unternehmen, die das Soll-Profil erfüllen können, wird dann ein *Anbieter ausgewählt*, mit dem die Leistung konfiguriert und spezifiziert sowie die Zusammenarbeit vertraglich geregelt wird.[734] Die Anbahnungsphase ist ein besonders erfolgskritischer Schritt im Outsourcing-Prozess. Da es sich beim Outsourcing um die dauerhafte Fremdvergabe von Leistungen handelt, sind Entscheidungen bezüglich der Partnerwahl kurzfristig gewöhnlich nicht mehr reversibel. Eine detaillierte Informationserhebung gekoppelt mit einem mehrstufigen Bewertungsverfahren erscheint daher

[734] vgl. Gay, Essinger (2000), S. 106 ff.; Greaver (1999), S. 171 ff.; Hodel (1999), S. 50 f.; Williams (1998), S. 21 ff.; Zahn, Barth et al. (1998 a), S. 85

durchaus gerechtfertigt, um dieser Problematik entsprechend zu begegnen.[735] Allerdings schafft auch ein formalisierter Auswahlprozess keine vollständig sichere Entscheidungsgrundlage, da weder der genaue Leistungsbedarf noch das Leistungsvermögen der Dienstleister langfristig stabil prognostiziert werden können.[736]

Ausgangspunkt der Anbahnungsphase bildet die *Formulierung der Outsourcing-Ziele* für die betreffenden Dienstleistungen. Basierend auf den Informationen, die im Rahmen des Check-up gewonnen wurden, sind dazu unter Einbeziehung der relevanten Entscheidungsträger die generellen Zielsetzungen des Outsourcing-Vorhabens zu fixieren. Mit ihrer Festlegung wird klargestellt, worauf der primäre Fokus des Auslagerungsvorhabens liegt. Dabei sind eindimensionale Zielsetzungen eher die Ausnahme. In den meisten Fällen existieren mehrere Zielsetzungen, die priorisiert und zu einer Zielhierarchie zusammengefasst werden müssen. Im Fall des *kostenorientierten Outsourcing* liegt der Schwerpunkt in der Regel auf der Reduzierung der mit der Leistungserstellung verbundenen Aufwendungen. Beim *kompetenzorientierten Outsourcing* steht hingegen die Verbesserung der Leistung im Vordergrund. Die im Rahmen der Zielbildung formulierten Erwartungen müssen nicht grundlegend neu sein. Die Anforderungen an den Dienstleister können sich durchaus mit denen an das bisherige Leistungsprogramm decken. Outsourcing-Vorhaben sind jedoch in der Regel ein willkommener Anlass, solche Leistungsmerkmale auf der Basis unternehmensentwicklungsbezogener Visionen und Missionen einerseits sowie erwarteter Marktveränderungen und Kundenanforderungen andererseits grundlegend zu überdenken. Die Festschreibung der Zielvorstellungen ermöglicht es, konkrete Wünsche gegenüber einem möglichen Dienstleister zu formulieren.[737]

Aufbauend auf den Zielvorstellungen ist ein *Soll-Profil* zu erstellen. Oft auch synonym unter dem Begriff „Lastenheft“ gebraucht, handelt es sich dabei um ein Dokument, das alle wichtigen technischen, wirtschaftlichen und rechtlichen Einzelheiten der Leistung, die zukünftig fremdbezogen werden soll, enthält und so als Grundlage für die übrigen Aufgaben im Rahmen der Anbahnung dient. Zur Erstellung eines derartigen Soll-Profils wird der zu vergebende Leistungskomplex meist in einzelne Teilleistungen aufgespalten. Die Erhebung der erforderlichen leistungsspezifischen Daten kann durch Studium vorhandener Unterlagen, Interviews oder Konferenzen erfolgen. Während sich ersteres vorwiegend zur Ermittlung technischer Informationen eignet, kommen letztere eher bei der Erfassung der Strukturzusammenhänge und der qualitativen Eigenschaften der

[735] vgl. Beer (1998), S. 232; Bruch (1998), S. 144
[736] vgl. Bruch (1998), S. 145
[737] vgl. Zahn, Barth et al. (1998 a), S. 86 f.

einzelnen Teilleistungen (wie etwa der Anforderungen an die Qualifikation der Arbeitskräfte oder der Qualität der zu erbringenden Leistung) zum Einsatz.[738]
Da mit Hilfe des Outsourcing Veränderungen herbeigeführt werden sollen - gewöhnlich wird eine Steigerung der Wettbewerbsfähigkeit durch Effektivitäts- oder Effizienzverbesserungen angestrebt - reicht es nicht aus, nur die jeweiligen Ist-Daten der Dienstleistung zu erfassen. In einem zweiten Schritt sind deshalb die ermittelten gegenwärtigen Ausformungen der einzelnen Teilleistungen dem zuvor erarbeiteten Zielkatalog gegenüberzustellen und daraus die Sollvorgaben abzuleiten.
Aufbauend auf den so zusammengefassten „Wunschleistungen" des auslagernden Unternehmens müssen Recherchen dahingehend betrieben werden, ob *überhaupt Unternehmen existieren, die auf die Erbringung dieser Leistung(en) spezialisiert* sind. Da die Qualität einer Outsourcing-Beziehung nicht zuletzt durch eine sorgfältige Auswahl des Anbieters determiniert wird, ist ein möglichst umfassender Überblick über das marktseitige Dienstleistungsangebot erforderlich. Hierzu bestehen zwei prinzipielle Möglichkeiten (siehe Abbildung 5-12).[739]

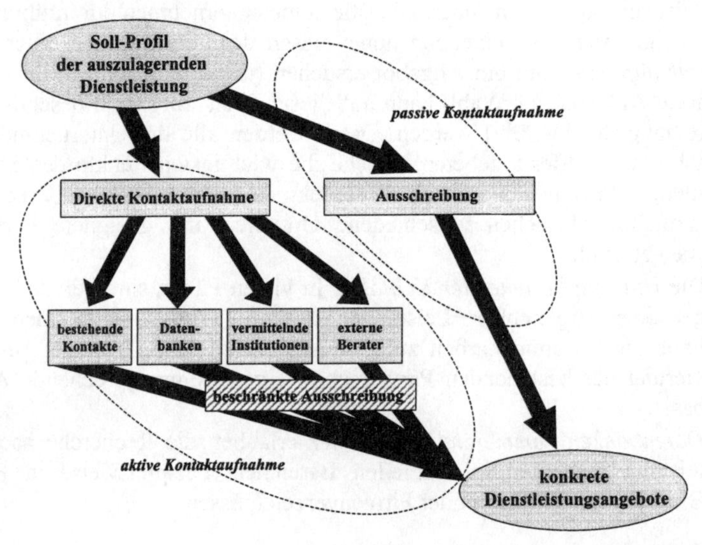

Abbildung 5-12: Grundsätzliche Möglichkeiten zur Kontaktaufnahme mit Dienstleistungspartnern

---

738 vgl. Gay, Essinger (2000), S. 31; Williams (1998), S. 107; Zahn, Barth et al. (1998 a), S. 93 f.

739 vgl. Zahn, Barth et al. (1998 a), S. 96 ff.

Zum einen kann die auszulagernde Leistung auf Basis des Soll-Profils *direkt ausgeschrieben* werden.[740] Dabei werden potenzielle Dienstleister (öffentlich) aufgefordert, für die outzusourcende Leistung schriftliche Angebote abzugeben. In der Regel wird dann dem wirtschaftlichsten Angebot der Zuschlag erteilt.[741] Dieses Vorgehen stellt eine *passive Form* der Kontaktaufnahme dar, da mögliche Partnerunternehmen nicht direkt angesprochen werden, sondern auf die Abgabe eines Angebots gewartet wird. Es ist im Vergleich zu den übrigen Möglichkeiten meist weniger zeit- und arbeitsaufwändig, weil es gewöhnlich direkt zu konkreten Angeboten führt. Allerdings kann es sich dabei ergeben, dass - vor allem bei komplexen Outsourcing-Vorhaben - kein oder nur eine eng begrenzte Anzahl von Dienstleistern eine Offerte abgibt. Ebenso wie ein solchermaßen zu schmal kann jedoch auch ein zu weit gewähltes Alternativenspektrum nachteilig sein. In diesem Fall ist es oft genauso wenig möglich, einen geeigneten Partner zu finden, was Kompromisse in der Gestaltung der Partnerschaft nach sich zieht und die Erfolgsaussichten des Outsourcing-Projekts vermindert.[742]

Zum anderen können auslagerungswillige Unternehmen zunächst eine *Erhebung* über die in Frage kommenden Dienstleistungsunternehmen durchführen und die am geeignetsten erscheinenden unter diesen dann im Rahmen einer *gezielten Kontaktaufnahme* um ein Angebot ersuchen (aktive Kontaktaufnahme). Stehen mehrere Anbieter zur Wahl, kann auf dieser Basis auch eine beschränkte Ausschreibung durchgeführt werden. Dabei werden alle die Unternehmen um die Abgabe einer Offerte gebeten, welche die wichtigsten Punkte des Soll-Profils erfüllen.[743] Entscheidet sich ein Unternehmen für diese aktive Form der Kontaktaufnahme, bestehen verschiedene Optionen, um geeignete Partnerunternehmen zu finden.[744]

- Die *Nutzung bestehender Kontakte*. In vielen Fällen sind bereits Teilleistungen oder vergleichbare Leistungen an ein externes Unternehmen vergeben. Falls die Zusammenarbeit zufriedenstellend verläuft, bedeutet eine Intensivierung der bestehenden Partnerschaft eine erfolgversprechende Ausgangsbasis.
- *Datenbanken kommerzieller Anbieter* erlauben die Recherche nach Dienstleistungsangeboten in speziellen Bereichen, beispielsweise in Form von Branchenhandbüchern oder Firmenverzeichnissen.

---

[740] Zum konkreten Aufbau einer Ausschreibung siehe zum Beispiel Greaver (1999), S. 184 ff.; Halvey, Murphy Melby (1996), S. 23 f.; Zahn, Barth et al. (1998 a), S. 104 f.

[741] vgl. Wimmer (1993), Sp. 2829

[742] vgl. Zahn, Barth et al. (1998 a), S. 87 f.

[743] vgl. Beer (1998), S. 233; Guttenberger (1995), S. 173

[744] vgl. Bruch (1998), S. 146 f.; Cunningham, Fröschl (1995), S. 145 f.; Greaver (1999), S. 172; Scheuing (1998), S. 1283 f.; Zahn, Barth et al. (1998 a), S. 87 ff.

- Ähnliches gilt für *Institutionen und gemeinnützige Verbände* wie zum Beispiel die Industrie- und Handelskammern. Bei ihnen sind - meistens branchenbezogen - Informationen über potenzielle Dienstleistungspartner erhältlich.
- Auch Veranstaltungen wie etwa *Messen, Kontaktbörsen, Symposien oder andere Fachveranstaltungen* eignen sich zur Anbahnung von Kontakten zu spezialisierten Dienstleistern.
- Schließlich finden sich auch *externe Berater*, die im Auftrag des auslagerungswilligen Unternehmens nach geeigneten Dienstleistern suchen. Bei solchen Informationsbrokern handelt es sich meist um Beratungsunternehmen, die sich auf die Erstellung von Marktanalysen spezialisiert haben. Vielfach beschränkt sich die angebotene Leistung jedoch nicht nur darauf, sondern schließt auch die Begleitung weiterer Schritte des Outsourcing-Prozesses mit ein. Die Vorteile einer solchen externen Vergabe sind zum einen die zeitliche und personalbezogene Entlastung des Unternehmens, zum anderen die Erschließung externen Fachwissens, etwa spezieller Methoden für die Angebotsbewertung, die Vorbereitung von Schlüsseldokumenten (wie beispielsweise Ausschreibungen oder Verträgen) oder die Entwicklung von Verhandlungsstrategien. Häufig wird auch schon allein die Tatsache, dass ein mit dem Thema Outsourcing vertrauter Berater mit eingebunden ist, als Mehrwert empfunden.[745] Diesen Vorteilen stehen natürlich auch gewisse Nachteile gegenüber. So verursacht der Einsatz externer Berater zunächst einmal Kosten. Vielfach ist auch die Befürchtung verbreitet, dass Beratungsunternehmen zur Zusammenarbeit mit bekannten Dienstleistern tendieren und deshalb Standardlösungen eher die Regel und innovative Lösungen eher eine Ausnahme sind.

Ein direkter Zusammenhang zwischen einem bestimmten Dienstleistungstyp und einem Suchpfad kann nicht ausgemacht werden. Sämtliche der genannten Methoden können erfolgreiche Wege bei der Suche nach einem geeigneten Dienstleister sein. Gleichwohl ist es naheliegend, dass bei der *kompetenzorientierten Auslagerung wissensintensiver Dienstleistungen* eher auf die externe Beratung durch Spezialisten zurückgegriffen wird als bei der Fremdvergabe von *Standardleistungen*, für die Anbieter relativ problemlos auszumachen sind. Dies ist damit zu begründen, dass es die Heterogenität des Anbietermarktes in Verbindung mit dem immateriellen Charakter der Dienstleistung für das auslagernde Unternehmen schwierig machen, einen adäquaten Dienstleister zu finden. Die Unsicherheit des Nachfragers ist hoch und wird durch die Probleme bei der Beurteilung der Qualität noch verstärkt.[746] Untersuchungen zeigen, dass bei wissensintensiven Dienstleistungen Netzwerkbeziehungen in dieser Phase eine

---

[745] vgl. Beer (1998), S. 233; Cunningham, Fröschl (1995), S. 160

[746] siehe Abschnitt 3.2 sowie Strambach (1995), S. 178

Schlüsselfunktion für das Zusammentreffen von Anbieter und Nachfrager übernehmen. Es sind bereits bestehende persönliche Kontakte, die zum Erfolg führen, während Marktwegen (etwa Messen, Symposien oder Anzeigen in Printmedien) und vermittelnden Institutionen (zum Beispiel Industrie- und Handelskammern) nur eine untergeordnete Bedeutung zukommt.[747] In Verbindung mit den Erkenntnissen aus dem interorganisationalen Netzwerksansatz[748] kann daher gefolgert werden, dass vor allem solche Unternehmen Partner für die Auslagerung wissensintensiver Dienstleistungen finden, die sich bereits ein Netzwerk von Dienstleistern aufgebaut haben.

Nachdem mögliche Partner identifiziert und die zentralen, mit angemessenem Aufwand verfügbaren Informationen über sie eingeholt worden sind, hat zunächst eine *Grobbewertung* dieser Dienstleister zu erfolgen. Ihr Ziel ist es, durch die Reduktion der Anzahl der in Frage kommenden Anbieter, den Aufwand für die folgenden Schritte zu verringern. Sind die geeigneten Partner herausgefiltert, werden diese dann zur Abgabe eines konkreten Angebots aufgefordert. Es ist zweckmäßig, eine solche Grobbewertung anhand des bereits erarbeiteten Soll-Profils durchzuführen. Kandidaten, die zentrale darin verankerte Punkte augenscheinlich nicht erfüllen, sollten nicht weiter berücksichtigt werden.[749] Von den verbleibenden Unternehmen ist eine detaillierte Offerte einzufordern, auf deren Basis dann weitere Bewertungsschritte erfolgen können. Bei einer größeren Anzahl potenzieller Partner kann auch eine beschränkte Ausschreibung durchgeführt werden, bei der nur die als erfolgversprechend identifizierten Unternehmen zur Abgabe eines Angebots aufgefordert werden. Mit ihrer Hilfe wird versucht, sicherzustellen, dass nur Unternehmen, die ein reales Interesse an der Übernahme der Dienstleistung besitzen, weiter begutachtet werden.[750]

Liegen dem auslagerungswilligen Unternehmen nach der Kontaktaufnahme ein oder mehrere entsprechende Angebote vor, ist aus diesen mittels einer *detaillierten Bewertung* das den Vorgaben am nächsten kommende auszuwählen. Konnte hingegen kein passender Dienstleister gefunden werden, müssen andere Lösungsmöglichkeiten betrachtet werden, wie etwa die Beibehaltung der Eigenerstellung oder eine Verselbständigung des betreffenden Bereichs durch eine Ausgründung.[751]

---

[747] vgl. Strambach (1995), S. 178 f.

[748] siehe Abschnitt 3.1.3.2, vor allem die Ausführungen zur Evolution und zum Management von Netzwerksbeziehungen. Zu letzterem vgl. zum Beispiel Zahn, Herbst et al. (1999), S. 9 ff.

[749] vgl. Beer (1998), S. 233; Esser (1994 b), S. 81 f.; Zahn, Barth et al. (1998 a), S. 89

[750] vgl. Bruch (1998), S. 149; Domberger (1998), S. 98 ff.; Zahn, Barth et al. (1998 a), S. 102 f.

[751] siehe Abschnitt 2.1.3

Die Bewertung der verschiedenen Angebote beinhaltet drei wesentliche Aspekte:[752]

- den Vergleich der Angebote untereinander;
- den detaillierten Vergleich der Angebote mit dem Soll-Profil sowie
- die Bewertung der anbietenden Unternehmen.

Zu Beginn sind die vorliegenden Angebote *untereinander zu vergleichen* und ggf. auf einen ähnlichen Stand zu bringen, um eine einheitliche Bewertungsbasis zu schaffen. Dies ist vielfach notwendig, da die Offerten teilweise sehr heterogen sind und unterschiedliche Preis-Leistungs-Relationen besitzen. Während bei manchen Angeboten also bestimmte Teilleistungen in der Gesamtleistung und im Preis enthalten sind, weisen andere Offerten eben diese Teilleistungen nur zusätzlich gegen Aufpreis aus. Erschwerend kommt hinzu, dass infolge des Charakteristikums der Immaterialität Dienstleistungen besonders schwierig zu vergleichen sind.[753] Ein sorgfältiges Abwägen der unterschiedlichen Angebote ist daher unerlässlich.

Nachdem die verschiedenen Angebote normiert wurden, können sie im Vergleich zum Soll-Profil bewertet werden. Eine bloße Gegenüberstellung von Angebot und Lastenheft sowie das Herausfiltern des wirtschaftlichsten Angebots greift dabei jedoch zu kurz. Vielmehr sind auch im Rahmen dieses Vergleichs die Spezifika (unternehmensnaher) Dienstleistungen bzw. die hieraus resultierenden Probleme zu berücksichtigen.[754] Beim *kostenorientierten Outsourcing* steht naturgemäß die Preis-Leistungs-Relation im Vordergrund. Allerdings erweist sich das billigste Angebot nicht automatisch als das vorteilhafteste. Gerade Angebote, die durch einen extrem günstigen Preis herausragen, sind besonders sorgfältig zu prüfen. Möglicherweise verbirgt sich hinter ihnen eine spezielle Strategie des Dienstleisters, mit der Aufträge erst durch billige, kaum zu unterbietende Angebote akquiriert und die notwendigen Erträge dann durch teure Nebenleistungen oder durch spätere Preiserhöhungen gesichert werden. Grundsätzlich gilt, dass die Preisforderung realistisch sein sollte, denn je geringer die Bezahlung des Dienstleisters, desto weniger Geld steht für die zu erbringende Leistung auch zur Verfügung.[755] Ein *kompetenzorientiertes Outsourcing* erfordert andere Bewertungsmaßstäbe. Hier steht vor allem die Qualität der zu erbringenden Leistung (im Sinne eines zu erzielenden höheren Kundennutzens) im Vordergrund. Eine entsprechende Beurteilung erweist sich jedoch als oft sehr problematisch. Aufgrund der Dienstleistungscharakteristika kommen vor allem ex-ante Qualitätstests in Frage. Durch Rückgriff auf Surrogate wie zum Beispiel

---

[752] vgl. Pawellek, Röben (1998), S. 80; Scheuing (1998), S. 1285; Zahn, Barth et al. (1998 a), S. 110

[753] siehe Abschnitt 2.2.1

[754] siehe Abschnitt 3.2

[755] vgl. Williams (1998), S. 21 f.; Zahn, Barth et al. (1998 a), S. 113

positive Erfahrungen bei bereits bestehenden Geschäftsbeziehungen, Referenzen oder die Rücksprache mit anderen Unternehmen, welche sich ebenfalls des potenziellen Dienstleisters bedienen, muss versucht werden, sich ein Bild der tatsächliche Leistungsfähigkeit eines Dienstleisters zu schaffen.
Zu einer umfassenden Bewertung gehören neben der Prüfung des eigentlichen Angebots auch die *Einbeziehung unternehmensbezogener Kriterien*. Sie unterscheiden sich von Outsourcing-Vorhaben zu Outsourcing-Vorhaben und sind fallweise zu spezifizieren.[756] In den verwendeten Kriterien sollten auch die sich aus der Principal-Agent-Theorie ergebenden Lösungsansätze abgebildet sein. Um die Problematik der „adverse Selection" zu umgehen, werden dazu „Signaling-" und „Screening-" Mechanismen vorgeschlagen. Auch das Prinzip der „Self-Selection" kann wirkungsvoll eingesetzt werden. Durch die bewusste Vorgabe anspruchsvoller Qualitätskriterien sollen qualitativ schlechtere Anbieter von der Abgabe eines Angebots abgehalten werden.[757] Führt man diese Erkenntnisse mit den in praxi verwendeten Kriterien zusammen, ergeben sich die folgenden Punkte:[758]

- die *Reputation des Unternehmens*. Sie stellt sowohl in Bezug auf die Innen- als auch auf die Außenwirkung einen wichtigen Faktor dar. Die Akzeptanz ist gewöhnlich größer, wenn eine Dienstleistung an ein externes Unternehmen mit herausragendem Ruf übertragen wird.
- der *Cultural Fit der beiden Partner*. Die Fähigkeit, die Unternehmenskultur des jeweiligen Partners zu verstehen und zu akzeptieren ist ein entscheidender Faktor für eine erfolgreiche und dauerhafte Zusammenarbeit. Ein diesbezüglicher Misfit wirkt sich vor allem auf der Ebene der operativen Zusammenarbeit negativ aus und beeinträchtigt die Umsetzung des Outsourcing-Vorhabens. Dies bedeutet freilich nicht, dass die beiden Unternehmen identisch sind in Bezug auf ihr Denken und ihre strategische Ausrichtung. Es impliziert jedoch, dass sie eine gemeinsame Vision davon besitzen sollten, was ein Unternehmen und eine Partnerschaft erfolgreich macht.
- die *Marktposition des übernehmenden Unternehmens*. Über sie kann auf die Wettbewerbs- und Kundenorientiertheit des Dienstleisters geschlossen werden. In der Regel befinden sich die jeweiligen Marktführer nicht zufällig in dieser Position. Aus diesem Kriterium kann allerdings nicht gefolgert wer-

---

[756] vgl. Greaver (1999), S. 178 f.; Williams (1998), S. 23 ff.; Zahn, Barth et al. (1998 a), S. 111

[757] siehe Abschnitt 3.1.2.2

[758] Eine Auflistung verschiedener Kriterien, zum Teil auf bestimmte Branchen bezogen, findet sich u.a. bei: Beer (1998), S. 234 f.; Bruch (1998), S. 169; Bullinger, Rüger et al. (1997), S. 33; Cunningham, Fröschl (1995), S. 155 ff.; Gay, Essinger (2000), S. 120 ff.; Greaver (1999), S. 173 ff.; Halvey, Murphy Melby (1996), S. 27 f.; Richter (1995), S. 531 f.; Williams (1998), S. 23 ff.; Zahn, Barth et al. (1998 a), S. 111 ff.; Zahn, Foschiani (2000 a), S. 513 ff.

den, dass nur die den Markt dominierenden Unternehmen als Partner in Frage kommen. Gerade bei kleineren, aufstrebenden Dienstleistungsunternehmen kann das auslagernde Unternehmen eine viel gewichtigere Position mit den entsprechenden Gestaltungsspielräumen einnehmen als bei den etablierten Branchenführern.

- die *Kernkompetenzen*. Hier ist vor allem darauf zu achten, dass die Kernkompetenzen des Dienstleisters komplementär zu den Ursachen der Auslagerungsüberlegungen sind. Eine derartige Übereinstimmung ist zwar für alle Auslagerungsvorhaben wichtig, als besonders bedeutsam erweist sie sich jedoch beim kompetenzorientierten Outsourcing, bei dem die speziellen Kompetenzen, welche der Dienstleister einbringt, das wesentlichste Outsourcing-Motiv darstellen.
- die *finanzielle Stabilität des Dienstleisters*. Damit die auszulagernde Leistung auch wirklich dauerhaft übernommen werden kann, muss der Partner die entsprechende finanzielle Stabilität und Ertragskraft aufweisen. Da während der Zusammenarbeit gewöhnlich genügend Risiken und Herausforderungen auftreten, welche es zu bewältigen gilt, müssen diese nicht durch finanzielle Probleme des Dienstleisters zusätzlich verschärft werden. Zur diesbezüglichen Beurteilung erweisen sich vor allem Bilanzanalysen und Vergleiche mit allgemeinen Branchenkennzahlen als hilfreich.
- die *Kundenzufriedenheit*. Die Zufriedenheit anderer Kunden mit dem Dienstleister ist ein zentraler Indikator für dessen Leistungsfähigkeit. Wert sollte daher auf entsprechende Referenzen gelegt werden. Hilfreich ist unter Umständen auch ein direktes Gespräch mit anderen Kunden, in dem spezifische Problemstellungen und die entsprechenden Lösungsstrategien des Dienstleisters diskutiert werden.
- die *Erfahrung bei der Erbringung der Dienstleistung*. Ein reibungsloser Übergang der Dienstleistung ist vor allem dann gewährleistet, wenn das mit der Erbringung betraute Unternehmen bereits Erfahrung mit der Leistung besitzt. Referenzen sind auch in diesem Zusammenhang ein wertvolles Beurteilungsinstrument. Wird das Auslagerungsvorhaben im Wesentlichen von Kostengesichtspunkten bestimmt, kann es sich als vorteilhaft erweisen, weniger erfahrene Anbieter oder Start-up-Unternehmen mit der Dienstleistung zu betrauen, da diese gewöhnlich preisgünstiger agieren.
- die *Branchenerfahrung*. Dieses Kriterium ist eng mit dem zuvor genannten verknüpft. Bestimmte Dienstleistungen weisen einen vergleichsweise starken Branchenbezug auf. Bei ihrer Auslagerung sollte daher darauf geachtet werden, dass das Partnerunternehmen bereits branchenspezifische Erfahrungen mit der Übernahme solcher Dienstleistungen besitzt. Beispielsweise ist das Informationssystem von Banken und von Industriebetrieben weitgehend unterschiedlich. Die Wahl eines in der Branche unerfahrenen Partners geht ge-

wöhnlich mit beträchtlichen Mehraufwand und höheren Unsicherheiten für das auslagernde Unternehmen einher.

- die *Bereitschaft, Wissen zu teilen*, ist vor allem im Rahmen des kompetenzorientierten Outsourcing ein wichtiges Beurteilungskriterium. Die Integration einer wissensintensiven Dienstleistung in das Gesamtangebot des auslagernden Unternehmens gelingt vor allem dann, wenn beide Partner ihr spezifisches Wissen einander zugänglich machen. Die Befürchtung, damit mittelfristig die Geschäftsgrundlage zu verlieren, lässt viele Dienstleister dieses Thema mit großer Zurückhaltung behandeln. Erfahrungen anderer Kunden des Dienstleisters, von welchen dieser Referenzen vorweisen kann, vermitteln hierzu wichtige Hinweise.
- die *Lieferfähigkeit*. Neben allen anderen Kriterien muss auch sichergestellt sein, dass die ausgelagerte Dienstleistung zur richtigen Zeit in der erforderlichen Intensität sowie in der vereinbarten Qualität erbracht wird.[759] Diese Thematik erweist sich bei Dienstleistungen aufgrund der ihnen eigenen Charakteristika als besonders problematisch. Eine Vorratsproduktion ist meist nicht möglich, und die Qualität der Erbringung hängt oftmals direkt mit der Qualifikation des Personals zusammen. Gerade das Zusammenspiel dieser beiden Faktoren kann speziell bei kleineren Dienstleistern zu Engpasssituationen führen. Als Indikator für die Lieferfähigkeit kann beispielsweise das Verhältnis des Umsatzanteils der auszulagernden Leistung zum Gesamtumsatz des Unternehmens herangezogen werden.
- Ein weiterer dienstleistungsspezifischer Faktor ist die *räumliche Nähe des Dienstleisters* zu (internen oder externen) Kunden. Je personalintensiver die zu vergebende Dienstleistung ist, desto mehr Gewicht sollte diesem Kriterium eingeräumt werden.

Zur Visualisierung der verschiedenen Kriterien und ihrer Ausprägungen sind u.a. Stärken-/Schwächen-Profile geeignet. Die folgende Abbildung 5-13 zeigt ein solches Profil. Aus Gründen der Übersichtlichkeit wurden dabei die skizzierten Kriterien in die vier Kategorien *Leistungs-*, *Kompetenz-* und *Unternehmensmerkmale* sowie *Dienstleistungsspezifika* eingeteilt, denen jeweils bestimmte Kriterien zugeordnet sind.

[759] siehe Abschnitt 2.2.1 und die dort erörterten Probleme von Dienstleistungen hinsichtlich Nichtlagerfähigkeit, Reproduzierbarkeit etc.

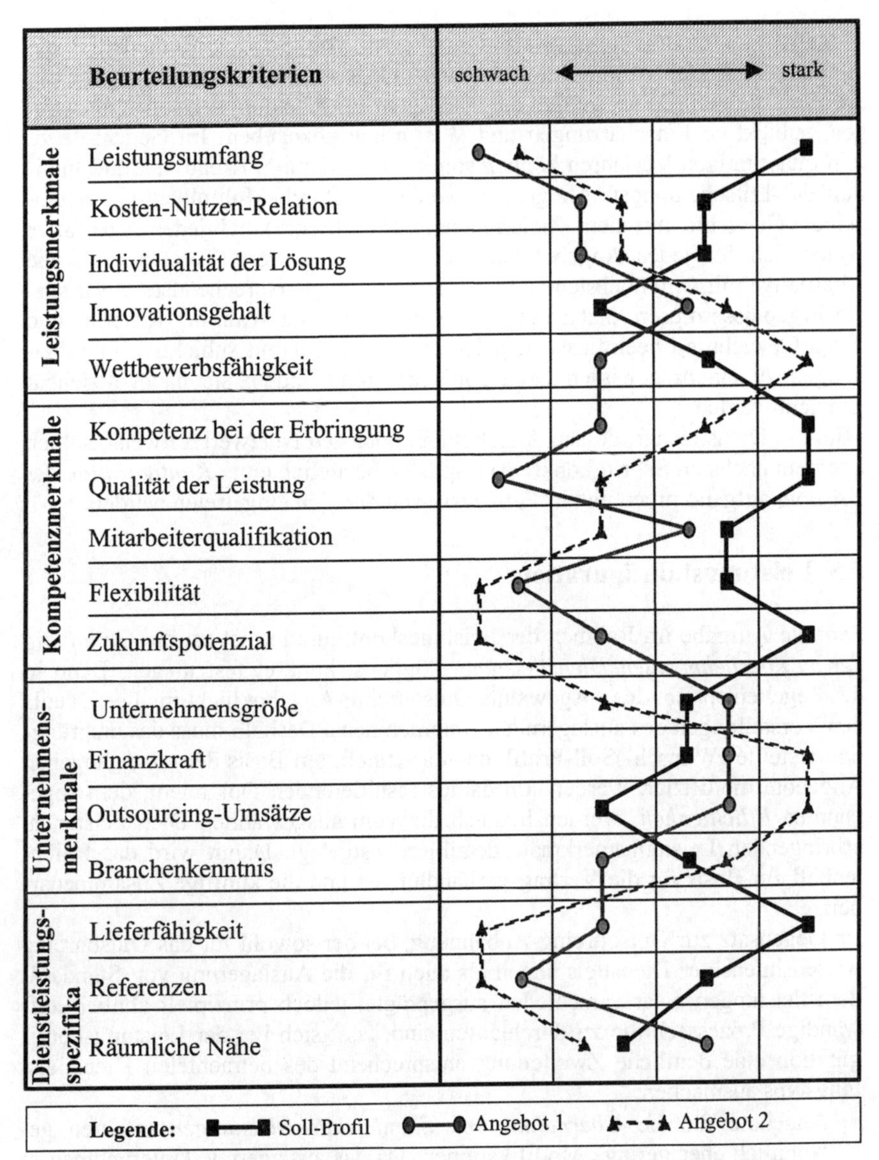

Abbildung 5-13: Erfassungsraster zur Beurteilung von Dienstleistungsangeboten
(in Anlehnung an: Zahn, Barth et al. (1998 a), S. 118)

Die gewählten Kriterien lassen sich durch Zuweisung von Gewichten, welche die Bedeutung der einzelnen Kriterien widerspiegeln, in einem Scoring-

Modell[760] zu einem Gesamtwert aggregieren. Die Scoring-Methode ist ein qualitatives Verfahren zur Bewertung verschiedener Alternativen unter mehreren Zielaspekten. Dabei werden die beteiligten Entscheidungspersonen gezwungen, subjektive Einschätzungen und Werturteile abzugeben. Im Gegensatz zu rein quantitativen Verfahren können somit die Erfahrung, Kreativität und Intuition der Entscheidungsträger genutzt werden.[761] Durch Multiplikation der einzelnen Gewichte mit dem Zielerreichungsgrad (Score) bei jeder Alternative ergibt sich für jedes Angebot ein spezifischer Nutzwert (Total Score). Die Alternative mit dem höchsten Nutzwert ist die erfolgversprechendste. Zwar sind die Ergebnisse dieser Analyse durch die entsprechende Wahl der Kriterien und deren Gewichtung beeinflussbar, jedoch lassen sich damit subjektive Entscheidungen zu einem gewissen Grad „objektivieren", indem sie nachvollziehbar gemacht werden.
Mit dem Dienstleister, dessen Angebot den höchsten Nutzwert aufweist, sollten in einem nächsten Schritt konkrete Gespräche bezüglich einer *Konfiguration der Leistung* aufgenommen und in *Vertragsverhandlungen* eingetreten werden.

5.5 Leistungskonfiguration

Zentrale Aufgabe im Rahmen der Leistungskonfiguration ist es, die *Gestaltung der zu übernehmenden Dienstleistung* möglichst konkret festzulegen. Denn in der Regel entspricht das ausgewählte Outsourcing-Angebot nicht in allen Details den Vorstellungen des auslagernden Unternehmens. Deshalb muss das ursprünglich erstellte (Wunsch-)Soll-Profil, das Lastenheft, auf Basis der eingegangenen Angebote modifiziert werden. Im daraus resultierenden Dokument, dem sogenannten *Pflichtenheft*, werden hernach die vom ausgewählten Dienstleister zu erbringenden Leistungsmerkmale detailliert festgelegt. Damit wird das Pflichtenheft zur Basis für die Vertragsverhandlungen und die künftige Zusammenarbeit.
Im Gegensatz zur Outsourcing-Anbahnung, bei der sowohl für das Outsourcing wissensintensiver Dienstleistungen als auch für die Auslagerung von Standarddienstleistungen zwar verschieden ausgeprägte, jedoch prinzipiell ähnlich aufwändige Prozessschritte zu durchlaufen sind, lässt sich bei der Leistungskonfiguration eine deutliche Zweiteilung entsprechend des betrachteten Dienstleistungstyps ausmachen:

- Angebote für die *Übernahme von Standarddienstleistungen* erfahren gewöhnlich eher geringe Modifikationen. Da das auslagernde Unternehmen in

---

[760] Eine häufige verwendete Form eines Scoring-Modells ist die sogenannte *Nutzwertanalyse*. Vgl. zum Beispiel Domsch, Reinecke (1989), Sp. 150; Leist (1998), Sp. 1259 ff.; Zangemeister (1976), S. 69 ff.

[761] vgl. Horváth (2001), S. 526 ff.; Zangemeister (1976), S. 7 ff.

diesem Fall meist zwischen mehreren vergleichbaren Angeboten wählen kann, findet sich gewöhnlich eine Offerte, die den entwickelten Vorstellungen sehr nahe kommt und daher nur noch Detailveränderungen notwendig macht.

- Anders verhält es sich beim *kompetenzorientierten Outsourcing* wissensintensiver Dienstleistungen. Die hier zur Disposition stehenden Leistungen sind in der Regel sehr viel komplexer und individueller. Die Outsourcing-Angebotsdichte ist daher gewöhnlich auch viel geringer als bei Standardleistungen. Darüber hinaus kann ein Angebot in den seltensten Fällen direkt übernommen werden. Vielmehr sind intensive Abstimmungen zwischen den beiden Partnern notwendig, in denen die bisherigen Leistungen gemeinsam so verändert werden, dass sowohl die speziellen Kompetenzen des übernehmenden Unternehmens als auch die Erfahrung des auslagernden Unternehmens hinsichtlich der Leistungen sowie ihres genauen Umfelds, der gegenwärtigen und künftigen Kunden etc. miteinbezogen werden. Diese Form der Leistungskonfiguration, bei der auf Basis einer bestehenden Dienstleistung unter Berücksichtigung der jeweils spezifischen Erfahrungen und Kompetenzen der Partner eine *praktisch neue Dienstleistung* entwickelt wird, steht im Mittelpunkt der folgenden Ausführungen.[762]

Maßgeblich verantwortlich für den Erfolg unternehmensnaher Dienstleistungen ist ihre strategische Positionierung. Das bestätigen auch entsprechende empirische Untersuchungen.[763] Daher ist, bevor eine auszulagernde (wissensintensive) Dienstleistung zusammen mit dem Dienstleister (weiter-)entwickelt und umgestaltet wird, zunächst eine Entscheidung hinsichtlich ihrer *wettbewerbsstrategischen Positionierung* zu fällen. Dabei muss zunächst festgelegt werden, ob die bisherige Stellung im Wettbewerb beizubehalten ist oder - einhergehend mit der Umkonfiguration - eine Re-Positionierung der Dienstleistung erforderlich ist. Unabhängig von ihrer Bedeutung im Unternehmen[764] bestehen dabei für die fokussierte Dienstleistung jeweils drei prinzipielle Positionierungsmöglichkeiten:[765]

---

[762] Vorgehen, Methoden und Instrumente der Leistungskonfiguration werden im Folgenden vor allem im Zusammenhang mit der Auslagerung wissensintensiver Dienstleistungen erörtert. Dies bedeutet jedoch nicht, dass bei den anderen Outsourcing-Typen (siehe Abschnitt 4.3) grundsätzlich keine Konfiguration vorzunehmen ist. Abhängig von den eingehenden Übernahme-Angeboten weisen diese in der Regel jedoch sehr viel geringere Umfänge auf und werden daher nicht separat betrachtet.

[763] vgl. Garbe (1998), S. 187

[764] siehe Abschnitt 4.1

[765] vgl. Barth, Hertweck et al. (2000), S. 12; Engelhardt, Paul (1998), S. 1325 ff.; Homburg, Faßnacht (1998), S. 528; Meyer, Blümelhuber (2001), S. 381; Rösner (1998), S. 239 ff.

- Im Rahmen einer *Kostenführerstrategie* werden Dienstleistungen zu einem sehr günstigen Preis angeboten. Zentraler Erfolgsfaktor einer solchen Strategie ist die Weitergabe niedriger Kosten in Form niedriger Preise. Die dazu notwendigen Kostenvorteile können vor allem durch die Eingrenzung des Leistungsangebots, welches im Wesentlichen nur den Basisanforderungen des Kunden genügen muss, sowie durch die günstige Beschaffung der Dienstleistung über spezialisierte Anbieter erreicht werden. Das Resultat sind einfache, schlanke und oftmals stark standardisierte Dienstleistungen.
- Dienstleistungen können jedoch auch zur *Differenzierung* benutzt werden. Eine derartige Positionierung verlangt nach einer überlegenen Qualität oder Leistung, die aus Kundensicht höhere Preise rechtfertigt. Diese kann beispielsweise durch ein höheres Leistungsniveau, eine überlegene Leistungsarchitektur oder aufgrund besonderer Qualität bei der Erbringung der Leistung realisiert werden.
- Aufbauend auf diesen beiden Grundstrategien verfolgen in jüngerer Zeit nicht zuletzt infolge des zunehmenden Wettbewerbsdrucks immer mehr Unternehmen sogenannte *hybride Strategien*.[766] Diese bestehen aus einer intelligenten Kombination der beiden generischen Strategien der Kostenführerschaft und der Differenzierung. Solche hybriden Strategien werden gegenwärtig vor allem im klassischen Produktionsbereich angewandt, allerdings existieren auch für Dienstleistungen bereits entsprechende Ansätze. Sie sind dort als „No Frills“-Konzept[767] bekannt. Sie bezeichnen ein Angebot von günstigen und transparenten Leistungen, bei dem die Kernleistungen einen hohen Qualitätsanspruch erfüllen.

Diese drei grundlegenden Positionierungsmöglichkeiten ergeben sich auf jeder der drei identifizierten Bedeutungsstufen, welche die Dienstleistung für das Unternehmen prinzipiell einnehmen kann.[768] Die konkrete Ausgestaltung fällt entsprechend der Bedeutungsstufe jeweils unterschiedlich aus, jedoch besteht immer eine Möglichkeit zur Differenzierung im Übergang zur nächsten Bedeutungsebene (siehe die folgende Abbildung).

---

[766] vgl. zum Beispiel Gilbert, Strebel (1987), S. 28 ff.; Kleinaltenkamp (1987), S. 31 ff.; Proff (1997), S. 305 ff.; Welge, Al-Laham (1999), S. 390 ff.

[767] „No Frills“ ist ein englischer Begriff und bedeutet in direkter Übersetzung etwa „ohne nicht notwendiges Beiwerk“. Vgl. Meyer, Blümelhuber (1995), S. 30 ff.; Meyer, Blümelhuber (2001), S. 381

[768] siehe Abschnitt 4.1.

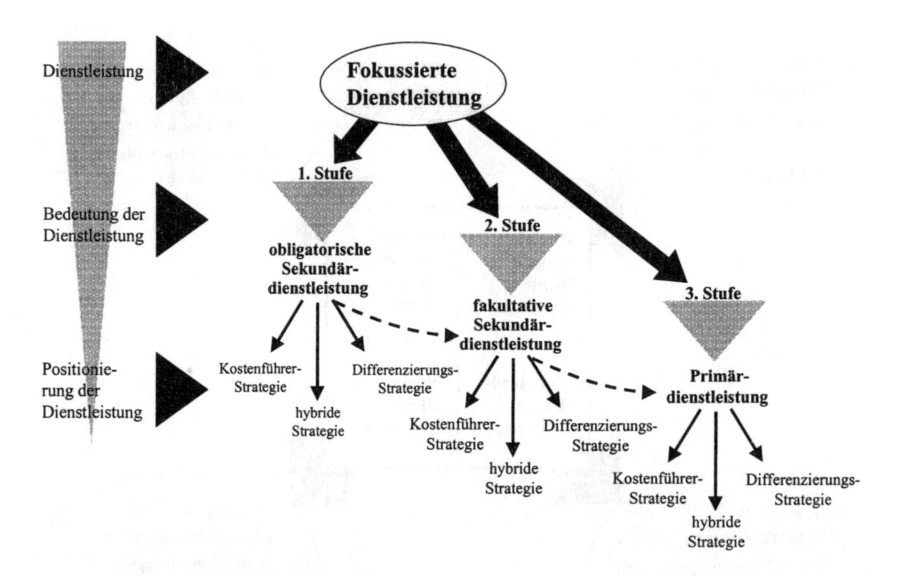

Abbildung 5-14: Zusammenhang zwischen der Bedeutung einer Dienstleistung und ihrer wettbewerbsstrategischen Positionierung

Unabhängig von der Bedeutung der einzelnen Dienstleistung können die drei grundlegenden Strategietypen grundsätzlich für alle Leistungen zur Anwendung kommen. Dennoch existieren Kombinationen von Strategien und Dienstleistungen, die als besonders vorteilhaft einzustufen sind. Um sie herauszufiltern, müssen die verschiedenen Dienstleistungstypen und die beschriebenen Strategiealternativen einander gegenübergestellt werden. Die resultierenden Ergebnisse sind in der folgenden Abbildung dargestellt und mit einer Einschätzung bezüglich ihrer Umsetzbarkeit in Verbindung mit dem jeweiligen Dienstleistungstyp versehen. Dabei werden die drei Stufen „*empfehlenswert*", „*möglich*" und „*nicht empfehlenswert*" unterschieden. Detailliertere Empfehlungen sind nur einzelfallspezifisch mit Kenntnis der jeweiligen markt- und unternehmensbezogenen Besonderheiten[769] möglich. Es ist allerdings zu beachten, dass die abgeleiteten Empfehlungen keine universelle Gültigkeit besitzen, sondern Tendenzen aufzeigen, die im Einzelfall einer kritischen Reflexion bedürfen und an den individuellen unternehmens- bzw. marktspezifischen Gegebenheiten zu spiegeln sind. Nichtsdestoweniger stellen die Handlungsempfehlungen eine wertvolle Unterstützung bei der Ableitung von Positionierungsmöglichkeiten im Rahmen der Leistungskonfiguration dar.

---

[769] siehe Abschnitt 5.2

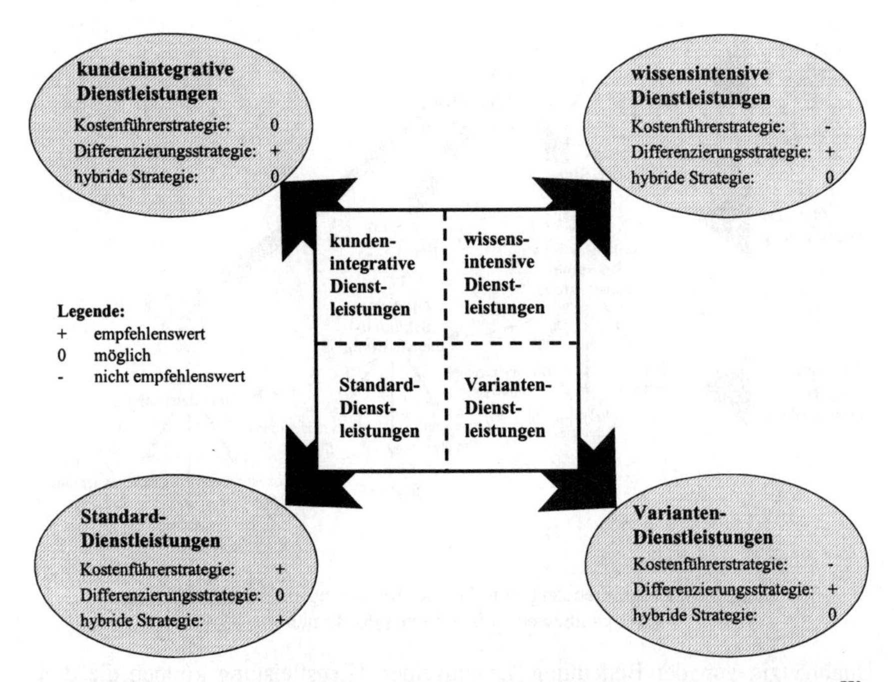

Abbildung 5-15: Strategieempfehlungen auf Basis unterschiedlicher Dienstleistungstypen[770] (vgl. Barth, Hertweck et al. (2000), S. 13)

Bei der Betrachtung der Empfehlungen erweist es sich zunächst als auffällig, dass nur ein Dienstleistungstyp, die Standard-Dienstleistung, für die Strategie der *Preisführerschaft* geeignet ist. Dieser Umstand ist auf die beiden Haupteinflussfaktoren der Typologie, der Kontaktintensität und der Variantenvielfalt, zurückzuführen und entspricht im Wesentlichen auch den Ergebnissen anderer Forschungsarbeiten.[771] Eine hohe Kontaktintensität erhöht u.a. deshalb die Attraktivität einer *Differenzierungsstrategie*, da mit steigender Einbeziehung des externen Faktors auch die Erkenntnisse über dessen Präferenzen steigen. Dass hohe Variantenvielfalt ebenfalls eine Differenzierung begünstigt, bedarf keiner

---

[770] Obwohl vor allem wissensintensive Dienstleistungen im Fokus der Betrachtungen stehen, sind in Abbildung 5-15 die grundsätzlichen Positionierungsalternativen für *alle vier Dienstleistungstypen* dargestellt. Dies trägt den Punkten Rechnung, dass zum einen im Rahmen der Leistungskonfiguration auch die *Ummodellierung* einer Dienstleistung möglich ist Beispielsweise kann eine wissensintensive Dienstleistung zu einer Varianten-Dienstleistung verändert werden. Zum anderen haben u.U. auch die übrigen Dienstleistungstypen die *Leistungskonfigurationsphase ausführlich zu durchlaufen*, etwa wenn kein passendes Übernahmeangebot zur Verfügung steht.

[771] vgl. Faßnacht (1996)

weiteren Begründung. Dies bedeutet jedoch nicht zwangsläufig, dass die Strategie der Kostenführerschaft im Dienstleistungsbereich nur schwierig anzuwenden ist. Handelt es sich beim externen Faktor beispielsweise nicht um einen Menschen, sondern etwa um eine Maschine, wie dies zum Beispiel bei einer vollautomatischen Autowaschanlage der Fall ist, greift die oben verfolgte Argumentation bezüglich der Präferenzen nicht und eine solche Strategie kann durchaus erfolgreich sein.[772]

Weitere Ansatzpunkte für Positionierungsempfehlungen finden sich bei genauerer Auseinandersetzung mit den einzelnen identifizierten Feldern. So eignen sich die als *Standard-Dienstleistungen* bezeichneten Leistungen durchaus für den Preiswettbewerb, sofern sie auf wenige Varianten beschränkt werden können und diese nur eine geringe Kontaktintensität erfordern, zum Beispiel wenn sie hauptsächlich an Maschinen erbracht werden wie etwa im Fall von Wartungsarbeiten. Sehr gut denkbar sind in diesem Zusammenhang auch kombinierte Strategien. So können beispielsweise Wartungsleistungen durch individuelle Zusatzservices ergänzt werden, die jedoch auch einer gesonderten Bezahlung unterliegen.

Bei *kundenintegrativen Dienstleistungen* erweist sich hingegen die Leistungsstrategie als deutlich vorteilhafter, da die Erbringung derselben in enger Zusammenarbeit mit dem Kunden erfolgt. Hierbei ist allerdings zu beachten, dass eine genaue Kenntnis der Kundenwünsche auch für eine kombinierte Strategie bzw. sogar für eine Preisstrategie durchaus förderlich ist.

Wissensintensive Dienstleistungen zeichnen sich sowohl durch einen hohen Interaktionsgrad als auch durch ihre geringe Determiniertheit aus. Beispiele hierfür sind vor allem Beratungs- und Engineering-Leistungen. Daher ist für dieses Cluster im Wesentlichen eine Differenzierungsstrategie empfehlenswert.

Bei den *Varianten-Dienstleistungen* besitzt der Faktor Individualität eine hohe Bedeutung. Auch dies spricht deutlich für eine Differenzierungsstrategie. Gerade bei diesen Dienstleistungen existieren allerdings Varianten, bei denen die Individualitätskomponente weniger bedeutend erscheint. Das wiederum legt die Anwendung kombinierter Strategien nahe.

Nachdem mit der Positionierung eine Art Grundkonfiguration der Dienstleistung vorgenommen worden ist, steht in einem zweiten Schritt ihre *konkrete Gestaltung* im Vordergrund. In Zusammenarbeit mit dem ausgewählten Dienstleister wird auf Basis der existierenden Leistung eine quasi neue Dienstleistung entwickelt. Art und Anzahl der dabei vorzunehmenden Modifikationen können mehr oder weniger umfangreich sein. In jedem Fall handelt es sich bei der dadurch entstehenden Leistung jedoch um eine Dienstleistungsinnovation[773] [774].

---

[772] vgl. Barth, Hertweck et al. (2000), S. 13 f.; Homburg, Faßnacht (1998), S. 536 f.

[773] Zum Begriff der „*Innovation*" vgl. zum Beispiel Drucker (1985), S. 62; Hauschildt (1993), S. 3 ff.; Marr (1993), Sp. 1796 f.; Staudt (1985), S. 486; Thom (1980), S. 23 ff.; Weidler

Dienstleistungsinnovationen stehen und standen nicht gerade im Mittelpunkt betriebswirtschaftlicher Forschungsaktivitäten.[775] Es sind daher zunächst die zentralen Begrifflichkeiten zu klären, bevor die Rolle von Dienstleistungsinnovationen im Zusammenhang mit dem Outsourcing-Prozess näher analysiert werden kann. Im Rahmen klassischer Entwicklungsprozesse wird gewöhnlich zwischen Produkt- und Prozessinnovationen unterschieden.[776] Während Prozessinnovationen vor allem Kostenvorteile durch neue Formen der Faktorkombination zum Ziel haben, dienen Produktinnovationen vorrangig dazu, Leistungs- bzw. Qualitätsvorteile zu realisieren. Diese Differenzierung ist vor allem im Kontext konventioneller, sachgutorientierter Produkte zu sehen. Bei Dienstleistungen mit ihren besonderen Spezifika[777] hingegen sind prozess- und ergebnisbezogene Bestandteile häufig untrennbar miteinander verbunden.[778] Praktikabler erscheint aus diesem Grund die Unterscheidung von Dienstleistungsinnovationen im engeren und im weiteren Sinn, wie sie die folgende Abbildung verdeutlicht.
Dienstleistungsinnovationen im engeren Sinn repräsentieren Leistungen, die vollständig neu entwickelt werden. Dabei handelt es sich gewöhnlich um sogenannte Leistungsinnovationen, bei denen neue Prozesse oder Prozessstrukturen zu neuen Ergebnissen führen. Hiervon zu differenzieren sind *Dienstleistungsinnovationen im weiteren Sinn*. Sie bezeichnen angebotsbezogene Innovationen, also die neuartige Bündelung, Gestaltung oder Vermarktung bestehender Angebote. Im Rahmen von Angebotsinnovationen lassen sich vor *allem Objektverbesserungen und Modifikationen* unterscheiden. Erstere werden in Form eines Continuous Improvement laufend an der betreffenden Dienstleistung vollzogen, während letztere die Wiedereinführung einer in wesentlichen Parametern veränderten Leistung bedeuten.[779] In diesem Zusammenhang wird vielfach auch der Begriff „Redesign" verwendet.[780]

(1997), S. 11 ff.; Zahn (1986), S. 16 f. Zum Begriff der „*Dienstleistungsinnovation*" vgl. Benkenstein (2001), S. 689 ff.; Franke (1991), S. 1 ff.; Meyer, Blümelhuber (1998), S. 809 ff.

774 Im Grunde kann jede erbrachte Dienstleistung bereits als Innovation betrachtet werden, denn Dienstleistungen sind aufgrund inter- und intraindividueller Schwankungen der internen Faktoren sowie der Einbeziehung von externen, nicht unter der Kontrolle des erbringenden Unternehmen stehenden Faktoren individuell und damit voneinander verschieden. Vgl. Meyer, Blümelhuber (1998), S. 809 sowie Abschnitt 2.2.1

775 vgl. Benkenstein (2001), S. 689

776 vgl. zum Beispiel Hauschildt (1993), S. 9; Wolfrum (1991), S. 8

777 siehe Abschnitt 2.2.1

778 vgl. Benkenstein (2001), S. 690; Donabedian (1980), S. 81 ff.

779 vgl. Meyer, Blümelhuber (1998), S. 810; Luczak (1997), S. 515 f.; Meffert, Bruhn (2000), S. 300 f.; Oppermann (1998), S. 106 ff.

780 vgl. Jaschinski (1998), S. 29 f.

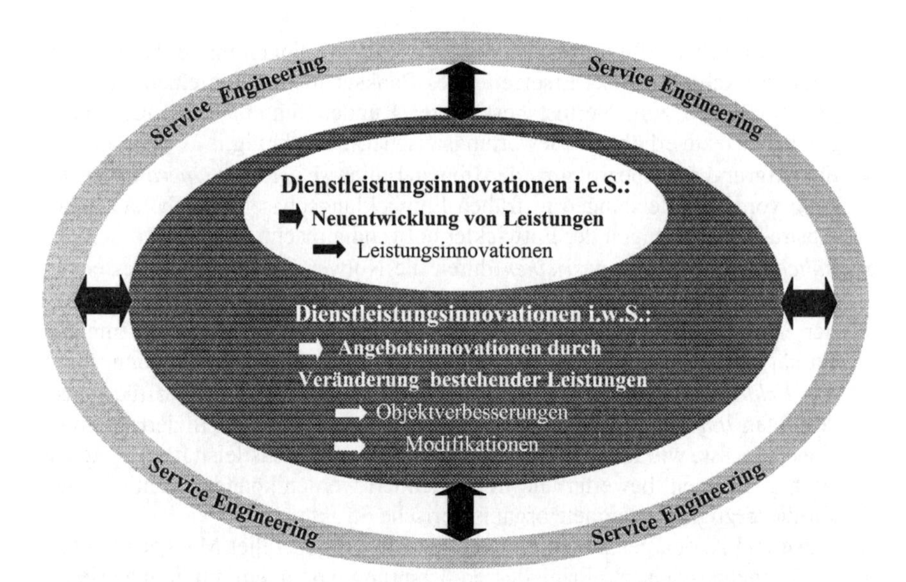

Abbildung 5-16: Systematik der Dienstleistungsinnovationen

Der Rahmen für die Generierung von Dienstleistungsinnovationen wird durch das Service Engineering[781] bereitgestellt. Dieser Begriff bezeichnet einen in jüngster Zeit entstandenen Ansatz zur *ganzheitlich systematischen Entwicklung von Dienstleistungen*, welcher - unter Verwendung dienstleistungs-adäquater Methoden, Vorgehensweisen und Werkzeugen - den gesamten Entwicklungszyklus einer Dienstleistung von der Ideenfindung bis zur Leistungserbringung und der Markteinführung miteinbezieht.[782]

Ein solcher, von den klassischen Produktentwicklungskonzepten losgelöster Ansatz für die Entwicklung von Dienstleistungen ist notwendig, um deren Besonderheiten[783] entsprechend Rechnung zu tragen. Spezielle Problembereiche bilden u.a.:[784]

- die im Vergleich zu Sachgütern *andere Vorteilhaftigkeitsbewertung* von Dienstleistungen. Da die Kunden in den meisten Fällen Erstellungsprozess und Ergebnis einer Dienstleistung nicht trennen (können), sind neben den Kostenvorteilswirkungen immer auch die jeweiligen positiven oder negativen

---

781 vgl. Bullinger (1995), S. 53

782 vgl. Barth, Baumeister et al. (1999), S. 13; Barth, Hertweck (1999 a), S. 177; Brettreich-Teichmann, Emhardt et al. (1998), S. 28 f.; Bullinger (1999), S. 54; Bullinger, Meiren (2001), S. 152

783 siehe Abschnitt 2.2.1

784 vgl. Benkenstein (2001), S. 690 ff.; Bullinger (1999), S. 52 f.; Bullinger, Meiren (2001), S. 152 ff.; Meffert, Bruhn (2000), S. 302

akquisitorischen Effekte von Dienstleistungsinnovationen mit zu berücksichtigen. So kann etwa das Ersetzen eines Bankschalters durch einen Geldausgabeautomaten zum Verlust bestimmter Kunden führen. Das Einbeziehen solcher Effekte erhöht die Bewertungsunschärfe nachhaltig.

- die aufgrund des Spezifikums der Immaterialität *schwierige Operationalisierung* von Dienstleistungen in frühen Entwicklungsphasen, welche ein hohes Abstraktionsvermögen der Entwickler notwendig macht.
- *höhere Implementierungsrisiken* durch die Notwendigkeit der Einbeziehung des externen Faktors.
- der *Schutz vor Imitation*, da infolge der Dienstleistungen inhärenten Immaterialität gewerbliche Schutzrechte nur schwierig installiert werden können.
- das *Fehlen eines adäquaten*, auf Dienstleistungen und ihre Spezifika abgestimmten *Innovationsmanagements*. Es existieren kaum spezifizierte Innovationsprozesse, wie Ideen und Anregungen für neue Dienstleistungen systematisch gesammelt, bewertet und implementiert werden können. Ähnliches gilt für diesbezüglich geeignete organisatorische Strukturen.[785]

Erschwerend zu den genannten Punkten kommt ein genereller Mangel an geeigneten Vorgehensweisen hinzu, dessen Ursprung vor allem im immateriellen Charakter von Dienstleistungen begründet ist.[786] Service Engineering setzt genau an diesen Problembereichen an und schafft damit einen wichtigen Ansatzpunkt für das Management von Dienstleistungsinnovationen im Allgemeinen sowie für die Leistungskonfiguration als Teilaspekt von Outsourcing-Prozessen im Speziellen.

Wird eine Dienstleistung im Rahmen einer solchen Leistungskonfigurationsphase neu ausgerichtet, können dafür prinzipiell beide Arten der Dienstleistungsinnovation relevant sein. Zwar bezieht sich Outsourcing per definitionem nur auf solche Leistungen, die bisher vom Unternehmen in Eigenregie erbracht wurden, künftig jedoch in die Verantwortung eines Partners übergehen.[787] Innovationen werden daher großenteils in Form von Modifikationen und Objektverbesserungen vorkommen. Doch können gerade im Zusammenhang mit Angebotserweiterungen oder Neubündelungen[788] auch durchaus neue Leistungen und damit Innovationen im eigentlichen Sinn kreiert werden. Jedoch besitzen auch diese ihren Ausgangspunkt grundsätzlich in einer bereits bestehenden Leistung.

---

[785] siehe hierzu auch die empirische Belege bei Barth, Baumeister et al. (1999), S. 48 ff. und S. 60 ff.

[786] vgl. Barth, Baumeister et al. (1999), S. 14 ff.; Bullinger (1999), S. 52 f.

[787] siehe Abschnitt 2.1.1.1

[788] Zu den verschiedenen Möglichkeiten der Dienstleistungsbündelung siehe zum Beispiel Friege (1995), S. 53 f.; Kleinaltenkamp (2001), S. 43 ff.; Meyer, Dullinger (1998), S. 730 ff.; Simon (1993 b), S. 203 ff.

Mit Hilfe des Service-Engineering lassen sich Innovationsideen beider Ausprägungen planen und in konkrete Produkte umsetzen.[789] Ausgangspunkt der Methodik bildet die definitorische Abgrenzung von Dienstleistungen. Der integrierte Ansatz beschreibt Dienstleistungen anhand dreier Dimensionen:

- der Potenzial-Dimension,
- der Prozess-Dimension und
- der Ergebnis-Dimension.[790]

Diese sind auch bei der Entwicklung von Dienstleistungen zu berücksichtigen. Korrespondierend zu den drei eine Dienstleistung vollständig definierenden Dimensionen umfasst das Service Engineering die drei Konstrukte *Ressourcenmodell* (Potenzialdimension), *Prozessmodell* (Prozess-Dimension) und *Produktmodell* (Ergebnis-Dimension) (siehe die folgende Abbildung).[791]

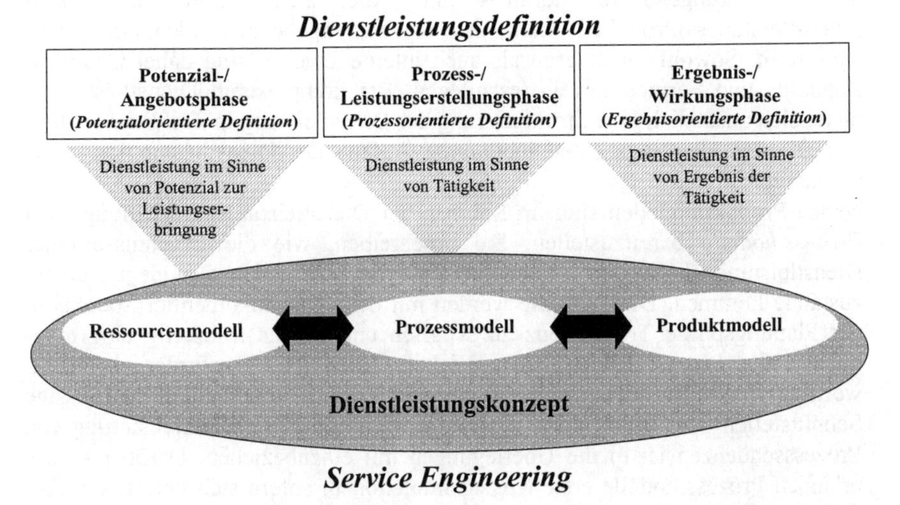

Abbildung 5-17: Die Grundkonzeption der Dienstleistungsentwicklung
(in Anlehnung an: Barth, Baumeister et al. (1999), S. 15; Bullinger, Meiren (2001), S. 156)

Unter der Bezeichnung *Ressourcenmodell* sind Entwicklungsergebnisse subsumiert, die sich mit der Potenzialdimension von Dienstleistungen befassen. Dabei steht die Planung von Ressourcen, welche für die Erbringung von Dienstleistungen erforderlich sind, im Mittelpunkt. Hierzu zählen insbesondere die Erstellung von Konzepten für Humanressourcen (Auswahl und Qualifizierung der Mitarbeiter), aber auch die Planung des Betriebsmitteleinsatzes und entsprechender

[789] vgl. Barth, Hertweck (1999 b), S. 2 f.
[790] siehe Abschnitt 2.2.1
[791] vgl. Barth, Baumeister et al. (1999), S. 15; Bullinger, Meiren (2001), S. 155

Infrastrukturmaßnahmen zur Erbringung der Dienstleistung sowie die Konzeption der unterstützenden Informations- und Kommunikationstechnik. Ein wesentlicher Unterschied zur Entwicklung von Sachgütern liegt in der Vorbereitung auf spätere Mitarbeitereinsätze. Die Dienstleistungsspezifika machen es zum einen notwendig, Mitarbeitern mit direktem Kundenkontakt - in stärkerem Maße als bei Sachgütern - entsprechende Kompetenzen im Umgang mit den Kunden zu vermitteln. Zum anderen müssen - etwa aufgrund der Testproblematik - bereits im Rahmen der Dienstleistungsentwicklung die Vorbereitungen zur optimalen Unterstützung der Mitarbeiter bei der Erbringung der Leistung erfolgen.[792]

Eine weitere Entwicklungsaufgabe besteht in der Generierung von *Produktmodellen*[793] für die zu entwickelnde Dienstleistung. Mit ihnen werden die genauen Leistungsinhalte definiert und die sich daraus ergebenden (Dienstleistungs-)Produkte, welche dem Kunden angeboten werden, strukturiert dargestellt. Sowohl für externe als auch interne Zwecke sind dabei Qualitätsstandards und Service Levels festzulegen. Bei komplexeren Dienstleistungen bietet sich zusätzlich eine Strukturierung der Dienstleistung in Teildienstleistungen an, was allerdings einen modularen Aufbau des Dienstleistungsangebots voraussetzt.[794]

Neben Produktmodellen sind im Rahmen der Dienstleistungsentwicklung auch *Prozessmodelle* bereitzustellen. Sie beschreiben, wie die Ergebnisse einer Dienstleistung, die in den entsprechenden Produktmodellen festgelegt wurden, zustande kommen. Die Prozesse werden mit dem Ziel dokumentiert, bereits in der Planungsphase Transparenz zu schaffen und bereits frühzeitig eine möglichst hohe Prozesseffizienz zu erreichen. Dazu ist es erforderlich, nichtwertschöpfende Aktivitäten so weit wie möglich zu reduzieren und überflüssige Schnittstellen oder Medienbrüche zu beseitigen. Auch die Parallelisierung von Prozesssequenzen ist in die Überlegungen mit einzubeziehen. Darüber hinaus erlauben Prozessmodelle erste Kostensimulationen, sofern sich bereits im Vorfeld die (Prozess-)Kosten für die Durchführung einzelner Aktivitäten abschätzen lassen. Sie bilden die Basis für die Kostenkalkulation von Dienstleistungen.[795]

Mit dem Ressourcenkonzept sowie den Produkt- bzw. Prozessmodellen wurden die drei zentralen Ergebnisbausteine, welche durch ein Service Engineering hervorzubringen sind, dargestellt. Der Weg dorthin wird durch entsprechende Vorgehensmodelle beschrieben. Nur wenige diesbezügliche Modelle existieren

---

[792] vgl. Barth, Baumeister et al. (1999), S. 16 f.; Bullinger (1999), S. 55 f.

[793] Trotz der Schwierigkeiten bei der inhaltlichen Differenzierung der Termini „*Produkt*" und „*Dienstleistung*" (siehe Abschnitt 2.2.3), wurde in diesem Zusammenhang der Begriff „*Produktmodelle*" gewählt, um den Ergebnischarakter der Dimension zu betonen.

[794] vgl. Barth, Baumeister et al. (1999), S. 16 f.; Bullinger, Meiren (2001), S. 155 f.

[795] vgl. Barth, Baumeister et al. (1999), S. 16 f.; Bullinger (1999), S. 56 f.; Niemand (1996), S. 75 ff.; Palloks-Kahlen, Kuczynski (2000), S. 138 ff.

bislang, welche die besonderen Spezifika von Dienstleistungen explizit berücksichtigen.[796] Obwohl teilweise sehr unterschiedlich aufgebaut, lassen sie sich nahezu alle auf drei zentrale, inhaltlich ähnliche Schritte zurückführen. Diese für die Entwicklung von Dienstleistungen offensichtlich charakteristischen Schritte sind zusammen mit den Inhalten des Service Engineering in der folgenden Abbildung dargestellt.

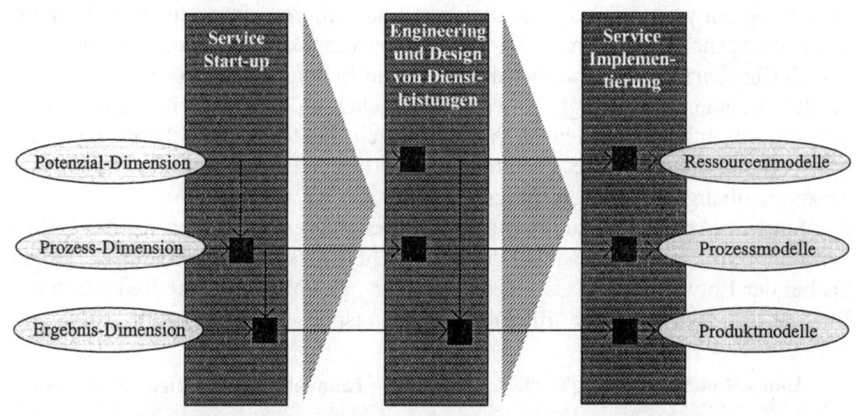

Abbildung 5-18: Vorgehensmodell zum Service Engineering
(vgl. Barth, Hertweck (1999 a), S. 177; Bullinger (1999), S. 56)

Die *Start-up Phase* bildet den Ausgangspunkt jeder Dienstleistungsentwicklung. Sie umfasst den gesamten Bereich der Identifikation und Bewertung von Dienstleistungsinnovationen und dient vor allem dazu, die Lücke zwischen der bestehenden, auszulagernden Dienstleistung bzw. der Idee für eine neue Dienstleistung sowie der konkreten Konzeption und Planung derselben zu überwinden. Dabei muss auch eine Entscheidung bezüglich der Realisierung von Dienstleistungsideen getroffen werden. Daraufhin beginnt mit dem *Engineering und Design* der Dienstleistung die eigentliche Entwicklungsarbeit im Sinne einer konkreten, methodengestützten Gestaltung der Dienstleistung mit Hilfe von Funktions- und Anforderungsanalysen. Schlussendlich folgt die *Implementierung* der Dienstleistung. Diese beinhaltet zum einen interne Umsetzungsmaßnahmen wie etwa die organisatorische Einbindung, zum anderen aber auch

[796] vgl. dazu die (vielfach aufeinander aufbauenden) Ausführungen von zum Beispiel Bowers (1989), S. 18 ff.; Edvardsson, Olsson (1996), S. 140 ff.; Hoffrichter (1998), S. 26 ff.; Hofmann, Klein et al. (1998), S. 20 ff.; Jaschinski (1998), S. 87 ff.; Krallmann, Hoffrichter (1998), S. 233 ff.; Meyer, Blümelhuber (1998), S. 813; Ramaswamy (1996), S. 26 ff.; Scheuing, Johnson (1989), S. 25 ff.; Shostack, Kingman-Brundage (1982), S. 49 ff.

externe Implementierungsaktivitäten wie zum Beispiel die Synchronisation mit den übrigen Leistungen des auslagernden Unternehmens.[797]

Auf eine detailliertere Betrachtung der skizzierten Service-Engineering-Aktivitäten wird im Folgenden verzichtet. Denn viele der identifizierten Handlungsfelder, wie etwa das Design der Leistungserbringung oder die zugehörige Ressourcenplanung, liegen - in Abhängigkeit von der jeweiligen Eingriffstiefe - in der Verantwortung des Dienstleisters und gehören daher nicht mehr zum Betrachtungshorizont. Unmittelbar mit der Leistungskonfiguration verbunden ist jedoch die *Start-up Analyse*. In ihr werden die Eckpunkte der künftig zu erbringenden Leistung festgelegt, entweder angelehnt an die bisherige Ausführung oder in wesentlichen Teilen modifiziert. Auch die folgenden Phasen der Vertragsverhandlungen sowie der Implementierung basieren auf den in diesem Zusammenhang fixierten Leistungselementen.

Die Start-up Analyse ist auch deshalb von besonderer Bedeutung für das Gelingen von Outsourcing-Vorhaben, da bei der Dienstleistungsentwicklung - anders als bei der Entwicklung klassischer Sachgüter - gewöhnlich keine Reduktion der Innovationsideen bereits in frühen Entwicklungsphasen eintritt (siehe Abbildung 5-19).

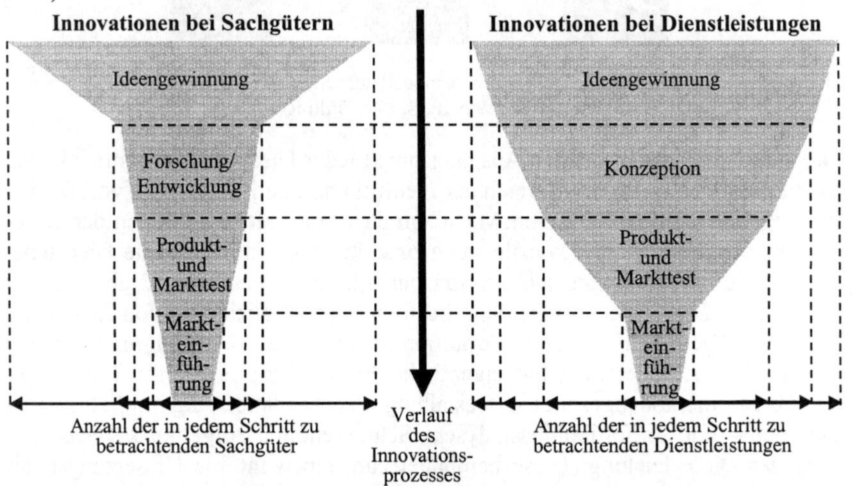

Abbildung 5-19: Selektionsprozess von Sach- und Dienstleistungen im Vergleich (in Anlehnung an: Benkenstein (1998), S. 700)[798]

---

797 vgl. Barth, Hertweck (1999 b), S. 3 f.

798 Aus Gründen der Vergleichbarkeit wurde der Abbildung ein vereinfachter Innovationsprozess zugrunde gelegt, bei dem sich Sach- und Dienstleistungsentwicklung nur unwesentlich unterscheiden. Eine ausführliche Darstellung des Entwicklungsprozesses bei Sachgütern findet sich beispielsweise bei Schmitt-Grohé (1972), S. 52 ff. oder Hauschildt

Vielmehr ist bei Dienstleistungsinnovationen - nicht zuletzt auch aufgrund der deutlich geringeren Höhe der zu tätigenden Investitionen - die Abbruchwahrscheinlichkeit vor allem in späten Phasen des Entwicklungsprozesses besonders hoch. Der Finanzmittelbedarf wächst erst mit bzw. vergleichsweise kurz vor der Markteinführung überproportional an.[799]
Dieser Umstand steht jedoch dem zügigen und reibungslosen Durchschreiten des Outsourcing-Prozesses entgegen. Daher empfiehlt es sich, den Selektionsprozess von Dienstleistungsideen dem von Ideen zu Sachleistungen so weit wie möglich anzunähern. Dazu müssen die verschiedenen Ideen zur künftigen Konzeption der auszulagernden Leistung bereits in der Start-up Phase gefiltert und auf die erfolgversprechendste(n) reduziert werden. Darüber hinaus steigt - je weiter die ins Auge gefasste neue Dienstleistung vom bestehenden Geschäft des Unternehmens entfernt ist - die Unerfahrenheit in Hinblick auf die zu bewältigenden Aufgaben und damit der Informationsbedarf in den einzelnen Entwicklungsschritten. Unterstützung bietet ein *systematisches und nachvollziehbares Vorgehen*, welches die Start-up Phase in mehrere, überschaubare Teilschritte aufspaltet (siehe die nachstehende Abbildung 5-20).[800]
An seinem Anfang steht eine *Zusammenstellung der verschiedenen Ideen* für die neue Leistung. Im Zusammenhang mit dem kompetenzorientierten Outsourcing kommt es bei diesem Schritt vor allem darauf an, die bestehende Leistung mit neuen Ideen anzureichern und sie zielgerichtet[801] zu ergänzen. Hintergrund dieses Vorgehens bildet die Suchstrategie des „Entdeckens".[802] Diese lässt sich durch die Verwendung entsprechend ausgestalteter Suchraster methodisch unterstützen. Zwar sind die meisten der ursprünglich für den Sachgüterbereich entwickelten Analyseinstrumente durchaus auch auf die Strukturierung eines dienstleistungsorientierten Suchfelds übertragbar, und es erscheint daher wenig sinnvoll, auf die Erfahrungen aus den in der (sachgutorientierten) Industrie angewandten Methoden zu verzichten.

(1993), S. 16 ff. Für die Entwicklung von Dienstleistungen siehe zum Beispiel Benkenstein (2001), S. 696 ff.; Meyer, Blümelhuber (1998), S. 813

[799] vgl. Benkenstein (2001), S. 697 f.

[800] vgl. Barth, Hertweck (1999 a), S. 178

[801] Die grundsätzlichen Ziele, welche mit dem Outsourcing einer Dienstleistung verfolgt werden, wurden bereits im Rahmen der beiden Phasen des *Outsourcing Check-up* sowie der *Outsourcing-Entscheidung* bestimmt. Siehe dazu die Abschnitte 5.2 und 5.3.

[802] Zu den prinzipiellen Alternativen für Suchstrategien siehe *Müller-Stewens* (1990), S. 59 ff. Er unterscheidet die Suchverhaltensformen des *Explorierens*, des *Entdeckens*, des *Entwickelns* und des *Erfindens*.

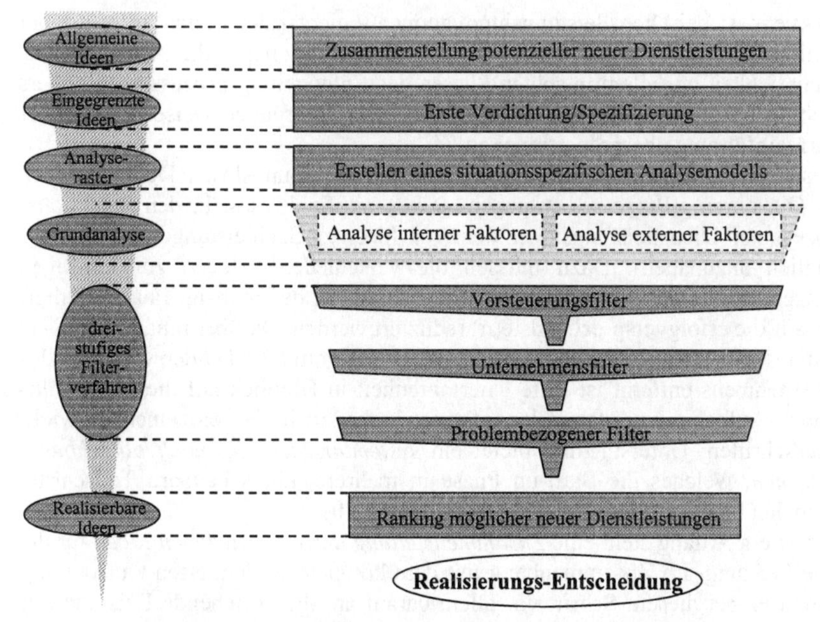

Abbildung 5-20: Die Start-up Analyse für Dienstleistungen
(vgl. Barth, Baumeister et al. (1999), S. 41 ff.; Barth, Hertweck (1999 b), S. 6)[803]

Dennoch können die vornehmlich an den dortigen Gegebenheiten orientierten Methoden den Spezifika von Dienstleistungen nicht vollständig gerecht werden. Es ist daher erforderlich, eigene, den speziellen Merkmalen von Dienstleistungen Rechnung tragende Suchraster zu entwickeln. Als Basis hierfür eignen sich die im Rahmen der Typologisierung[804] ermittelten Merkmale unternehmensnaher Dienstleistungen. Die folgende Abbildung zeigt die Grundform eines solchen Rasters. Den verschiedenen Merkmalen wurden dabei jeweils charakteristische Ausprägungen gegenübergestellt, welche die Spanne verdeutlichen, die innerhalb eines Merkmals besteht.

---

[803] Das Vorgehensmodell wurde auch empirisch getestet und validiert. Zudem wurden bei der Ausgestaltung der einzelnen Phasen die im Rahmen der Untersuchungen gewonnenen Erkenntnisse miteinbezogen. Siehe dazu Barth, Baumeister et al. (1999), S. 40 ff.

[804] siehe Abschnitt 4.2

Merkmale	Mögliche Merkmalsausprägungen
Leistungsobjekt	- materielle versus - immaterielle Dienstleistungen
Haupteinsatzfaktoren	- personalintensiv versus - maschinenintensiv zu erbringende Dienstleistungen
Komplexitätsgrad	- komplexe Dienstleistungen - einfache Dienstleistungen
Standardisierungsgrad	- Standard-Dienstleistungen - individuelle Dienstleistungen
Flexibilität der Dienstleistung	- an jedem Ort zu erbringen - örtlich gebunden
Integration des externen Faktors	- aktive Rolle des Kunden - passive Rolle des Kunden
Kopplungsgrad an Sachgüter	- keine Sachgüter involviert - Sachgüter zur Erbringung notwendig
Leistungsumfang	- Einzel-Dienstleistungen - Dienstleistungs-Bündel

Abbildung 5-21: Morphologische Merkmalsmatrix für unternehmensnahe Dienstleistungen

Aufbauend auf den bestehenden Ausprägungen dieser Merkmale können - etwa aufgrund bekannter Mängel der bisherigen Dienstleistung - erfolgversprechende neue Merkmalskombinationen abgeleitet werden, aus denen sich innovative Dienstleistungen ergeben können. Eine solche morphologische Merkmalsmatrix bietet die ideale Ausgangsbasis, um durch kreatives Durchspielen bzw. Verändern der bestehenden Merkmalsausprägungen einer angebotenen Dienstleistung mögliche neue, wettbewerbsfähigere Dienstleistungen zu identifizieren. Dabei kann es sich einerseits um eher inkrementale Verbesserungen, andererseits aber auch um neue Geschäftsfelder weitab von bestehenden Aktivitäten handeln.[805]
Die outsourcing-induzierte Umarbeitung einer bestehenden Dienstleistung erfolgt gewöhnlich in enger Zusammenarbeit der künftigen Partner, um die auf beiden Seiten vorhandenen Erfahrungen und Kompetenzen optimal nutzen zu können. Schwerpunkt beim auslagernden Unternehmen ist dabei gewöhnlich die bisherige Dienstleistung sowie die Präzisierung der gewünschten Veränderungen und der zusätzlichen Anforderungen an sie. Das übernehmende Unternehmen entwickelt seine Vorstellungen innerhalb des auf diese Weise vorgegebenen Rahmens. Dabei gilt es für das auslagernde Unternehmen zu bedenken, dass bei vergleichsweise engen Vorgaben der Gestaltungsspielraum für die Dienstleistung eingeschränkt wird und die Verbesserungsmöglichkeiten entsprechend gering sind. Andererseits können zu weite Auslegungen den Positionierungs-

[805] vgl. Zahn, Barth et al. (1999 a), S. 94 f.

absichten, die sich aus dem strategischen Kontext des auslagernden Unternehmens ergeben, zuwiderlaufen. Im Vordergrund sollte aus diesem Grund die Realisierung der angestrebten Zielsetzung und nicht die konkrete Festlegung zu verwendender Prozesse stehen.[806]

Nachdem die Dienstleistungsideen zusammengestellt und bezüglich ihrer jeweiligen Stoßrichtung geclustert sind, müssen die *nachfolgenden Elemente der Start-up Analyse* entsprechend der jeweiligen Outsourcing-Situation *konfiguriert* werden. Orientiert sich beispielsweise die zu entwickelnde Dienstleistung relativ nah am bestehenden Geschäft, kann die Grundanalyse gewöhnlich weniger ausführlich ausfallen als bei Dienstleistungen, die auf fast vollständig neue Geschäftsfelder abzielen.

Die eigentliche Basis für eine Auseinandersetzung mit neu zu entwickelnden Dienstleistungen und für deren anschließende Bewertung sind *Umwelt- und Unternehmensanalysen*. Sie ermöglichen die Abbildung der strategischen Ausgangslage des jeweiligen Unternehmens. Beide Analysen wurden bereits im Rahmen des Outsourcing-Check-up[807] durchgeführt - allerdings vor dem Hintergrund der bestehenden Leistungen. Da diese im Rahmen der Leistungskonfiguration entsprechend modifiziert bzw. weitgehend neu gestaltet wurden, sind die einzelnen Analyseelemente fallweise entsprechend zu überarbeiten und zu ergänzen.

Die Entwicklung möglicher neuer Dienstleistungen über die Start-up Phase hinaus bindet Ressourcen und verursacht dem Unternehmen Aufwand. Daher ist es sinnvoll - analog zum Entwicklungsprozess für Sachgüter -, die Anzahl der Dienstleistungsideen möglichst früh in der Prozesskette zu reduzieren. Hierfür wurde eine *mehrstufige Bewertungshierarchie* entworfen, mit deren Hilfe die für eine Weiterverfolgung ungeeigneten Dienstleistungen herausgefiltert werden können.[808]

Der *Vorsteuerungsfilter* hat die Aufgabe, Vorsteuerungsgrößen zu generieren, welche bereits eine weitgehende Reduktion der Dienstleistungsideen ermöglichen. Derartige Vorsteuerungsgrößen können sich beispielsweise aus den Zielen des Unternehmens ergeben. Bei ertragsorientierten Unternehmen etwa bilden vorgegebene Zielerträge eine generelle Bewertungsrichtlinie für mögliche neue Geschäfte. Wichtige Anhaltspunkte lassen sich oft auch aus dem Leitbild eines Unternehmens ableiten. Dieses fasst die normativen Richtlinien des Unternehmens zusammen und stellt deren wesentliche Charakteristika in expliziter -

---

806 vgl. Quinn (2000), S. 22

807 siehe Abschnitt 5.2. Aufgrund der durch den Outsourcing Check-up bestehenden Vorarbeiten ist eine strategische Analyse nur fall- oder teilweise durchzuführen. Trotzdem bildet sie einen zentralen Baustein der Start-up Analyse zur Ableitung neuer Dienstleistungen. In Abbildung 5-20 ist sie daher abweichend von den übrigen Elementen dargestellt.

808 vgl. Barth, Hertweck (1999 b), S. 8 ff.; Müller-Stewens (1990), S. 153 ff.; Zahn (1995 b), S. 6 und 8

zumeist schriftlicher - Form dar. Bei der Bewertung von Dienstleistungsideen kommt dem Leitbild eine Orientierungsfunktion zu. Beispielhaft seien hier generelle Einstellungen des Unternehmens zur Rüstungsindustrie oder zur Gentechnologie angeführt.

Beim Einsatz von *Unternehmensfiltern* geht es darum, neue Dienstleistungen im Kontext der bestehenden Unternehmenstätigkeit zu bewerten. Ein bewährtes Instrument hierfür ist die Marktwachstums-Marktanteils-Matrix.[809] Mittels dieser Matrix ist eine Darstellung der strategischen Ausgangslage des Unternehmens möglich. Durch Positionierung der neuen Geschäfte in dieser Matrix lässt sich deren Einfluss auf die Portfolio-Balance - im Sinne der Ausgewogenheit finanzmittelfreisetzender und -verbrauchender Geschäftseinheiten - des Unternehmens erkennen.

Im Bereich der *problembezogenen Filterstufe* kommen zumeist einzelfallspezifisch ausgerichtete Matrizen oder Checklisten zum Einsatz, welche die Bewertung und Auswahl identifizierter neuer Dienstleistungen unterstützen. Beispielhaft sei hier auf die Vielzahl unterschiedlicher Portfolien zur Abgrenzung einer Technologie, zur Bestimmung ihres aktuellen und künftigen Leistungspotenzials sowie zur Ableitung adäquater Technologiestrategien verwiesen.[810] Zur Bewertung von Dienstleistungsneuerungen können diese Instrumente jedoch selten ohne Anpassungen herangezogen werden. Vor allem der in dieser Phase oftmals geringe Informationsstand macht es schwierig, nur formalisierte Bewertungs- und Prognoseverfahren, insbesondere im Hinblick auf zukunftsorientierte Wirtschaftlichkeitsbetrachtungen, einzusetzen.

Mit Hilfe des Filterprozesses kann die Zahl der im Betrachtungshorizont verbleibenden Dienstleistungen bereits gewöhnlich erheblich eingeschränkt werden. Gleichzeitig wird den daran Beteiligten ermöglicht, ihre Vorstellungen bezüglich der Neugestaltung der Dienstleistung zu konkretisieren. Stehen nun noch mehrere Entwicklungsvarianten im Raum, muss unter diesen die erfolgversprechendste ausgewählt werden. Geeignete methodische Unterstützung hierfür bietet - ähnlich wie im Rahmen der Outsourcing-Anbahnung - eine Nutzwertanalyse, denn sie erlaubt es, ggf. auch Kriterien, die nicht quantitativ messbar sind, zu berücksichtigen.

Mit Hilfe der Start-up Analyse können neue Dienstleistungen auf Basis bestehender Leistungen in ihren Eckpunkten zu konzipiert und bewertet werden. In diesem Zusammenhang hat auch die endgültige Festlegung der Form der Partnerschaft zu erfolgen. Zwar wurden grundsätzliche Optionen bereits im Rahmen der Outsourcing-Entscheidung priorisiert, allerdings ohne Abstimmung mit dem zu diesem Zeitpunkt noch festzulegenden Partner. Daher muss - nachdem die Wahl des Dienstleisters abgeschlossen und die Leistung spezifiziert ist - vor

[809] vgl. zum Beispiel Welge, Al-Laham (1999), S. 338 ff.

[810] vgl. zum Beispiel Pfeiffer, Schneider et al. (1986), S. 107 ff.

Beginn der Vertragsverhandlungen auch bezüglich der künftigen Outsourcing-Form Einigung erzielt werden. Dabei sind vor allem potenzielle Entwicklungsmöglichkeiten der Partnerschaft zu beachten.[811]
Mit der Festlegung dieser Punkte ist die Phase der Leistungskonfiguration abgeschlossen. Das bis dahin Erarbeitete ist nun in eine rechtsgültige Form zu überführen.

5.6 Outsourcing-Vertrag

Wichtigstes Mittel zur Verankerung der im Rahmen der Leistungsvereinbarung erzielten
Übereinkünfte stellt deren *vertragliche Fixierung* dar. Der Vertrag ist ein schriftliches Dokument, das alle wesentlichen Aspekte der Zusammenarbeit zwischen den beteiligten Unternehmen regelt.[812] Dazu gehören neben detaillierten Beschreibungen der Leistungsinhalte und juristischen Rahmenbedingungen auch die Darstellung der Vorgehensweisen in Situationen, die eine flexible Anpassung bestimmter Leistungsinhalte aufgrund geänderter Marktbedingungen oder Anforderungen des Auftraggebers bedingen. Hierdurch wird die Abhängigkeit zwischen den Partnern transparent und Rechtssicherheit hergestellt. Ein Vertrag stellt damit nicht nur die formale, juristische Grundlage der Partnerschaft dar, er ist ebenso ein unverzichtbares Hilfsmittel in der täglichen Zusammenarbeit.[813]
Eine Outsourcing-Partnerschaft gestaltet sich in den allermeisten Fällen nicht problemlos. Der Outsourcing-Vertrag muss speziell für diese Fälle, bei denen Diskrepanzen zwischen den beteiligten Parteien bestehen, Mechanismen zu deren Lösung festlegen, welche die jeweiligen Erwartungen weitgehend erfüllen. Die durchaus auch praktizierte, direkte Übernahme des Vertragsentwurfs eines der Partner wird dieser Forderung in der Regel nicht gerecht, da dieser meist spezielle Gegebenheiten nicht berücksichtigt und tendenziell eine Partei bevorzugt. Denn die Verhaltensannahme des Opportunismus gilt - mehr oder weniger ausgeprägt - für jede Outsourcing-Partnerschaft. Wirksamen Schutz hiervor verspricht vor allem die Kenntnis potenzieller opportunistischer Maßnahmen im Zusammenspiel mit deren intensiver Kommunikation.[814]
Allerdings existiert weder für das konventionelle Outsourcing von Sachgütern noch für die Auslagerung unternehmensnaher Dienstleistungen mit ihren besonderen Spezifika ein generelles Vertragsmuster. Dazu ist zum einen die Durch-

---

[811] siehe Abschnitt 3.1.3.2
[812] Zu den verschiedenen gesetzlichen Bestimmungen bezüglich Verträgen vgl. § 116-157 BGB
[813] vgl. Hartstang, Forster (1995), S. 60
[814] vgl. Beer (1998), S. 237 f.

führung von Auslagerungs-Aktivitäten zu neuartig und in deutschem Recht noch nicht umgesetzt. Zum anderen erweisen sich das Spektrum unternehmensnaher Dienstleistungen bzw. die verschiedenen Outsourcing-Möglichkeiten als zu breit, weshalb gewöhnlich auf individuelle vertragliche Regelungen zurückgegriffen wird.[815]
Bevor - abgestimmt auf die deutsche Gesetzgebung - zentrale Bestandteile solcher Regelungen näher betrachtet werden, ist zunächst der Rahmen für eine entsprechende Vertragsgestaltung zu definieren. Einen wichtigen Beitrag hierzu liefert die *Vertragstheorie*, welche sich mit dem grundsätzlichen Design effizienter Verträge beschäftigt. Sie unterscheidet verschiedene Typologien von Verträgen.[816] Von Relevanz für das Outsourcing unter diesen ist vor allem die folgende Einteilung,[817] bei der zwischen drei prinzipiellen Typen von Verträgen differenziert wird.[818]

- *Klassische Verträge* beziehen sich auf Situationen, bei denen Leistung und Gegenleistung zeitlich zusammenfallen und entsprechen damit dem traditionellen juristischen Vertragsverständnis. Vorausgehende oder nachfolgende Beziehungen werden als nicht existent betrachtet. Die Perspektive ist ausschließlich zeitpunktorientiert. Dies ist auch dann noch gegeben, wenn die gegenseitigen Leistungen auseinanderfallen, beide aber zum Vertragsabschluss eindeutig vorhersehbar sind. Klassische Verträge sind immer vollständig, d.h., alle Risiken sind identifiziert und zugeordnet. Was nicht explizit festgehalten ist, wird durch allgemeines Vertragsrecht geregelt.
  Aufgrund dieser Charakteristika erweisen sich klassische Verträge als gut geeignet für *Standardleistungen*, bei denen spezifische Investitionen nicht erforderlich und die Transaktionspartner problemlos austauschbar sind. Sie werden gewöhnlich kurzfristig abgeschlossen, die Vertragspartner sind anonym und die Leistungen genau spezifizierbar. Der einfache, spontane Kaufvertrag ist ein gängiges Beispiel für einen Vertrag klassischen Typs.
- Im Gegensatz zu klassischen sind *neoklassische Verträge* zeitraumbezogen. Zwar ist auch bei ihnen die Vertragsbeziehung zeitlich begrenzt, erstreckt sich jedoch über einen längeren Zeitraum. Dies macht es unmöglich, bei Vertragsabschluss alle Vorkommnisse und Veränderungen eindeutig zu regeln. Neoklassische Verträge bleiben damit unvollständig und besitzen Lücken in der Vertragsgestaltung, die ein Risiko für eine oder beide Vertragsparteien bedeuten können. Sie bilden einen institutionellen Rahmen, der für die infolge der Unvollständigkeit zwangsläufig auftretenden Meinungsverschieden-

---

[815] vgl. Bruch (1998), S. 153; Nagengast (1997), S. 131
[816] vgl. zum Beispiel Dietl (1995), S. 572; MacNeil (1978); Schanze (1991)
[817] vgl. MacNeil (1974), S. 693
[818] vgl. Kaas, Fischer (1993), S. 689; Picot, Reichwald et al. (1998), S. 51; Schätzer (1999), S. 72 ff.

heiten und Streitfälle eine Schlichtung durch Drittparteien auf außergerichtlichem Wege vorsieht. Die Leistungen, auf die sie sich beziehen, sind typischer Weise eher komplexerer Natur und speziell an den Wünschen und Bedürfnissen der Vertragspartner ausgerichtet. Die meisten Rahmenverträge wie etwa Bauverträge sind Beispiele neoklassischer Verträge.

- Das *relationale Vertragsrecht* versucht, den Anforderungen dauerhafter und von komplexen Leistungsbeziehungen gekennzeichneter Austauschverhältnisse gerecht zu werden. Im Gegensatz zu den beiden anderen Vertragstypen, welche auf möglichst vielen, exakt fixierten Abmachungen beruhen, bestehen relationale Verträge in vielen Fällen aus impliziten, auf einer gemeinsamen Vertrauensbasis basierenden Vereinbarungen. Die sich im Zeitablauf entwickelnde Leistungsbeziehung, gemeinsame Werthaltungen und gegenseitiges Vertrauen sind entscheidend für das Zustandekommen und die vereinbarungsgemäße Durchführung des relationalen Vertrags. Auch relationale Verträge sind unvollständig, denn eine umfassende Risikozuordnung ist nicht möglich, da gerade die sich im Laufe der Zeit entwickelnde Beziehung in den Mittelpunkt gestellt wird und nicht die ursprüngliche Vereinbarung. Sollten trotzdem Streitfälle auftreten, ist eine Einigung der Parteien auf Basis der entwickelten Normen und Werte zu erzielen. Typisches Beispiel eines relationalen Vertrags ist ein unbefristeter Arbeitsvertrag.

Alle wirtschaftlichen Produktions- und Tauschprozesse werden durch Verträge organisiert, sie sind die Basisinstrumente zur Organisation arbeitsteiliger Leistungsbeziehungen.[819] Für das Outsourcing unternehmensnaher Dienstleistungen sind vor allem die beiden letztgenannten Vertragsarten von Bedeutung. Klassische Verträge erscheinen insgesamt weniger relevant, da es sich beim Outsourcing zum einen um eine auf Dauer angelegte Zusammenarbeit handelt. Zum anderen machen die Charakteristika unternehmensnaher Dienstleistungen Spontankäufe eher zu einer Ausnahmeerscheinung.[820] Anders stellt sich dies bei neoklassischen Verträgen dar. Sie kommen vor allem dann zum Einsatz, wenn es sich bei der zu übertragenden Dienstleistung um eine Standardleistung handelt, wie dies beim *kostengetriebenen* Outsourcing üblicherweise der Fall ist. Zwar sind nicht alle Entwicklungen und Risiken abzusehen und vertraglich festzuhalten, doch können aufgrund des Standardcharakters der Leistung, die vom Dienstleister für verschiedene Kunden in sehr ähnlicher Form erbracht wird, viele Situationen antizipiert und entsprechend im Vertrag geregelt werden. Beim *wissensgetriebenen* Outsourcing sind dagegen alle Voraussetzungen für den Abschluss eines relationalen Vertrags erfüllt. Einen wesentlichen Grund für eine solche Auslagerung stellt der Wissenserwerb und darauf aufbauend die Umgestaltung der Leistung dar. Die damit einhergehenden Veränderungen sind

[819] vgl. Picot, Reichwald et al. (1998), S. 54
[820] siehe Abschnitt 2.2.3

zu Beginn einer Outsourcing-Partnerschaft gewöhnlich nicht absehbar und können vertraglich kaum bzw. gar nicht fixiert werden. Die Zusammenarbeit beruht daher mehr auf gemeinsamen Interessen als auf expliziten vertraglichen Vereinbarungen.
Die Typologisierung prinzipieller Vertragsarten sowie ihre Übertragung auf die beiden fokussierten Outsourcing-Muster zeigt auf, wie Outsourcing-Verträge in Abhängigkeit der jeweils involvierten Dienstleistung prinzipiell zu gestalten sind. Um seine Funktion im Konfigurationsmodell adäquat erfüllen zu können, bedarf der dadurch vorgegebene Rahmen allerdings einer an der deutschen Gesetzgebung orientierten Konkretisierung.
Dazu ist zunächst festzuhalten, dass Outsourcing-Verträge keinem der im deutschen Gesetz geregelten Vertragstypen entsprechen, also weder dem Kaufvertrag noch dem Werkvertrag, dem Dienstvertrag oder dem Mietvertrag. Sie enthalten jedoch in der Regel Elemente aus all diesen Vertragstypen.[821] So ist etwa im Zusammenhang mit der Auslagerung von EDV-Leistungen für die Überlassung bereits erstellter Software das Kaufrecht anzuwenden, während bei der Überlassung von noch zu programmierender Software das Werksvertragsrecht greift.[822] Weitere Vereinbarungen, die ihren Ursprung in vielen verschiedenen Rechtsgebieten besitzen können, sind im Rahmen von Outsourcing-Verträgen keine Seltenheit.
Gerade dieser Umstand zieht jedoch weitreichende Auswirkungen nach sich. Während Kauf-, Werk- oder Dienstverträge noch „typische“ Verträge darstellen, bei denen Einzelheiten, die durch die Vertragsparteien nicht explizit geregelt sind, durch die allgemeine gesetzliche Rechtslage bestimmt werden, enthält das Gesetz für „atypische“ Verträge, also zum Beispiel Abreden oder Ähnliches, keine ausdrücklichen Regelungen.[823] Verträge mit Elementen aus verschiedenen gesetzlichen Vertragstypen und anderen schuldrechtlichen Vereinbarungen werden in der Rechtsprechung allerdings nicht einheitlich beurteilt. Aufgrund der damit einhergehenden Rechtsunsicherheit erweist es sich als notwendig, dass die beiden Outsourcing-Partner ihre Vorstellungen detaillierter in einem Vertrag niederlegen als dies normalerweise bei einem Kauf- oder Werkvertrag die Regel ist, denn die Folgen etwa von Leistungsstörungen ergeben sich nicht ohne weiteres aus dem Gesetz.[824]
Prinzipiell legt es die Verschiedenartigkeit der bei einer Auslagerung zu regelnden Einzelleistungen nahe, den Outsourcing-Vertrag als *Vertragswerk*, bestehend aus einer Rahmenvereinbarung und einem oder mehreren Einzelverträgen

---

[821] vgl. Bruch (1998), S. 154; Cunningham, Fröschl (1995), S. 161; Nagengast (1997), S. 131; Zahn, Barth et al. (1998 a), S. 151 sowie zu den Spezifika der einzelnen Vertragstypen zum Beispiel Vorbrugg, Berrar (1998), S. 71 ff.
[822] vgl. Schüller (1992), S. 161
[823] vgl. ebenda, S. 161 f.
[824] vgl. Sommerlad (2000), S. 284 f.

(Leistungsbeschreibungen), abzuschließen. Diese Konstruktion bildet einen Ausweg aus dem Dilemma des Bedarfs an genauen Regelungen einerseits und der Unmöglichkeit einer Prognose der Entwicklung der Leistungsanforderungen andererseits. In der Rahmenvereinbarung werden die Sachverhalte geregelt, die für die gesamte Zusammenarbeit langfristig Geltung besitzen und die sich nicht auf eine spezifische Leistung beziehen. In den Leistungsbeschreibungen hingegen werden in detaillierter Form die jeweiligen Leistungsmerkmale vereinbart. Das hat den Vorteil, für einzelne, sachlich trennbare Bereiche jeweils separate Leistungsvereinbarungen zu besitzen, was die Vertragsklarheit und -übersichtlichkeit erhöht, Änderungen von bestimmten Vertragselementen ermöglicht, ohne dass dabei eine Neufassung des Gesamtvertrags notwendig wird, und die Regelung von eventuellen Leistungsstörungen erleichtert.[825] Die folgende Abbildung zeigt Rahmenvertrag und Leistungsvereinbarungen mit ihren wesentlichen Bestandteilen:

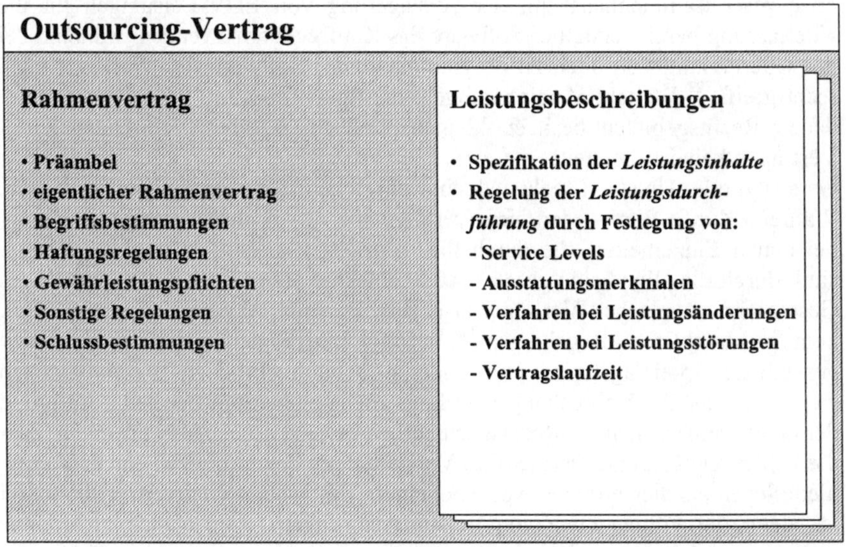

Outsourcing-Vertrag

Rahmenvertrag

- **Präambel**
- **eigentlicher Rahmenvertrag**
- **Begriffsbestimmungen**
- **Haftungsregelungen**
- **Gewährleistungspflichten**
- **Sonstige Regelungen**
- **Schlussbestimmungen**

Leistungsbeschreibungen

- **Spezifikation der *Leistungsinhalte***
- **Regelung der *Leistungsdurchführung* durch Festlegung von:**
  - **Service Levels**
  - **Ausstattungsmerkmalen**
  - **Verfahren bei Leistungsänderungen**
  - **Verfahren bei Leistungsstörungen**
  - **Vertragslaufzeit**

Abbildung 5-22: Prinzipieller Aufbau von dienstleistungsbezogenen Outsourcing-Verträgen

Die *Rahmenvereinbarung* bezieht sich auf leistungsübergreifende Sachverhalte wie etwa Haftungsfragen, Sorgfalts- und Geheimhaltungspflichten sowie Ge-

[825] vgl. Beer (1998), S. 241 ff.; Bruch (1998), S. 155 ff.; Gay, Essinger (2000), S. 138; Gumsheimer (1994), S. 124 f.; Halvey, Murphy Melby (1996), S. 67 f.; Hartstang, Forster (1995), S. 61 f.; Williams (1998), S. 64; Zahn, Barth et al. (1998 a), S. 152

währleistungsbestimmungen. Wichtige Elemente eines solchen Rahmenvertrags sind:[826]

- die *Präambel*. Sie stellt die Ausgangssituation bei Vertragsabschluss dar, erläutert die jeweiligen Zielsetzungen und dient damit der Klarheit des abgeschlossenen Outsourcing-Vertrags.
- der *eigentliche Rahmenvertrag*. Er enthält in der Regel eine kurze Beschreibung der Kernpunkte der Zusammenarbeit (Vertragsgegenstand), ohne die separat in den Leistungsbeschreibungen zu regelnden Themenbereiche detailliert aufzugreifen.
- *Definitionen zentraler Schlüsselbegriffe* sind zwar vom Gesetzgeber nicht vorgeschrieben, bedeuten aber speziell im Hinblick auf die in vielen Fällen gegebene Unvollständigkeit von Outsourcing-Verträgen eine zusätzliche Möglichkeit zur Absicherung der Partner. Zum Beispiel kann an dieser Stelle der Begriff der „Systemverfügbarkeit" definiert werden, welcher bei der Auslagerung von EDV-Leistungen eine wichtige Rolle spielt.
- *Haftungsbestimmungen* regeln die generellen Haftungspflichten des Dienstleisters in Bezug auf den gesamten Outsourcing-Vertrag. Zum Herausfiltern der besonders sensiblen Bereiche, die diesbezüglich besondere Aufmerksamkeit erfordern, können Risikoabwägungen vorgenommen werden, auf deren Basis dann eine für beide Vertragspartner akzeptable Haftungsvereinbarung festzuschreiben ist. Dabei kann es sich durchaus als notwendig erweisen, in einer Leistungsbeschreibung von der im Rahmenvertrag getroffenen Vereinbarung abzuweichen.
- Auch *Gewährleistungsansprüche* sind bei der Auslagerung unternehmensnaher Dienstleistungen zu berücksichtigen. Analog zur Handhabung bei Sachgütern sind auch Dienstleistungen gemäss der festgeschriebenen Qualitätskriterien fehlerfrei und vollständig zu erbringen. Anderenfalls ist der Dienstleister verpflichtet, die beanstandeten Mängel zu beseitigen. Bei einem Outsourcing-Vertrag kommen zu diesen Gewährleistungspflichten im klassischen Sinne, welche aus dem Kauf- oder Werkvertrag herrühren, gewöhnlich noch weitere hinzu. Da es sich bei einem Outsourcing unternehmensnaher Dienstleistungen vielfach auch um ein Dauerschuldverhältnis handelt, ist der Dienstleister über die gesamte Vertragsdauer hinweg auch zur Aufrechterhaltung eines gewissen, zu definierenden Leistungsniveaus verpflichtet.

---

[826] vgl. Beer (1998), S. 244 f.; o.V. (2000 d), S. 50 ff.; Sommerlad (2000), S. 285; Zahn, Barth et al. (1998 a), S. 153 ff.

- Daneben existieren noch eine Reihe *weitere Punkte*, die in einem Rahmenvertrag Berücksichtigung finden sollten, für die es jedoch individuelle Regelungen zu treffen gilt. Dazu gehören u.a.:
  - eine Abwerbungsklausel, die den Vertragsparteien über einen gewissen Zeitraum hinweg die aktive Akquisition von Mitarbeitern des Vertragspartners verbietet,
  - Geheimhaltungsklauseln, die - sofern nicht gesetzlich vorgeschrieben - von den Vertragspartnern individuell vereinbart werden können,
  - die Festschreibung von Schutz- und Urheberrechten (vor allem beim kompetenzorientierten Outsourcing),
  - die Festlegung der Vertragslaufzeit. Diese ist für einen Outsourcing-Vertrag gewöhnlich sowohl in Bezug auf den Beginn als auch auf das Ende fest vereinbart.
  - Kündigungsregelungen. Neben den gesetzlich vorgeschriebenen Festlegungen können auch individuelle Vereinbarungen getroffen werden. So ist es möglich, Ausstiegsoptionen für einen oder beide Partner vorzusehen, die es erlauben, bei Eintritt bestimmter Ereignisse oder Gegebenheiten den Vertrag vorzeitig zu beenden. Bei ihrer Aushandlung besteht immer ein Spannungsfeld zwischen vergleichsweise kurzen Fristen, welche die Gefahr bergen, dass der Dienstleister kurzfristig den Vertrag beendet sowie eher längeren Fristen, aufgrund derer die Bindung an einen bestimmten Partner länger als erwünscht dauert. Die normale Kündigungsfrist bei Verträgen ohne explizite Laufzeitvereinbarung beträgt sechs Monate. Diese Zeitspanne kann vor allem beim kompetenzorientierten Outsourcing eher zu kurz bemessen sein, so dass in diesem Fall eine individuelle Regelung anzustreben ist.

Den zweiten Vertragsbestandteil neben dem Rahmenvertrag bilden die *Leistungsbeschreibungen*, mit welchen die Erbringung der einzelnen Leistungen im Detail geregelt wird. Art und Inhalt solcher Leistungsbeschreibungen hängen stark vom Charakter der auszulagernden Leistung ab. Einen Anhaltspunkt für ihre Gestaltung im Zusammenhang mit unernehmensnahen Dienstleistungen bietet die Definition derselben. Die Differenzierung in eine Ergebnis-, Prozess- und Potenzialperspektive,[827] welche erst im Zusammenspiel eine Dienstleistung vollständig definieren, muss sich grundsätzlich auch im Aufbau der Leistungsbeschreibung widerspiegeln. Vor allem aus Gründen der Vertragsklarheit sind dabei die drei Perspektiven zu zwei substanziellen Vertragsbestandteilen zu bündeln (siehe Abbildung 5-23): in eine *Beschreibung der Leistungsinhalte* und in die *Darstellung der Leistungsdurchführung*.[828]

---

[827] siehe Abschnitt 2.2.1

[828] vgl. Zahn, Barth et al. (1998 a), S. 155

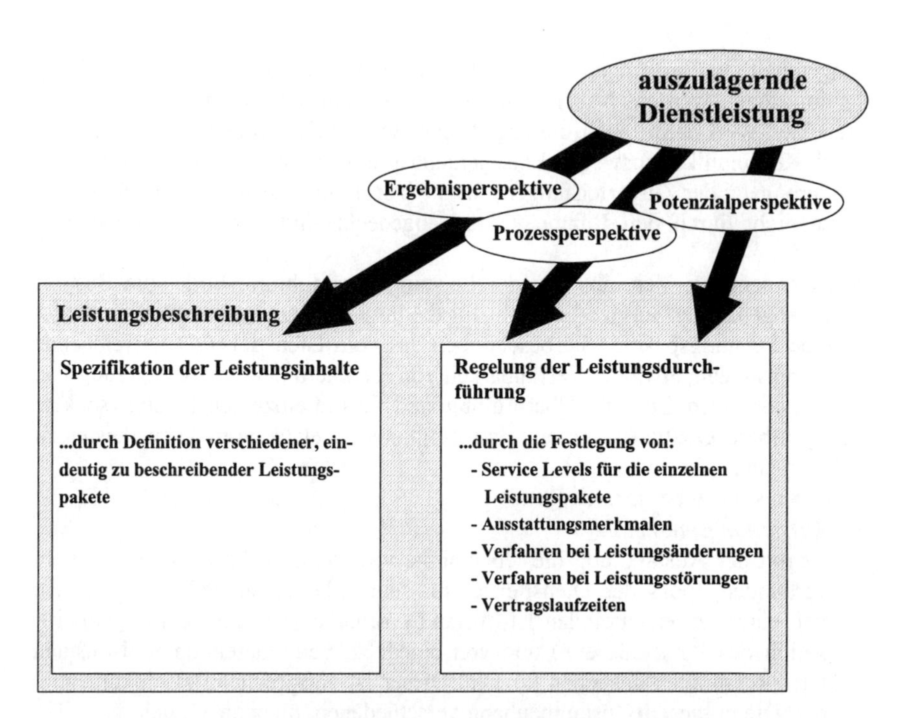

Abbildung 5-23: Zusammenhang zwischen der Leistungsbeschreibung und den verschiedenen Dienstleistungsperspektiven

Bei der *Spezifikation der Leistungsinhalte* wird im Wesentlichen die Ergebnisperspektive von Dienstleistungen fokussiert. Um sie herausarbeiten zu können, empfiehlt sich eine Zerlegung der Leistung in überschaubare Einzelpakete, die hinsichtlich ihres Ergebnisses eindeutig zu beschreiben sind. Diese werden dann in der Leistungsvereinbarung jeweils separat aufgeführt. Als Grundlage hierfür können die Resultate der Leistungskonfigurationsphase[829] herangezogen werden. Mit der Darstellung der Einzelpakete ist die Leistung jedoch nur für den Zeitpunkt der Auslagerung beschrieben. Veränderungen können nicht erfasst werden. Daher sind - abhängig vom Ausmaß des Wandels, dem die auszulagernde Leistung voraussichtlich unterliegt, in bestimmten Abständen Anpassungen bzw. Modifikationen der Leistungsspezifikation durchzuführen.[830]
Neben den Leistungsinhalten gehören zur Leistungsbeschreibung auch Festlegungen hinsichtlich der *Durchführung der Dienstleistung*. Im Gegensatz zur Leistungsspezifikation betonen sie die Prozess- und Potenzialperspektive von Dienstleistungen. Darin vereinbaren die Partner, wie die beschriebenen Leis-

---

[829] siehe Abschnitt 5.5
[830] vgl. Chapman, Andrade (1997), S. 38; Zahn, Barth et al (1998 a), S. 155 f.

tungsinhalte zu erbringen sind und welche Messgrößen zur Überwachung herangezogen werden. Neben rein auf die Leistungserbringung ausgerichteten Aspekten wird damit auch die spezifische Art der Zusammenarbeit (zum Beispiel Kommunikationswege, Entscheidungsgremien, die Vereinbarungen von Änderungen oder Zusatzleistungen) für die betreffende Leistung geregelt, sofern diese nicht durch den Rahmenvertrag abgedeckt sind oder von ihm abweichen.[831]

Kernelement zur Vereinbarung der Leistungsdurchführung bildet die Bestimmung sogenannter Service Levels[832] für die in der Leistungsspezifikation aufgeführten Leistungspakete. Sie beschreiben das vom Dienstleister zu erreichende Leistungsniveau, etwa die Verfügbarkeit von Rechnern bei der Auslagerung von EDV-Leistungen. Für ihre Überprüfung sind für die einzelnen Leistungspakete nachprüfbare Qualitätskriterien[833] zu definieren, welche vom Dienstleister zu erfüllen sind.

Daneben sind zu berücksichtigen:

- *Ausstattungsmerkmale*
  Ist mit der Auslagerung die Übernahme von Personal bzw. Betriebsmitteln verbunden, muss der Dienstleister für seine Planungen und Kalkulationen von einem zu ermittelnden Ist-Zustand (vorhandene Betriebsmittel, Qualifikation des Personals etc.) und von einem zu vereinbarenden Soll-Zustand aller Ressourcen ausgehen können. Dieser ist entsprechend zu dokumentieren. Die in diesem Zusammenhang verschiedenen, manchmal auch gegenläufigen Interessen - so kann etwa der Dienstleister beabsichtigen, möglichst schon abgeschriebene Hardware einzusetzen, während das auslagernde Unternehmen die neuesten Technologien verwendet sehen will - der beiden Vertragsparteien können durch entsprechende Regelungen berücksichtigt werden.
- *Leistungsänderungen*
  Auch die Durchführung von Anpassungsmaßnahmen muss festgeschrieben werden. Die Festlegungen beziehen sich darauf, in welcher Form Änderungswünsche vorgebracht werden, wie über sie entschieden wird und in welcher Form die Auswirkungen dieser Änderungen dokumentiert werden.
- *Leistungsstörungen*
  Sofern bei Leistungsstörungen von den im Rahmenvertrag getroffenen Ver-

---

[831] vgl. Hartstang, Forster (1995), S. 71; Zahn, Barth et al. (1998 a), S. 159 ff.

[832] vgl. zum Beispiel Gensch, Löhmann (2001), S. 800 ff.; Greaver (1999), S. 238 ff.; Sommerlad (2000), S. 296 f.; Williams (1998), S. 69 f.; Winkelmann-Ackermann, Bundi (1999), S. 38

[833] Zur Problematik der Ableitung nachprüfbarer Qualitätskriterien bei (unternehmensnahen) Dienstleistungen vgl. zum Beispiel Hentschel (1991), S. 311 ff.; Meyer, Mattmüller (1987), S. 187 ff.

einbarungen abgewichen werden soll, ist das in der jeweiligen Leistungsvereinbarung festzuschreiben.

- *Vertragsende*
  Das ordentliche oder außerordentliche Ende einer Outsourcing-Partnerschaft bringt immer erhebliche Umstellungen mit sich. Wichtigste Frage ist die (Rück-)Übertragung des entsprechenden Know-hows an das outsourcende Unternehmen bzw. an einen anderen Dienstleister. Vor allem beim kompetenzorientierten Outsourcing besteht hier erheblicher Regelungsbedarf. Gewöhnlich verpflichtet sich der Dienstleister, dem outsourcenden Unternehmen ein Angebot zur Rücküberführung der Leistungen zu unterbreiten und ggf. Unterstützung in der Wiederanlaufphase zu bieten.

Ohne die Notwendigkeit von Outsourcing-Verträgen in Zweifel zu ziehen, sollte bedacht werden, dass sich - unbesehen des bei der Vertragsgestaltung betriebenen Aufwands - praktisch nie alle Unwägbarkeiten voraussehen und vertraglich absichern lassen. Dieser Umstand wird gewöhnlich von der Tatsache kompensiert, dass beide Vertragsparteien primär am erfolgreichen Funktionieren der Partnerschaft interessiert sind bzw. sein müssen und nicht an einer den eigenen Profit steigernden Übervorteilung des Partners. Darüber hinaus können sich zu enge vertragliche Vorgaben auch kontraproduktiv auf die Performance der Outsourcing-Partnerschaft auswirken. Wird der Dienstleister durch umfangreiche vertragliche Vorgaben in seinem Handlungsspielraum vergleichsweise stark beschränkt, ist dies unter Umständen zum doppelten Nachteil für das auslagernde Unternehmen. Zum einen kann das beim Dienstleister vorhandene Know-how nicht bzw. nur in ungenügender Weise zum Tragen kommen, was vor allem beim kompetenzorientierten Outsourcing negative Folgen erwarten lässt. Zum anderen machen es Überregulierungen dem Dienstleister schwer, die notwendigen Synergiepotenziale mit anderen ausgelagerten Dienstleistungen zu erzielen, was die Performance meist direkt negativ beeinflusst.

Die Unterschiede zwischen kosten- und kompetenzorientiertem Outsourcing spiegeln sich nicht nur in der unterschiedlich akzentuierten Gestaltung der Outsourcing-Verträge wider; sie bestimmen auch den Gang der Vertragsverhandlungen. Zwar gilt - analog zur Vertragsgestaltung - auch für die Verhandlungen, dass diese situationsspezifisch auszurichten sind, dennoch lassen sich zwei prinzipielle Schritte unterscheiden, welche in vielen Fällen gegangen werden:[834]

- die Ausstellung eines „Letters of Intent“ (LoI)[835] sowie
- die Verhandlung des Gesamtvertrags.

Ein *LoI* kommt gewöhnlich dann zur Anwendung, wenn sich die Abstimmungen im Rahmen der Leistungskonfiguration und der Vertragsverhandlungen schwie-

[834] vgl. Gay, Essinger (2000), S. 132 f.; Zahn, Barth et al. (1998 a), S. 130 und 136 ff.
[835] vgl. Schmid (1996), S. 20

rig und zeitintensiv gestalten. Dies kann sowohl auf das kosten- als auch auf das kompetenzorientierte Outsourcing zutreffen, ist aufgrund der in der Regel höheren Komplexität kompetenzorientierter Auslagerungen jedoch vor allem für letzteres von Bedeutung. Dazu werden die bereits gelösten sowie die noch zu lösenden Probleme in einem „Brief" zusammengefasst und der Stand der Verhandlungen auf diese Weise festgeschrieben und dokumentiert. Dem Partner wird dadurch signalisiert, dass der Aussteller eines LoI an einem Vertragsabschluss interessiert ist, jedoch noch eine Reihe von Punkten zu klären sind. Der LoI findet sich in keinem deutschen Gesetz wieder, sondern ist dem angloamerikanischen Rechtssystem entlehnt. Aus juristischer Sicht stellt dieser Brief gewöhnlich einen sogenannten Vorfeldvertrag dar, der nur für den Fall des Scheiterns des eigentlichen Outsourcing-Vertrags abgeschlossen wird und insoweit unselbständig ist. Kommt es nämlich nicht zum Abschluss eines Hauptvertrags, hat der Empfänger des LoI Anspruch auf die Erstattung der Kosten, die ihm in Erwartung eines bevorstehenden Vertragsabschlusses entstanden sind. Das kommt allerdings nur dann in Betracht, wenn der Empfänger auf den Vertragsabschluss vertrauen durfte und vertraut hat. Beispiele hierfür sind die Gebühren für Genehmigungen oder die Kosten einer Kreditaufnahme.[836]

Mit dem Abschließen eines LoI gehen die Vertragsparteien bereits bestimmte rechtliche Verpflichtungen ein. Falls eine Seite durch pflichtwidriges Verhalten der anderen Schaden zufügt, muss sie diesen Schaden auch ersetzen. Der LoI ist daher auch ein geeignetes Instrument zur Beschleunigung des Projektablaufs, denn die Verpflichtung zu Schadensersatz ermöglicht es beiden Partnern, die nächsten Projektschritte schon vor dem endgültigen Vertragsabschluss einzuleiten.[837]

Der *Ablauf der eigentlichen Vertragsverhandlungen* ist von vielen Parametern abhängig und gestaltet sich fallweise sehr unterschiedlich. Einflussgrößen stellen etwa die Komplexität der outzusourcenden Dienstleistung, ihre Bedeutung für das auslagernde Unternehmen, die Outsourcing-Erfahrung der Partner, die bestehenden Verhandlungsspielräume etc. dar. Spezifische Unterschiede zwischen kosten- und kompetenzorientiertem Outsourcing sind dabei nicht direkt auszumachen. Ein vielfach problembehafteter Punkt bei Vertragsverhandlungen ist das Herausfiltern kritischer Vertragsinhalte, welche explizite Berücksichtigung in den Verhandlungen finden sollten. Hilfestellung bei der diesbezüglichen Priorisierung bietet die Einbeziehung von Kostenaspekten. Die Positionierung der identifizierten Vertragsbausteine kann innerhalb der nachfolgend abgebildeten Matrix erfolgen.

[836] vgl. Schmid (1996), S. 20 f.; Zahn, Barth et al. (1998 a), S. 130 f.

[837] vgl. Gay, Essinger (2000), S. 133 f.; Zahn, Barth et al. (1998 a), S. 132

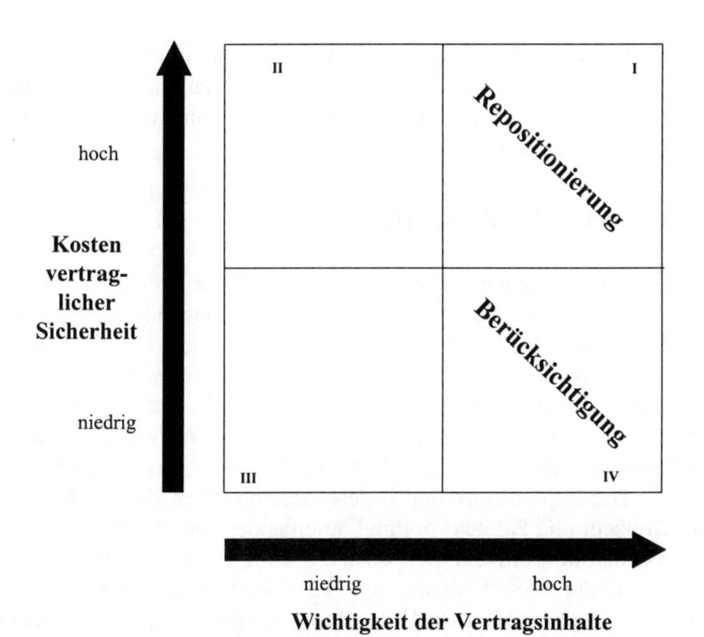

Abbildung 5-24: Vertragsbestandteile-Portfolio
(vgl. Gumsheimer (1994), S. 126)

Vor dem Hintergrund der Unvollständigkeit von Outsourcing-Verträgen sind vor allem solche Vertragsbestandteile bedeutende Punkte bei Vertragsverhandlungen, die im vierten Quadranten zu finden sind. Sie stellen einerseits wichtige Vertragspassagen dar, andererseits sind die Kosten zur Erlangung vertraglicher Sicherheit begrenzt. Betrachtet werden sollten daneben Vertragselemente, welche im Quadranten darüber (I) positioniert sind. Auch sie werden als wichtig eingestuft, allerdings verursacht ihre Sicherung erhebliche Kosten, hervorgerufen etwa durch hohen Aufwand bei ihrer Überprüfung. Daher sollte überlegt werden, inwieweit durch intelligente Aufspaltung der diesbezüglichen Elemente die Kosten reduziert und die wesentlichen Punkte trotzdem berücksichtigt werden können.
Von Interesse sind die Vertragsverhandlungen auch in anderer Hinsicht. Die Art der Verhandlungsführung und die Atmosphäre, die zwischen den Beteiligten herrscht, besitzt nennenswerten Einfluss auf die Umsetzung der Outsourcing-Beziehung. Sie ermöglicht Einblicke in die Wertestruktur der Partner und deren Flexibilität. Insofern ist die Bedeutung von Vertragsverhandlungen durchaus der der Vertragsgestaltung gleichzusetzen.[838]

---

[838] vgl. Beer (1998), S. 138; McFarlan, Nolan (1995), S. 17

Schlusspunkt der Verhandlungen bildet die Paraphierung des Outsourcing-Vertrags. Mit der Unterschrift von Vertretern der beteiligten Unternehmen wird die Partnerschaft auch rechtlich verbindlich, und es kann mit der Umsetzung der Vereinbarungen begonnen werden.

5.7 Outsourcing-Implementierung

Die Outsourcing-Implementierung ist die letzte Phase im Outsourcing-Prozess. Ihr grundsätzliches Ziel besteht darin, das neu entwickelte *Konzept* möglichst vollständig und reibungslos in den vorhandenen *Kontext*, i.e. das Unternehmen, einzupassen.[839] Bezogen auf das Outsourcing handelt es sich beim Konzept um die *vertraglich fixierten Vereinbarungen hinsichtlich der Auslagerung von Leistungen*. Der Kontext umfasst alle Gegebenheiten, die - direkt oder indirekt - vom Outsourcing betroffen sind und damit *alle involvierten Bereiche des Unternehmens*.[840] Die Implementierung bezeichnet nun einen Koordinationsvorgang, bei dem Konzept und Kontext optimal aufeinander abgestimmt werden müssen. Diese Koordination vollzieht sich über die zwei Grundprinzipien der *Kontextanpassung* und der *Konzeptanpassung*. Bei einer Kontextanpassung werden die vorhandenen Gegebenheiten am Outsourcing-Konzept ausgerichtet, wohingegen bei der Konzeptanpassung das Outsourcing-Konzept solange modifiziert wird, bis es zum vorhandenen Kontext passt.[841] Abbildung 5-25 veranschaulicht die prinzipielle Vorgehensweise.

In der Praxis kommen die beiden Konzepte höchst selten in ihrer extremen, reinen Ausprägung vor. Vielmehr wenden Unternehmen in der Regel Mischformen der beiden Verfahren an, die Elemente aus beiden Konzepten vereinigen.[842]

Unabhängig davon, ob die Implementierung von Outsourcing-Maßnahmen eher über eine Anpassung des Kontexts oder eine Modifikation des Konzepts erfolgt, weist der damit verbundene Prozess eine bestimmte Struktur auf, welche allen Implementierungsprozessen gemein ist. Sie wird durch die Ablauflogik allgemeiner Planungs- und Entscheidungsprozesse vorgegeben, doch bringen es die Individualität und Spezifität sowohl des jeweiligen Implementierungs-Konzepts als auch des jeweiligen Kontexts im betroffenen Unternehmen mit sich, dass eine eindeutige Abfolge von Implementierungsschritten nur auf sehr allgemeiner Ebene vorgegeben werden kann (siehe Abbildung 5-26).

---

839 vgl. Marr, Kötting (1992), Sp. 828; Reiß (1995), S. 294

840 vgl. Zahn, Barth et al. (1998 a), S. 167

841 vgl. Reiß (1995), S. 295

842 vgl. Zahn, Barth et al. (1998 a), S. 168

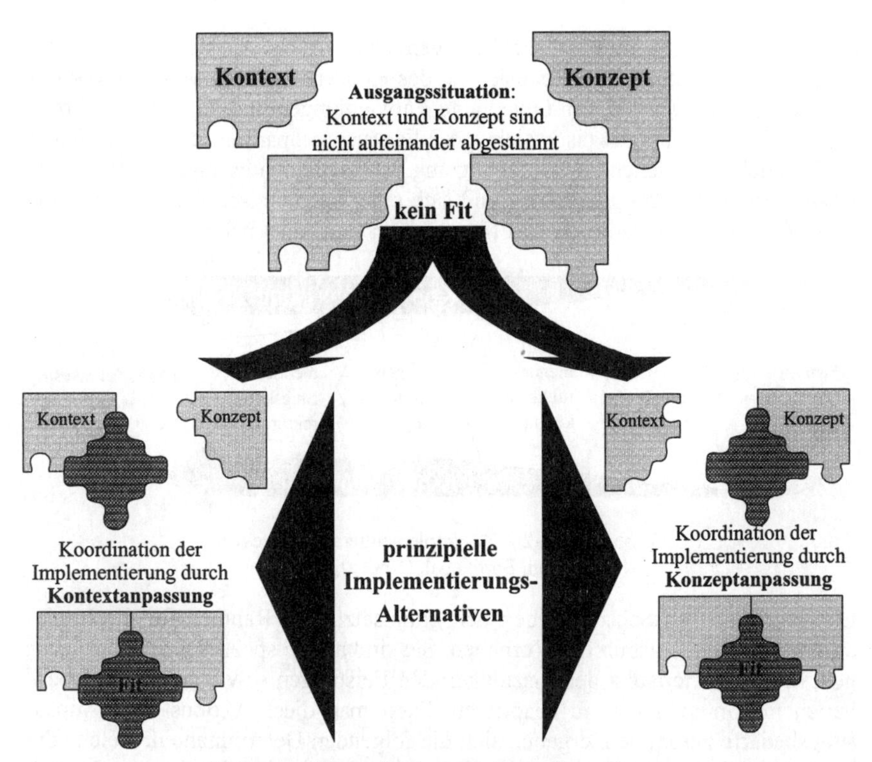

Abbildung 5-25: Basisprinzipien der Implementierung
(vgl. Zahn, Barth et al. (1998 a), S. 168)

Basis für die Einführung von Outsourcing-Aktivitäten ist in jedem Fall das im Rahmen der Leistungskonfiguration entwickelte und *verabschiedete Konzept.*[843] Eine differenzierte und nachvollziehbare Darstellung der erarbeiteten Gestaltungsvorschläge wirkt sich dabei vorteilhaft auf die weitere Durchführung aus. Aus ihnen folgt im nächsten Schritt eine *Feinplanung* der jeweiligen Implementierungsmaßnahmen. Dabei werden aus dem Konzept die konkreten Aktivitäten abgeleitet. An dieser Stelle sind insbesondere die genauen Arbeitspakete, Zeitvorgaben, verfügbaren Ressourcen und Verantwortlichkeiten zu definieren. Ein wichtiger Erfolgsfaktor ist auch, betroffene Mitarbeiter für das Outsourcing-Konzept zu gewinnen, bevor diese direkt mit den eintretenden Veränderungen konfrontiert werden. Nur mit positiv eingestellten Mitarbeitern ist in der Phase der Implementierung eine erfolgreiche Zusammenarbeit möglich. Im Anschluss an ein solches *Implementierungsmarketing* kann mit der eigentlichen *Maßnahmendurchführung* begonnen werden. Erst in diesem Schritt werden Strukturen,

[843] siehe Abschnitt 5.5

Ressourcen und Systeme tatsächlich verändert. Nach Abschluss sämtlicher Umsetzungsaktivitäten und Realisierung des Konzepts müssen vielfach Korrekturen eingeleitet werden, um ungeplante Entwicklungen und aufgetretene Probleme zu lösen. Dabei erweisen sich spezielle Ansprechpartner auf beiden Seiten als hilfreich. Sie dienen zur Unterstützung der Implementierungsaktivitäten bis Lernprozesse in Gang gekommen und sich eine Vertrauensbasis sowie gemeinsame Kommunikationsmuster und Normen herausgebildet haben.[844]

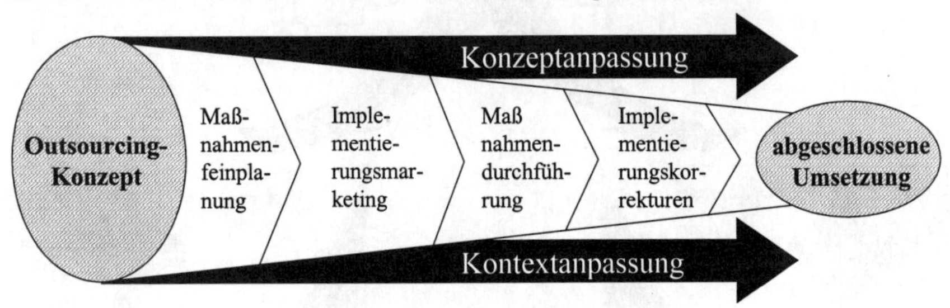

Abbildung 5-26: Der Implementierungsprozess
(vgl. Zahn, Barth et al. (1998 a), S. 166)

Die beschriebenen Schritte bilden den grundsätzlichen Rahmen für die Implementierung von Outsourcing-Vorhaben. Sie sind an die spezifischen Zielsetzungen, die Charakteristika der auszulagernden Leistungen sowie an die Gegebenheiten im Unternehmen zu adaptieren. Fasst man diese Aktions- und Anpassungsbedarfe zusammen, ergeben sich die folgenden Determinanten, welche die konkreten Inhalte der Abstimmungs- bzw. Anpassungsarbeit bestimmen. Je nach Ausprägung dieser Determinanten gestaltet sich die Einführung von Auslagerungs-Vorhaben mehr oder weniger aufwändig.[845]

- Die *Breite* der Implementierungsmaßnahme wird von der Anzahl der involvierten Unternehmensbereiche, der betroffenen Prozesse etc. bestimmt. In diesem Zusammenhang ist auf das ausgedehnte Spektrum (unternehmensnaher) Dienstleistungen[846] hinzuweisen, aufgrund dessen die Implementierungsbreite sehr unterschiedlich bemessen sein kann. Während etwa bei einem Outsourcing von EDV-Leistungen gewöhnlich weite Teile des Unternehmens involviert sind, betrifft eine Auslagerung des Fuhrparks oder der Sicherheitsdienste nur wenige Bereiche.
- Die *Weite der Implementierung* ist unterschiedlich groß, je nach dem, ob der Dienstleister genau dieselbe Leistung erbringt, die früher intern erstellt worden ist, oder gleichzeitig mit der Einführung des Outsourcing auf neue Ver-

[844] vgl. Bruch (1998), S. 164 ff.; Oldenburg, Seidlmeier (1997), S. 225 f.
[845] vgl. Reiß (1995), S. 295; Zahn, Barth et al. (1998 a), S. 169 f.
[846] siehe Abschnitt 2.2.3

fahren oder Prozesse umgestellt wird. In der Regel ist daher die Weite bei der Auslagerung von Standarddienstleistungen geringer als beim kompetenzbasierten Outsourcing wissensintensiver Dienstleistungen.

- Eng korreliert mit der Weite ist die *Tiefe der Implementierungsbemühungen*. In ihr kommt das Ausmaß der Diskrepanz zwischen konzept- und kontextgerechter Lösung zum Ausdruck. So besitzt die Implementierung einer Outsourcing-Partnerschaft in einem hierarchisch-funktional gegliedertem Unternehmen eine wesentlich größere Tiefe als das Einführen desselben Konzepts in einem bereits aus teilautonomen Centern bestehenden Unternehmen.
- Die *Rigidität einer Umsetzungsmaßnahme* steigt, je „verkrusteter" die Kontextgegebenheiten in einem Unternehmen sind. Beispielsweise ist es denkbar, dass es aufgrund von tradierten Gewohnheiten zu nennenswerten Schwierigkeiten bei der Einführung eines Outsourcing-Projekts und damit zu erhöhtem Implementierungsbedarf kommt.
- Auch die *Geschwindigkeit*, mit der eine Auslagerung vollzogen wird, hat Einfluss auf die zu leistende Implementierungsarbeit. Gerade Outsourcing-Maßnahmen, deren Ziel vornehmlich darin besteht, die Kosten zu senken, werden häufig unter Zeitdruck durchgeführt, damit die Entlastungseffekte möglichst schnell zu wirken beginnen. Dies lässt aber weniger Zeit für das Erproben der Leistungserbringung, die Einbeziehung aller Betroffenen etc. und verursacht daher gewöhnlich ein erhebliches Mehr an Implementierungsbedarf.

Als Fazit dieser Betrachtungen lässt sich festhalten, dass analog zu einer stärkeren Ausprägung der beschriebenen Determinanten auch der Implementierungsbedarf steigt und ein Gelingen tendenziell schwieriger wird. Um den Erfolg eines Outsourcing sicherzustellen, muss daher vor dem Hintergrund der jeweiligen spezifischen Gegebenheiten geprüft werden, welche Bedeutung den einzelnen Bestimmungsgründen zukommt. Dabei ist vor allem auf Interdependenzen zwischen den einzelnen Faktoren zu achten. Besitzt ein Outsourcing-Vorhaben etwa eine große Weite und Tiefe wie etwa die Auslagerung von Entwicklungs-Leistungen, kann es durchaus angebracht sein, dieses neue Konzept schrittweise mit Hilfe einzelner Pilotprojekte einzuführen und nicht die gesamten Entwicklungs-Aufgaben komplett in einem Zug nach außen zu vergeben, um auf diese Art das Outsourcing-Projekt schnell abschließen zu können.
Die Intensität der einzelnen Determinanten bestimmt den Umfang der zu leistenden Implementierungsarbeit. Die dabei zu durchlaufenden Prozessschritte können durch eine Reihe von Instrumenten gezielt unterstützt werden. Ihr Einsatz hängt allerdings von der gewählten Implementierungsform - Kontext- oder Konzeptanpassung - ab. Schwerpunktmäßig lassen sich den beiden Arten die folgenden Instrumente zuordnen:

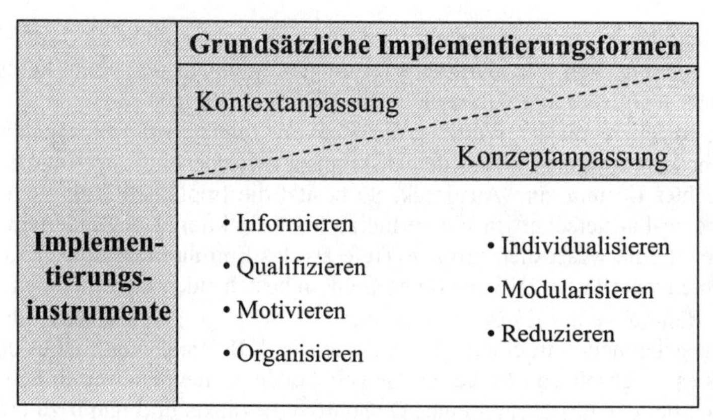

Abbildung 5-27: Implementierungsinstrumente
(vgl. Reiß (1994 a), S. 409)

Wird darauf abgezielt, Outsourcing-Maßnahmen hauptsächlich über die Anpassung des Kontexts zu implementieren, müssen die Unternehmensgegebenheiten am beschlossenen Outsourcing-Konzept ausgerichtet werden. Vor dem Hintergrund der entsprechenden Dienstleistungs-Charakteristika ist ein solches Vorgehen primär für die Auslagerung von Standard-Dienstleistungen in Betracht zu ziehen. Allerdings lassen sich über die verfügbaren Instrumente zur Anpassung von Strukturen und Prozessen kaum allgemeingültige Aussagen treffen, denn die jeweiligen Gegebenheiten und die existierenden Interdependenzen erlauben nur einzelfallspezifische Lösungen. Bezogen auf die involvierten Personen sind die auftretenden Probleme hingegen eher universeller Natur, und es kann weitgehend unabhängig vom konkreten Einzelfall ein Katalog von Standardmaßnahmen aufgestellt werden.[847]

Die Aktivitäten auf personeller Ebene sollen dafür sorgen, dass die mittelbar oder unmittelbar von einer Outsourcing-Maßnahme betroffenen Personen mit dem neuen Konzept vertraut gemacht werden, dessen Einführung nicht blockieren und die vorgesehene Rolle im Umsetzungsprozess einnehmen. Zentrale Aspekte sind dabei die Kompetenz und das Commitment der Mitarbeiter für das neue Konzept, die für eine Akzeptanz der Neuerung sorgen, auch wenn es sich im Zweifelsfall nur um eine „erzwungene“ Akzeptanzhaltung handeln mag.[848]
Vier zentrale Maßnahmenfelder lassen sich zur Unterstützung identifizieren:[849]

- *Information*
  Ohne rechtzeitige Information der Betroffenen ist ein Outsourcing-Vorhaben nur schwer zu realisieren. Dieser Kreis kann bei der Auslagerung unterneh-

---

[847] vgl. Reiß (1995), S. 296
[848] vgl. Reiß (1995), S. 295
[849] vgl. Reiß (1994 a), S. 411 ff.; Zahn, Barth et al. (1998 a), S. 174

mensnaher Dienstleistungen unterschiedlich groß sein. Er umfasst neben den Mitarbeitern sowie den Arbeitnehmervertretern in der Regel auch die Führungskräfte des tangierten Bereichs. Daneben müssen die mit der outgesourcten Leistung in Beziehung stehenden Abteilungen des Unternehmens, die Lieferanten und - mit Blick auf die wettbewerbliche und beschäftigungspolitische Relevanz des Outsourcing - auch die Öffentlichkeit informiert werden. Wichtig ist dabei die differenzierte Ansprache der einzelnen Zielgruppen mit unterschiedlichen Medien zu unterschiedlichen Zeitpunkten und gewöhnlich in einer Top-down Abfolge über die betroffenen Hierarchie-Ebenen. In Bezug auf die direkt Betroffenen kommen dabei vor allem persönliche Gespräche und Aufklärung über die neu entstehende Situation in Frage.

- *Qualifikation*
  Meist geht mit den durch ein Outsourcing hervorgerufenen Veränderungen auch der Bedarf an Qualifizierung einher. Dieser ist im Wesentlichen abhängig vom Ausmaß der Veränderungen. Ist das auslagernde Unternehmen bereits großenteils dezentral organisiert, wie dies zum Beispiel bei einer Center-Konzeption der Fall ist, sind die Veränderungen tendenziell geringer, womit auch der Qualifikationsbedarf weniger groß ausfällt.
  Im Hinblick auf die Implementierung von Outsourcing-Vorhaben sind die Mitarbeiter vor allem auf zwei Gebieten zu schulen: bezüglich ihrer Fach- und ihrer Sozialkompetenz. Die Fachkompetenz ist dann zu stärken, wenn eine Voll-Auslagerung mit Personalverlagerung vorgenommen wird, gewisse Kontrollfunktionen aber dennoch beim outsourcenden Unternehmen verbleiben sollen. Zur Wahrnehmung dieser Aufgaben müssen einige Mitarbeiter in die entsprechenden Fachgebiete gezielt eingearbeitet werden. Eine Qualifikation auf dem Gebiet der Sozialkompetenz ist in der Regel notwendig, da mit Outsourcing bisher intern erbrachte Leistungen externalisiert werden und damit den Umgang mit Lieferanten mit sich bringen.
- *Motivation*
  Motivationsmaßnahmen wenden sich sowohl an die „Gewinner" als auch an die „Verlierer" eines Outsourcing-Vorhabens. Gegenüber den „Gewinnern" wird primär mit einer Betonung der Vorteile der Auslagerung, etwa einem besseren Service-Grad, gearbeitet. Bei den „Verlierern" hingegen werden kompensatorische Anreize, wie zum Beispiel materielle Entschädigungen, Arbeitsplatzgarantien oder der immaterielle Ausgleich von Statusverlusten, angewandt. Dadurch lassen sich Widerstände verhindern oder zumindest verringern.
- *Organisation*
  Organisatorische Implementierungsmaßnahmen dienen der aufbau- und der ablaufseitigen Strukturierung des Übergangsprozesses. Im Rahmen aufbauorganisatorischer Maßnahmen ist zunächst sicherzustellen, dass in einem Implementierungs-Team alle direkt oder indirekt betroffenen Abteilungen des

outsourcenden Unternehmens sowie auch des Dienstleisters angemessen vertreten sind. Die Aufgabe dieses Teams besteht in der Planung, Leitung und Koordination des Umsetzungs-Projekts. Zusätzlich kann die Unterstützung durch externe Beratung hilfreich sein, und zwar um so mehr, je konfliktbehafteter und weitreichender das Outsourcing-Vorhaben ist.
Ablauforganisatorisch lassen sich vier prinzipielle *Implementierungs-Strategien* unterscheiden. Welche jeweils zur Anwendung kommt, ist von zwei Determinanten abhängig: Zum einen ist die Größe des Outsourcing-Vorhabens maßgebend (überschaubare Funktion versus komplexe, weitreichend vernetzte Leistung). Zum anderen spielt der Anteil der auszulagernden Leistungsteile an der Gesamtleistung eine wichtige Rolle. So können etwa wettbewerbsstrategisch besonders wesentliche Teile von Dienstleistungen weiterhin in Eigenregie durchgeführt werden, während einfachere Leistungskomponenten fremdvergeben werden. Die folgende Abbildung veranschaulicht die vier beschriebenen Möglichkeiten:

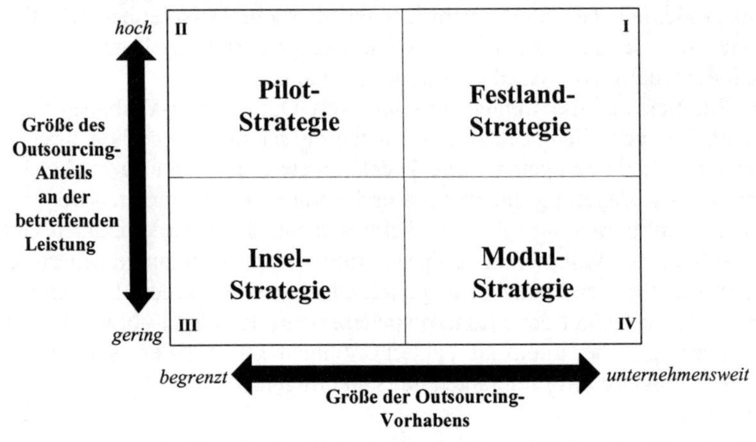

Abbildung 5-28: Prinzipielle Implementierungsstrategien
(in Anlehnung an: Reiß (1993), S. 463)

Die Verfolgung einer *Insel-Strategie* wird vielfach von mit Outsourcing nicht vertrauten Unternehmen angewandt, die Erfahrung auf diesem Gebiet sammeln wollen. Sie weist gewöhnlich nur begrenzte Effizienzsteigerungspotenziale auf, da Outsourcing-Chancen aufgrund des überschaubaren Umfangs und der geringen Größe des Vorhabens nur in geringem Maße genutzt werden können. Neben der Gelegenheit zum Einstieg in die Outsourcing-Thematik eignet sich diese Implementierungs-Strategie daher vor allem für die Restrukturierung kleinerer Nischenbereiche, für die beispielsweise spezielles Know-how akquiriert werden soll. Die Verfolgung der *Festland-Strategie* stellt das andere Extrem dar. Zwar können die Chancen einer Auslagerung dabei sehr viel besser ausgeschöpft werden, jedoch lässt sich ein derart umfassendes Vorgehen in der Regel nur bei weniger komplexen Vorhaben wie etwa der Auslagerung von Reinigungsdiensten sinnvoll realisieren. *Pilot-Strategien* dagegen sehen ein möglichst weitreichendes Outsourcing in einem begrenzten Bereich vor, während *Modul-Strategien* eher die möglichst flächendeckende Einführung des Outsourcing einer bestimmten, jedoch begrenzten Leistung verfolgen. Der Einsatz beider Strategien gerät in den wenigsten Fällen zur reinen Entweder/Oder-Entscheidung als vielmehr zu einer Kombination der beiden Strategien. Darüber hinaus eignen sie sich auch als Ausgangspunkt für eine spätere Festland-Strategie.

Statt der kontextbezogenen Anpassung von Strukturen, Prozessen und Technologien an das betreffende Outsourcing-Konzept kann auch das jeweilige Konzept an die herrschenden Gegebenheiten adaptiert werden. Ein solches Vorgehen ist vor allem im Zusammenhang mit dem kompetenzbasierten Outsourcing interessant, bei dem in der Regel nicht auf Standardleistungen zurückgegriffen werden kann, sondern eine einzelfallspezifische Lösung erarbeitet werden muss. Die mit der Konzeptanpassung verfolgte Angleichung des Outsourcing-Konzepts an das jeweilige Unternehmen beruht auf den drei Prinzipen der *Individualisierung*, der *Modularisierung* sowie der *Reduzierung*.[850]

Das Prinzip der *Individualisierung* besagt, dass grundsätzlich alle Standardkonzepte modifiziert werden müssen, um ihren Benutzern gerecht zu werden. Welche konkreten Modifikationen an einem Outsourcing-Konzept vorzunehmen sind, damit es mit einem bestimmten Unternehmen kompatibel wird, kann nur auf allgemeiner Basis beschrieben werden. Zwei zentrale Parameter kommen in Betracht:

- die *Individualisierung der zu erbringenden Dienstleistung*. Dem outsourcenden Unternehmen wird in diesem Fall keine Standardlösung angeboten, sondern eine speziell auf seine Bedürfnisse zugeschnittene Leistung offeriert.
- die *Individualisierung der Form der Arbeitsteilung*. Bei der Festlegung der genauen organisatorischen Ausgestaltung der Outsourcing-Partnerschaft werden die Ansprüche und Besonderheiten des auslagerungswilligen Unternehmens durch entsprechende Outsourcing-Formen[851] berücksichtigt.

Ähnliche Ansatzpunkte wie die Individualisierung verfolgt die *Modularisierung*. Idealerweise kann das (Dienst-)Leistungsangebot in mehrere Teile - Module - zerlegt und diese können dann Stück für Stück implementiert werden. Auch provisorische Zwischenlösungen wie zum Beispiel ein zeitweiliger Parallelbetrieb der EDV sind denkbar.

Die *Reduzierung* kann als besondere Form der Modularisierung interpretiert werden, bei der das Outsourcing-Konzept auf seine Kernbestandteile reduziert

---

[850] vgl. Reiß (1995), S. 298; Zahn, Barth et al. (1998 a), S. 177

[851] siehe Abschnitt 2.1.3

und nur diese umgesetzt werden. Dies birgt den Vorteil, dass das Vorhaben überschaubar bleibt und die elementaren Bestandteile ihrer Bedeutung entsprechend berücksichtigt werden. Gewöhnlich erhöht sich damit allerdings auch die Zahl der Schnittstellen, und das Outsourcing-Konzept büßt einen Teil seiner Potenziale ein.

Daneben basiert eine erfolgreiche Implementierung vielfach auch auf einer *Mischung der beiden dargestellten Verfahren*. In diesen Fällen werden sowohl der Kontext als auch das Konzept modifiziert, um eine funktionsfähige Outsourcing-Partnerschaft zu erreichen. Beide Ansätze sind daher als Unterstützungsinstrumente zu begreifen, die bei der Implementierung von Outsourcing-Maßnahmen auftretende Probleme zu lösen oder zumindest zu vermindern helfen. Sie dürfen nicht voneinander losgelöst betrachtet werden. Vielmehr gilt es, die beiden Konzepte zu einem stimmigen Implementierungsmuster zu kombinieren.

Zur Implementierungsphase gehört neben der Durchführung originärer Implementierungsaufgaben auch der Aufbau eines adäquaten *Outsourcing-Controlling*, welches das vertragsgemäße Funktionieren der Partnerschaft sicherstellt und überwacht. Vor dem Hintergrund der beiden zentralen Controlling-Funktionen, der führungsunterstützenden Koordination und der zugehörigen Informationsversorgung,[852] ergeben sich für das Controlling von Outsourcing-Prozessen zwei wesentliche Aufgabenkomplexe: zum einen muss eine kritische *Reflexion* der der Outsourcing-Entscheidung zugrunde liegenden *Prämissen* stattfinden, zum anderen müssen die *Koordination und Kontrolle der Zusammenarbeit* genau geprüft werden.[853]

Im Rahmen dieser *Prämissenkontrolle* sind in bestimmten zeitlichen Abständen sowohl die einzelnen intern erstellten, aber auch die bereits nach außen vergebenen Leistungen dahingehend zu untersuchen, ob die bei der Entscheidung zugrunde gelegten Annahmen weiterhin Gültigkeit besitzen oder ob inzwischen grundsätzliche Veränderungen eingetreten sind, die ein Überdenken der gewählten Sourcing-Strategie notwendig machen. Derartige Veränderungen werden etwa von neuen Technologien hervorgerufen, welche mittelfristig bestehende Kernaktivitäten zu auslagerbaren Randaktivitäten herabstufen. Auf der anderen Seite können sich abzeichnende Veränderungen in der Nachfrage nach bestimmten Leistungen ein mittelfristiges Backsourcing erforderlich machen.

Nicht zu vernachlässigen sind daneben die mit einer Auslagerung von Dienstleistungen einher gehenden *Koordinationsaufgaben* innerhalb des Planungs- und Informationssystems eines Unternehmens.[854] Ihre operativen Bestandteile wer-

---

[852] Detaillierte Betrachtungen zu den *Aufgaben des Controlling* finden sich zum Beispiel bei Horváth (2001), S. 95 ff.

[853] vgl. Mensch (1996 b), S. 649; Zahn, Barth et al. (1998), S. 186 ff.

[854] Diese Koordinationsaufgaben beziehen sich auf das Planung- und Informationssystem eines Unternehmens (vgl. Horváth (2001), S. 118 ff.). Sie sind zwar nicht mehr Bestand-

den nach einer Auslagerung gewöhnlich vom Dienstleister wahrgenommen. Die strategischen Koordinationsaufgaben hingegen bedürfen einer differenzierteren Betrachtung.

- Die *eigentlichen strategischen Planungsaufgaben* bezüglich der auszulagernden Leistung können nicht an den Dienstleister übertragen werden.[855] Vielmehr steht die Frage im Vordergrund, ob bzw. inwieweit er in die Planungsaktivitäten des outsourcenden Unternehmens miteinbezogen werden muss und wie eine wirkungsvolle Kontrolle der fremdvergebenen Leistungen erfolgen kann. Vor allem im Zusammenhang mit (wissensintensiven) Dienstleistungen, die ein komplexes Umfeld und verschiedene denkbare Entwicklungsrichtungen besitzen, kann sich ein Rückgriff auf das Wissen und die Erfahrung des Dienstleisters als durchaus sinnvoll erweisen, etwa, wenn es um die Positionierung und Entwicklung der ausgelagerten Dienstleistung geht.
  Für das Controlling bedeutet dies, dass über Art und Weise der Einbindung zu entscheiden ist, Vorschläge zur Umgestaltung der Planungsfunktion zu erarbeiten sind und diese dann entsprechend umgesetzt werden müssen.[856] Allgemeingültige Lösungen hierzu existieren nicht, für den einzelnen Fall müssen jeweils spezifische Lösungen gefunden werden. Der Partizipationsgrad hängt jedoch zu einem guten Teil davon ab, inwieweit eine Dienstleistung nach außen vergeben wird[857] und welche Bedeutung sie für das auslagernde Unternehmen besitzt.[858] Entsprechend ist mit steigender Bedeutung der ausgelagerten Leistung eine höhere Einbindungsintensität des Dienstleisters in die Planungen des auslagernden Unternehmens zweckmäßig.
  Von der veränderten Planungssituation ist auch die *Kontrolle der Pläne* betroffen. Kontrollen sollen sicherstellen, dass die in Rechnung gestellten Leistungen auch tatsächlich vom Dienstleister erbracht wurden.[859] Normalerweise wächst das Sicherheits- und damit das Kontrollbedürfnis des auslagernden Unternehmens mit zunehmendem Grad der Fremdvergabe. Um stets eine funktionierende Kontrolle ausüben zu können, dürfen die entsprechenden Kontrollfunktionen nie mit nach außen vergeben werden. Auch beim kompletten Fremdbezug einer Leistung sollte immer gewährleistet sein, dass - sowohl zum Zeitpunkt der Vergabe als auch zukünftig - die wesentlichen

---

teil des eigentlichen Outsourcing-Prozesses, sondern gehören zu der sich daran anschliessenden laufenden Zusammenarbeit der Partner. In ihren Grundzügen sind die Aufgabeninhalte jedoch im Rahmen der Implementierungsphase festzulegen und werden daher an dieser Stelle mit ihren Hauptinhaltspunkten kurz skizziert.

[855] vgl. Scherm (1993), S. 254 f

[856] vgl. Michel (1994), S. 27; Zahn, Barth et al. (1998 a), S. 188

[857] siehe Abschnitt 2.1.3

[858] siehe Abschnitt 4.1

[859] vgl. Horváth (2001), S. 175

Ziele und Anforderungen an den Dienstleister selbst definiert und eine vernünftige Ergebniskontrolle der Leistungen durchgeführt werden können.[860] Dazu ist vor allem eine möglichst detaillierte Festlegung der zu erbringenden Dienstleistungen erforderlich. Es müssen definierte, messbare und nachvollziehbare Leistungsparameter vereinbart und vertraglich festgehalten werden.[861]
Die Kontrollaufgaben des Controlling beschränken sich jedoch nicht nur auf die Überprüfung der erbrachten Leistung. Um die bestehenden Ousourcing-Potenziale besser ausschöpfen zu können, sollte ein regelmäßiger *Vergleich der Leistungen* des aktuell engagierten Dienstleisters mit anderen, am Markt erhältlichen Dienstleistungen im Hinblick auf ihr Preis- und Serviceniveau erfolgen. Existieren Wettbewerber, die bei gleicher Qualität billiger sind oder höherwertige Leistungen anbieten, ist mit Ablauf des Vertrags entweder eine Leistungsverbesserung anzustreben oder ein Wechsel des Dienstleisters einzuleiten.[862]

- Auch die *Informationsversorgungsaufgaben* des Controlling sind stark an der konkreten Ausgestaltung der Outsourcing-Partnerschaft orientiert. Mit der Auslagerung von Leistungen sind wichtige Informationen aus den outgesourcten Bereichen, wie zum Beispiel eine detaillierte Aufschlüsselung der Leistungserstellungskosten, nicht mehr ohne weiteres verfügbar; sie werden allerdings auch nicht mehr unmittelbar benötigt. Schwierig zu handhaben sind in diesem Zusammenhang vor allem solche Konstellationen, bei denen die ausgelagerte Dienstleistung eng mit dem übrigen Leistungsprogramm des Unternehmens verflochten ist. Sie erfordern eine intensive Zusammenarbeit der betroffenen Unternehmen mit entsprechenden Anforderungen an die Gestaltung des Informationsversorgungssystems. So werden beispielsweise Erkenntnisse aus dem Kundenservice in vielen Fällen zur Optimierung der angebotenen (Primär-)Leistungen benötigt. Wird dieser jedoch an ein externes Unternehmen übertragen, ist die Beschaffung der relevanten Informationen infolge der durch die Unternehmensgrenzen entstehenden Schnittstellen und Zuständigkeitsprobleme erschwert.

5.8 Zusammenfassende Bewertung des Konfigurationsmodells

Die hier vorgeschlagene Methodik zum Outsourcing unternehmensnaher Dienstleistungen beruht sowohl auf *konzeptionellen* als auch auf *empirischen* Ansätzen zur Leistungstiefengestaltung von Unternehmen. Diese wurden modifiziert und ergänzt, um den Anforderungen, welche insbesondere aufgrund der Spezifika

---

[860] vgl. Dobschütz, Prautsch (1993), S. 105; Zahn, Barth et al. (1998 a), S. 188
[861] siehe Abschnitt 5.6
[862] vgl. Heyd (1998), S. 907; Zahn, Barth et al. (1998 a), S. 188

unternehmensnaher Dienstleistungen an ein solches Konzept zu stellen sind, in adäquater Weise Rechnung tragen zu können.
Dazu wird ein entsprechend abgestimmtes Modell entworfen, das mittels speziell konfigurierbarer Phasen eine Anpassung an die verschiedenen Dienstleistungen und ihre individuellen Besonderheiten erlaubt. Ausgangspunkt ist die Identifikation und Eingrenzung möglicher Outsourcing-Objekte. Es wird ein Ansatz erarbeitet, der es ermöglicht, die oftmals nur schwer fassbaren Dienstleistungen eines Unternehmens transparent zu machen und die für eine Auslagerung prinzipiell geeigneten unter ihnen herauszufiltern. Die so identifizierten Dienstleistungen werden anschließend einer Bewertung hinsichtlich der Vorteilhaftigkeit eines Outsourcing unterzogen. Diese erfolgt im Spannungsfeld verschiedener, teilweise konkurrierender Ansätze, welche harmonisiert und modellspezifisch ausgerichtet werden. Von den konventionellen Modellen abgewichen wird auch bei der Abstimmung der Leistungsgestaltung zwischen den Partnern. Betrachtet wird vor allem der Fall, bei dem die auszulagernde Dienstleistung in wesentlichen Teilen zu modifizieren ist. Entsprechend finden outsourcingbezogene Ansatzpunkte für die Entwicklung von Dienstleistungen ihre Berücksichtigung. Auch die Phasen der Vertragsgestaltung und Implementierung reflektieren mit ihrem Aufbau und ihren Instrumenten die aufgezeigten Problemfelder.
Insgesamt steht mit dem entwickelten Konfigurationsmodell ein Ansatz zur Verfügung, der im Sinne einer Problemlösungsheuristik zwar kein Outsourcing-Optimum garantiert, den formulierten Anforderungen sowie der Vielschichtigkeit und Komplexität unternehmensnaher Dienstleistungen jedoch durch seine Anpassbarkeit in erforderlichem Maße gerecht wird und damit den Prozess bzw. das Management des Outsourcing unternehmensnaher Dienstleistungen unterstützen kann.

6 SCHLUSSBETRACHTUNG

Obwohl immer noch als klassische Industrienation geltend, befindet sich Deutschland längst auf dem Weg in eine Dienstleistungsgesellschaft. Dies lässt sich nicht zuletzt daran festmachen, dass der Dienstleistungsbereich hierzulande mittlerweile eine höhere Wertschöpfung erwirtschaftet und mehr Personen beschäftigt als der Industriesektor.[863]
Einen maßgeblichen Anteil an dieser Entwicklung besitzen unternehmensnahe Dienstleistungen.[864] Innerhalb des Dienstleistungsbereichs zeichnen sie sich durch die höchsten Wachstumsraten aus. Allerdings müssen auch sie in einem immer globaler werdenden Wettbewerbsumfeld bestehen, weshalb vorhandene Rationalisierungspotenziale konsequent auszunutzen sind. Einen zentralen Ansatzpunkt hierfür stellt das Outsourcing solcher Leistungen dar. Gerade in Deutschland besteht ein erklärter Bedarf hierfür, denn die „do it yourself-Mentalität"[865], Dienstleistungen nicht fremd zu beziehen, sondern selbst zu erstellen, ist in Deutschland ausgeprägter als anderswo auf der Welt. Zwar setzt ungefähr seit Mitte der neunziger Jahre ein massives Umdenken diesbezüglich ein, doch ist das in anderen Ländern wie etwa den USA oder Großbritannien zu beobachtende Niveau bis heute noch nicht erreicht.[866]
Ein elementarer Beitrag zur Verkürzung dieses Abstands liegt in der Bereitstellung einer geeigneten instrumentellen Unterstützung für Outsourcing-Vorhaben.[867] Ausgangspunkt bildet die Erkenntnis, dass es sich beim Outsourcing um ein komplexes, mehrstufiges Entscheidungsproblem handelt. Um dieses erfolgreich bewältigen zu können, bedarf es neben einem profunden Verständnis der spezifischen Outsourcing-Situation vor allem eines professionellen Managements auf der Grundlage eines systematisch-methodischen Vorgehens.[868] Ein Instrumentarium zur Unterstützung dieses Vorgehens muss daher zur Reduktion der Komplexität ebenso beitragen wie zur Förderung einer ganzheitlichen, dienstleistungsadäquaten Sichtweise. Bezogen auf unternehmensnahe Dienstleistungen ist es bis dato allerdings nur rudimentär vorhanden.

---

[863] siehe Abschnitt 2.2.2.1 sowie die dort angegebene Literatur
[864] siehe Abschnitt 2.2.3
[865] Wimmers, Hauser et al. (1999), S. 1
[866] vgl. Beyer, Hilbert et al. (1998), S. 79 f.; Gruhler (1994), S. 154 f.; Haisken-DeNew, Horn et al. (1996), S. 223 f.; Haß (1995), S. 11; Krämer (1997), S. 177; o.V. (1996), S. 21
[867] Diese Notwendigkeit wurde auch von der Politik erkannt: Das Wirtschaftsministerium des Landes Baden-Württemberg beteiligte sich maßgeblich an der Finanzierung eines praxisorientierten Leitfadens zum Outsourcing unternehmensnaher Dienstleistungen, vom dem wesentliche Impulse für die vorliegende Arbeit ausgingen. Vgl. Zahn, Barth et al. (1998 a).
[868] vgl. Scherm (1996), S. 47 f.; Zahn, Barth et al. (1998 a), S. 216

Wie diese Arbeit zeigt, müssen neben den verschiedenen Outsourcing-Aspekten und Entscheidungskriterien auch die spezifischen Charakteristika (unternehmensnaher) Dienstleistungen Eingang in ein solches Instrumentarium finden: Im Wesentlichen sind dies deren Immaterialität sowie die Synchronität von Erstellung und Absatz. Denn aus ihnen bzw. den aus ihnen resultierenden Konsequenzen ergibt sich die Notwendigkeit einer differenzierten Behandlung von Dienstleistungen.
Zu diesem Zweck wird unter Berücksichtigung der Dienstleistungsspezifika, bestehender Vorgehensempfehlungen sowie theoriegestützter Ansätze zunächst ein Prozessmodell für das Outsourcing unternehmensnaher Dienstleistungen entwickelt. Es ist in sechs Phasen aufgeteilt, die alle wesentlichen Inhaltspunkte, welche sich im Rahmen von Auslagerungsvorhaben ergeben, abdecken. Darauf aufbauend werden in einem zweiten Schritt die wesentlichen Determinanten des Modells identifiziert: der Typus der jeweiligen Dienstleistung sowie deren strategische Bedeutung für das Unternehmen. Gestützt auf sie ist es möglich, der Heterogenität unternehmensnaher Dienstleistungen in adäquater Weise Rechnung zu tragen. Je nach Ausprägung der beiden Bestimmungsfaktoren kann die konkrete Ausgestaltung der einzelnen Prozessschritte abgeleitet und damit der Outsourcing-Prozess für jede Dienstleistung spezifisch konfiguriert werden.
Das so entwickelte Modell besitzt das Potenzial, den gestellten Anforderungen zu genügen. Jedoch besteht vor allem in empirischer Hinsicht noch weiterer Forschungsbedarf. Zwar konnten im Rahmen der Arbeit bereits wesentliche Einzelaspekte des Outsourcing-Modells getestet und belegt werden, allerdings fehlt bislang seine durchgängige empirische Fundierung. Sie ermöglichte eine Validierung des Gesamtmodells und - mit Hilfe der Identifikation charakteristischer Verlaufsmuster - eine weitere Operationalisierung.
Unabhängig davon darf aber nicht übersehen werden, dass auch die noch so strikte und durchgängige Anwendung des Modells nicht unweigerlich zum Erfolg einer Outsourcing-Partnerschaft und zur Realisierung der versprochenen Chancen führt. Denn erfolgreiches Outsourcing bedeutet mehr als nur das bloße arbeitsteilig-mechanistische Zusammenwirken der beteiligten Unternehmen. Notwendig ist vor allem ein partnerschaftliches Miteinander, das geleitet wird von dem Grundsatz: „Zueinander kommen, miteinander arbeiten, voneinander lernen, untereinander kommunizieren und gemeinsam erfolgreich sein.“[869]

---

[869] Mohr (1995), S. 381

LITERATURVERZEICHNIS

Adam, D. (Hrsg., 1990), Integration und Flexibilität: Eine Herausforderung für die Allgemeine Betriebswirtschaftslehre. Münster, Wiesbaden 1990.

Akao, Y. (1992), QFD - Quality Function Deployment, Landsberg 1992.

Albach, H. (1989 a), Dienstleistungen in der modernen Industriegesellschaft, München 1989.

Albach, H. (1989 b), Dienstleistungsunternehmen in Deutschland, in: ZfB 59 (1989), Nr. 4, S. 397-420.

Albach, H.; Kaluza B.; Kersten, W. (Hrsg., 2002), Wertschöpfungsmanagement als Kernkompetenz, Wiesbaden 2002.

Alchian, A.A.; Demsetz, H. (1972), Production, information costs, and economic organization, in: AER 62 (1972), Nr. 5, S. 777-795.

Alchian, A.A.; Demsetz, H. (1973), The property-rights paradigm, in: Journal of Economic History 33 (1973), Nr. 1, S. 16-27.

Aldrich, H.E. (1979), Organizations and environments, Englewood Cliffs 1979.

Alexander, M.; Young, D. (1996), Outsourcing: where's the value?, in: LRP 29 (1996), Nr. 5, S. 728-730.

Allwermann, R. (1994), Gesetzt den Fall..., in: Diebold Management Report o.Jg. (1994), Nr. 5, S. 15-18.

Altenburger, O.A. (1981), Ansätze zu einer Produktions- und Kostentheorie der Dienstleistungen, Berlin 1981

Altenstadt, O. (1996), Sämtliche Erwartungen übertroffen, in: BA 52 (1996), Nr. 3, S. 52-53.

Altobelli, C.F.; Bouncken, R.B. (1998), Wertkettenanalyse von Dienstleistungs-Anbietern, in: Meyer, A. (Hrsg., 1998), S. 282-296.

Arnold, U. (1996), Sourcing-Konzepte, in: Kern, W.; Schröder, H.H. et al. (Hrsg., 1996), Sp. 1861-1874.

Arnold, U. (1999), Basisstrategien des Outsourcing aus Sicht des Beschaffungsmanagement, in: Controlling 11 (1999), Nr. 7, S. 309-316.

Arrow, K.J. (1985), The economics of agency, in: Pratt, J.W.; Zeckhauser, R.J. (Hrsg., 1985), S. 37-51.

Auguste, B.G.; Hao, Y.; Singer, M.; Wiegand, M. (2002), The other side of outsourcing, in: The McKinsey Quarterly, o.Jg. (2002), Nr. 1, S. 53-63.

Aulinger, A. (1999), Wissenskooperation - Eine Frage des Vertrauens?, in: Engelhard, J.; Sinz, E. (Hrsg., 1999), S. 89-111.

Axelrod, R. (2000), Die Evolution der Kooperation, 5. Auflage, München, Wien 2000.

Bacher, M.R. (2000), Outsourcing als strategische Marketing-Entscheidung, Wiesbaden 2000.

Backhaus, K. (1993), Investitionsgütermarketing, in: Wittmann, W.; Kern, W. et al. (Hrsg., 1993), Sp. 1936-1951.

Backhaus, K. (1999), Industriegütermarketing, 6. Auflage, München 1999.

Backhaus, K.; Büschken, J. (1995), Organisationales Kaufverhalten, in: Tietz, B.; Köhler, R. et al. (Hrsg., 1995), Sp. 1954-1966.

Backhaus, K.; Günter, B.; Kleinaltenkamp, M.; Plinke, W.; Raffeé, H. (Hrsg., 1997), Marktleistung und Wettbewerb: strategische und operative Perspektiven der marktorientierten Leistungsgestaltung, Wiesbaden 1997.

Backhaus, K.; Hahn, C. (1998), Das Marketing von investiven Dienstleistungen, in: Bruhn, M.; Meffert, H. (Hrsg., 1998), S. 94-114.

Backhaus, K.; Weiber, R. (1993), Das industrielle Anlagengeschäft - ein Dienstleistungsgeschäft?, in: Simon, H. (Hrsg., 1993), S. 67-84.

Bade, F.-J. (1998), Beschäftigungsperspektiven des Dienstleistungssektors, in: Cornetz, W. (Hrsg., 1998), S. 127-154.

Bain, J.S. (1959), Industrial organization, 1. Auflage, New York, London, Sydney 1959.

Balakrishnan, S.; Wernerfelt, B. (1986), Technical change, competition and vertical integration, in: SMJ 7 (1986), Nr. 4, S. 347-359.

Balck, H. (1996), „Rund um den Bau" - Umrisse eines neuen Branchenmusters, Teil 1: Die Service Revolution im Unternehmen, in: Facility Management 8 (1996), Nr. 3, S. 22-31.

Bamberger, I.; Wrona, T. (1996), Der Ressourcenansatz und seine Bedeutung für die Strategische Unternehmensführung, in: ZfbF 48 (1996), Nr. 2, S. 130-153.

Barney, J.B. (1991), Firm resources and sustained competitive advantage, in: Journal of Management 17 (1991), Nr. 1, S. 99-120.

Barth, H.; Eckerle, K.; Hofer, P.; Schlesinger, M.; Wolff, H. (1998), Die Bundesrepublik Deutschland 2005, 2010, 2020, Basel 1998.

Barth, T.; Baumeister, M.; Demuß, L.; Fähnrich, K.-P.; Gaiser, B.; Hertweck, A.; Meiren, T.; Zerr, K. (1999), Service Engineering: Ergebnisse einer empirischen Studie zum Stand der Dienstleistungsentwicklung in Deutschland, Stuttgart 1999.

Barth, T.; Gagsch, B.; Herbst, C. (1999), Fitness-Check, in: IT Management o.Jg. (1999), Nr. 12, S. 12-17.

Barth, T.; Hertweck, A. (1997), Stärkt Outsourcing die Wettbewerbskraft?, in: Gablers Magazin, 11 (1997), Nr. 6-7, S. 25-29.

Barth, T.; Hertweck, A. (1999 a), Service Engineering - systematisch neue Dienstleistungen entwickeln, in: FB/IE 48 (1999), Nr. 4, S. 177-180.

Barth, T.; Hertweck, A. (1999 b), Identifikation und Bewertung neuer Dienstleistungen mit der Service-Start-up-Analyse, in: DiU o.Jg. (1999), Kapitel 7.10, S. 1-11.

Barth, T.; Hertweck, A.; Meiren, T. (2000), Typologisierung von Dienstleistungen: Basis für wettbewerbsorientierte Strategien im Rahmen eines erfolgreichen Service Engineering, in: DiU o.Jg. (2000), Kapitel 7.11, S. 1-16.

Barth, T.; Schnabel, U.; Ueberall, J. (1998), Kundenorientierte Bündelung von Mobilitätsdienstleistungen in virtuellen Unternehmensstrukturen, Projektbericht im Rahmen der Prioritären Erstmaßnahme „Service Engineering“ des BMBF, Stuttgart 1998.

Baur, C. (1990), Make-or-Buy-Entscheidungen in einem Unternehmen der Automobilindustrie: empirische Analyse und Gestaltung der Fertigungstiefe aus transaktionskostentheoretischer Sicht, München 1990.

Bea, F.X. (2000), Entscheidungen des Unternehmens, in: Bea, F.X.; Dichtl, E.; et al. (Hrsg., 2000), S. 302-410.

Bea, F.X.; Dichtl, E.; Schweitzer, M. (1997), Der Gegenstand des Leistungsprozesses, in: Bea, F.X.; Dichtl, E. et al. (Hrsg., 1997), S. 1-4.

Bea, F.X.; Dichtl, E.; Schweitzer, M. (Hrsg., 1997), Allgemeine Betriebswirtschaftslehre, Band 3: Leistungsprozeß, 7. Auflage, Stuttgart 1997.

Bea, F.X.; Dichtl, E.; Schweitzer, M. (Hrsg., 2000), Allgemeine Betriebswirtschaftslehre, Band 1: Grundfragen, 8. Auflage, Stuttgart 2000.

Bechtolsheim, M. von (1994), Effizienz und Flexibilität umsetzen, in: Gablers Magazin 8 (1994), Nr. 8, S. 14-19.

Becker, F.G. (1992), Grundlagen betrieblicher Leistungsbeurteilung: Leistungsverständnis und -prinzip, Beurteilungsproblematik und Verfahrensprobleme, Stuttgart 1992.

Becker, M.; Kloock, J.; Schmidt, R.; Wäscher, G. (Hrsg., 1998), Unternehmen im Wandel und Umbruch: Transformation, Evolution und Neugestaltung privater und öffentlicher Institutionen, Stuttgart 1998.

Becker, O. (1951), Der Leistungsbegriff in der Betriebswirtschaftslehre, o.O. 1951.

Beer, M. (1998), Outsourcing unternehmensinterner Dienstleistungen: Optimierung des Outsourcing-Entscheidungsprozesses, Wiesbaden 1998.

Behme, W. (1993), ZP-Stichwort: Outsourcing, in: ZP 3 (1993), Nr. 4, S. 291-294.

Bell, D. (1975), Die nachindustrielle Gesellschaft, Frankfurt a.M., New York 1975.

Belz, C. (1999), Leistungssysteme und Marketingkoalitionen, in: Thexis 16 (1999), Nr. 3, S. 2-8.

Belz, C.; Schuh, G.; Groos, S.A.; Reinecke, S. (1997), Erfolgreiche Leistungssysteme in der Industrie, in: Belz, C.; Schuh, G. et al. (Hrsg., 1997), S. 14-107.

Belz, C.; Schuh, G.; Groos, S.A.; Reinecke, S. (Hrsg., 1997), Industrie als Dienstleister, St. Gallen 1997.

Bender, D.; Berg, H.; Cassel, D.; Gabisch, G.; Grossekettler, H. et al. (Hrsg., 1995), Vahlens Kompendium der Wirtschaftstheorie und Wirtschaftspolitik, Band 1, 6. Auflage, München 1995.

Benkenstein, M. (1995), Die Verkürzung der Fertigungstiefe als absatzwirtschaftliches Entscheidungsproblem, in: WiSt 26 (1995), Nr. 4, S. 180-185.

Benkenstein, M. (2001), Besonderheiten des Innovationsmanagements in Dienstleistungsunternehmungen, in: Bruhn, M.; Meffert, H. (Hrsg., 2001), S. 687-702.

Benkenstein, M.; Güthoff, J. (1996), Typologisierung von Dienstleistungen, in: ZfB 66 (1996), Nr. 12, S. 1493-1510.

Benkenstein, M.; Henke, N. (1993), Der Grad vertikaler Integration als strategisches Entscheidungsproblem, in: DBW 53 (1993), Nr. 1, S. 77-91.

Berekoven, L. (1974), Der Dienstleistungsbetrieb: Wesen - Struktur - Bedeutung, Wiesbaden 1974.

Berekoven, L. (1983), Der Dienstleistungsmarkt in der Bundesrepublik Deutschland: Theoretische Fundierung und empirische Analyse, Band 1, Göttingen 1983.

Berekoven, L. (1986), Der Dienstleistungsmarkt - sachliche Befunde und empirische Besonderheiten, in: Pestel, E. (Hrsg., 1986), S. 24-37.

Berens, W.; Delfmann, W. (2002), Quantitative Planung: Konzeption, Methoden und Anwendungen, 3. Auflage, Stuttgart 2002.

Berg, J.; Gräber, H. (Hrsg., 1995), Outsourcing in der Informationstechnologie, Frankfurt a.M., New York 1995.

Berger, R.; Kalthoff, O. (1995), Kernkompetenzen - Schlüssel zum Unternehmenserfolg, in: Siegwart, H.; Malik, F. et al. (Hrsg., 1995), S. 160-174.

Bettis, R.A.; Bradley, S.P.; Hamel, G. (1992), Outsourcing and industrial decline, in: Academy of Management Executive 6 (1992), Nr. 1, S. 7-22.

Beyer, L.; Hilbert, J.; Micheel, B. (1998), Le Grand Espoir en Fin de Siècle: Entwicklungstrends und Gestaltungsperspektiven im Dienstleistungssektor, in: Cornetz, W. (Hrsg., 1998), S. 77-101.

Biallo, H. (1993), Outsourcing: Ballast abwerfen, in: Wirtschaftswoche 47 (1993), Nr. 9, S. 46.

Biehal, F. (1993), Dienstleistungsmanagement und die schlanke Organisation, in: Biehal, F. (Hrsg., 1993), S. 9-67.

Biehal, F. (Hrsg., 1993), Dienstleistungsmanagement der Zukunft für Unternehmen und Non-Profit-Organisationen, Wien, Bern 1993.

Biermann, T. (1997), Dienstleister müssen besser werden: Mit entschlossenem Reengineering können auch Serviceunternehmen ihre Leistung steigern, in: HBM 19 (1997), Nr. 2, S. 85-94.

Bleicher, K. (1993), Führung, in: Wittmann, W.; Kern, W. et al. (Hrsg., 1993), Sp. 1270-1284.

Bliesener, M.-M. (1994), Outsourcing als mögliche Strategie zur Kostensenkung, in: BFuP 45 (1994), Nr. 4, S. 277-290.

Böcker, J.; Goette, T. (1994), Das Systemgeschäft folgt eigenen Regeln, in: HBM 16 (1994), Nr. 2, S. 116-124.

Bode, J.; Zelewski, S. (1992), Die Produktion von Dienstleistungen - Ansätze zu einer Produktionswirtschaft der Dienstleistungsunternehmen?, in: BFuP 43 (1992), Nr. 6, S. 594-607.

Bogaert, I.; Martens, R.; Cauwenbergh, A. van (1994), Strategy as a situational puzzle: the fit of components, in. Hamel, G.; Heene, A. (Hrsg., 1994), S. 57-74.

Böhler, H. (1989), Portfolio-Analysetechniken, in: Szyperski, N.; Winand, U. (Hrsg., 1989), Sp. 1548-1559.

Bohr, K. (1993), Effizienz und Effektivität, in: Wittmann, W.; Kern, W. et al. (Hrsg., 1993), Sp. 855-869.

Bohr, K. (1996), Economies of Scale and Economies of Scope, in: Kern, W.; Schröder, H.H. et al. (Hrsg., 1996), Sp. 375-387.

Bohr, K.; Drukarczyk, J.; Drumm, H.J.; Scherer, G. (Hrsg., 1981), Unternehmensverfassung als Problem der Betriebswirtschaftslehre, Berlin 1981.

Bongard, S. (1994), Outsourcing-Entscheidungen in der Informationsverarbeitung, Wiesbaden 1994.

Boos, F.; Jarmai, H. (1994), Kernkompetenzen - gesucht und gefunden, in: HBM 16 (1994), Nr. 4, S. 19-26.

Bouncken, R.B. (2000), Dem Kern der Erfolges auf der Spur? State of the Art zur Identifikation von Kernkompetenzen, in: ZfB 70 (2000), Nr. 7-8, S. 865-885.

Bowers, M.R. (1989), Developing new services: improving the process makes it better, in: The Journal of Services Marketing 3 (1989), Nr. 1, S. 15-20.

Braun, H.P. (1994), Facility Management, in: Office Management 42 (1994), Nr. 12, S. 56-59.

Brettreich-Teichmann, W.; Emhardt, J.; Fähnrich, K.-P.; Frömming, P.; Haischer, M. et al. (1998), DIN-Fachbericht 75: Service Engineering: Entwicklungsbegleitende Normung (EBN) für Dienstleistungen, Berlin 1998.

Brettreich-Teichmann, W.; Ganz, W.; Neuburger, M.; Risch, M.; Wiedmann, G. (1998), Wachstumsbereiche der Dienstleistungswirtschaft, in: Bullinger, H.-J. (Hrsg., 1998), S. 35-63.

Brettreich-Teichmann, W.; Wiedmann, G. (1998), Trends in der globalen Dienstleistungswirtschaft, in: Bullinger, H.-J. (Hrsg., 1998), S. 7-34.

Bruch, H. (1998), Outsourcing: Konzepte und Strategien, Chancen und Risiken, Wiesbaden 1998.

Bruhn, M. (1997), Hyperwettbewerb – Merkmale, treibende Kräfte und Management einer neuen Wettbewerbsdimension, in: Die Unternehmung 51 (1997), Nr. 3, S. 339-357.

Bruhn, M. (Hrsg., 1994), Handbuch Markenartikel: Anforderungen an die Markenpolitik aus Sicht von Wissenschaft und Praxis, Band 1: Markenbegriffe, Markentheorien, Markeninformationen, Markenstrategien, Stuttgart 1994.

Bruhn, M.; Meffert, H. (Hrsg., 1998), Handbuch Dienstleistungsmanagement: Von der strategischen Konzeption zur praktischen Umsetzung, 1. Auflage, Wiesbaden 1998.

Bruhn, M.; Meffert, H. (Hrsg., 2001), Handbuch Dienstleistungsmanagement: Von der strategischen Konzeption zur praktischen Umsetzung, 2. Auflage, Wiesbaden 2001.

Bruhn, M.; Stauss, B. (Hrsg., 1991), Dienstleistungsqualität - Konzepte, Methoden, Erfahrungen, Wiesbaden 1991.

Büchs, M.J..(1991), Zwischen Markt und Hierarchie – Kooperationen als alternative Koordinationsform, in: ZfB 61 (1991), Ergänzungsheft 1, S. 1-37.

Bühner, R. (1989), Strategie und Organisation. Neuere Entwicklungen, in: ZFO 58 (1989), Nr. 4, S. 223-232.

Bühner, R. (Hrsg., 2001), Management-Lexikon, München, Wien 2001.

Bühner, R.; Haase, K.D.; Wilhelm, J. (Hrsg., 1995), Die Dimensionierung des Unternehmens, Stuttgart 1995.

Bühner, R.; Tuschke, A. (1997), Outsourcing, in: DBW 57 (1997), Nr. 1, S. 20-30.

Büker, B. (1991), Qualitätsbeurteilung investiver Dienstleistungen, Frankfurt a.M. 1991.

Bullinger, H.-J. (1994), Einführung in das Technologiemanagement - Modelle, Methoden, Praxisbeispiele, Stuttgart 1994.

Bullinger, H.-J. (1995), Dienstleistungsmärkte im Wandel, in: Bullinger, H.-J. (Hrsg., 1995 a), S. 45-95.

Bullinger, H.-J. (1997), Dienstleistungen für das 21. Jahrhundert - Trends, Visionen und Perspektiven, in: Bullinger, H.-J. (Hrsg., 1997), S. 27-64.

Bullinger, H.-J. (1998 a), Dienstleistung - Veränderung für die Arbeit der Zukunft, in: Bullinger, H.-J.; Zahn, E. (Hrsg., 1998), S. 15-34.

Bullinger, H.-J. (1998 b), Mit Innovationen in neue Märkte, in: IHK Magazin Wirtschaft o.Jg. (1998), Nr. 7-8, S. 24-26.

Bullinger, H.-J. (1999), Entwicklung innovativer Dienstleistungen, in: Bullinger, H.-J. (Hrsg., 1999), S. 49-65.

Bullinger, H.-J. (Hrsg., 1995 a), Dienstleistung der Zukunft: Märkte, Unternehmen und Infrastrukturen im Wandel, Wiesbaden 1995.

Bullinger, H.-J. (Hrsg., 1995 b), Data Warehouse und seine Anwendungen, Stuttgart 1995.

Bullinger, H.-J. (Hrsg., 1997), Dienstleistungen für das 21. Jahrhundert: Gestaltung des Wandels und Aufbruch in die Zukunft, Stuttgart 1997.

Bullinger, H.-J. (Hrsg., 1998), Dienstleistung 2000plus – Zukunftsreport Dienstleistungen in Deutschland, Stuttgart 1998.

Bullinger, H.-J. (Hrsg., 1999), Dienstleistungen - Innovation für Wachstum und Beschäftigung: Herausforderungen des internationalen Wettbewerbs, Wiesbaden 1999.

Bullinger, H.-J.; Fähnrich, K.-P.; Hoof, A. van; Nøstdal, R. (1995), Produktivitätsfaktor Information: Data Warehouse, Data Mining und Führungsinformationen im betrieblichen Einsatz, in: Bullinger, H.-J. (Hrsg., 1995 b), S. 11-31.

Bullinger, H.-J.; Kugel, R.; Ohlhausen, P.; Stanke, A. (1995), Integrierte Produktentwicklung, Wiesbaden 1995.

Bullinger, H.-J.; Meiren, T. (2001), Service Engineering - Entwicklung und Gestaltung von Dienstleistungen, in: Bruhn, M.; Meffert, H. (Hrsg., 2001), S. 149-175.

Bullinger, H.-J.; Murmann, H. (1999), Dienstleistungen - der dynamische Sektor, Wiesbaden 1999.

Bullinger, H.-J.; Rüger, M.; Thiele, M. (1997), Erfolgsfaktoren des Outsourcing. Ergebnisse einer Studie, Stuttgart 1997.

Bullinger, H.-J.; Stanke, A.; Korell, M. (1997), Dienstleistungen als neue Kernkompetenz des Produktionsbetriebs, in: Gesellschaft für Fertigungstechnik (Hrsg., 1997), S. 350-369.

Bullinger, H.-J.; Zahn, E. (Hrsg., 1998), Dienstleistungsoffensive - Wachstumschancen intelligent nutzen, Stuttgart 1998.

Bullinger, H.-J.; Zahn, E. (Hrsg., 1999), Service Engineering '99: Entwicklung und Gestaltung innovativer Dienstleistungen: Tagungsband zum Forum, 2. Dezember 1999, Stuttgart 1999.

Bund, M. (2000), F&E-Outsourcing, Planung, Kontrolle, Integration, Wiesbaden 2000.

Burr, W. (1998), Konzepte zur Optimierung und Erneuerung der Leistungstiefe bei Dienstleistern, in: DiU o.Jg. (1998), Kapitel 7.02, S. 1-27.

Buttler, G.; Fries, R.; Lambusch, T.; Link, J. (1999), Benchmarking bei industriellen Dienstleistungen, in: KRP 43 (1999), Nr. 1, S. 35-43.

Buttler, G.; Simon, W. (1987), Wachstum durch Dienstleistungen, Köln 1987.

Buttler, G.; Stegner, E. (1990), Industrielle Dienstleistungen, in: ZfbF 42 (1990), Nr. 11, S. 931-946.

Casagranda, M. (1994), Industrielles Service-Management, Wiesbaden 1994.

Chapman, R.B.; Andrade, K. (1997), Insourcing after the outsourcing, New York 1997.

Chase, R.B.; Garvin, D.A. (1989), The service factory, in: HBR 67 (1989), Nr. 4, S. 61-69.

Clark, C. (1957), The conditions of economic progress, 3. Auflage, London 1957.

Clement, W.; Hammerer, G.; Mikulits, R.; Schneider, B. (1994), Unternehmensbezogene Dienstleistungen - Zukunftschance des Industriestandorts Stuttgart, Wien 1994.

Coase, R.H (1984), The new institutional economics, in: Journal of Institutional and Theoretical Economics 140 (1984), Nr. 1, S. 229-331.

Coase, R.H. (1937), The nature of the firm, Wiederabdruck in: Williamson, O.E.; Winter, S. (Hrsg., 1991), S. 18-33.

Coenenberg, A.G. (1973), Verrechnungspreise zur Steuerung divisionalisierter Unternehmen, in: WiSt 2 (1973), Nr. 8-9, S. 373-382.

Commons, J.R. (1931), Institutional Economics, in: AER 21 (1931), Nr. 4, S. 648-657.

Cornetz, W. (Hrsg., 1998), Chancen durch Dienstleistungen: Ansatzpunkte einer aktiven Gestaltung struktureller Prozesse, Wiesbaden 1998.

Corsten, H. (1985 a), Die Produktion von Dienstleistungen, Berlin 1985.

Corsten, H. (1985 b), Zur ökonomischen Bedeutung von Dienstleistungen - Möglichkeiten und Grenzen der Erfassung, in: JAV 31 (1985), Nr. 3, S. 230-251.

Corsten, H. (1986), Zur Diskussion der Dienstleistungsbesonderheiten und ihrer ökonomischen Auswirkungen, in: JAV, 32 (1986), Nr. 1, S. 16-41.

Corsten, H. (1988), Dienstleistungen in produktionstechnischer Interpretation, in: WISU 17 (1988) Nr. 2, S. 81-87.

Corsten, H. (1994), Dienstleistungsmanagement: Von einer funktionsorientierten zu einer integrativen Betrachtung, in: Corsten, H. (Hrsg., 1994 b), S. 1-14.

Corsten, H. (1996), Dienstleistungsproduktion, in: Kern, W.; Schröder, H.H. et al. (Hrsg., 1996), Sp. 339-352.

Corsten, H. (1997), Dienstleistungsmanagement, 3. Auflage, München, Wien 1997.

Corsten, H. (2001), Ansatzpunkte für ein integratives Dienstleistungsmanagement, in: Bruhn, M.; Meffert, H. (Hrsg., 2001), S. 51-71.

Corsten, H. (Hrsg., 1994 a), Handbuch Produktionsmanagement: Strategie - Führung - Technologie - Schnittstellen, Wiesbaden 1994.

Corsten, H. (Hrsg., 1994 b), Integratives Dienstleistungsmanagement, Wiesbaden 1994.

Corsten, H. (Hrsg., 2001), Unternehmensnetzwerke: Formen unternehmensübergreifender Zusammenarbeit, München, Wien 2001.

Corsten, H.; Hilke, W. (Hrsg., 1994), Dienstleistungsproduktion, Wiesbaden 1994.

Corsten, H.; Reiß, M. (Hrsg., 1995), Handbuch Unternehmensführung: Konzepte - Instrumente - Schnittstellen, Wiesbaden 1995.

Corsten, H.; Schneider, H. (Hrsg., 1999), Wettbewerbsfaktor Dienstleistung, München 1999.

Corsten, H.; Stuhlmann, S. (1998), Zur Mehrstufigkeit der Dienstleistungsproduktion, in: Bruhn, M.; Meffert, H. (Hrsg., 1998), S. 141-162.

Cunningham, P.A.; Fröschl, F. (1995), Outsourcing - strategische Bewertung einer Informationsdienstleistung, Frankfurt a.M. 1995.

Cyert, R.M.; March J.G. (1963), A behavioural theory of the firm, Englewood Cliffs 1963.

D'Aveni, R.A. (1995), Hyperwettbewerb: Strategien für die neue Dynamik der Märkte, Frankfurt a.M., New York 1995.

Dathe, D.; Schmid, G. (2000), Determinants of business and personal services: Evidence from West-German regions, Discussion Papers FS I 00-202 des Wissenschaftszentrums Berlin für Sozialforschung, Berlin 2000.

Day, E.; Barksdale, H.C. Jr. (1992), How firms select professional services, in: Industrial Marketing Management 21 (1992), Nr. 2, S. 85-91.

Decker, F. (1975), Einführung in die Dienstleistungsökonomie, Paderborn 1975.

Delfmann, W.; Kuhn, A.; Mellwig, W.; Standop, D.; Strobel, W. et al. (Hrsg., 1989), Der Integrationsgedanke in der Betriebswirtschaftslehre, Wiesbaden 1989.

Deppe, M. (1992), Vom traditionellen Kundendienst zur Servicepolitik als Marketinginstrument, in: JAV 38 (1992), Nr. 3, S. 293-311.

Deutsch, K.; Diedrichs, E.; Raster, M.; Westphal, J. (1997), Der Prozeß des Managements von Kernkompetenzen, in: Deutsch, K.; Diedrichs, E. et al. (Hrsg., 1997), S. 31-47.

Deutsch, K.; Diedrichs, E.; Raster, M.; Westphal, J. (Hrsg., 1997), Gewinnen mit Kernkompetenzen, München, Wien 1997.

Deyhle, A. (1996), Outsourcing - falsch begründet?, in: CM 21 (1996), Nr. 3, S. 190-191.

Dibbern, J.; Güttler, W.; Heinzl, A. (2001), Die Theorie der Unternehmung als Erklärungsansatz für das selektive Outsourcing der Informationsverabreitung, in: ZfB 71 (2001), Nr. 6, S. 675-699.

Dietl, H. (1995), Institutionelle Koordination spezialisierungsbedingter wirtschaftlicher Abhängigkeit, in: ZfB 65 (1995), Nr. 6, S. 569-585.

Dietl, H.M. (1991), Institutionen und Zeit, München 1991.

Dillerup, R.; Foschiani, S. (1996), Bloße Sparmaßnahme oder strategische Option?, in: BA 52 (1996), Nr. 1, S. 39-41.

Dobschütz, L. von; Prautsch, W. (1993), Outsourcing: Kein Allheilmittel zur Senkung der IV-Kosten, in: Controlling 5 (1993), Nr. 2, S. 100-106.

Doig, S.J.; Ritter, R.C.; Speckhals, K.; Woolson, D. (2001), Has outsourcing gone too far?, in: The McKinsey Quarterly, o.Jg. (2001), Nr. 4, S. 25-37.

Domberger, S. (1998), The contracting organization: a strategic guide to outsourcing, New York 1998.

Domsch, M.; Reinecke, P. (1989), Bewertungstechniken, in: Szyperski, N.; Winand, U. (Hrsg., 1989), Sp. 143-155.

Donabedian, A. (1980), The definition of quality and approaches to its assessment and monitoring, Ann Arbor 1980.

Donges, J.B.; Schmidt, K.-D.; Dicke, H.; Gundelach, E.; Jüttemeier, K.H. et al. (1988), Mehr Strukturwandel für Wachstum und Beschäftigung - Die deutsche Wirtschaft im Anpassungsstau, Tübingen 1988.

Donnelly, J.H.; George, W.R. (Hrsg., 1981), Marketing of services, Chicago 1981.

Dostal, W. (1991), Outsourcing - personalpolitisch betrachtet, in: Diebold Management Report o.Jg. (1991), Nr. 3, S. 8-9.

Dostal, W.; Reinberg, A. (1999), Ungebrochener Trend in die Wissensgesellschaft, in: IAB Kurzberichte Nr. 10 vom 27.08.1999, S. 1-6.

Drenth, P.J.D.; Thierry, H.; Willems, P.J.; Wolff, C.J. de (Hrsg., 1984), Handbook of work and organizational psychology, Chichester 1984.

Drucker, P.F. (1985), Innovationsmanagement für Wirtschaft und Politik, Düsseldorf 1985.

Ebers, M.; Gotsch, W. (1993), Institutionenökonomische Theorien der Organisation, in: Kieser, A. (Hrsg., 1993), S. 193-242.

Edvardsson, B.; Olsson, J. (1996), Key concepts for new service development, in: The Service Industries Journal 16 (1996), Nr. 2, S. 140-164.

Eidenmüller, B. (1995), Die Produktion als Wettbewerbsfaktor, 3. Auflage, Köln 1995.

Eisele, W. (1993), Technik des betrieblichen Rechnungswesens, 5. Auflage, München 1993.

Elschen, R. (1991), Gegenstand und Anwendungsmöglichkeiten der Agency-Theorie, in: ZfbF 43 (1991), Nr. 11, S. 1002-1012.

Emerson, R.M. (1962), Power-dependence relations, in: American Sociological Review 27 (1962), Nr. 1, S. 31-41.

Engelhard, J.; Rehkugler, H. (Hrsg., 1994), Strategien für nationale und internationale Märkte: Konzepte und praktische Gestaltung, Wiesbaden 1994.

Engelhard, J.; Sinz, E. (Hrsg., 1999), Kooperation im Wettbewerb, Wiesbaden 1999.

Engelhardt, W.H. (1990), Dienstleistungsorientiertes Marketing: Antwort auf die Herausforderung durch neue Technologien, in: Adam, D. (Hrsg., 1990), S. 269-288.

Engelhardt, W.H. (1995), Investitionsgütermarketing, in: Tietz, B.; Köhler, R. et al. (Hrsg., 1995), Sp. 1056-1067.

Engelhardt, W.H. (1996), Dienstleistungen als Produktkomponenten, in: Kern, W.; Schröder, H.H. et al. (Hrsg., 1996), Sp. 327-338.

Engelhardt, W.H. (Hrsg., 1995), Potentiale - Prozesse - Leistungsbündel: Diskussionsbeiträge zur Leistungstheorie, Bochum 1995.

Engelhardt, W.H. (Hrsg., 1998), Perspektiven des Dienstleistungsmarketing: Ansatzpunkte für Forschung und Praxis, Wiesbaden 1998.

Engelhardt, W.H.; Kleinaltenkamp, M.; Reckenfelderbäumer, M. (1992), Dienstleistungen als Absatzobjekt, Bochum 1992.

Engelhardt, W.H.; Kleinaltenkamp, M.; Reckenfelderbäumer, M. (1993), Leistungsbündel als Absatzobjekte, in: ZfbF 45 (1993), Nr. 5, S. 395-426.

Engelhardt, W.H.; Paul, M. (1998), Dienstleistungen als Teil der Leistungsbündel von Investitionsgüter-Herstellern, in: Meyer, A. (Hrsg., 1998), S. 1323-1341.

Engelhardt, W.H.; Reckenfelderbäumer, M. (1993), Trägerschaft und organisatorische Gestaltung industrieller Dienstleistungen, in: Simon, H. (Hrsg., 1993), S. 263-293.

Engelhardt, W.H.; Schwab, W. (1982), Die Beschaffung von investiven Dienstleistungen, in: DBW 42 (1982), Nr. 4, S. 503-513.

Ertel, R. (1986), Was sind Dienstleistungen? Definitorische Anmerkungen, in: Pestel, E. (Hrsg., 1986), S. 15-23.

Esser, W.-M. (1994 a), Die Wertkette als Instrument der strategischen Analyse, in: Rieckhoff, H.C. (Hrsg., 1994), S. 129-151.

Esser, W.-M. (1994 b), Outsourcing als Reorganisationsstrategie: Konzeptionelle Überlegungen und empirische Ergebnisse am Beispiel des Outsourcing der Informationsverarbeitung, in: Engelhard, J.; Rehkugler, H. (Hrsg., 1994), S. 63-86.

Eversheim, W.; Baumann, M.; Humburger, R.; Linhoff, M. (1993), Mit Outsourcing die Kosten auch in der Produktion senken, in: io Management Zeitschrift 62 (1993), Nr. 10, S. 82-86.

Falk, B.R. (1980), Zur Bedeutung des Dienstleistungsmarketing, in: Falk, B.R. (Hrsg., 1980), S. 5-14.

Falk, B.R. (Hrsg., 1980), Dienstleistungsmarketing, München 1980.

Faßnacht, M. (1996), Preisdifferenzierung bei Dienstleistungen, Wiesbaden 1996.

Fassott, G. (1995), Dienstleistungspolitik industrieller Unternehmen: Sekundärdienstleistungen als Marketinginstrument bei Gebrauchs-gütern, Wiesbaden 1995.

Fels, G. (1997), Chancen für den Wirtschaftsstandort Deutschland, in: Mangold, K. (Hrsg., 1997), S. 40-52.

Femerling, C. (1997), Strategische Auslagerungsplanung: Ein entscheidungstheoretischer Ansatz zur Optimierung der Wertschöpfungstiefe, Wiesbaden 1997.

Fischer, J.; Kallenberg, R. (1999), Service als industrielle Dienstleistung, in: Luczak, H. (Hrsg., 1999), S. 3-4.

Fließ, S. (2000), Industrielles Kaufverhalten, in: Kleinaltenkamp, M.; Plinke, W. (Hrsg., 2000), S. 251-369.

Forrester, J.W. (1975), Counterintuitive behavior of social systems, in: Forrester, J.W. (Hrsg., 1975), S. 211-244.

Forrester, J.W. (Hrsg., 1975), Collected papers of Jay W. Forrester, Cambridge 1975.

Forschner, G. (1988), Investitionsgüter-Marketing mit funktionellen Dienstleistungen, Wiesbaden 1988.

Foschiani, S.; Hertweck, A. (1999), Unternehmensstrategien auf dem Prüfstand, in: Eco 1 (1999), Nr. 4, S. 10-13.

Fourastié, J. (1954), Die große Hoffnung des 20. Jahrhunderts, 1. Auflage, Köln 1954.

Franck, E. (1995), Die ökonomischen Institutionen der Teamsportindustrie, Wiesbaden 1995.

Franke, D.-P. (1991), Dienstleistungsinnovationen: Eine prozessorientierte Analyse dienstleistungsbezogener Neuerungen auf Grundlage des „Integrationsansatzes“, Bergisch-Gladbach, Köln 1991.

Franze, F. (1996), Outsourcing: Begriffliche und kostentheoretische Aspekte, Bern, Stuttgart, Wien 1996.

Freiling, J.; Paul, M. (1995), Die Immaterialität - ein eigenständiges Typologisierungskriterium neben der Integrativität?, in: Engelhardt, W.H. (Hrsg., 1995), S. 27-49.

Frese, E. (1996), Anmerkungen zum Outsourcing aus organisatorischer Sicht, in: Hoven, U.; Lang, R. (1996), S. 17-26.

Frese, E. (Hrsg., 1992), Handwörterbuch der Organisation, 3. Auflage, Stuttgart 1992.

Friedrich Ebert Stiftung (Hrsg., 1999), Trends und Perspektiven für Dienstleistungen in Deutschland, Bonn 1999.

Friedrich, S.A. (1995), Mit Kernkompetenzen im Wettbewerb gewinnen, in: io Management Zeitschrift 64 (1995), Nr. 4, S. 87-91.

Friedrich, S.A. (1996), Outsourcing - Weg zum führenden Wettbewerber oder gefährliches Spiel?, in: Hinterhuber, H.H.; Al-Ani, A. et al. (Hrsg., 1996), S. 277-299.

Friedrich, S.A. (2000), Konzentration der Kräfte: A Resource-Based View, in: Hammann, P.; Freiling, J. (Hrsg., 2000), S. 225-248.

Friege, C. (1995), Preispolitik für Leistungsverbunde im Business-to-Business-Marketing, Wiesbaden 1995.

Friese, M. (1998), Kooperation als Wettbewerbsstrategie für Dienstleistungsunternehmen, Wiesbaden 1998.

Furubotn, E.; Pejovich, S. (1972), Property rights and economic theory: a survey of recent literature, in: Journal of Economic Literature 10 (1972), Nr. 4, S. 1137-1162.

Furubotn, E.; Richter, R. (1996), Neue Institutionenökonomik: Eine Einführung und kritische Würdigung, Tübingen 1996.

Ganz, W.; Hermann, S. (1999), Wissensintegrative und koordinative Dienstleistungstätigkeiten – Erfolgsfaktoren für einen nachhaltigen Wettbewerbsvorsprung, Stuttgart 1999.

Garbe, B. (1998), Industrielle Dienstleistungen: Einfluß und Erfolgsfaktoren, Wiesbaden 1998.

Gassert, H.; Prechtl, M.; Zahn, E. (Hrsg., 1998), Innovative Dienstleistungspartnerschaften: Neue Formen der Zusammenarbeit zwischen Industrie und Dienstleistern, Stuttgart 1998.

Gay, C.L.; Essinger, J. (2000), Inside Outsourcing, London, Naperville 2000.

Geigant, F.; Sobotka, D.; Westphal, H.M. (Hrsg., 1979), Lexikon der Volkswirtschaft, 3. Auflage, München 1979.

Gensch, C.; Löhmann, B. (2001), Service Level Agreements als kritischer Erfolgsfaktor im Outsourcing-Prozess, in: Zeitschrift für das gesamte Kreditwesen 54 (2001), Nr. 14, S. 800-802.

Gerhardt, J. (1987), Dienstleistungsproduktion: Eine produktionstechnische Analyse der Dienstleistungsprozesse, Bergisch Gladbach 1987.

Gershuny, J. (1978), After industrial society? The emerging self-service economy, London, 1978.

Gesellschaft für Fertigungstechnik (Hrsg., 1997), Stuttgarter Impulse: Innovation durch Technik und Organisation, Berlin, Heidelberg, New York et al. 1997.

gfmt AG (Hrsg., 1993), Lean Management: Der Weg zur schlanken Fabrik, München 1993.

Gilbert, X.; Strebel, P.J. (1987), Strategies to outpace the competition, in: The Journal of Business Strategy 8 (1987), Nr. 1, S. 28-36.

Gils, M.R. van (1984), Interorganizational relations and networks, in: Drenth, P.J.D.; Thierry, H. et al. (Hrsg., 1984), S. 1073-1100.

Gleich, R.; Seidenschwarz, W. (Hrsg., 1997), Die Kunst des Controlling, Stuttgart 1997.

Gnoss, R. (1989), Dienstleistungsteststichprobe, in: Wirtschaft und Statistik o.Jg. (1989), Nr. 11, S. 691-701.

Gomez, P.; Hahn, D.; Müller-Stewens, G.; Wunderer, R. (Hrsg., 1994), Unternehmerischer Wandel: Konzepte zur organisatorischen Erneuerung, Wiesbaden 1994.

Görgen, W. (1995), Wettbewerbsanalyse, in: Tietz, B.; Köhler, R. et al. (Hrsg., 1995), Sp. 2716-2729.

Goshal, S.; Moran, P. (1996), Bad for practice: a critique of the Transaction Cost Theory, in: Academy of Management Review 21 (1996), Nr. 1, S. 13-47.

Grant, R.M. (1991), The resource-based theory of competitive advantage: implications for strategy formulation, in: CMR 33 (1991), Nr. 3, S. 114-135.

Graßy, O. (1993), Industrielle Dienstleistungen, München 1993.

Graßy, O. (1996), Von der Zusatzleistung zur eigenständigen Vermarktung: Probleme und Lösungsansätze, in: Töpfer, A.; Mehdorn, H. (Hrsg., 1996), S. 57-69.

Graßy, O. (1998), Ansätze zur Vermarktung industrieller Dienstleistungen: Diversifikation und Reduktion, in: Meyer, A. (Hrsg., 1998), S. 1343-1355.

Greaver, M.F.II. (1999), Strategic Outsourcing, New York 1999.

Grochla, E. (1993), Betrieb, Betriebswirtschaft und Unternehmung, in: Wittmann, W.; Kern, W. et al. (Hrsg., 1993), Sp. 374-390.

Grönroos, C. (1984), A service quality model and its marketing implications, in: European Journal of Marketing 18 (1984), Nr. 4, S. 36-44.

Gruhler, W. (1990), Dienstleistungsbestimmter Strukturwandel in deutschen Industrieunternehmen, Köln 1990.

Gruhler, W. (1993), Gesamtwirtschaftliche Bedeutung und einzelwirtschaftlicher Stellenwert industrieller Dienstleistungen, in: Simon, H. (Hrsg., 1993), S. 23-40.

Gruhler, W. (1994), Outsourcing von Dienstleistungen zu Dienstleistungsunternehmen, in: Corsten, H.; Hilke, W. (Hrsg., 1994), S. 153-175.

Gull, C. (1993), Outsourcing und Insourcing, in: Der Organisator 75 (1993), Nr. 9, S. 26-28.

Gumsheimer, T. (1994), Informationspartnerschaften: Konzeptionelle Grundlagen für die Gestaltung von Partnerschaften im Informationsmanagement, Frankfurt a.M., Berlin, Bern et al. 1994.

Guttenberger, S. (1995), Outsourcing in der Distributionslogistik: Entwicklung eines methodischen, problemorientierten Ansatzes zur optimalen Entscheidungsfindung, Frankfurt a.M. 1995.

Häfliger, G.E.; Meier, J.D. (Hrsg., 1999), Aktuelle Tendenzen im Innovationsmanagement, Heidelberg 2000.

Hahn, D. (1989), Unternehmensanalyse, in: Szyperski, N.; Winand, U. (Hrsg., 1989), Sp. 2074-2088.

Hahn, D.; Hungenberg, H.; Kaufmann, L. (1994), Optimale Make-or-Buy-Entscheidung, in: Controlling 6 (1994), Nr. 2, S. 74-81.

Hahn, D.; Taylor, B. (Hrsg., 1999), Strategische Unternehmensplanung - Strategische Unternehmensführung: Stand und Entwicklungstendenzen, 8. Auflage, Heidelberg 1999.

Haisken-DeNew, J.; Horn, G.A.; Schupp, J.; Wagner, G. (1996), Keine Dienstleistungslücke in Deutschland – ein Vergleich mit den USA anhand von Haushaltsbedingungen, in: DIW Wochenbericht 63 (1996), Nr. 14, S. 221-226.

Håkansson, H. (1989), Corporate technological behaviour: co-operation and networks, London, New York 1989.

Hall, R. (1993), A framework linking intangible resources and capabilities to sustainable competitive advantage, in: SMJ 14 (1993), Nr. 8, S. 607-618.

Halvey, J.K.; Murphy Melby, B. (1996), Information technology outsourcing transactions: process, strategies, and contracts, New York, Chichester, Brisbane et al. 1996.

Hamann, F.; Solbach, F. (1994), Konzentration auf Kernprozesse, in: Net 48 (1994), Nr. 5, S. 29-32.

Hamel, G. (1994), The concept of core competence, in: Hamel, G.; Heene, A. (Hrsg., 1994), S. 11-33.

Hamel, G.; Heene, A. (Hrsg., 1994), Competence-based competition, Chichester 1994.

Hamel, G.; Prahalad, C.K. (1995), Wettlauf um die Zukunft, Wien 1995.

Hamel, W. (1996), Innovative Organisation der finanziellen Unternehmensführung, in: BFuP 47 (1996), Nr. 3, S. 323-341.

Hammann, P.; Freiling, J. (Hrsg., 2000), Die Ressourcen- und Kompetenzperspektive des Strategischen Managements, Wiesbaden 2000.

Handlbauer, G.; Hinterhuber, H.H.; Matzler, K. (1998), Kernkompetenzen, in: WISU 27 (1998), Nr. 8-9, S. 911-916.

Hardt, P. (1996), Organisation dienstleistungsorientierter Unternehmen, Wiesbaden 1996.

Hartstang, S.; Forster, K. (1995), Der Outsourcing-Vertrag, in: Berg, J.; Gräber, H. (Hrsg., 1995), S. 60-81.

Haß, H.-J. (1995), Industrienahe Dienstleistungen: Ökonomische Bedeutung und politische Herausforderung, Köln 1995.

Haupt, R. (1999), Industrielle Dienstleistungen: Zwischen Fokussierung und Diversifizierung, in: Wagner, G.R. (Hrsg., 1999), S. 321-339.

Hauschildt, J. (1993), Innovationsmanagement, München 1993.

Hauschildt, J.; Grün, O. (Hrsg., 1993), Ergebnisse empirischer betriebswirtschaftlicher Forschung: Zu einer Realtheorie der Unternehmung, Stuttgart 1993.

Hauser, J.R.; Clausing, D. (1988), The house of quality, in: HBR 66 (1988), Nr. 3, S. 63-73.

Heil, O.P.; Westerbarkey, P. (1998), Dienstleistungs-Signaling: Theoretische Ansätze, in: Meyer , A. (Hrsg., 1998), S. 896-908.

Heim, W. (1994), Outsourcing - wettbewerbsfähiger durch optimale Nutzung der Potentiale von Zulieferern, in io Management Zeitschrift 63 (1994), Nr. 7-8, S. 28-33.

Heinrich, W. (1992), Outsourcing: Modewort oder neues strategisches Rezept, in: Heinrich, W. (Hrsg., 1992), S. 11-54.

Heinrich, W. (Hrsg., 1992), Outsourcing: Modelle - Strategien - Praxis, Bergheim 1992.

Heinzl, A. (1993), Die Ausgliederung der betrieblichen Datenverarbeitung: Eine empirische Analyse der Motive, Formen und Wirkungen, 2. Auflage, Stuttgart 1991.

Helm, R.; Stumpp, S. (1999), Management von Outsourcing-Aktivitäten, in: DB 52 (1999), Nr. 42, S. 2121- 2125.

Hendry, J. (1995), Culture, community and networks: the hidden cost of outsourcing, in: European Management Journal 13 (1995), Nr. 2, S. 193-200.

Hennings, K.H. (1979), Neoklassische Theorie, in: Geigant, F.; Sobotka, D. et al. (Hrsg., 1979), S. 471-473.

Hentschel, B. (1991), Multiattributive Messung der Dienstleistungsqualität, in: Bruhn, M.; Stauss, B. (Hrsg., 1991), S. 311-343.

Hentschel, B. (1992), Dienstleistungsqualität aus Kundensicht. Vom merkmals- zum ereignisorientierten Ansatz, Wiesbaden 1992.

Herbst, C. (2002), Interorganisationales Schnittstellenmanagement, Frankfurt a.M., Berlin, Bern et al. 2002.

Hergert, M.; Morris, D. (1989), Accounting data for value chain analysis, in: SMJ 10 (1989), Nr. 2, S. 175-188.

Herget, O.; Stahl, R. (1991), Outsourcing. Auf Effizienz setzten, in: Personalwirtschaft 18 (1991), Sonderheft 1991, S. 42-45.

Hermanns, A.; Meyer, A. (Hrsg., 1984), Zukunftsorientiertes Marketing für Theorie und Praxis, Berlin 1984.

Hertweck, A. (2002), Strategische Erneuerung durch integriertes Management industrieller Dienstleistungen, Frankfurt a.M., Berlin, Bern et al. 2002.

Heyd, R. (1998), Führungsorientierte Entscheidungskriterien beim Outsourcing, in: WISU 27 (1998), Nr. 8-9, S. 904-910.

Hilke, W. (1984), Dienstleistungs-Marketing aus Sicht der Wissenschaft. Diskussionsbeiträge des Betriebswirtschaftlichen Seminars der Albert-Ludwigs-Universität Freiburg i.B., Freiburg i.B. 1984.

Hilke, W. (1989), Grundprobleme und Entwicklungstendenzen des Dienstleistungsmarketing, in: Hilke, W. (Hrsg., 1989), S. 5-44.

Hilke, W. (Hrsg., 1989), Dienstleistungs-Marketing, Wiesbaden 1989.

Hill, W. (1989), Planungsmanagement, in: Szyperski, N.; Winand, U. (Hrsg., 1989), Sp. 1457-1463.

Hinterhuber, H.H. (1992), Strategische Unternehmensführung, Band I: Strategisches Denken, Vision, Unternehmenspolitik, Strategie, 5. Auflage, Berlin, New York 1992.

Hinterhuber, H.H.; Al-Ani, A.; Handlbauer, G. (Hrsg., 1996), Das neue strategische Management, Wiesbaden 1996.

Hinterhuber, H.H.; Friedrich, S.A. (1999), Markt- und ressourcenorientierte Sichtweise zur Steigerung des Unternehmenswerts, in: Hahn, D.; Taylor, B. (Hrsg., 1997), S. 990-1018.

Hinterhuber, H.H.; Handlbauer, G.; Matzler, K. (1997), Kundenzufriedenheit durch Kernkompetenzen, München, Wien 1997.

Hinterhuber, H.H.; Stuhec, U. (1997), Kernkompetenzen und strategisches In-/Outsourcing, in: ZfB 67 (1997), Ergänzungsheft 1/97, S. 1-20.

Hirschheim, R. (2000), Backsourcing: An emerging trend?, in: www.outsourcing-academics.com, 11.05.2000, S. 1-8.

Hodel, M. (1999), Outsourcing-Management, Braunschweig, Wiesbaden 1999.

Höfer, S. (1996), ZP-Stichwort: Wertschöpfungspartnerschaft, in ZP 7 (1996), Nr. 3, S. 303-307.

Hoffrichter, M. (1998), Service Engineering - Dienstleistungen systematisch entwickeln, in: IM 13 (1998), Sonderausgabe „Service Engineering“, S. 26-30.

Hofmann, H.; Klein, L.; Meiren, T. (1998), Vorgehensmodelle für das Service Engineering, in: IM 13 (1998), Sonderausgabe „Service Engineering“, S. 20-25.

Homans, G.C. (1961), Social behavior: Its elementary forms, London 1961.

Homburg, C.; Faßnacht, M. (1998), Wettbewerbsstrategien von Dienstleistungsanbietern, in: Meyer, A. (Hrsg., 1998), S. 527-541.

Homburg, C.; Garbe, B. (1996 a), Industrielle Dienstleistungen, in: ZfB 66 (1996), Nr. 3, S. 253-282.

Homburg, C.; Garbe, B. (1996 b), Industrielle Dienstleistungen – lukrativ, aber schwer zu meistern, in: HBM 18 (1996), Nr. 1, S. 68-75.

Horchler, H. (1996), Outsourcing - eine Analyse der Nutzung und ein Handbuch der Umsetzung, Köln 1996.

Horváth & Partner GmbH (Hrsg., 1998), Prozeßkostenmanagement: Methodik und Anwendungsfelder, 2. Auflage, München 1998.

Horváth, P. (2001), Controlling, 8. Auflage, München 2001

Hoven, U.; Lang, R. (1996), Organisation im Unternehmen zwischen Tradition und Aufbruch, Frankfurt a.M., Berlin, Bern et al. 1996.

Huber, R.L. (1993), Als die Continental Bank ihre „Kronjuwelen“ in fremde Hände gab, in: HBM 15 (1993), Nr. 3, S. 83-91.

Hübl, L. (1995), Wirtschaftskreislauf und gesamtwirtschaftliches Rechnungswesen, in: Bender, D.; Berg, H. et al. (Hrsg., 1995), S. 50-85.

Hummel, M. (1998), Der Markt für Dienstleistungen, in: Bruhn, M.; Meffert, H. (Hrsg., 1998), S. 54-72.

Hummel, S.; Männel, W. (1999), Kostenrechnung, Band 1: Grundlagen, Aufbau und Anwendung, Nachdruck der 4. Auflage, Wiesbaden 1999.

Hünerberg, R.; Mann, A. (1998), Strategische Implikationen des Service-Marketing in Industrieunternehmen, in: Engelhardt, W.H. (Hrsg., 1998), S. 151-187.

Hürlimann, W. (1995), Aspekte des Outsourcing, in: io Management Zeitschrift 64 (1995), Nr. 7-8, S. 19-21.

Jarillo, J.C. (1988), On strategic networks, in: SMJ 9 (1988), Nr. 1, S. 31-41.

Jaschinski, C. (1998), Qualitätsorientiertes Redesign von Dienstleistungen, Aachen 1998.

Jaschinski, C.; Roy, K.-P. (1993), Abschlußbericht zum Teilprojekt „Typologie Dienstleistungen" im Rahmen des Projekts „Entwicklung von Grundlagen der Qualitätssicherung im Dienstleistungsbereich", Aachen 1993.

Jensen, M.C.; Meckling, W.H. (1976), Theory of the firm: managerial behavior, agency costs and ownership structure, in: Journal of Financial Economics 3 (1976), Nr. 4, S. 305-360.

Jicha, W. (1993), Facility Management - interne Dienstleistung oder Aufgabe für Dienstleistungsunternehmer?, in: Bauinformatik 4 (1993), Nr. 5, S. 202-207.

Joerges, C. (Hrsg., 1991), Franchising and the law: theoretical and comparative approaches in Europe and the United States, Baden-Baden 1991.

Johanson, J.; Mattsson, L.-G. (1991), Interorganizational relations in industrial systems: a network approach compared with the transactions-cost approach, in: Thompson, G.; Frances, J. et al. (Hrsg., 1991), S. 256-264.

Johnston, R.; Lawrence, P.R. (1989), Vertikale Integration II: Wertschöpfungs-Partnerschaften leisten mehr, in HBM 11 (1989), Nr. 1, S. 81-88.

Joskow, P.L. (1988), Asset specificity and the structure of vertical relationships: empirical evidence, in: Journal of Law, Economics and Organization 4 (1988), Nr. 1, S. 95-117.

Jugel, S.; Zerr, K. (1989), Dienstleistungen als strategisches Element eines Technologie-Marketing, in: Marketing-ZfP 11 (1989), Nr. 3, S. 162-172.

Kaas, K.-P.; Fischer, M. (1993), Der Transaktionskostenansatz, in: WISU 22 (1993), Nr. 8-9, S. 686-693.

Kahle, E. (1981), Betriebliche Entscheidungen, München, Wien 1981.

Kaluza, B.; Blecker, T. (Hrsg., 2000), Produktions- und Logistikmanagement in virtuellen Unternehmen und Unternehmensnetzwerken, Berlin, Heidelberg, New York u.a. 2000.

Kang, A.; Siebiera, G. (1996), Was muß der Einkauf über die Auslagerung von Dienstleistungen wissen?, in: BA 52 (1996), Nr. 7, S. 25-27.

Kern, W.; Schröder, H.H.; Weber, J. (Hrsg., 1996), Handwörterbuch der Produktionswirtschaft, 2. Auflage, Stuttgart 1996.

Kienbaum, G. (1989), Umfeldanalyse, in: Szyperski, N.; Winand, U. (Hrsg., 1989), Sp. 2033-2044.

Kieser, A. (Hrsg., 1993), Organisationstheorien, Stuttgart, Berlin, Köln 1993.

Kieser, A. (Hrsg., 1995), Handwörterbuch der Führung, 2. Auflage, Stuttgart 1995.

Killinger, S. (1999), Kernproduktbegleitende Dienstleistungen - Dienstleistungen im Leistungsspektrum industrieller Unternehmen, in: Corsten, H.; Schneider, H. (Hrsg., 1999), S. 130-155.

Kirsch, W. (1971), Entscheidungsprozesse, Band 1: Verhaltenswissenschaftliche Ansätze und Entscheidungstheorie, Wiesbaden 1970.

Kißling, V. (1999), Beschaffung professioneller Dienstleistungen: eine empirische Untersuchung zum Transaktionsverhalten, Berlin 1999.

Klein, B.; Crawford, R.; Alchian, A.A. (1978), Vertical integration, appropriable rents, and the competitive contracting process, in: Journal of Law and Economics 21 (1978), Nr. 2, S. 297-326.

Klein, S. (1996), Interaktionssysteme und Unternehmensnetzwerke: Wechselwirkungen zwischen organisatorischer und informationstechnischer Entwicklung, Wiesbaden 1996.

Kleinaltenkamp, M. (1987), Die Dynamisierung strategischer Marketing-Konzepte, in ZfbF 39 (1987), Nr. 1, S. 31-52.

Kleinaltenkamp, M. (1992), Investitionsgüter-Marketing aus informationsökonomischer Sicht, in: ZfbF 44 (1992), Nr. 9, S. 809-829.

Kleinaltenkamp, M. (2001), Begriffsabgrenzungen und Erscheinungsformen von Dienstleistungen, in: Bruhn, M.; Meffert, H. (Hrsg., 2001), S. 27-50.

Kleinaltenkamp, M. (Hrsg., 1995), Dienstleistungsmarketing: Konzeptionen und Anwendungen, Wiesbaden 1995.

Kleinaltenkamp, M.; Ginter, T. (1998), Dienstleistungsprogrammpolitische Entscheidungen, in: Meyer, A. (Hrsg., 1998), S. 751-765.

Kleinaltenkamp, M.; Plinke, W. (Hrsg., 2000), Technischer Vertrieb: Grundlagen des Business-to-Business Marketing, 2. Auflage, Berlin, Heidelberg, New York et al. 2000.

Klodt, H.; Maurer, R.; Schimmelpfennig, A. (1997), Tertiarisierung der deutschen Wirtschaft, Tübingen 1997.

Knigge, J. (1973), Franchise-Systeme im Dienstleistungssektor, Berlin 1973.

Knoblich, H. (1972), Die typologische Methode in der Betriebswirtschaftslehre, in: WiSt 3 (1972), Nr. 4, S. 141-147.

Knolmayer, G. (1992), Informationsmanagement - Outsourcing von Informatik-Leistungen, in: WiSt 21 (1992), Nr. 7, S. 356-360.

Knolmayer, G. (1994), Zur Berücksichtigung von Transaktions- und Koordinationskosten in Entscheidungsmodellen für Make-or-buy-Probleme, in: BFuP 45 (1994), Nr. 4, S. 316-332.

Knüppel, L.; Heuer, F. (1994), Eine empirische Untersuchung zum Outsourcing aus Sicht potentieller und tatsächlicher Nutzer, in: BFuP 45 (1994), Nr. 4, S. 333-357.

Köhler-Frost, W. (1998), Outsourcing zur Jahrtausendwende. Zahlen - Informationen - Erkenntnisse, in: Köhler-Frost, W. (Hrsg., 1998), S. 12-35.

Köhler-Frost, W. (Hrsg., 1995), Outsourcing - Eine strategische Allianz besonderen Typs, 2. Auflage, Berlin 1995.

Köhler-Frost, W. (Hrsg., 1998), Outsourcing - Eine strategische Allianz besonderen Typs, 3. Auflage, Berlin 1998.

Köhler-Frost, W. (Hrsg., 2000), Outsourcing - Eine strategische Allianz besonderen Typs, 4. Auflage, Berlin 2000.

Koppelmann, U. (1996), Grundsätzliche Überlegungen zum Outsourcing, in: Koppelmann, U. (Hrsg., 1996), S. 1-9.

Koppelmann, U. (Hrsg., 1996), Outsourcing, Stuttgart 1996.

Körfgen, R. (1999), Prozessoptimierung in Dienstleistungsunternehmen, Wiesbaden 1999.

Kotler, P. (1994), Marketing Management: Analysis, planning, implementation and control, 8. Auflage, Engelwood Cliffs, 1994.

Krallmann, H.; Hoffrichter, M. (1998), Service Engineering - Wie entsteht eine neue Dienstleistung?, in: Bullinger, H.-J.; Zahn, E. (Hrsg., 1998), S. 231-261.

Krämer, H. (1997), Zur Tertiarisierung der deutschen Volkswirtschaft, in Mangold, K. (Hrsg., 1997), S. 170-216.

Krämer, H. (1999), Unternehmensbezogene Dienstleistungen und ihre Bedeutung für Wirtschaft und Beschäftigung, in: Friedrich Ebert Stiftung (Hrsg., 1999), S. 1- 21.

Kreikebaum, H. (1997), Strategische Unternehmensplanung, 6. Auflage, Stuttgart 1997.

Kreikebaum, H. (1998), Organisationsmanagement internationaler Unternehmungen: Grundlagen und neue Strukturen, Wiesbaden 1998.

Kreps, D.M. (1994), Mikroökonomische Theorie, Landsberg 1994.

Krüger, W.; Homp, C. (1997), Kernkompetenz-Management: Steigerung von Flexibilität und Schlagkraft im Wettbewerb, Wiesbaden 1997.

Kulhavy, E. (1974), Dienstleistung, in: Tietz, B. (Hrsg., 1974), Sp. 455-459.

Küpper, H.-U. (1998), Erfolgs- und finanzwirtschaftliches Controlling, in: Meyer, A. (Hrsg., 1998), S. 376-393.

Küpper, H.-U.; Weber, J.; Zünd, A. (1990), Zum Verständnis und Selbstverständnis des Controlling, in: ZfB 60 (1990), Nr. 3, S. 281-293.

Laabs, J.L. (1993), Successful outsourcing depends on critical factors, in: Personnel Journal 72 (1993), Nr. 10, S. 51-60.

Lacity, M.C.; Hirschheim, R. (1993), The information systems outsourcing bandwagon, in: SMR 35 (1993), Nr. 1, S. 73-86.

Lacity, M.C.; Willcocks, L.P.; Feeny, D.F. (1995), IT outsourcing: Maximize flexibility and control, in: HBR 73 (1995), Nr. 3, S. 84-93.

Laib, P. (1996), Primärdienstleistungen – Elemente einer strategischen Neuorientierung von Industrieunternehmen, München 1996.

Laib, P. (1998), Grundlegende strategische Entscheidungen von Dienstleistungsanbietern, in: Meyer, A. (Hrsg., 1998), S. 509-526.

Langeard, E. (1981), Grundfragen des Dienstleistungsmarketing, in: Marketing-ZfP 3 (1981), Nr. 4, S. 233-240.

Laux, H. (1990), Risiko, Anreiz und Kontrolle: Principal-Agent-Theorie, Heidelberg, Berlin, New York et al. 1990.

Lay, G.; Schneider, R. (2001), Wenn Hersteller zu Serviceleistern werden, in: HBM 23 (2001), Nr. 2, S. 16-24.

Lehmann, A. (1995), Dienstleistungsmanagement: Strategien und Ansatzpunkte zur Schaffung von Servicequalität, 2. Auflage, Stuttgart, Zürich 1995.

Leist, G. (1989), Nutzwertanalyse, in: Szyperski, N.; Winand, U. (Hrsg., 1989), Sp. 1259-1266.

Leman, U.; Weigand, A. (1998), Umsetzung von Kundenanforderungen in Prozeß- und strukturentscheidungen bei *Alcan*, in: Horváth & Partner GmbH (Hrsg., 1998), S. 242-256.

Levitt, T. (1972), Production-line approach to service, in: HBR 50 (1972) Nr. 5, S. 41-52.

Levy, D.T. (1985), The transactions cost approach to vertical integration: an empirical examination, in: The Review of Economics and Statistics 65 (1985), Nr. 3, S. 438-445.

Linhardt, H. (1970), Das Dienstleistungsunternehmen: Genealogie - Topologie - Typologie, in: Linhardt, H.; Penzkofer, P. et al. (Hrsg., 1970), S. 3-15.

Linhardt, H.; Penzkofer, P.; Scherpf, P. (Hrsg., 1970), Dienstleistungen in Theorie und Praxis, Stuttgart 1970.

Löbbe, K.; Graskamp, R.; Kampmann, R.; Scheuer, M.; Walter, J. (1992), Technische Dienstleistungen, Technologietransfer und Innovation, Essen 1992.

Loh, L.; Venkatraman, N. (1992), Diffusion of information technology outsourcing: Influence sources and the Kodak effect, in: Information Systems Research 4 (1992), Nr. 3, S. 334-358.

Lovelock, C.H. (Hrsg., 1991), Services Marketing, 2. Auflage, Englewood Cliffs 1991.

Luczak, H. (1995), Dienstleistungen - Basis für Wirtschaftsprozesse, in: Bullinger, H.-J. (Hrsg., 1995), S. 107-113.

Luczak, H. (1997), Innovationsmanagement als Basis für neue Dienstleistungen, in: Bullinger, H.-J. (Hrsg., 1997), S. 515-525.

Luczak, H. (Hrsg., 1999), Servicemanagement mit System, Berlin, Heidelberg, New York et al. 1999.

Luczak, H.; Sontow, K. (1998), Dienstleistungspotentiale im Maschinen- und Anlagenbau: Grundlage für ein innovatives Dienstleistungsangebot, in: Bullinger, H.-J.; Zahn, E. (Hrsg., 1998), S. 263-290.

Lützel, H. (1987), Statistische Erfassung von Dienstleistungen, in: Allgemeines Statistisches Archiv 71 (1987), Nr. 1, S. 17-37

MacNeil, I.R. (1974), The many futures of contracts, in: Southern California Law Review 47 (1974), Nr. 5, S. 691-816.

MacNeil, I.R. (1978), Contracts: Adjustment of long-term economic relations under classical, neoclassical, and relational contract law, in: Northwestern University Law Review 72 (1978), Nr. 6, S. 854-905.

MacNeil, I.R. (1980), The new social contract, London 1980.

Mair, F.V.K.; Brumann, J. (1995), Nicht immer geht die Rechnung auf, in: BA 51 (1995), Nr. 4, S. 58-60.

Maleri, R. (1973), Grundzüge der Dienstleistungsproduktion, 1. Auflage, Berlin, Heidelberg, New York et al. 1973.

Maleri, R. (1997), Grundlagen der Dienstleistungsproduktion, 4. Auflage, Berlin, Heidelberg, New York et al. 1997

Malik, F. (1981), Management-Systeme, Bern 1981.

Mangold, K. (1997), Dienstleistungen erfordern Wandel, in: Mangold, K. (Hrsg., 1997), S. 11-18.

Mangold, K. (Hrsg., 1997), Die Zukunft der Dienstleistung, Frankfurt a.M., Wiesbaden 1997.

Männel, W. (1981), Die Wahl zwischen Eigenfertigung und Fremdbezug: theoretische Grundlagen, praktische Fälle, 2. Auflage, Stuttgart 1981.

Männel, W. (1996), Make-or-Buy-Entscheidungen, in: KRP 40 (1996), Nr. 3, S. 148-150.

March, J.G.; Simon, H.A. (1977), Kognitive Grenzen der Rationalität, in: Witte, E.; Thimm, A.L. (Hrsg., 1977), S. 41-75.

Marr, R. (1993), Innovationsmanagement, in: Wittmann, W.; Kern, W. et al. (Hrsg., 1993), Sp. 1796-1812.

Marr, R.; Kötting, M. (1992), Organisatorische Implementierung, in: Frese, E. (Hrsg., 1992), Sp. 828-842.

Martinsons, M.G. (1993), Outsourcing information systems: a strategic partnership with risks, in: LRP 26 (1993), Nr. 3, S. 18-25.

Mason, E.S. (1939), Price and production policies of large-scale enterprise, in: American Economic Review 29 (1939), Nr. 1, S. 61-74

Mattsson, L.-G. (1987), Management of strategic change in a 'market-as-networks' perspective, in: Pettigrew, A.M. (Hrsg., 1987), S. 234-260.

McFarlan, F.W.; Nolan, R.L. (1995), How to manage an IT outsourcing alliance, in: SMR 35 (1995), Nr. 4, S. 9-23.

McNulty, P.J. (1968), Economic theory and the meaning of competition, in: Quarterly Journal of Economics 82 (1968), Nr. 4, S. 639-656.

Meffert, H. (1987), Kundendienstpolitik, in: Marketing-ZFP 9 (1987), Nr. 2, S. 93-102.

Meffert, H. (1989), Die Wertkette als Instrument einer integrierten Unternehmensplanung, in: Delfmann, W.; Kuhn, A. et al. (Hrsg., 1989), S. 255-278.

Meffert, H. (1995), Dienstleistungsmarketing, in: Tietz, B.; Köhler, R. et al. (Hrsg., 1995), Sp. 454-469.

Meffert, H. (Hrsg., 1982), Kundendienst-Management: Entwicklungsstand und Entscheidungsprobleme der Kundendienstpolitik, Frankfurt a.M., Bern 1982.

Meffert, H.; Bruhn, M. (2000), Dienstleistungsmarketing: Grundlagen - Konzepte - Methoden, 3. Auflage, Wiesbaden 2000.

Mensch, G. (1996 a), Controlling im Outsourcing-Prozess (I), in: Betrieb und Wirtschaft 50 (1996), Nr. 17, S. 605-609.

Mensch, G. (1996 b), Controlling im Outsourcing-Prozess (II), in: Betrieb und Wirtschaft 50 (1996), Nr. 18, S. 645-650.

Meyer, A. (1984), Marketing für Dienstleistungsanbieter: Vergleichende Analyse verschiedener Dienstleistungsarten, in: Hermanns, A.; Meyer, A. (Hrsg., 1984), S. 197-213.

Meyer, A. (1991), Dienstleistungsmarketing, in: DBW 51 (1991), Nr. 2, S. 195-209.

Meyer, A. (1993), Dienstleistungs-Marketing, in: Meyer, P.W.; Meyer, A. (Hrsg., 1993), S. 173-220.

Meyer, A. (1996), Das Absatzmarktprogramm, in: Meyer, P.W. (Hrsg., 1996), S. 52-83.

Meyer, A. (1998 a), Dienstleistungs-Marketing: Grundlagen und Gliederung des Handbuchs, in: Meyer, A. (Hrsg., 1998), S. 3-22.

Meyer, A. (1998 b), Dienstleistungs-Marketing: Erkenntnisse und praktische Beispiele, 8. Auflage, München 1998.

Meyer, A. (1998 c), Kommunikationspolitik von Dienstleistungsanbietern: Bedeutung und Gestaltungsbereiche, in: Meyer, A. (Hrsg., 1998), S. 1065-1093.

Meyer, A. (Hrsg., 1998), Handbuch Dienstleistungs-Marketing, Stuttgart 1998.

Meyer, A.; Blümelhuber, C. (1995), No Frills! Service - Konzepte ohne Wildwuchs und Schnickschnack, in: ASW 38 (1995), Sondernummer Oktober 1995, S. 30-40.

Meyer, A.; Blümelhuber, C. (1998), Dienstleistungs-Innovation, in: Meyer, A. (Hrsg., 1998), S. 807-826.

Meyer, A.; Blümelhuber, C. (2001), Wettbewerbsorientierte Strategien im Dienstleistungsbereich, in: Bruhn, M.; Meffert, H. (Hrsg., 2001), S. 369-398.

Meyer, A.; Dullinger, F. (1998), Leistungsprogramm von Dienstleistungs-Anbietern, in: Meyer, A. (Hrsg., 1998), S. 711-735.

Meyer, A.; Mattmüller, R. (1987), Qualität von Dienstleistungen – Entwurf eines praxisorientierten Qualitätsmodells, in: Marketing-ZFP 9 (1987), Nr. 3, S. 187-195.

Meyer, A.; Noch, R. (1992), Dienstleistungen im Investitionsgütermarketing, in: WISU 21 (1992), Nr. 12, S. 954-961.

Meyer, P.W. (Hrsg., 1996), Integrierte Marketingfunktionen, 4. Auflage, Stuttgart 1996.

Meyer, P.W.; Meyer, A. (Hrsg., 1993), Marketing-Systeme, Grundlagen des institutionalen Marketing, 2. Auflage, Stuttgart 1993.

Meyer, U.; Leuppi, R. (1992), Outsourcing - ein neuer Megatrend in der Informatik, in: io Management Zeitschrift 61 (1992), Nr. 4, S. 49-51.

Michalski, T. (1997), Dienstleistungen als strategische Wachstumsoption für global tätige Industrieunternehmen, in: Die Unternehmung 51 (1997), Nr. 5, S. 359-374.

Michel, U. (1994), Kooperation mit Konzept - Wertsteigerung durch strategische Allianzen, in: Controlling 6 (1994), Nr. 1, S. 20-28.

Miles, R.E.; Snow, C.C. (1986), Organizations: new concepts for new forms, in: CMR 28 (1986), Nr. 3, S. 62-73.

Milling, P. (Hrsg., 1991), Systemmanagement und Managementsysteme, Berlin 1991.

Mintzberg, H. (1994 a), Das wahre Geschäft der strategischen Planer, in: HBM 16 (1994), Nr. 3, S. 9-15.

Mintzberg, H. (1994 b), The rise and fall of strategic planning, New York 1994.

Mohr, N. (1995), Kommunikation als Interaktionsvariable im Kooperationsmanagement, in: Schertler, W. (Hrsg., 1995), S. 317-386.

Molzahn, R.A. (1993), Service als Gegenstand von Wertschöpfungsbeziehungen, in: BA 49 (1993), Nr. 10, S. 25-29.

Morath, F.A. (1996), Interorganisationale Netzwerke: Dimensions - Determinants - Dynamics, Diskussionspapier Nr. 15 des Lehrstuhls für Management der Universität Konstanz, Konstanz 1996.

Müller, H.-E.; Prangenberg, A. (1997), Outsourcing-Management: Handlungsspielräume bei Ausgliederung und Fremdvergabe, Köln 1997.

Müller-Stewens, G. (1990), Strategische Suchfeldanalyse: Die Identifikation neuer Geschäfte zur Überwindung struktureller Stagnation, 2. Auflage, Wiesbaden 1999.

Müller-Stewens, G. (1995), Portfolio-Analysen, in: Tietz, B.; Köhler, R. et al. (Hrsg., 1995), Sp. 2041-2055.

Müller-Stewens, G.; Drolshammer, J.; Kriegmeier, J. (1999), Professional Service Firms - Branchenmerkmale und Gestaltungsfelder des Managements, in: Müller-Stewens, G.; Drolshammer, J. et al. (Hrsg., 1999), S. 11-153.

Müller-Stewens, G.; Drolshammer, J.; Kriegmeier, J. (Hrsg., 1999), Professional Service Firms: Wie sich multinationale Dienstleister positionieren, Frankfurt a.M. 1999.

Nagengast, J. (1997), Outsourcing von Dienstleistungen industrieller Unternehmen, Hamburg 1997.

Neckermann, G.; Wessels, H. (1992), Dienstleistungsangebot des Maschinenbaus, in: ZfB 62 (1992), Nr. 5, S. 521-538.

Nefiodow, L.A. (1991), Der fünfte Kondratieff: Strategien zum Strukturwandel in Wirtschaft und Gesellschaft, 2. Auflage, Frankfurt a.M. 1991.

Niemand, S. (1996), Target Costing für industrielle Dienstleistungen, München 1996.

Nilsson, R. (1992), Konzeption eines Outsourcing-Projektes, in: Online o.Jg. (1992), Nr. 3, S. 67-70.

Nippa, M. (1992), Service - Schnittstelle zwischen Markt und Technik, in: Reichwald, R. (Hrsg. 1992), S. 140-153.

Nippa, M.; Scharfenberg, H. (Hrsg., 1997), Implementierungsmanagement, Wiesbaden 1997.

Noch, R. (1995), Dienstleistungen im Investitionsgüter-Marketing, München 1995.

o. Hrsg. (Hrsg., 2001), PONS - Großwörterbuch für Experten und Universität: Englisch-Deutsch, Stuttgart, Düsseldorf, Leipzig, 2001.

o.V. (1990 a), „Funktion", in: Wissenschaftlicher Rat der Dudenredaktion (Hrsg., 1990), S. 267.

o.V. (1993 a), Outsourcing profitiert von der Not der Kunden, in: Computerwoche 33 (1993), 13.08.1993, S. 7-8.

o.V. (1993 b), Logistikzentrum versorgt neues Motorenwerk in Köln, in: Logistik im Unternehmen 7 (1993), Nr. 7-8, S. 32-34.

o.V. (1993 c), Outsourcing: Von Philips zu Origin, in: Büroorganisation, Informationstechnik, Telekommunikation 29 (1993), Nr. 10, S. 8-12.

o.V. (1995 a), Logistik-Dienstleister betreibt Warenverteilzentrum im Opel-Werk Kaiserslautern, in: Logistik im Unternehmen 9 (1995), Nr. 11-12, S. 54-55.

o.V. (1995 b), DV-Outsourcing im Kommen, in: BA 51 (1995), Nr. 12, S. 38.

o.V. (1996), DIW: Keine Dienstleistungslücke in Deutschland, in: Süddeutsche Zeitung Nr. 87, 15.04.1996, S. 21.

o.V. (1997 a), Paul Romer, in: TIME 149 (1997), Nr. 16, S. 56-57.

o.V. (1997 b), Industrial competitiveness and business services: Report to the Industry Council of the European Commission, Brüssel 1997.

o.V. (1998), Outsourcing deals not delivering what the customer expects?, in: Management Accounting 76 (1998), Nr. 6, S. 7-8.

o.V. (1999), The 1999 strategic outsourcing study, New York 1999.

o.V. (2000 a), Outsourcing relationships become more complex, in: www.outsourcing-academics.com, 11.05.2000, S. 1-4.

o.V. (2000 b), The rise of global business process outsourcing, in: www.outsourcing-europe.com, 11.05.2000, S. 1-8.

o.V. (2000 c), Creating new business synergies through outsourcing, in: www.businessweek.com, 03.02.2000, S. 1-4.

o.V. (2000 d), Klauseln zur vertraglichen Gestaltung, in: BA 56 (2000), Nr. 10, S. 50-56.

o.V. (2001 a), „Outsourcing", in: o. Hrsg. (Hrsg., 2001), S. 578.

o.V. (2001 b), „Sourcing", in: o. Hrsg. (Hrsg., 2001), S. 799.

Oldenburg, S.; Seidlmeier, H. (1997), Anwendung von Wertkettenkonzept und Conjoint-Analyse beim Reengineering öffentlicher Unternehmen, in: Nippa, M.; Scharfenberg, H. (Hrsg., 1997), S. 221-242.

Olemotz, T. (1995), Strategische Wettbewerbsvorteile durch industrielle Dienstleistungen, Frankfurt a.M., Berlin, Bern et al. 1995.

Oppermann, R. (1998), Marktorientierte Dienstleistungsinnovation: Besonderheiten von Dienstleistungen und ihre Auswirkungen auf eine abnehmerorientierte Innovationsgestaltung, Göttingen 1998.

Ordelheide, D. (1993), Institutionelle Theorie der Unternehmung, in: Wittmann, W.; Kern, W. et al. (Hrsg., 1993), Sp. 1838-1855.

Palloks-Kahlen, M.; Kuczynski, S. (2000), Instrumente für den effizienten und kundenorientierten Einsatz von Service-Leistungen, in: Controlling 12 (2000), Nr. 3, S. 135-144.

Parasuraman, A.; Zeithaml, V.A.; Berry, L.L. (1985), A conceptual model of service quality and its implications for future research, in: JM 49 (1985), Nr. 4, S. 41-50.

Paul, M.; Reckenfelderbäumer, M. (2001), Preisbildung und Kostenrechnung bei Dienstleistungen, in: Bruhn, M.; Meffert, H. (Hrsg., 2001), S. 627-659.

Pawellek, G.; Röben, D. (1998), Bewertung von Dienstleistern, in: BA 54 (1998), Nr. 3, S. 80-81.

Penrose, E.T. (1959), The theory of the growth of the firm, Oxford 1959.

Pepels, W. (1999), Marketingrelevante Besonderheiten von Dienstleistungen, in: WISU 28 (1999), Nr. 5, S. 699-704.

Perridon, L.; Steiner, M. (1999), Finanzwirtschaft der Unternehmung, 10. Auflage, München 1999.

Pestel, E. (Hrsg., 1986), Perspektiven der Dienstleistungswirtschaft, Göttingen 1986.

Pettigrew, A.M. (Hrsg., 1987), The management of strategic change. Oxford 1987.

Pfaffmann, E. (1999), Die Grenzen des Transkationskostenansatzes: Einige kritische Anmerkungen zu Gestaltungsempfehlungen im Kontext von Make-or-Buy-Entscheidungen, in: WiSt 28 (1999), Nr. 11, S. 616-619.

Pfeffer, J.; Salancik, G.R. (1978), The external control of organizations: a resource dependence perspective, New York 1978.

Pfeiffer, W.; Schneider, W.; Dögl, R. (1986), Technologie-Portfolio-Management, in: Staudt, E. (Hrsg., 1986), S. 107-124.

Picot, A. (1981), Der Beitrag der Theorie der Verfügungsrechte zur ökonomischen Analyse von Unternehmensverfassungen, in: Bohr, K.; Drukarczyk, J. et al. (Hrsg., 1981), S. 153-197.

Picot, A. (1982), Transaktionskostenansatz in der Organisationstheorie: Stand der Diskussion und Aussagewert, in: DBW 42 (1982), Nr. 2, S. 267-284.

Picot, A. (1991), Ein neuer Ansatz zur Gestaltung der Leistungstiefe, in: ZfbF 43 (1991), Nr. 4, S. 336-357.

Picot, A. (1993), Transaktionskostenansatz, in: Wittmann, W.; Kern, W. et al. (Hrsg., 1993), Sp. 4194-4204.

Picot, A. (1995), Verfügungsrechtstheorie, Transaktionskosten und Führung, in: Kieser, A. (Hrsg., 1995), Sp. 2106-2113.

Picot, A.; Franck, E. (1993), Vertikale Integration, in: Hauschildt, J.; Grün, O. (Hrsg., 1993), S. 179-219.

Picot, A.; Hardt, P. (1998), Make-or-Buy-Entscheidungen, in: Meyer, A. (Hrsg., 1998), S. 625-646.

Picot, A.; Maier, M. (1992 a), Analyse- und Gestaltungskonzepte für das Outsourcing, in: Information Management 7 (1992), Nr. 4, S. 14-27.

Picot, A.; Maier, M. (1992 b), Informationssysteme, computergestützte, in: Frese, E. (Hrsg., 1992), Sp. 923-936.

Picot, A.; Neuburger, R. (1995), Agency Theorie und Führung, in: Kieser, A. (Hrsg., 1995), Sp. 14-21.

Picot, A.; Reichwald, R. (1994), Auflösung der Unternehmung?, in: ZfB 64 (1994), Nr. 5, S. 547-570.

Picot, A.; Reichwald, R.; Wigand, R.T. (1998), Die grenzenlose Unternehmung: Information, Organisation und Management, 3. Auflage, Wiesbaden 1998.

Piepenbrock, H. (1997), Service in Deutschland, in: Mangold, K. (Hrsg., 1997), S. 88-101.

Pisano, G.P. (1990), The R&D boundaries of the firm: an empirical analysis, in: ASQ 35 (1990), Nr. 1; S. 153-176.

Porter, M.E. (1981), The contributions of industrial organization to strategic management, in: AMR 6 (1981), Nr. 4, S. 609-620.

Porter, M.E. (1990), The competitive advantage of nations, London, Basingstoke 1990.

Porter, M.E. (1997), Wettbewerbsstrategie: Methoden zur Analyse von Branchen und Konkurrenten, 9. Auflage, Frankfurt a.M. 1997.

Porter, M.E. (1999), Wettbewerbsvorteile, 5. Auflage, Frankfurt a.M., New York 1999.

Potthoff, E. (1989), Dienstleistungsbetriebe, Planung von, in: Szyperski, N.; Winand, U. (Hrsg., 1989), Sp. 290-296.

Prahalad, C.K.; Hamel, G. (1990), The core competence and the corporation, in: HBR 68 (1990), Nr. 3, S. 79-91.

Prahalad, C.K.; Hamel, G. (1991), Nur Kernkompetenzen sichern das Überleben, in: HBM 13 (1991), Nr. 2, S. 66-78.

Pratt, J.W.; Zeckhauser, R.J. (1985), Principals and agents, in: Pratt, J.W.; Zeckhauser, R.J. (Hrsg., 1985), S. 1-35.

Pratt, J.W.; Zeckhauser, R.J. (Hrsg., 1985), Principals and agents: the structure of business, Boston 1985.

Preissner-Polte, A. (1992), Ausstieg auf Raten, in: manager magazin 22 (1992), Nr. 2, S. 124-131.

Proff, H. (1997), Hybride Strategien: Unternehmensstrategien zur Sicherung der Überlebens, in: WiSt 26 (1997), Nr. 6, S. 305-307.

Quinn, J.B. (1992), Intelligent enterprise: a knowledge and service based paradigm for industry, New York 1992.

Quinn, J.B. (1999), Strategic Outsourcing: Leveraging Knowledge Capabilities, in: SMR 39 (1999), Nr. 4, S. 9-21.

Quinn, J.B. (2000), Outsourcing innovation: The new engine of growth, in: SMR 40 (2000), Nr. 4, S. 13-28.

Quinn, J.B.; Doorley, T.L.; Paquette, P.C. (1990), Beyond products: services-based strategy, in: HBR 68 (1990), Nr. 2, S. 58-72.

Quinn, J.B.; Hilmer, F.G. (1994), Strategic Outsourcing, in: SMR 35 (1994), Nr. 4, S. 43-55.

Ramaswamy, R. (1996), Design and management of service processes, Reading 1996.

Rasche, C. (1994), Wettbewerbsvorteile durch Kernkompetenzen: Ein ressourcenorientierter Ansatz, Wiesbaden 1994.

Rathmell, J.M. (1974), Marketing for the service sector, Cambridge 1974.

Reckenfelderbäumer, M. (1995), Immaterialität und Integrativität als Leistungsmerkmale - kritische Analyse und weiterführende Überlegungen, in: Engelhardt, W.H. (Hrsg., 1995), S. 1-25.

Reckenfelderbäumer, M. (1998), Marktorientiertes Kosten-Management von Dienstleistungs-Unternehmen, in: Meyer, A. (Hrsg., 1998), S. 394-418.

Reichmann, T.; Neukirchen, R. (1998), Potentialanalyse interner Dienstleistungsprozesse: Eine vorgelagerte Entscheidungsstufe für das Outsourcing, in: Controlling 10 (1998), Nr. 6, S. 340-348.

Reichmann, T.; Palloks, M. (1995), Make-or-buy-Entscheidungen, in: Controlling, 7 (1995), Nr. 1, S. 4-11.

Reichwald, R. (Hrsg., 1992), Marktnahe Produktion: lean production - Leistungstiefe - Time-to-market-Vernetzung - Qualifikation, Wiesbaden 1992.

Reinecke, S. (1996), Marketing für komplexe Informationstechnologie-Dienstleistungen: Management von IT-Outsourcing-Kooperationen aus Anbietersicht, Hallstadt 1996.

Reinecke, S. (1998), Das Phänomen „Abhängigkeit" im IT-Outsourcing, in: io Management Zeitschrift 67 (1998), Nr. 9, S. 38-43.

Reiß, M. (1993), Implementierung als Erfolgsbasis des Lean Managements, in: gfmt AG (Hrsg., 1993), S. 449-484.

Reiß, M. (1994 a), Implementierung dezentraler Produktionskonzepte, in: Corsten, H. (Hrsg., 1994 a), S. 403-417.

Reiß, M. (1994 b), Unternehmertum als Herausforderung für das Controlling, in: Scheer, A.-W. (Hrsg., 1994), S. 439-454.

Reiß, M. (1995), Implementierung, in: Corsten, H.; Reiß, M. (Hrsg., 1995), S. 291-301.

Reiß, M. (1997), Outsourcing jenseits von „Make or Buy", in: BA 53 (1997), Nr. 7, S. 26-28.

Reiß, M. (2001), Netzwerk-Kompetenz, in: Corsten, H. (Hrsg., 2001), S. 121-187.

Richter, F.-J. (1995), Erfolg durch Kooperation: Dynamik von Allianznetzwerken als Herausforderung der 90er Jahre, in: BFuP 46 (1995), Nr. 5, S. 523-539.

Rieckhoff, H.C. (Hrsg., 1994), Strategieentwicklung: Konzepte - Erfahrungen - Fallstudien, 2. Auflage, Stuttgart 1994.

Rockart, J.F. (1979), Chief executives define their own data needs, in: HBR 57 (1979), Nr. 3-4, S. 81-92.

Rommel, G. (1994), Outsourcing als Instrument zur Optimierung der Leistungstiefe, in: Corsten, H. (Hrsg., 1994 a), S. 207-220.

Rommel, K.; Püschel, M. (1994), Outsourcing: Quantitative und qualitative Aspekte, in: Wagner, H. (Hrsg., 1994), S. 119-134.

Rosada, M. (1990), Kundendienststrategien im Automobilsektor: Theoretische Fundierung und Umsetzung eines Konzeptes zur differenzierten Vermarktung von Sekundärdienstleistungen, Berlin 1990.

Rösner, J. (1998), Service - ein strategischer Erfolgsfaktor von Industrieunternehmen?, Hamburg 1998.

Rück, H.R.G. (1995), Dienstleistungen - ein Definitionsansatz auf Grundlage des „Make or Buy"-Prinzips, in: Kleinaltenkamp, M. (Hrsg., 1995), S. 1-31.

Rühli, E. (1994), Der Resource-based View of Strategy. Ein Impuls für einen Wandel im unternehmungspolitischen Denken und Handeln?, in: Gomez, P.; Hahn, D. et al. (Hrsg., 1994), S. 31-57.

Rühli, E. (1995), Ressourcenmanagement: Strategischer Erfolg dank Kernkompetenzen, in: Die Unternehmung 49 (1995), Nr. 2, S. 91-105.

Rühli, E. (1996), Unternehmensführung und Unternehmenspolitik, Band 1, 3. Auflage, Bern, Stuttgart, Wien 1996.

Rumelt, R.P. (1991), How much does industry matter?, in: SMJ 12 (1991), Nr. 3, S. 167-185.

Ruthekolck, T.; Kelders, C. (1993), Effizienzsteigerung durch Outsourcing oder interne Maßnahmen?, in: Office Management 41 (1993), Nr. 4, S. 56-61.

Say, J.-P. (1876), Traité d'Économie politique ou simple Exposition de la Manière dont se forment, se distribuent et se consomment les Richesses. 8. Auflage, Paris 1876.

Schade, C.; Schott, E. (1993), Instrumente des Kontraktgütermarketing, in: DBW 53 (1993), Nr. 4, S. 491-511.

Schäfer-Kunz, J.; Tewald, C. (1998), Make-or-Buy-Entscheidungen in der Logistik, Wiesbaden 1998.

Schanze, E. (1991), Symbiotic contracts: Exploring long-term agency structures between contract and cooperation, in: Joerges, C. (Hrsg., 1991), S. 67-103.

Scharitzer, D. (1993), Das Dienstleistungs-'Produkt', in: Der Markt 32 (1993), Nr. 125, S. 94-107.

Schätzer, S. (1999), Unternehmerische Outsourcing-Entscheidungen: eine transaktionskostentheoretische Analyse, Wiesbaden 1999.

Schaumann, F. (1997), Dienstleistungen für das 21. Jahrhundert - Zukunftspotentiale für Wirtschaft und Beschäftigung in Deutschland, in: Bullinger, H.-J. (Hrsg., 1997), S. 5-14.

Scheer, A.-W. (Hrsg., 1994), Rechnungswesen und EDV: Innovatives Controlling - der Weg zum Turnaround, Heidelberg 1994.

Scherer, F.M. (1966), Industrial market structure and economic performance, 3. Auflage, Chicago 1966.

Scherm, E. (1996), Outsourcing: Ein komplexes, mehrstufiges Entscheidungsproblem, in: ZP 7 (1996), Nr. 1, S. 45-60.

Schertler, W. (Hrsg., 1995), Management von Unternehmenskooperationen: Branchenspezifische Analysen; neueste Forschungsergebnisse, Wien 1995.

Scheuch, F. (1982), Dienstleistungsmarketing, München 1982.

Scheuing, E.E. (1998), Beschaffung von Dienstleistungen, in: Meyer, A. (Hrsg., 1998), S. 1275-1286.

Scheuing, E.E.; Johnson, E.M. (1989), A proposed model for new service development, in: Journal of Services Marketing 3 (1989), Nr. 2, S. 25-34.

Schimmelpfeng, K. (1994), ZP-Stichwort: Verrechnungspreise, in: ZP 4 (1994), Nr. 1, S. 93-96.

Schmenner, R.W. (1995), Service Operations Management, Englewood Cliffs 1995.

Schmid, K. (1996), Absichtserklärungen und ihre Folgen, in: BA 52 (1996), Nr. 8, S. 20-21.

Schmitt-Grohé, J. (1972), Produktinnovation: Verfahren und Organisation der Neuproduktplanung, Wiesbaden 1972.

Schmitz, G. (2000), Die Ermittlung von Kundendienstanforderungen an industrielle Dienstleistungen, in: ZP 11 (2000), Nr. 2, S. 195-215.

Schnabel, U.; Barth, T.; Ueberall, J. (1998), Kundenorientierte Bündelung von Mobilitätsdienstleistungen in virtuellen Unternehmensstrukturen, in: IM 13 (1998), Sonderausgabe „Service Engineering“, S. 67-72.

Schneider, D. (1996), Strategisches Insourcing-Outsourcing-Controlling mit Make-or-Buy-Portfolios, in: CM 21 (1996), Nr. 4, S. 207-212.

Schneider, H. (1996), Outsourcing von Gebäude- und Verwaltungsdiensten, Stuttgart 1996.

Schoemaker, P.J.H. (1992), How to link strategic vision to core capabilities, in: SMR 34 (1992), Nr. 3, S. 67-81.

Schönrock, A. (1982), Die Gestaltung des Leistungsmix im marktorientierten Kundendienst, in: Meffert, H. (Hrsg., 1982), S. 81-123.

Schott, E. (1995), Risiken des Outsourcing, in: Berg, J.; Gräber, H. (Hrsg., 1995), S. 15-29.

Schott, E. (1997), Markt und Geschäftsbeziehung beim Outsourcing, Wiesbaden 1997.

Schott, E.; Warwitz, C. (1995), Der Markt für IV-Outsourcing in Deutschland - Begriffe, Daten und Entwicklungen, Arbeitspapier Nr. 6 des Lehrstuhls für BWL, insb. Marketing der Johann Wolfgang Goethe-Universität Frankfurt, Frankfurt a.M. 1995.

Schreyögg, G. (1984), Unternehmensstrategie: Grundfragen einer Theorie strategischer Unternehmensführung, Berlin, New York 1984.

Schreyögg, G. (1993), Umfeld der Unternehmung, in: Wittmann, W.; Kern, W. et al. (Hrsg., 1993), Sp. 4231-4247.

Schröder, J. (1995), Outsourcing: Entsorgungsmodell oder Innovationspartnerschaft, in: Köhler-Frost, W. (Hrsg., 1995), S. 25-42.

Schüller, D. (1992), Juristische Aspekte des Outsourcing, in: Heinrich, W. (Hrsg., 1992), S. 158-177.

Schumpeter, J.A. (1934), The theory of economic development, Cambridge, Mass. 1934.

Schweitzer, M. (1994), Gegenstand der Industriebetriebslehre, in: Schweitzer, M. (Hrsg., 1994), S. 1-60.

Schweitzer, M. (Hrsg., 1994), Industriebetriebslehre, 2. Auflage, München 1994.

Sebastian, K.-H.; Hilleke, K. (1994), Rückzug ohne Risiko I, in: ASW 37 (1994), Nr. 1, S. 50-55.

Selchert, F.W. (1971), Die Ausgliederung von Leistungsfunktionen aus betriebswirtschaftlicher Sicht, Berlin 1971.

Shostack, G.L.; Kingman-Brundage, J. (1982), How to design a service, in: European Journal of Marketing 16 (1982), Nr. 1, S. 49-63.

Siebert, H. (2000), Einführung in die Volkswirtschaftslehre, 13. Auflage, Stuttgart, Berlin, Köln 2000.

Siegwart, H.; Malik, F.; Mahari, J. (Hrsg., 1995), Meilensteine im Management, Band 5: Unternehmenspolitik und Unternehmens-strategie, Stuttgart, Zürich 1995.

Simke, J. (2000), Emerging Trends in Outsourcing, in: www.pwcglobal.com, 11.05.2000, S. 1-3.

Simon, H. (1993 a), Industrielle Dienstleistung und Wettbewerbsstrategie, in: Simon, H. (Hrsg., 1993), S. 3-22.

Simon, H. (1993 b), Preisbildung für industrielle Dienstleistungen: Theorie und Anwendungen, in: Simon, H. (Hrsg., 1993), S. 187-218.

Simon, H. (1994), Preispolitik für industrielle Dienstleistungen, in: DBW 54 (1994), Nr. 6, S. 719-737.

Simon, H. (Hrsg., 1993), Industrielle Dienstleistungen, Stuttgart 1993.

Simon, H.A. (1981), Entscheidungsverhalten in Organisationen: Eine Untersuchung von Entscheidungsprozessen in Management und Verwaltung, Landsberg 1981.

Simon, H.A. (1997), Administrative behavior, 4. Auflage, New York 1997.

Smith, A. (1974), Der Wohlstand der Nationen, übersetzt nach der 5. Auflage des englischsprachigen Originals, London 1789, München 1974.

Sommerlad, K. (2000), Vertrag und rechtliche Rahmenbedingungen beim Outsourcing in der Informationsverarbeitung, in: Köhler-Frost, W. (Hrsg., 2000), S. 281-300.

Spremann, K. (1990), Asymmetrische Information, in: ZfB 60 (1990), Nr. 5-6, S. 561-586.

Stabell, C.B.; Fjeldstad, Ø.D. (1998), Configuring value for competitive advantage: On chains, shops, and networks, in: SMJ 19 (1998), Nr. 5, S. 413-437.

Staehle, W.H. (1999), Management: eine verhaltenswissenschaftliche Perspektive, 8. Auflage, bearbeitet von P. Conrad und J. Sydow, München 1999

Staehle, W.H.; Conrad, P. (Hrsg., 1991), Managementforschung 2, Berlin, New York 1992.

Staudacher, R. (2000), Steuerliche, gesellschaftsrechtliche und arbeitsrechtliche Aspekte von Outsourcing-Maßnahmen, in: Köhler-Frost, W. (Hrsg., 2000), S. 301-314.

Staudt, E. (1985), Innovation, in: DBW 45 (1985), Nr. 4, S. 486-487.

Staudt, E. (Hrsg., 1986), Das Management von Innovation, Frankfurt a.M. 1986.

Stauss, B. (1992), Dienstleistungsmarketing und Dienstleistungsmanagement, in: DBW 52 (1992), Nr. 5, S. 675-689.

Stauss, B. (1994), Dienstleistungsmarken, in: Bruhn, M. (Hrsg., 1994), S. 79-103.

Stauss, B. (1996), Dienstleistungen als Faktoren, in: Kern, W.; Schröder, H.H. et al. (Hrsg., 1996), Sp. 318-327.

Stauss, B. (1997), Besonderheiten der Qualitätsmessung bei industriellen Dienstleistungen unter besonderer Berücksichtigung der Buying Center-Problematik, in: Backhaus, K.; Günter, B.; Kleinaltenkamp, M. et al. (Hrsg., 1997), S. 503-523.

Steinle, C.; Bruch, H.; Nasner, N. (1997), Kernkompetenzen - Konzepte, Ermittlung und Einsatz zur Strategieevaluation, in: ZP 8 (1997), Nr. 1, S. 1-23.

Steinmann, H.; Schreyögg, G. (1985), Strategische Kontrolle, in: ZfbF 37 (1985), Nr. 5, S. 391-410.

Steinmann, H.; Schreyögg, G. (1993), Management: Grundlagen der Unternehmensführung, 3. Auflage, Wiesbaden 1993.

Stigler, G.M. (1968), The organization of industry, Homewood 1968.

Strambach, S. (1995), Wissensintensive unternehmensorientierte Dienstleistungen: Netzwerke und Interaktion, Münster 1995.

Strambach, S. (1997), Wissensintensive unternehmensorientierte Dienstleistungen - ihre Bedeutung für die Innovations- und Wettbewerbsfähigkeit Deutschlands, in: Vierteljahreshefte zur Wirtschaftsforschung 66 (1997), Nr. 2, S. 230-242.

Strambach, S. (1999), Wissensintensive unternehmensorientierte Dienstleistungen im Innovationssystem von Baden-Württemberg - am Beispiel der Technischen Dienste, Arbeitsbericht Nr. 133 der Akademie für Technikfolgenabschätzung in Baden-Württemberg, Stuttgart 1999.

Sydow, J. (1991), Strategische Netzwerke und Transaktionskosten. Über die Grenzen einer transaktionskostentheoretischen Erklärung der Evolution strategischer Netzwerke, in: Staehle, W.H.; Conrad, P. (Hrsg., 1991), S. 239-311.

Sydow, J. (1992), Strategische Netzwerke: Evolution und Organisation, Wiesbaden 1992.

Sydow, J. (1995), Konstitutionsbedingungen von Vertrauen in Unternehmensnetzwerken - theoretische und empirische Einsichten, in: Bühner, R.; Haase, K.D. et al. (Hrsg., 1995), S. 177-200.

Sydow, J.; Windeler, A. (Hrsg., 1994), Management interorganisationaler Beziehungen, Opladen 1994.

Szyperski, N.; Schmitz, P.; Kronen, J. (1993), Outsourcing: Profil und Markt einer Dienstleistung für Unternehmen auf dem Weg zur strategischen Zielsetzung, in: Wirtschaftsinformatik 35 (1993), Nr. 2, S. 228-240.

Szyperski, N.; Winand, U. (Hrsg., 1989), Handwörterbuch der Planung, Stuttgart 1989.

Tampoe, M. (1994), Exploiting the core competence of Your organization, in: LRP 27 (1994), Nr. 4, S. 66-77.

Thieme, H.J. (1995), Wirtschaftssysteme, in: Bender, D; Berg, H. et al. (Hrsg., 1995), S. 3-49.

Thom, N. (1980), Grundlagen des betrieblichen Innovationsmanagements, 2. Auflage, Königstein 1980.

Thompson, G.; Frances, J.; Levacic, R.; Mitchell, J. (Hrsg., 1991), Markets, hierarchies and networks: the coordination of social life, London, Thousand Oaks, New Delhi 1991.

Tietz, B. (Hrsg., 1974), Handwörterbuch der Absatzwirtschaft, Stuttgart 1974.

Tietz, B.; Köhler, R.; Zentes, J. (Hrsg., 1995), Handwörterbuch des Marketing, 2. Auflage, Stuttgart 1995.

Töpfer, A. (1996 a), Dienstleistungsqualität in der Investitionsgüterbranche: Bedeutung, Entwicklung, Umsetzung, in: Der Markt 35 (1996), Nr. 137, S. 107-115.

Töpfer, A. (1996 b), Grundsätze industrieller Dienstleistungen, in: Töpfer, A.; Mehdorn, H. (Hrsg., 1996), S. 23-46.

Töpfer, A.; Mehdorn, H. (1996), Vom Produkt über Service zur Dienstleistung: Ansatzpunkte zur Differenzierung gegenüber dem Wettbewerb, in: Töpfer, A.; Mehdorn, H. (Hrsg., 1996), S. 1-13.

Töpfer, A.; Mehdorn, H. (Hrsg., 1996), Industrielle Dienstleistungen: Servicestrategie oder Outsourcing?, Neuwied, Kriftel, Berlin 1996.

Turner, D.; Crawford, M. (1994), Managing current and future competitive performance: The role of competence, in: Hamel, G.; Heene, A. (Hrsg., 1994), S. 241-263.

Ulrich, H. (1984), Management, Bern, Stuttgart 1984.

Ulrich, H.; Probst, G.J.B. (1995), Anleitung zum ganzheitlichen Denken und Handeln, 4. Auflage, 1995.

Vandermerwe, S.; Chadwick, M. (1991), The internationalization of services, in: Lovelock, C.H. (Hrsg., 1991), S. 48-58.

VDI/VDE-Gesellschaft Mess- und Automatisierungstechnik (Hrsg., 2001), Automatisierungstechnik im Spannungsfeld neuer Technologien, Düsseldorf 2001.

Vikas, K. (1990), Controllingorientierte Systeme der Leistungs- und Kostenrechnung für den Dienstleistungsbereich, in: KRP 34 (1990), Nr. 5, S. 265-268.

Volck, S. (1997), Die Wertkette im prozessorientierten Controlling, Wiesbaden 1997.

Vorbrugg, G.; Berrar, C. (1998), Recht der Dienstleistung, in: Meyer, A. (Hrsg., 1998), S. 67-104.

Wagner, G.R. (Hrsg., 1999), Unternehmensführung, Ethik und Umwelt, Wiesbaden 1999.

Wagner, H. (Hrsg., 1994), Betriebswirtschaftslehre und Unternehmensforschung, Wiesbaden 1994.

Walker, G.; Weber, D.A. (1984), The transaction cost approach to make-or-buy decisions, in: ASQ 29 (1984), Nr. 3, S. 373-391.

Weidler, A. (1997), Entwicklung integrierter Innovationsstrategien, Frankfurt a.M., Berlin, Bern et al. 1997.

Weilenmann, P. (1984), Make or Buy, Kauf oder Eigenfertigung - Anspruch und schweizerische Wirklichkeit, in: Die Unternehmung 38 (1984), Nr. 3, S. 207-229.

Weiss, M. (1993), Planung der Fertigungstiefe: ein hierarchischer Ansatz, Wiesbaden 1993.

Welge, M.K.; Al-Laham, A. (1999), Strategisches Management: Grundlagen - Prozess - Implementierung, 2. Auflage Wiesbaden 1999.

Welge, M.K.; Häring, K.; Voss, A. (Hrsg., 2000), Management-Development: Praxis, Trends und Perspektiven, Stuttgart 2000.

Wenger, E.; Terberger E. (1988), Die Beziehung zwischen Agent und Prinzipal als Baustein einer ökonomischen Theorie der Organisation, in: WiSt 17 (1988), Nr. 10, S. 506-514.

Wernerfelt, B. (1984), A resource-based view of the firm, in: SMJ 5 (1984), Nr. 2, S. 171-180.

Wildemann, H. (1988), Die modulare Fabrik, 2. Auflage, München 1988.

Wildemann, H. (1992), Unter Herstellern und Zulieferern wird die Arbeit neu verteilt, in: HBM 14 (1992), Nr. 2, S. 82-93.

Wildemann, H. (1994), DBW-Stichwort: „Insourcing", in: DBW 54 (1994), Nr. 3, S. 415-417.

Wildemann, H. (1995), Kooperationen über die Wertschöpfungskette, in: Corsten, H.; Reiß, M. (Hrsg., 1995), S. 743-751.

Williams, O. (1998), Outsourcing: A CIO's perspective, Boca Raton, Boston, London et al. 1998.

Williamson, O.E. (1975), Markets and hierarchies, New York, London 1975.

Williamson, O.E. (1985), The economic institutions of capitalism, London, New York 1985.

Williamson, O.E. (1996), Economic Organization: The case for Candor, in: AMR 21 (1996), Nr. 1, S. 48-57.

Williamson, O.E.; Winter, S.G. (Hrsg., 1991), The nature of the firm: origins, evolution, and development, New York, Oxford 1991.

Wimmers, S.; Hauser, H.-E.; Paffenholz, G. (1999), Wachstumsmarkt Dienstleistungen, Wiesbaden 1999.

Windsperger, J. (1996), Transaktionskostenansatz der Entstehung der Unternehmensorganisation, Heidelberg 1996.

Winkelmann-Ackermann, S.; Bundi, M. (1999), Service Level Agreements gezielt einsetzen, in io management Zeitschrift 68 (1999), Nr. 3, S. 36-40.

Wirth, S. (Hrsg., 2002), Vernetzt planen und produzieren: Neue Entwicklungen in der Gestaltung von Forschungs-, Produktions- und Dienstleistungsnetzen, Stuttgart 2002.

Wissenschaftlicher Rat der Dudenredaktion (Hrsg., 1990), Duden, Band 5: Fremdwörterbuch, 5. Auflage, Mannheim, Leipzig, Wien et al. 1990.

Wißkirchen, F. (Hrsg., 1999), Outsourcing-Projekte erfolgreich realisieren, Stuttgart 1999.

Witt, F.-J. (1988), Die Typologisierung unternehmensinterner Leistungen, in: ZfB 58 (1988), Nr. 7, S. 660-682.

Witte, E. (1993), Entscheidungsprozesse, in: Wittmann, W.; Kern, W. et al. (Hrsg., 1993), Sp. 910-920.

Witte, E.; Thimm, A.L. (Hrsg., 1977), Entscheidungstheorie, Wiesbaden 1977.

Wittmann, W.; Kern, W.; Köhler, R.; Küpper, H.-U.; Wysocki, K. von (Hrsg., 1993), Handwörterbuch der Betriebswirtschaft, 5. Auflage, Stuttgart 1993.

Wöhe, G. (1990), Entwicklungstendenzen der Allgemeinen Betriebswirtschaftslehre im letzten Drittel unseres Jahrhunderts - Rück-blick und Ausblick, in: DBW 50 (1990), Nr. 2, S. 223-236.

Wojda, F. (Hrsg., 2000), Innovative Organisationsformen: Neue Entwicklungen in der Unternehmensorganisation, Stuttgart 2000.

Wolff, B. (1995), Organisation durch Verträge: Koordination und Motivation in Unternehmen, Wiesbaden 1995.

Wolff, H. (1990), Das Dienstleistungswachstum - eine moderne Umwegproduktion, in: MittAB 23 (1990), Nr.1, S. 63-67.

Wolff, H. (1998), Die volkswirtschaftliche Bedeutung von Dienstleistungen und ihr Niederschlag in der Statistik, in: Meyer, A. (Hrsg., 1998), S. 47-66.

Wolfrum, B. (1991), Strategisches Technologiemanagement, Wiesbaden 1991.

Woll, A. (1996), Allgemeine Volkswirtschaftslehre, 12. Auflage, München 1996.

Womack, J.P.; Jones, D.T.; Roos, D. (1990), The machine that changed the world, New York 1990.

Woratschek, H. (2001), Zum Stand einer «Theorie des Dienstleistungsmarketing», in: Die Unternehmung 55 (2001), Nr. 4-5, S. 261-277.

Wurche, S. (1994), Vertrauen und ökonomische Rationalität in kooperativen Interorganisationsbeziehungen, in: Sydow, J.; Windeler, A. (Hrsg., 1994), S. 142-159.

Zahn, E. (1986), Innovations- und Technologiemanagement: Eine strategische Schlüsselaufgabe der Unternehmen, in: Zahn, E. (Hrsg., 1986), S. 9-48.

Zahn, E. (1989 a), Strategische Planung, in: Szyperski, N.; Winand, U. (Hrsg., 1989), Sp. 1903-1916.

Zahn, E. (1989 b), Mehrebenenansatz der Planung, in: Szyperski, N.; Winand, U. (Hrsg., 1989), Sp. 1080-1090.

Zahn, E. (1991), Strategieunterstützungssysteme, in: Milling, P. (Hrsg., 1991), S. 43-79.

Zahn, E. (1992), Konzentration auf Kompetenz - ein Paradigmawechsel im Strategischen Management?, in: Zahn, E. (Hrsg., 1992), S. 1-38.

Zahn, E. (1993), Ganzheitliche Produktentwicklung – integriert, fokussiert, schnell, in: gfmt (Hrsg., 1993), S. 403-445.

Zahn, E. (1995 a), Kompetenzbasierte Strategien, in: Corsten, H.; Reiß, M. (Hrsg., 1995), S. 355-369.

Zahn, E. (1995 b), Kreativität als Erfolgsfaktor, in: Zahn, E. (Hrsg., 1995), S. 1-24.

Zahn, E. (1996), Kernkompetenzen, in: Kern, W.; Schröder, H.H. et al. (Hrsg., 1996), Sp. 883-894.

Zahn, E. (1997), Planung und Controlling, in: Gleich, R.; Seidenschwarz, W. (Hrsg., 1997), S. 65-91.

Zahn, E. (1998 a), Innovation, Wachstum und Ertragskraft - Wege zur nachhaltigen Unternehmensentwicklung, in: Zahn, E.; Foschiani, S. (Hrsg., 1998), S. 1-23.

Zahn, E. (1998 b), Wettbewerbsfähigkeit durch strategische Erneuerung, in: Becker, M.; Kloock, J. et al. (Hrsg., 1998), S. 383-410.

Zahn, E. (1999), Strategiekompetenz – Voraussetzung für maßgeschneiderte Strategien, in: Zahn. E.; Foschiani, S. (Hrsg., 1999), S. 1-22.

Zahn, E. (2000), Strategische Innovationen für den dynamischen Wettbewerb, in: Häfliger, G.E.; Meier, J.D. (Hrsg., 2000), S. 155-171.

Zahn, E. (Hrsg., 1986), Innovations- und Technologiemanagement: Eine strategische Schlüsselaufgabe der Unternehmen, Berlin, München 1986.

Zahn, E. (Hrsg., 1992), Erfolg durch Kompetenz, Stuttgart 1992.

Zahn, E. (Hrsg., 1995), Mit Kreativität die Zukunft meistern, Stuttgart 1995.

Zahn, E.; Barth, T. (2001 a), Outsourcing, in: Bühner, R. (Hrsg., 2001), S. 562-565.

Zahn, E.; Barth, T. (2001 b), Unternehmensnahe Dienstleistungen: Über Outsourcing zu Wertschöpfungspartnerschaften, in: VDI/VDE-Gesellschaft Mess- und Automatisierungstechnik (Hrsg., 2001), S. 279-285.

Zahn, E.; Barth, T. (2001 c), Über Outsourcing zu Wertschöpfungspartnerschaften, in: ATP 43 (2001), Nr. 7, S. 26-30.

Zahn, E.; Barth, T.; Foschiani, S.; Hertweck, A. (1998), Outsourcing unternehmensnaher Dienstleistungen, in: Bullinger, H.-J.; Zahn, E. (Hrsg., 1998), S. 329-357.

Zahn, E.; Barth, T.; Hertweck, A. (1997), Outsourcing: Ein Leitfaden als Hilfe, in: IHK Magazin Wirtschaft o.Jg. (1997), Nr. 10, S. 30-34.

Zahn, E.; Barth, T.; Hertweck, A. (1998 a), Leitfaden zum Outsourcing von unternehmensnahen Dienstleistungen, Stuttgart 1998.

Zahn, E.; Barth, T.; Hertweck, A. (1998 b), Outsourcing unternehmensnaher Dienstleistungen in der Region Stuttgart, in: Gassert, H.; Prechtl, M. et al. (Hrsg., 1998), S. 109-137.

Zahn, E.; Barth, T.; Hertweck, A. (1999 a), Erfolgreiches Dienstleistungsmanagement - ein Weg zur mehr Innovation, Wachstum und Ertragskraft, in: Bullinger, H.-J.; Zahn, E. (Hrsg., 1999), S. 87-98.

Zahn, E.; Barth, T.; Hertweck, A. (1999 b), Outsourcing unternehmensnaher Dienstleistungen - Entwicklungsstand und strategische Entscheidungstatbestände, in: Wißkirchen, F. (Hrsg., 1999), S. 3-37.

Zahn, E.; Barth, T.; Soehnle, K. (1997), Outsourcing industrienaher Dienstleistungen - am Beispiel der Region Stuttgart, in: ratio o.Jg. (1997), Nr. 1, S. 15-17.

Zahn, E.; Foschiani, S. (2000 a), Wettbewerbsfähigkeit durch interorganisationale Kooperation, in: Kaluza, B.; Blecker, T. (Hrsg., 2000), S. 493-532.

Zahn, E.; Foschiani, S. (2000 b), Strategien und Strukturen für den Hyperwettbewerb, in: Wojda, F. (Hrsg., 2000), S. 89-113.

Zahn, E.; Foschiani, S. (2002 a), Logik und Dynamik von Unternehmensnetzwerken, in: Wirth, S. (Hrsg., 2002), S. 65-79.

Zahn, E.; Foschiani, S. (2002 b), Wertgenerierung in Netzwerken, in: Albach, H.; Kaluza, B. et al. (Hrsg., 2002), S. 265-276.

Zahn, E.; Foschiani, S. (Hrsg., 1998), Innovation, Wachstum und Ertragskraft - Wege zur nachhaltigen Unternehmensentwicklung, Stuttgart 1998.

Zahn, E.; Foschiani, S. (Hrsg., 1999), Maßgeschneiderte Strategien - der Weg zur Alleinstellung im Wettbewerb, Stuttgart 1999.

Zahn, E.; Foschiani, S.; Tilebein, M. (2000), Wissen und Strategiekompetenz als Basis für die Wettbewerbsfähigkeit von Unternehmen, in: Hammann, P.; Freiling, J. (Hrsg., 2000), S. 47-68.

Zahn, E.; Herbst, C.; Hertweck, A. (1999), Management vertikaler Wertschöpfungspartnerschaften - Konzepte für die Umsetzung und Integration, in: Industrie Management 15 (1999), Nr. 5, S. 9-13.

Zahn, E.; Hertweck, A.; Barth, T. (1999), Lernen in virtuellen Unternehmungen - Erfolgsfaktor und Erfolgsbedingung, in: Industrie Management 15 (1999), Nr. 6, S. 15-19.

Zahn, E.; Hertweck, A.; Soehnle, K. (1996), Auswirkungen des Outsourcing von Dienstleistungen in der Region Stuttgart, Stuttgart 1996.

Zahn, E.; Schmid, U. (1996), Produktionswirtschaft, Stuttgart 1996.

Zahn, E.; Stanik, M. (2002), Wachstumspotenziale kleiner und mittlerer Dienstleister: Mit Dienstleistungsnetzwerken zu Full-Service Leistungen, Stuttgart 2002.

Zahn, E.; Tilebein, M. (2000), Lernprozesse in Organisationen, in: Welge, M.K.; Häring, K.; Voss, A. (Hrsg., 2000), S. 117-137.

Zangemeister, C. (1976), Nutzwertanalyse in der Systemtechnik: Eine Methodik zur multidimensionalen Betrachtung und Auswahl von Projektalternativen, 4. Auflage, München 1976.

Zapf, H. (1990), Industrielle und gewerbliche Dienstleistungen, Wiesbaden 1990.

Zeithaml, V.A. (1981), How consumer evaluation processes differ between goods and services, in: Donnelly, J.H.; George, W.R. (Hrsg., 1981), S. 186-190.

Zeithaml, V.A.; Parasuraman, A.; Berry, L.L. (1985), Problems and strategies in services marketing, in: JM 49 (1985), Nr. 2, S. 33-46.

SCHRIFTEN ZUR UNTERNEHMENSPLANUNG

Band 1 Bernhard Früh: Entscheidungsträgermodelle bei Planungstechniken. 1984.

Band 2 Ekbert Hering: Planung neuer Produkt-Marktbereiche unter besonderer Berücksichtigung der Realisierung in Klein- und Mittelbetrieben. 1984.

Band 3 Thomas Hintsch: Geschäftsfeldsteuerung in Kreditinstituten. Eine Konzeption für die strategische Planung in Banken. 1984.

Band 4 Rainer Mager: Investitions- und Steuerplanung mit Systemsimulation. 1984.

Band 5 August Zimmermann: Evolutionsstrategische Modelle bei einstufiger, losweiser Produktion. Simultane Programm-, Losgrößen- und Lossequenzplanung mit Hilfe der Simulation auf der Basis biologischer Evolutionsfaktoren. 1985.

Band 6 Paul Bäuerle: Finanzielle Planung mit Hilfe heuristischer Kalküle. Ein Beitrag zur Methodologie modellgestützter Entscheidungsfindung, konkretisiert am Beispiel der Investitions- und Finanzplanung in Klein- und Mittelbetrieben. 1987.

Band 7 Hans-Jürgen Hillmer: Planung der Unternehmensflexibilität. Eine allgemeine theoretische Konzeption und deren Anwendung zur Bewältigung strategischer Flexibilitätsprobleme. 1987.

Band 8 Wilfried H. Schwarz: Systeme der Entscheidungsunterstützung im Rahmen der strategischen Planung. 1987.

Band 9 Horst Michael: Steigerung der Effektivität betriebswirtschaftlicher Planungsprozesse durch das Leitbild des kritischen Rationalismus. Zu den Möglichkeiten eines Methodentransfers zwischen realwissenschaftlicher Forschung und betriebswirtschaftlicher Planung. 1988.

Band 10 Reiner Beutel: Unternehmensstrategien international tätiger mittelständischer Unternehmen. 1988.

Band 11 Andreas Bunz: Strategieunterstützungsmodelle für Montageplanungen. System Dynamics-Modelle zur Analyse und Gestaltung der Flexibilität von Montagesystemen. 1988.

Band 12 Lienhard Hopfmann: Flexibilität im Produktionsbereich. Ein dynamisches Modell zur Analyse und Bewertung von Flexibilitätspotentialen. 1989.

Band 13 Andreas M. Kleinhans: Wissensverarbeitung im Management. Möglichkeiten und Grenzen wissensbasierter Managementunterstützungs-, Planungs- und Simulationssysteme. 1989.

Band 14 Klaus J. Enßlin: Technologische Spin-off-Effekte aus der Raumfahrt. Vom staatspolitischen Anspruch zum unternehmenspolitischen Problem. 1989.

Band 15 Günther Unterkofler: Erfolgsfaktoren innovativer Unternehmensgründungen. Ein gestaltungsorientierter Lösungsansatz betriebswirtschaftlicher Gründungsprobleme. 1989.

Band 16 Wolfgang Kömpf: Unternehmensführung in erfolgreichen Klein- und Mittelbetrieben. Eine empirische Untersuchung. 1989.

Band 17 Wolfgang Brandt: Strategien für Rundfunkanstalten. Strategische Entwicklungsmöglichkeiten der öffentlich-rechtlichen Rundfunkanstalten. 1989.

Band 18 Uwe Schmid: Umweltschutz - Eine strategische Herausforderung für das Management. 1989.

Band 19 Josef Röhrle: Unternehmensführung und Unternehmensentwicklung. Ein Führungskonzept zur ganzheitlichen Steuerung der Unternehmensentwicklung. 1990.

Band 20 Harald W. Sondhof: Finanzdienstleistungsmärkte im Wandel. Eine industrieökonomische Branchenanalyse für strategische Zwecke. 1990.

Band 21 Ulrich Kreutle: Die Marketing-Konzeption in deutschen Chemieunternehmen – eine betriebswirtschaftlich-historische Analyse am Beispiel der BASF Ludwigshafen. 1992.

Band 22 Dieter Schmidt: Strategisches Management komplexer Systeme. Die Potentiale computergestützter Simulationsmodelle als Instrumente eines ganzheitlichen Managements – dargestellt am Beispiel der Planung und Gestaltung komplexer Instandhaltungssysteme. 1992.

Band 23 Heinrich Huber: Wettbewerbsorientierte Planung des Informationssystem (IS)-Einsatzes. Theoretische und konzeptionelle Grundlagen zur Entwicklung eines integrierten Planungsmodells. 1992.

Band 24 Wolfram Anders: Strategische Einkaufsplanung. Kernbereich eines strategischen Einkaufsmanagements. 1992. 2. Aufl. 1994.

Band 25 Maria Barth-Renz: Planungs- und Kontrollsysteme öffentlich-rechtlicher Rundfunkanstalten. Anpassung des Planungsverhaltens an neue strategische Herausforderungen. 1992.

Band 26 Ottmar Schneck: Finanzmanagement von Rundfunkanstalten. Ein Finanzplanungs-, -kontroll- und -organisationskonzept für öffentlich-rechtliche Rundfunkanstalten. 1993.

Band 27 Ralf Bertram: Informations- und Kommunikationsmanagement im Marketing mittelständischer Unternehmen der Investitionsgüterindustrie. Eine empirische Untersuchung. 1993.

Band 28 Thomas Keiser: Absatzprognosen für modeabhängige Unternehmen. Ein zweistufiges Absatzprognosesystem für Unternehmen mit modisch orientiertem Sortiment. 1993.

Band 29 Thomas Gumsheimer: Informationspartnerschaften. Konzeptionelle Grundlagen für die Gestaltung von Partnerschaften im Informationsmanagement. 1994.

Band 30 Dino Ivan Dogan: Strategisches Management der Logistik. Der logistische Kreis als Antwort auf die neuen logistischen Herausforderungen 'Umweltschutz' und 'Zeit'. 1994.

Band 31 Stefan Foschiani: Strategisches Produktionsmanagement. Ein Modellsystem zur Unterstützung produktionsstrategischer Entscheidungen. 1995.

Band 32 Jan Schäfer-Kunz: Strategische Allianzen im deutschen und europäischen Kartellrecht. 1995.

Band 33 Frank-Jürgen Richter: Die Selbstorganisation von Unternehmen in strategischen Netzwerken. Bausteine zu einer Theorie des evolutionären Managements. 1995.

Band 34 Udo Wupperfeld: Management und Rahmenbedingungen von Beteiligungsgesellschaften auf dem deutschen *Seed-Capital*-Markt. Empirische Untersuchung. 1996.

Band 35 Hartmut Feucht: Implementierung von Technologiestrategien. 1996.

Band 36 Hans-Jürgen Reichardt: Sachstand und Probleme umweltorientierter Unternehmensführung in der mittelständischen Industrie. Ergebnisse und Lösungsansätze aus einer empirischen Untersuchung. 1996.

Band 37 Jürgen Bruck: Entwicklung einer Gesamtkonzeption für das Management strategischer Allianzen im F&E-Bereich. 1996.

Band 38 Jürgen Greschner: Lernfähigkeit von Unternehmen. Grundlagen organisationaler Lernprozesse und Unterstützungstechnologien für Lernen im strategischen Management. 1996.

Band 39 Stefan Hagemann: Strategische Unternehmensentwicklung durch Mergers & Acquisitions. Konzeption und Leitlinien für einen strategisch orientierten Mergers & Acquisitions-Prozeß. 1996.

Band 40 Uwe Schmid: Ökologiegerichtete Wertschöpfung in Industrieunternehmungen. Industrielle Produktion im Spannungsfeld zwischen Markterfolg und Naturbewahrung. 1996.

Band 41 Bernhard Leitermann: Wahl der Zusammenschlußform von Unternehmen. Eine transaktionsökonomische Entscheidungskonzeption. 1996.

Band 42 Andreas Seebach: Betriebswirtschaftliche Systemanalyse des Fahrzeug-Recycling in der Bundesrepublik Deutschland. Eine System-Dynamics-Studie. 1996.

Band 43 Nicole Karle-Komes: Anwenderintegration in die Produktentwicklung. Generierung von Innovationsideen durch die Interaktion von Hersteller und Anwender innovativer industrieller Produkte. 1997.

Band 44 Andreas Weidler: Entwicklung integrierter Innovationsstrategien. 1997.

Band 45 Frank Braun: Strategische Wettbewerbsforschung. Ein Simulationsmodell zur Erforschung der möglichen Wirkungen des EG-Binnenmarktes auf den Wettbewerb in der PKW-Branche. 1997.

Band 46 Jürgen Haas: Die Entwicklungsfähigkeit von Unternehmungen. Eine theoretische und pragmatische Analyse. 1997.

Band 47 Franz Xaver Bea / Alfred Kötzle / Kuno Rechkemmer / Alexander Bassen: Strategie und Organisation der Daimler-Benz AG. Eine Fallstudie. 1997.

Band 48 Klaus Zehender: Unternehmensführung in fraktalen Unternehmungen. Aufgaben, Architektur und Funktionsweise. 1998.

Band 49 Markus Göltenboth: Global Sourcing und Kooperationen als Alternativen zur vertikalen Integration. 1998.

Band 50 Richard M. Hesch: Das Management der Verlagerung von Wertschöpfungsstufen. Ein phasenorientiertes Modell, dargestellt am Beispiel Deutschland und Mittelosteuropa. 1998.

Band 51 Ralf Dillerup: Strategische Optionen für vertikale Wertschöpfungssysteme. 1998.

Band 52 Rainer Schmidbauer: Konzeption eines unternehmenswertorientierten Beteiligungs-Controlling im Konzern. 1998.

Band 53 Lars Gierke: Instrumentarium zur Planung und Umsetzung von Zulieferer-Hersteller-Netzwerken. 1999.

Band 54 Florian Kall: Controlling im Turnaround-Prozeß. Theoretischer Bezugsrahmen, empirische Fundierung und handlungsorientierte Ausgestaltung einer Controlling-Konzeption für den Turnaround-Prozeß. 1999.

Band 55 Klemens Berktold: Strategien zur Revitalisierung von strategischen Geschäftseinheiten. Eine empirische Untersuchung zur Ermittlung einer Typologie von Unternehmenskrisen und von typischen Strategien zu deren Bewältigung. 1999.

Band 56 Claus J. Kathke: Handlungsziele und Gestaltungsmöglichkeiten des Insolvenzverwalters im neuen Insolvenzrecht. 2000.

Band 57 Susanne Thissen: Strategisches Desinvestitionsmanagement. Entwicklung eines Instrumentariums zur Bewertung ausgewählter Desinvestitionsformen. 2000.

Band 58 Iris K. Weber: Das Planungs- und Kontrollsystem der mittelständischen Unternehmung. Gestaltungsmöglichkeiten in Abhängigkeit von der Unternehmensentwicklungsphase. 2000.

Band 59 Hermann Schnaitmann: Prozeßorientierte Unternehmensführung. 2000.

Band 60 Ulrike Suhr: Gestaltungsempfehlungen für interne Dienstleistungs-Anbieter. 2002.

Band 61 Claus Herbst: Interorganisationales Schnittstellenmanagement. Ein Konzept zur Unterstützung des Managements von Transaktionen. 2002.

Band 62 Andreas Hertweck: Strategische Erneuerung durch integriertes Management industrieller Dienstleistungen. 2002.

Band 63 Cyrus B. Bark: Integrationscontolling bei Unternehmensakquisitionen. Ein Ansatz zur Einbindung der Post-Merger-Integration in die Planung, Steuerung und Kontrolle von Unternehmensakquisitionen. 2002.

Band 64 Bernd Gagsch: Wandlungsfähigkeit von Unternehmen. Konzept für ein kontextgerechtes Management des Wandels. 2002.

Band 65 Tilmann Barth: Outsourcing unternehmensnaher Dienstleistungen. Ein konfigurierbares Modell für die optimierte Gestaltung der Wertschöpfungstiefe. 2003.